ジェファスンとリンカーン

トーマス・ジェファスン研究II

熊田正次

歴史春秋社

1862 年 7 月 22 日、奴隷解放予備宣言草稿を前にする、リンカーンと閣僚達（ホワイトハウスにて）
1866 年、フランシス・B・カーペンターズが描く二色絵（白黒）。後、アレクサンダー・H・リッチーによる二色を加えた下絵
（立ち席）
財相：サイモン・P・チェース、内相：カレブ・B・スミス、郵政：モントゴメリー・ブレア
左より（座席）
陸軍：エドウィン・M・スタントン、A・リンカーン、海軍：ギディオン・ウェールズ、国務：ウェリアム・シェワード、
法相・検事総長：エドワード・ベイツ
出典：合衆国連邦議会、下院議長室

第8代 マーティン・ヴァンビューレン
(在位、1837年3月4日～1841年3月4日、
ニューヨーク州出身)

第9代 ウィリアム・H・ハリソン
(在位、1841年3月4日～1841年4月4日、
ヴァージニア州出身)

第10代 ジョン・タイラー
(在位、1841年4月4日～1845年3月4日、
ヴァージニア州出身)

第11代 ジェームズ・ポーク
(在位、1845年3月4日～1849年3月4日、
北カロライナ州出身)

第13代 ミラード・フィルモア
（在位、1850年7月9日～1853年3月4日、
ニューヨーク州出身）

第12代 ザカリー・テイラー
（在位、1849年3月5日～1850年7月9日、
ヴァージニア州出身）

第15代 ジェームズ・ブキャナン
（在位、1857年3月4日～1861年3月4日、
ペンシルバニア州出身）

第14代 フランクリン・ピアース
（在位、1853年3月4日～1857年3月4日、
ニューハンプシャー州出身）

第16代大統領 エイブラハム・リンカーン
(在位、1861年3月4日～1865年4月15日、ケンタッキー州出身)

はしがき

「ジェファスンとリンカーン」

ルネサンスに始まる地理上の発見や、宗教改革という人間肯定の立場に立つ自然法思想による社会改革にもかかわらず、絶対的専制君主と社会制度は依然として圧倒的権力を誇示し、大宮殿に我が世の春を謳歌していた。

こうした時代にあって二度の革命によりいち早く封建社会の解体と市民社会の創出に成功したイギリスでは、新大陸アメリカに植民地を建設、長い間にわたり重商主義的植民地体制によりアメリカの富を独占した。

だが北アメリカ植民地開拓に従事した人々はこうした、イギリス本国の圧政に抗して植民地解放と民族独立闘争に立ちあがり、「独立宣言」を発し、アメリカ建国のよって立つ政治思想を広く世界に訴え、長く苦しい独立戦争に耐え抜き、植民地からの民族解放戦争という世界史的意義をなしとげた。一方アメリカ南部には依然として世界市場向けの単一商品作物、タバコ、綿花、藍《あい》、砂糖等の栽培を「黒人奴隷制度」という前世紀の残滓と密接不可分に結合した「大農場制度」という封建的遺制を温存した事からアメリカ市民革命としての歴史的性格を併せもつアメリカ植民地独立闘争に不徹底さを残す事になった。

さて一九世紀も半ばを過ぎるとアメリカでは前世紀の宿痾《しゅくあ》なる黒人奴隷制度を巡る南北両地域の対立は一層深刻さ

を増した。ことに一八六〇年の大統領選挙に北部より共和党のA・リンカーンが当選するや南部は連邦・ユニオンUnion より離脱、南部連合国の独立を宣言した。ここにアメリカは南北に分裂、内戦に突入。アメリカ合衆国は建国以来国家存亡の危機に直面した。黒人奴隷制度を巡る同胞相打つ骨肉の戦いに突入した時、北部の大統領として連邦を死守、南北戦争に勝利したリンカーンではあったが、その直後奇しくもイエス・キリストがゴルゴダの丘に刑死した聖金曜日のその日、彼も又暗殺者の銃弾に倒れる所となった。だが彼は建国者達が取り残した南部の黒人奴隷制度を一身を以って摘出、米の市民革命に暗い影を落し続けた所の前世紀の遺物は完全に消滅、ここに米合衆国は北米大陸全土を統治する統一国家としての体裁を整える事に成功した。

かくしてA・リンカーンは「アメリカは他人の労働にて生きるにあらず。人は、自らの額に汗し労働にいそしみ、働いて財産、地位、名誉を築きあげる事が万物をきこしめす創物主なる神が選び給う選民の集う大地なり」とするT・ジェファスンが「独立宣言」に書き著した所の米建国の理念を身を以って示したのである。

さて今日世界の多くの国々のよって立つ政治体制は一般庶民なる人民大衆が生まれながらに有する自由と民主主義・人権・法のもとに於ける平等が貫徹する社会である。かかる政治社会にあってはその権威の源は庶民大衆に由来し、庶民大衆に信頼され庶民大衆自身の審判により選出された所の共和政体にあり、とするものである。それは文民政治を優越とし立憲主義（憲法）を松明の灯《あかり》として運営される政治体制・民主政治にこそ最も道義的、普遍的価値を認める政治である。

それは二度の大戦により世界の人々にその正統性を証明する事になった政治体制でもある。

ところで我々が今日世界に広く見聞する事になるこうした一般庶民大衆を政治の担い手とするデモクラシーに基づく社会ではあるが、一方こうした民主主義社会にあっては世界の国々がそれぞれに有し、歩み来たる歴史的、文化的伝統、経験、あるいは又それぞれの国々が有する経済的基盤を踏まえて選出される政治指導者等の資質、能力、識見、そして又、そうした国々の一般庶民大衆層及び彼等自身が有する経済的基盤やその背景と豊かさ等々にもより異なりを見せる事になるのも我々のよく知る所でもある。

しかしながら我々が現在これを人類史的視点より俯瞰すれば、今や世界の趨勢は更に一層、一般庶民、人民大衆層をこそ世界政治を担う中心勢力として歩み行く事になるであろう事は最早、誰の目にも明らかであり、そして又それは普遍的価値を有する真理である。かくして我々はこうした思潮は今や誰にも押しとどめたり、阻止する事は決して出来ない道義的価値を有するものである。といっても決して過言ではないと言い得るであろう。

かかる政治思想を世界に先駆け体系化、実践した人物として我々は「米独立宣言」を執筆、米デモクラシーの父として知られるT・ジェファスンの名を最初にあげる事にそう異論を唱える人はいないであろうと思うのである。

さてこうしたアメリカ建国の理念に基づくその国家建設の過程に勃発したのが「奴隷制度」を巡る南北の対立と衝突である。リンカーンはその最中、「奴隷解放宣言」を発し、併せて建国の父祖、T・ジェファスンが約束するカナーンの地・米を目指し、大地を耕す選民に五〇エーカーの土地取得を約した事に対し彼はアメリカに自作農を志す世界の全ての人民に「一六〇エーカーからなる無償の土地譲渡法・ホームステッド法・Homested Act. 地主育成法」を宣言、米建国の理念とその精神、そして又その実践を世界の小作制度に苦しむ全ての人々に約束したのである。

今日、米国民は首都ワシントンに長く苦しい独立闘争を戦い抜きこれに勝利、米独立の父として知られるG・ワシントンを記念する巨大な石碑を建立、次いで米民主主義の喉元に突きささった刺・奴隷制度を巡る内戦の勃発に、アメリカデモクラシーの理念を守り抜き、死を賭してユニオンを守り抜いたリンカーンのその功績に対し彼の国の人々は巨大なリンカーン像を建立、彼の功績を偲ぶ記念堂を設置、同像を訪ね仰ぎ見る人々を始め米国民と国家、そして、その首都を見守り続けているのである。

一方、連邦の敵として北軍の憎悪を一身に浴びたのが民主党の創始者であり、南部王朝を象徴する大奴隷所有者ジェファスンであった。内戦に敗れ、焦土と化した南部の再建と和解の後、連邦復帰がなるや落ちつきと冷静さを取り戻した合衆国国民は南部の連邦復帰がなるやワシントン・A・リンカーンについで首都にT・ジェファスン記念堂を建立、建国の父祖として永遠《とわ》に米国民と国家、連邦議会とを共に見守る事を彼に求めたのである。

周知の如くジェファスンが主張する米建国の精神とその理想とする政治哲学は「独立宣言」にみる如く「全ての人間は生まれながらに自由であり、政治の道義的基礎は、人民の人民による人民の為の政治、代議政治・共和制にあり。」とするものである。

かかる建国者のこうした政治哲学を継承する事となったのが第十六代大統領エイブラハム・リンカーンである。リンカーンは南北戦争最大の激戦となったゲティスバーグの戦場に戦い倒れ傷ついた兵士を始め、今日南北に別れ相争う全ての米国民に向けて、再びジェファスニアンデモクラシーの政治哲学に復帰すべく次の如く壇上より語りかけるのである。すなわちリンカーンは米民主主義政治のよって立つ基礎が「人民の、人民による、人民の為の政治にあり、それは決して地上より永遠に失われてはならない。」として、彼はアメリカ人民大衆が記憶の琴線に於てジェファスニアンデモクラシーに連なるべきである——と語りかけるのである。

かくして我々もこうしたアメリカデモクラシーが掲げる文民政府を優越とし立憲主義・憲法を松明の灯《あかり》とする民主政治について、T・ジェファスンが独立宣言に著し、A・リンカーンが継承せんとする彼の国の政治思潮について、しばし立ち止まり耳を傾けようではないか。

目次

第一章　ジャクソンとヴァン・ビューレンの時代

はじめに

新興西部州初の大統領・ジャクソン第二次内閣は、辺境未開なる広大無比の地に鍛えられた独立自営の中小農民層を中心とする人々により主張された、「人間が生まれながらに有する自由の権利」の実現を目指した要求に応えるものであった。

「人民の代表をして大統領たらしめよ」とするスローガンは、ジェファスンの主張と同じであった。ジェファスニアンデモクラシーとは十八世紀啓蒙思想家達が現実の政治に掲げた理想の実践であり、続く高弟達の施策は、既存の原初十三州を代表する名門・財産・博識を有し、政治的訓練を積み重ねた「恒産所有者」層の主張するデモクラシーであった。次いで登場したジャクソニアンデモクラシーを育て、開花させたのは、引き続き西方未開なる辺境の地に鍛えられた躍進著しい中小の独立自営の農民・職人、及び彼等と連携する北東部諸都市の工場労働者等の無産大衆層であった。大陸奥地に控える広大無比、辺境未開なる西方の地に入植した人々は、平凡ながらも皆、同じ志をもった仲間達、隣人達であった。こうした西部を旅し見聞したリストが述べている如くに、彼と隣人達は、あのポテトがこのポテトに似た如く皆普通の顔をした開拓者達であった。彼等の生活はどこまでも皆質素なものであった。常に勤勉、節倹、忍耐を旨とした。

一八二九年、アメリカを襲った恐慌の影響もジャクソン第二次内閣に入ると「アメリカ体制」なる工業化策の実践の内に克服、更に、イギリスを目標としたアメリカ国民経済の驚くべき躍進を実現させた。こうした成果は従来みられた「北東部対南部」、あるいは「工場主、資本家対都市労働者」、あるいは「北東部の金融家、銀行対西部、南部の農民層」という対立の図式も、次第に緩和させる事になった。それはイギリス等旧大陸にみられる資本の増殖に伴う一般庶民層に対する吸血作用を阻止する方向に作用した。

だがジャクソンはみた如くに、西方未開なる辺境に鍛えられ、成長しつつあった中小の独立自営農民層が担いだ大統領であった。一八三〇年代も後半に入ると辺境西部は再び荒々しい変貌を遂げ始めていた。ミシシッピー河中流から北西地方を目指した開拓者の一団がロッキー山脈とブルー山脈を横切り、オレゴン地方へ到達した。入植者達は開拓前線を更に推し進め、ついに大森林地帯を突き抜けた。すると人々は、そこに肩まで伸びる新たな大草原地帯を発見した。一方、メキシコとの交易を目指し南西部に向かった人々はテキサスが小麦と綿花栽培に最適な土壌である事をアメリカの人々に知らせた。ヴァージニア、南北両カロライナ、ジョージア、テネシーからも入植者達が押し寄せた。折からイギリス産業革命は絶頂期へ向かっていた。綿花の需要は拡大する一方であった。価格も引き続き上昇を続けていた。かくして土地の需要は拡大するばかりであった。再び土地への投機熱が過熱を始めた。ジャクソン第二次内閣はこうした西方開拓地にあった人々の労働の尊厳を金融・投機、為替等という巧妙なカラクリによってかすめとる北東部や中部の金権、特権階級に対して政治の場に於て、生涯を賭して闘う事を誓った。憲法は三選を禁じたから、彼は次期大統領選挙に腹心の部下にして、忠誠を誓い、常に大統領に影の如く寄り添う副大統領マーティン・ヴァン・ビューレンを指名した。[1] ジャクソンはヴァン・ビューレンに民主党の後事を托した。

だが民主党はヴァン・ビューレン自身が立ち上げた政党であった。二期八年の在位であったが、ヴァン・ビューレンに托した政策課題は、内政・外交共に難題山積であった。内政においてはクレイが主張する「アメリカ体制」は、関税収入をもって国内開発に資するという政策であったから、「関税論」を巡り、今日、北部対南部という忘れ去られていた地域対立を再燃させたし、南部に再びＪ・カルフーン等の州権論を復活させた。[2] 次いで付随する「国内市場開拓」は、西方への領土拡大となって現れ、今やそれは天命と主張される所となった。一方こうした領土拡大は、北方に英領カナダと長大な国境を接する紛争をもたらし、同様に南西に広大な国境を接するメキシコとの紛争をもたらしたから外交問題に発展した。

他方相次ぐ西方領土の拡大は、土地投機をもたらした事から、「国庫剰余金配分」と「正貨支払令」を促し、ただでさえ欠乏する正貨なる硬貨の不足を懸念させた。連邦議会はその為、一八三七年二月にジャクソンの「正貨支払令」を廃棄する法案を可決した。だがジャクソンはまたも議会に対し、拒否教書を送付し議会を大統領の執行権の下に服させる決意を示した。かつて「南カロライナ州議会による連邦法無効」に対する彼の決意を彷彿させるものであった。

かくして我々は、ジャクソン第二次内閣が施策として取り組んだ所の右の如き政策課題を後継指名に托されたヴァン・ビューレンの施策を以下、行論より検討する。始めに一八三六年の大統領選挙より伺う事にする。

注

（１）Edward M. Shepard, Martin Van Buren, Boston, 1899, pp. 181～184, ジャクソン大統領が次期大統領候補に予定していたのは、南カロライナ州の現副大統領、Ｊ・Ｃ・カルフーンであった。それが国務長官のヴァン・ビューレンへ変わったのは一八二九年、一月一日のペギー・オニール婦人という首都近郊にホテルを営む女主人と、この宿を常宿としたテネシー州選出の上院議員、独身のジョン・Ｈ・イートンが結婚式をあげた事が起因となった。ペギー・オニールはブルネットの美しい髪と青い瞳をもつ魅惑的な女性で、ワシントン中の青年議員と年配議員さえ夢中にさせた。一年前に海軍士官の夫を亡くしたばかりですぐイートンと再婚した事から、同ホテルを常宿としたイートン議員の情婦との噂が立った。そこでカルフーン婦人が中心となってイートン婦人となったペギーをふしだらな女性として彼女との交際を断り孤立させた。更にそれがエスカレート、翌三〇年一月、大統領の誕生舞踏会が開催された折、招待されたイギリス、ロシア等の大使夫妻の前で全閣僚の婦人達が彼女を無視するという事件（ペギー・イートン事件）が発生、後日、それによりカルフーン婦人が首謀者である事が発覚した。そこでヴァン・ビューレンは閣僚婦人を一人一人訪ね、ペギーの人となりを話して回り閣内をとりまとめた。更にカルフーンには悪い事が続いた。ジャクソンがスペイン領フロリダに侵攻占領し外交問題に発展した際、彼をかばってくれたのが陸軍長官の任にあったカルフーンとばかり信じられていた。だが真実はジャクソン処罰の急先鋒に立ったのが財務長官クロフォードで、カルフーンはジャクソン支援に熱心でなかった事が判明した。極めつけは副大統領の名を秘した「関税無効宣言」が全くの公然の秘密であった事がカルフーンの夢を打ち砕いた。

（2）John Spencer Bassett., The Life of Andrew Jackson, New York, 1931, p. 715, N・ビッドルとの銀行闘争、政敵H・クレイとの党派あげての闘争、大統領の執行権に対するJ・カルフーンの州主権論への敵愾心、ナッシュビルの「ハーミテージHermitage」なる隠遁所がヴァン・ビューレンへの新司令所になった。以後州都ナッシュビルより一二マイルも離れたハーミテージが野心を持つ民主党員のホワイトハウスとなった。

第一節　一八三六年の正貨支払令

ジャクソン大統領、二期目の施政は、アメリカの大繁栄によって知られる。アメリカ国内の土地や家屋・綿花・奴隷等に続き、全ての物価が高騰した。「アメリカ体制」なる工業化論に促されて北東部の製品は新たに誕生した国内市場・西部諸州を目指した。内陸交通網の整備はそれを後押しした。新たな国道や運河の開削・蒸気船の就航・国立道路の延伸・鉄道の建設・それに伴う大小橋梁の建設・更なる政府による国庫金の投入・加えて外国資本の投資が続いた。建国以来ジャクソン民主党は初めて予算編成に黒字を計上した。我々は右の如きジャクソン第二次内閣の好景気の背景を、ヨーロッパ大陸の情勢より伺わなければならない。

旧大陸では一八三〇年を迎えると再び激動の時代に突入する。パリで七月革命が勃発、蜂起した市民達は老雄ラファイエットを指導者に選出した。革命の炎はポーランド・ベルギー・ドイツ・イタリア・スペイン・ポルトガルに飛び火した。人間の生まれながらの自由を求める市民達が、知識人・学生らの指導の下に次々と武器をもって立ち上がった。一方、ウィーン体制下、結束を強める専制君主等は神の名を語り、友愛を旗印に各地に蜂起した民衆に銃口を向け発砲した。弾圧を逃れ自由を求める人々は旧大陸を捨てて新天地なるアメリカを目指した。ジャクソン内閣の後半はこうした移民達の増大でも知られる。アメリカの西方には広大な未開地が未だ手つかずのままだった。又、こうしたヨーロッパからの政治的避難民達が目指した西方移住に障害となった北東部の先住民族、赤銅インディアンは全てミシシッピー河以西、ジェファスンが千年王国と豪語した未編入領なる指定居留地へ次々と送られていた。ジェファスンはアパラチア山脈以西～ミシシッピー河以東の開拓のみでも一〇〇年単位の年月を要すると予想した。更に又、同川を越え西に広がる未開拓地、ルイジアナ地方はそれだけで旧ヨーロッパ大陸に匹敵、開拓にはそれこそ一千年以上の気の遠くなる年月を要すると豪語した程であった。

ところでこうした西方奥地に控える広大な未開地はルイス、クラーク等の探検隊以来、毛皮猟師や交易業者達によって綿花や穀物栽培に最適の土壌であると紹介されたから、西部や南部諸州の人々は栽培地の更なる拡大を目指し、低価格での公有地売却を求めた。

幸いな事に開拓地を目指す人々にとって、健全経営を目指す国立銀行に代わる各州法銀行の設立は、人々に中央銀行廃止を補って余りある資金を用意した。だがそれは硬化に代わる折りたたみに便利なグリーン紙幣であった。ジャクソン内閣はこうした開拓者の声に応え一八三一年には売却区画を従来の一六〇エーカーから八〇エーカーに引き下げ、一エーカー当たり一・二五ドルとした。だがそれにもかかわらず、開拓者達は区画と価格の更なる引き下げを求めた。引き続き国内開発への国庫金投入が行なわれた。アメリカ国民経済の更なる躍進の噂につられたヨーロッパの銀行家達は、その内実さえよく知らずに儲け話に飛びつき、国道建設や運河の開削・鉄道建設に資本の増殖を夢見、投資を拡大した。

新興西部を代表するジャクソンを担いだ人々は大統領同様、教育には恵まれなかったが、自然なる大地の開拓を教師として、西方に広がる広大な大草原を目の当たりにしては明日の農場主を目指し思いを馳せた。更に奥地に控える緑豊かな山々を眺《なが》めては遥かな河川の流れる大地を確信した。

ジャクソンはこうした名もなき貧しい開拓者達の労働の尊厳に涙した。彼は都市の労働者、農村の自営農民の熱狂的支持に応えた。大統領選挙を始めとする各種の代議員選挙に開陳されたジャクソン民主党のスローガンはそれを表現して余りあるものであった。曰く、「人民の、人民による、人民の為の代表者をして大統領たらしめよ。」と。

だがこうした無産大衆層を頼みとするジャクソン内閣に対し、野党ホイッグ党の論客達は「Kitchen Cabinet 台所内閣[1]」と揶揄した。確かに閣僚の多くは大統領同様、出自や政治的訓練・教育の機会等には恵まれず、引き続く彼の第二次内閣の行政手法が従来とは異なるものとなったから、ジャクソン内閣の施策を巡って野党ホイッグと激しい対立を引き起こす事になったのは当然のなりゆきであった。

今日南部は内外の綿花需要に不死鳥の如く蘇った。綿花の価格も再び上昇を始めたからジェファスン政治を継承する旧南部王朝はここに復活した。だがその内実はジェファスンが終生嫌悪した黒人奴隷制度と大農場制度に支えられた「アンシャンレジーム（旧制度）」の再生であった。復活した綿花に、引き続き南部のプランターは大統領の行政権と執行権にみる強大な国家運営を嫌悪した。一方、ジャクソン民主党の施政を財政面で支えたのが関税と公有地収入であったから、我々も彼の施政を以上の観点より検討する。ところで関税政策については、H・クレイの一八三二年関税法によって、以後一〇年後を目標として、初期の関税率に復帰するという妥協案により南北両地域の対立はひとまず和解する事になった。他方、公有地売却問題は関税論争と同様南北両地域と西部諸州を巻き込み、公信用たる通貨発行と密接に関係したから、我々はこの問題より伺う事にする。

　西部開拓の拠点に立ったケンタッキー州は一八三〇年五月二七日「メイスビル国道建設助成法、Maysvill. Washington, Paris, and Lexington Turnpike Road Company, 図Ⅰ」②

「図Ⅰ」ジャクソン内閣時代（1829～1837）の交通網

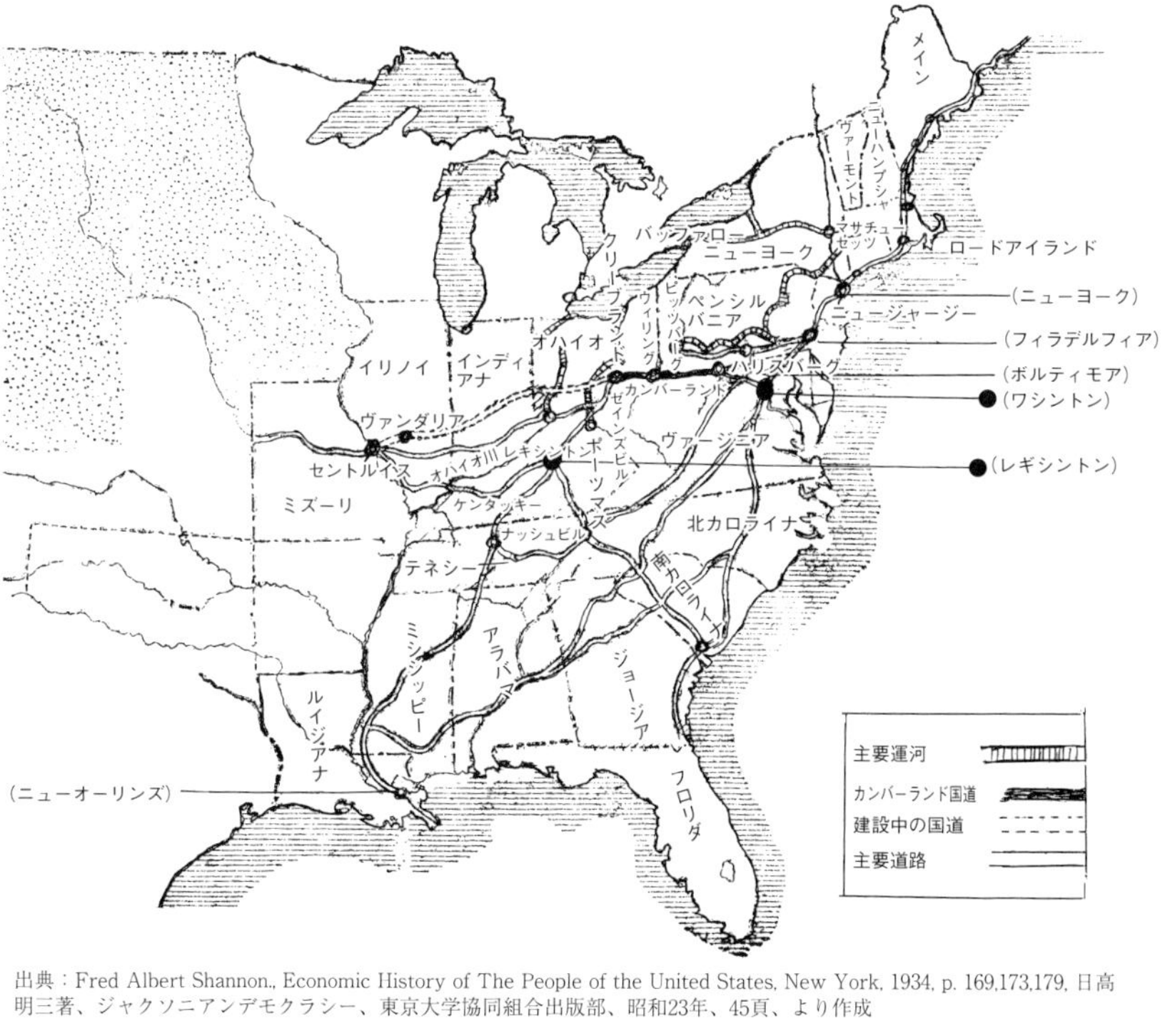

出典：Fred Albert Shannon., Economic History of The People of the United States, New York, 1934, p. 169,173,179, 日高明三著、ジャクソニアンデモクラシー、東京大学協同組合出版部、昭和23年、45頁、より作成

「ジャクソン内閣時代（一八二九〜一八三七）の交通網（図Ⅰ）[2]」を連邦下院議会に提出した。同法案は連邦政府による国庫金助成を目的としたものであった。下院議会はこれを可決、大統領に署名を求めた。ところがジャクソンはこれまでの施策を一転、憲法上の厳格解釈の立場を取った。ケンタッキー州法案に拒否権を発動、議会にその理由を付して送付した。「……諸君、私に今般提出された下院議会の法案、『メイスビル〜ワシントン〜パリス〜レキシントン間に至るメイスビル道路建設に係わる助成法案』に対して、それが合衆国憲法の規定に触れる問題を含む事から、私は断固反対する。なぜなら合衆国憲法はその権威の故に、連邦政府の権力の行使について、その行為を控えるべきものと、あるいはそれを促進すべきものという、二つの観点が存在する故にである。第一の観点は憲法の厳格なる立場により、政府の権威の行使は憲法の権威に抵触するという事である。すなわちそれが各州の権威により行なわれる事については、各州の行政権の範囲内に属する事柄であり、合憲法的である。又、第二の観点から合憲法的とする解釈は連邦政府の権威に属する事としてなされるのであれば同会社支援法は財務省より支出される国庫金にてなされるべきものである。しかしながら私は、ケンタッキー州議会より提出された所のこの度の同会社支援法案については、それは連邦政府の権威に関わる合憲法的性格を有さない法案故にである[3]。」と。だがそれはジャクソン大統領により、合衆国連邦憲法の性格を厳密に検討した結果より導き出された結論の末ではなかった。同法は彼の政敵、野党ホイッグの指導者の一人、ケンタッキー州の上院議員H・クレイが主導する西方奥地開発に向けての国道建設法案であり北部の同党領袖《りょうしゅう》、D・ウェヴスター、J・Q・アダムズ、南部のJ・C・カルフーン等が支援したものであった。かくしてジャクソン治政下、一層明白な運命にあった西部開拓の中心的役割を、同じ西部の拠点州なるテネシーのジャクソンに代わり、ケンタッキーのクレイがその役割を担う事を内に秘めた法案であった。幾多、人生の修羅場を体験、切り開いてきたジャクソンはそれを見逃すはずがなかった。彼は南部の州権論・州主権論を逆手にとって、ケンタッキー州による西方奥地開拓に向けた国庫助成金を目的とした同法案に対して、右の如く、それはケンタッキー州なるある一定の勢力の為の利益を求める意図を有したものであると断じ、そうした同州の主張は、連邦政府の権限の及びうる所のものではない、と指摘した。かくしてジャクソンは連邦憲法条項を盾に下院議会に拒否教書を送付したのである。(4) ところが「メイスビル道路建設助成法案」拒否教書発動以降ジャクソン治政下、公有地売却は激増の一途を示した。同時に連邦政府への国庫金納入も激増した。一方、大統領の西方奥地開発を目的とした政府による国庫支出金は激増の一途を示していた。(5) かくして我々は彼のケンタッキー州提出「国道建設助成法」拒否教書の真意を「ホイッグ党及びクレイ」に対するジャクソンの激しい敵愾心にある事を知るのである。

今や西部開拓は「明白な天命、Manifest Destiny」であった。北部コネチカット州の上院議員、S・A・フットと西部ミズーリ州の上院議員T・ベントン等の公有地売却論争はジャクソン第二次内閣に於いても続いていた。彼は一八三二年十二月の大統領教書に西部開拓者の要求に応えて公有地売却の最小区画を八〇エーカーより四〇エーカーに、又、一エーカー当り一・二五ドルとし、四年の年賦払いとする事を記したが、それにもかかわらず更なる低価の売却を求めるT・ベントン等の要求を支持した。

一方でこうした土地問題・公有地売却論争はその資金供給を巡り、銀行論争を再燃させた。従来連邦政府の銀行たる第二合衆国銀行は中央銀行として、各州法銀行・ペット銀行を指導、監督し、財務諸表をもとに、それらが振り出す手形等を各州支店網・二五店を通じ即時払いで決済、公信用を維持した。又、こうした銀行の中の銀行たる機能を果たす事によって、右の如き各州法銀行等が発行する銀行券・紙幣を抑制し、あるいは投機の為の手形信用を価格の側面から引き下げる役割を果たしていたから、その無制限の発行を押える機能をも有していた。

一方、中央銀行の持つこうした性格、機能にもかかわらず、ジャクソン大統領の反銀行・反金権闘争は第二合衆国銀行特許期間終了を以ってその廃止に、彼の激しい敵愾心をみたのである。だが彼の反銀行、反金権闘争は継続した。

一八三三年、第二合衆国銀行総裁、N・ビドルはフランス、ルイ・フィリップ内閣の請求する戦時債務、年賦払い金、一〇〇万ドルを正金で支払った後、正貨の欠乏から、外国への債務償還の延期をジャクソン大統領に勧告した。[6]だがジャクソン大統領はこれを逆手にとって必要なる中央銀行攻撃・反金権階級・ホイッグ党攻撃の好機ととらえた。[7]既にみた如く中央銀行は一八三六年四月一〇日をもって解散の運命にあったが、ジャクソンはビドル総裁の勧告を、彼の銀行経営管理の失敗ととらえ、同年九月、閣議の席上、連邦政府預金の移転を提案、了承の上同月二六日から政府預金を民主党設立の「州法銀行、ペット銀行、Pet Bank.」に移してしまった。[8]こうしたジャクソンの中央銀行攻撃に軌を合わせたかの如く、以降、州法銀行・ペット銀行の設立が急増した。[10]かかる情勢を背景に公有地売却も一層拍車がかかった。例えば一八二一年～一八三〇年にかけた公有地売却額は、年平均一三八万ドルであったが、一八三一年～一八四〇年にかけては、年平均、七四五万ドルへと急上昇、[11]一八三六年には連邦政府の国庫には、アメリカ財政史上初めての剰余金三七〇〇万ドルが計上された。[12]我々はこうした公有地売却に関する一人の西部農民の実像を、一八三五年穀物州として躍進著しいイリノイ州を訪れた旅行者一行が記録した資料[13]より伺う事が出来る。

旅行記の一節はこう紹介している。「……西部のある開拓者は朝、公有地を一五〇ドルで払い下げを受けると翌日にはその土地の評価額は五〇〇〇ドルの価格に上昇しており直ちに売却、開拓者はこの上昇した土地売却金を原資として州法銀行を訪ね、それを担保に新たな融資を申し込むと、土地の十倍の価格の融資を受けとる事が可能であった。[14]」という。

だがこうした州法銀行やペット銀行は元来、第二合衆国銀行廃止と、右にみた政府預金の移転を目指して設立されたものであった。又、こうした銀行は激増する西部開拓者の公有地購入資金に応える事をも目的として設立されたのである。こうした公有地売却に際して土地の需要増大と価格の上昇に土地転がしという手品師顔負けの功妙な錬金術を得意とする投機を目的に設立された銀行もあった。だがこうして設立された各州法銀行やペット銀行、投師銀行等の公信用は硬貨たる正金（金貨・銀貨）が不足した事から、その発行通貨は全て銀行券なるグリーン・スネークなる紙幣という形態をとった。こうした銀行券は開拓者にとって折りたたみに便利で、いつでもポケットより出し入れする事が出来たから西部では極めて使いやすい通貨であった。一方、銀行の造幣機は手動であったから需要に応じて輪転機を手で回しさえすれば次から次へと通貨となって出現した。だがそれは紙幣であってもアメリカの通貨であり、硬貨同様公信用を創造したから、濡れ手に粟と、一獲千金を狙い土地投機業者や金権階級等を西部へ誘わずにはおかなかった。

かくしてジェファスンが千年王国とも豪語した西方奥地に控える広大無辺な公有地が、今やこうした盗人猛々しい投機業者等による錬金術の手段と化したから、土地価格の一層の上昇と、更なる信用貸しの増大をもたらした。ジャクソン大統領第二次内閣の治政期はこうした事を背景としたから、全ての物価が高騰を始めた。金と欲に目がくらんだ銀行家や投機業者ばかりか、五千マイルも離れた大洋の彼方、旧大陸のイギリス・フランスを始めとする銀行家達も、アメリカのにわか仕立ての土地の高騰につられ、南海泡沫事件の教訓もどこへやら、再び見ず知らずの投資話に飛びついた。

アメリカは全てが順調に進展した。「アメリカ体制、The American System」を唱えるＨ・クレイ等は早速、国庫に積み増しを続ける剰余金の運用に目を付けた。「メイスビル国道建設助成法案」には敗北したが、剰余金問題に際して、次期大統領候補への野心を燃やし続ける南部・南カロライナ州上院議員のＪ・Ｃ・カルフーンを誘った。

一八三五年十二月、大統領教書にジャクソンが連邦政府の債務が完済した事を議会に報告すると、カルフーンはジャクソンに現在国庫に積み増しを続ける剰余金を処分し、その為の連邦憲法の修正を求める法案「国庫剰余金処分法、Act to Regulate The Deposits, 1836.1.23.」を筆した。法案の要旨は、連邦政府を構成する全ての州及び準州への剰余金の平等な配分を求めるもので、それは同年四月二十一日に連邦議会上院に提出された。討議の後、同年六月一七日、採決に付され、上院では三九票対六票で可決され、下院では一五五票対三八票で可決された。だが憲法修正条項はみた如く従来拡大解釈派対厳格解釈派に分かれた事から修正されず、剰余金の処分について国庫より各州及び各準州へのローンという平等な貸付金名目で処理するという事で結着した。かくして同法は一八三七年一月より九〇〇〇万ドルごとに分けて、三ヶ月毎の四回払いにて剰余金三六〇〇万ドルを各州、各準州へ還元(15)する事になった。

ところでこうした公有地売却によってジャクソン施政下、連邦政府・財務省初の黒字を計上した巨額のドル通貨は、今又、再び姿を変えて各州法銀行及びペット銀行の金庫に預金という形で還元される事が決定した事により、各銀行では更なる資本の積み増しと増資を目指すとし、あるいはその為、通貨の一層の貸し出し拡大に向けて走り出した。かくしてこうした州法銀行、ペット銀行、山猫銀行、投機業者等金権階級は今や我が世の春を謳歌した。

だが我々はアメリカ財政史上初の黒字を導き、国庫に計上された所の右の如き巨額の剰余金や各州法銀行、ペット銀行、山猫銀行の金庫に還元された通貨が全てこうした銀行が発行した所の紙幣なる通貨であったという事を指摘しておかなければならない。

ところでジャクソン大統領を始め、閣僚達や西部を目指した開拓者達は元々、正貨なる硬貨論者であった。辺境未開なる西部開拓者のポケットにはこうした折りたたみ式の紙幣は確かに便利ではあった。だがジャクソン内閣にとって公信用の維持をはかるためには正金なる硬貨の流通こそは何よりにも代えがたい問題であった。国際交易は正金（金・銀貨）が常識である。しかしながら今日、米合衆国の金融、公信用の基礎が正金の不足から政治的、経済的、社会的に深刻な問題と認識したジャクソンは、前年、一八三四年、金と銀の比率を一対一六とし、正金の不足を銀貨にて補う法案を提出、議会にて可決された。だがその結果は中央銀行総裁、N・ビッドルの予想した如くに正金の海外流出であった。金は低きに流れるのではなく、高きに流れる事は史実が教える教訓であった。

さて我々はジャクソン施政の後半を、前半、第二合衆国銀行廃止闘争に際して展開した所の、金権に物を言わせ巧妙な手品師の如き手段を行使する社会の一部に過ぎない特権階層に対する大いなる敵愾心を、再び知る事になるであろう。

以上右にみた如く公有地というアメリカ国家と国民の神聖なる財産である紙幣を単に折りたたみに便利な通貨との理由で輪転機で素早く印刷し、土地投機という巧妙なる手段を行使する金権階級が考案する不労所得により、合衆国と国民の富を独占的・特権的に享受する事を大統領はいつまでも見逃す事は出来なかった。

一八三六年七月初めに閣議を召集、彼は手回しの輪転機の簡便さに便乗した銀行券の増発と更なる信用貸しの膨張という事態を受けて、西部の土地が投機の対象となり、錬金術師達の利得の手段と化した事実を指摘した。そこで彼はこうした事態を打開、鎮静化を目指して閣僚に一法案を開陳した。財務長官を始め彼のキッチン内閣も大統領の決意を支持した。かくしてジャクソンは連邦議会に「正貨支払令、The Act of specie Circular. 1836.7.11.」財務長官、レジェー・ウッドベリー名で送付した。[16] 以下伺う事にする。

「……合衆国の公有地の購入及び払い下げに際して、一部の人々による独占や投機等の詐欺師的手法に対する一般民衆の異議と不満に至る理由の一つは、そうした詐欺師達に対する銀行の法外な貸しつけである。私はこうした一般民衆の不満、異議を表明する事に対して従来より効果あらしむべく施策をなした所であるが、その目指した所のものは銀行の紙幣発行と預金貸し出しに部分的な効果しか有さないものであった。それ故、結果として、今や公共的利益に対して悪魔の如き影響を及ぼし始めている。以上の事は特に連邦政府の金庫に積み立てられた巨額な国庫金に対する安全性という事に対しても、更に又、連邦政府の通貨たる貨幣の健全なる流通に対しても同様に悪魔の如き影響を及ぼす事になるのである。

それ故私はこうした土地投機業者等による公有地たる土地の取得は、連邦政府の施政に対する一層の変質を与える事になると認識するのである。かかる事態に対して私は米合衆国大統領に与えられている権限により、本年八月一五日をもって以降、連邦政府下、アメリカ国内の全ての官庁は正貨たる金、銀なる硬貨以外には、公有地の払い下げによる通貨として受け取る事は出来ないという事を指示する。……合衆国大統領令によるこの法律の基本的目的は、詐欺師達（金融及び土地投機業者）等の共謀により苦しめられている一般入植者等公有地購入を目指す人々を保護する事にある。それから又、たとえ彼等が連邦政府の土地払い下げにより奨励された土地所有であったとしてもである。……かくして同法は彼等の紙幣による公有地取得に関わる独占を阻止する事にある。……それから又同法は、新天地なる米合衆国の市民たるべき事を目的に、ヨーロッパ大陸より移住し来たる人々に、以上の如き詐欺師達の紙幣なる通貨を利用した土地の独占を防止し、新天地なる西部の開拓を目指す人々の権利を保護する事をも目的としたものである。……同様にして法案は紙幣なる銀行券の更なる発行と増発を目指す人々を抑制し、同時にそれは、更なる銀行からの貸し出しを抑制する事をも目的とするものである。

かかる内容を目的とするこの法案は、事の結果として、開拓者の人々に勤労への活力を与え、それを一層奨励し、一般の人々を含むアメリカ国民に向けて土地投機業者、銀行家、資本家等錬金術師達に対して以上、一般大衆たる国民への用心深さを促す事を目的とするものである。私はこうした目的を有する今般の法律、正貨支払令こそは、連邦政府に対する一般大衆たる国民の信頼に応え、それを完全に実行する事にある[17]」と。

我々はジャクソニアンデモクラシーが有する右の如き自由平等、機会の均等を主張する激しい性格を支持し、それを支えるのが西方未開なる大自然の開拓に鍛えられ育てられた所のあの独立自営農民層に由来する事を指摘してきた。かくして社会の一部を占めるに過ぎない北東部の富裕層等による政治的、社会的特権、独占に対するこうした開拓者、独立自営農民層の反金権、反特権、反独占の主張は、彼等が担いだジャクソン施政下、銀行に対する激しい批判が集中的に表現された事を知る。第二合衆国銀行の廃止の後、中央銀行の規制より離れた地方銀行の濫立はその事の何よりの証明である。だがその結果、急造した各州法銀行、ペット銀行、山猫銀行等は折からの土地投機熱に浮かれ、更なる資本の増殖を夢見た事からこうした地方銀行は手回しの輪転機から次々と銀行券なる紙幣を増発した。ジャクソン内閣施政下、アメリカ財政史上初の巨額な国庫剰余金を積み上げた好景気を演出したのは、こうした地方銀行より次々と増発、濫発された銀行券に触発された土地価格の急上昇にあった。低価で払い下げを受けた土地は転売の度に上昇を続けたから、次々と濫発を続ける銀行券に支えられた地価上昇はアメリカ中の物価騰貴を促した。かかる好景気を産み育てたのが中央銀行の規制より解放された何の保証もない銀行券であった。その流通価格は紙幣の実勢価格を遥かにしのぐものであった。

だが、ジャクソンはこうした魔術師や手品師の如き詐欺師まがいの錬金術師等の一獲千金を狙った儲け話を、いつまでも手をこまぬいて見過す事は出来なかった。ジャクソニアンデモクラシーの理念は、彼が大統領教書に述べた如くに人間の生まれながらに有する自由なる労働の尊厳、勤労、節倹、忍耐にあった。更に大洋の彼方にあって政治的自由を求めて新大陸移住を決意する人々に、アメリカなる新天地こそは聖書に記された約束の地、カナーンたる事を証明する事でもあった。T・ジェファスン等、建国の父祖等がいう「民衆をして代表たらしめよ」というスローガンをジャクソンもアメリカの人々に語りかけたが、彼は更に一言つけ加えた。「民衆の代表者をして大統領たらしめよ！」と。そのスローガンこそ右の如き「正貨支払令、The Act of Specie Circular」なる施策にあった。

一方アメリカ国民経済の調和的発展を目指した所の「アメリカ体制、The American System」を掲げるジェファスニアンデモクラシーの後継者等は、民衆をして代表たらしめよ！ なるスローガンを隠れみのに、一部の恒産所有者層がジャクソン内閣の公有地政策を自らの更なる私財蓄積の好機ととらえた。

他方、みた如く、ジャクソン民主党を担いだ西部、南部、北東部の農民層や工場労働者等、無産大衆層なる一般庶民層は公有地であるアメリカの大地が国民共通の財産と認識していたから、社会の一部の富裕な恒産所有者達が、手品師顔負けの錬金術を駆使、金力に物を言わせた土地投機なる手段を通して更なる富の蓄積・増殖を目指した。かくして一般庶民・大衆層はこうした錬金術師達を嫌悪のまなざしでみていた。「明白な天命」に導かれ、辺境未開の西部を目指した開拓者達は、神の予定を離れ、自らの足で大自然に向かった。彼らは自らの労働の尊厳たる勤労、節倹、忍耐を通して、人生は怠けている時よりもこうした試練に耐えて財産、地位、名誉を築く事が、神の祝福を約束するカナーンの地と信じた。

ジャクソンはこうした社会の多数を占める無産大衆層、一般庶民層が信仰する労働の尊厳、政治的自由及び経済的機会均等を求める声なき声に耳を傾けた。こうした一般大衆層の反特権、反金権、反独占を叫ぶ辺境未開、西部の開拓農民の言葉に彼は「正貨支払令、The Act of Specie Circular」で応えた。

だが彼の決断にこうした無産大衆層たる西部農民層は同法が彼等にもたらす結果や影響について、何等の考慮も払う事はなかった。一八一九年に始まるアメリカ最初の恐慌の再来等誰も思い及ばなかった。

第二次米英戦争に際し、戦争特需で米経済は好景気の到来に沸き返った。だが戦争が終結すると安価で優れた外国製品が大量にアメリカに流入するや、国内産業は次々と市場から駆逐されていった。熟練労働者等は次々と工場を追われ、不況が国内に拡大した。こうした不況はアメリカ国民経済を構成する最も弱い部分を直撃した。その最も弱い部分を構成したのが右にみた所の一般庶民層であり、その最底辺に位置したのが辺境未開、西方開拓地にあった入植者達であった。こうした生活体験にもかかわらず、今、又、土地や物価の高騰につられ、上辺だけの好景気の到来に人々は酔いしれた。

公有地の低価での購入、折からの各種国内交通網の建設等とも相まって、土地への需要はとどまる所を知らなかったから、人々は土地ブームに便乗する悪徳投機師、銀行家、資本家等金権階層の投資話に我を忘れ、明日の農場主や大地主への道を夢想した。こうした紙幣の見せかけの上に築かれた景気話の最中、アメリカ中の人々を更に興奮させたのが四年に一度、同年十一月最初の火曜日に行なわれる大統領選挙であった。野党・ホイッグ党、与党・民主党はそれぞれ党大会に向け、野心に燃えた各候補者達は好景気の到来に有頂天となり、景気のよい語呂合わせのスローガンをぶちあげる事ばかりに熱中し、アメリカの夢に酔い痴れた。ジャクソン大統領が発した「正貨支払令、The Act of Specie Circular」のもたらす結果や、それが及ぼす影響について、落ちついて、仔細に分析する思慮を欠落させてしまった。

注

（１）Arthur Meier Schlesinger., Political and Social History of the United States, Vol Ⅱ, 1829~1925, New York, 1926, op. cit. p. 19, ジャクソン民主党の政敵・ホイッグ党の領袖、D・ウェヴスターはジャクソンを大統領に押し上げた原動力を、新聞記者等ジャーナリストであったから「台所のおしゃべり内閣、Cabinet」と揶揄した。彼の側近を務め内閣の目となり耳となり、声を伝える役を担った人物は印刷工あがりの新聞記者、ケンドール、ブレアー、ヒル、グリーン等であった。辺境、未開なる新興西部開拓地目指して入植した数多くの名もなき貧しい農民層達はリストが記した如く、誰も彼もが祖国ドイツの塩ゆでしたジャガイモを主食とし、あのポテトがこのポテトに似せて、勤労、節倹だけがとりえであり彼等入植者達自身では労働の尊厳の成果を投票なる政治組織に結集する能力はなかった。そこでこうした西部のおびただしい開拓農民層を政治的に組織化、ジャクソン民主党支持者に編成する役割を果たしたのが新聞であった。これを最初に活用したのがジャクソンであった。ウェヴスターはこうした無産大衆層を「印刷大衆、The Typographical Crowd」と称した。(cf),William Macdonald., Jacksonian Democracy, 1829~1837, New York, 1968, p. 54.

（２）図Ⅰ、Fred Albert Shannon., Economic History of The People of the United States, New York, 1934, p. 169, 173, 179, 日高明三著、『ジャクソニアンデモクラシー』、東京大学協同組合出版部、昭和二十三年、四五頁参照。

（３）Henry Steele Commager., Documents of American History, New York, 1934, pp. 253~254, (cf), Bassett., ibid, pp. 485~489,

Macdonald., ibid, op. cit. pp. 139〜140.

（4）Shannon., ibid, p. 169, 173, 179, 796, シャノンによるジャクソンの国道建設路 p.169, 173, 各種運河網、p.179, 鉄道網 p.196 計画を受けて作成したのが（図Ⅰ）の資料である。西部開拓の入り口に位置したのが北西方のケンタッキー州と南西方のテネシー州であり、北部より西部に向かう国庫支出金によるカンバーランド国道はケンタッキーが中心であり、それはホイッグ党のH・クレイ上院議員の地盤である。メイスビル国道建設法はいわばクレイを後押しし、ジャクソンに代わる西部の代表の座を得る為の法案に他ならなかった事をジャクソンは見逃すはずがなかった。マクドナルドもバセットも同様に指摘する。

（5）Davis Rich Dewey, Financial History of the United States, New York, 1907. p. 216, 西部開拓に資する国庫支出金のリストを参照、T・ジェファスン後継内閣の全支出額よりもジャクソンの西部開拓支出額が上回る。例えば日高明三著、『ジャクソニアンデモクラシー』、東京大学協同組合出版部、昭和二十三年、八一頁を見よ。

（6）Dewey, ibid, op. cit. p. 205.

（7）Dewey, ibid, op. cit. p. 205, ジャクソンは第二合衆国銀行総裁、N・ビドルの放漫経営として、連邦議会の上下両院議員の中に、同銀行より融資を受けた議員数を指摘、更にその金額も公表した。例えば以下の如くである。

第二合衆国銀行債務負担議員

年	人数	金額
一八二九	三四	
一八三〇	五二	一九、二一六一ドル
一八三一	五九	三二、二一九九ドル
一八三二		四七、八〇六九ドル

出典：Schlesinger., ibid, op. cit. p. 43.

（8）Dewey., ibid, op. cit. p. 206.

（9）Dewey., ibid, op. cit. p. 225.

（10）Dewey., ibid, op. cit. p. 210.
（11）Jameson, ibid, p. 714, (cf), H. Commager, Documents of American History, New York, 1934, p. 283, コマジャーは、ジャクソンの反銀行闘争における政府預金移転及び第二合衆国廃止によるグリーンマネーなる紙幣発行権を握ったペット銀行、各州法銀行乱立による政府公有地売却収入をとり上げ、一八三二年、二六二万三〇〇〇ドル移転、中央銀行廃止後の一八三五年、一、四七五万七〇〇〇ドル、一八三六年、二、四八七万七〇〇〇ドルと計算している。
（12）Dewey., ibid, op. cit. p. 220, デューイはこうした公有地売却により国庫に積み増した剰余金を一八三七年一月一日段階で三、七〇〇万ドルと記録した。
（13）Walter W. Jennings., A History of Economic Progress in the United States, New York, 1926, pp. 233～235, 一八三五年、イリノイ州各地を旅したのはハリエット・マルチノウ、トーマス・フォード等一行であった。シカゴ近郊の様子である。公有地購入が従来一六〇エーカー、一エーカー当り二ドルから新公有地法により八〇エーカーとし、一エーカー当り一ドル二五セントに引き下げられた。
従来は一括払いであったが四年の年賦払いとなった事から、オハイオ州流域の労働者の平均賃金が一日七〇セントという事もあり、彼等は二〇〇日働けば平均一〇〇ドルとなり、一年働くと、八〇エーカーの公有地と二頭の馬、八～一二頭の牛、二〇～二五匹の豚を連れ同地に入植、始め数軒の家屋しかみられなかったが、たちまちの内に数千人規模の入植者で埋まり、

注（9）「資料Ⅰ」

州法銀行設立			単位100万ドル	
年	行　数	資本金	紙幣発行額	貸付け額
1829	329	110.2	48.2	137.0
1834	506	200.0	44.8	324.1
1835	704	231.2	103.7	365.2
1836	713	251.9	140.3	457.5
1837	788	290.8	149.2	525.1

出典：Dewey., ibid, op. cit. P. 225.
第二合衆国銀行の存続前、各州法銀行は329行、貸し出し総額、1億3千7百万ドルであったが、同銀行免許取り消し後、ジャクソン退任時、行数788行となり、貸し出し総額も5億2千5百万ドルと急速な成長ぶりを示した。

注（10）「資料Ⅱ」　民主党系銀行

設立年月日	行数	預金総額（単位ドル）
1835. 1.1	29	10,323,000
1835.12.1	33	24,724,000
1836.11.1	89	49,378,000

出典：Dewey, ibid, op. cit. P210.
政府預金移転時、23行に過ぎなかった民主党お気に入りの銀行は、ジャクソンがヴァン・ビューレンに引き継いだ時89行と増加していた。

ただちに市が宣言され、生活に必要な熟練工・学校等が建設され、今やシカゴは同州を代表する市に成長した!! と著している。同じ資料として (cf). John Mason Peck., A New Guide for Emigrants to the West, Boston, 1837, pp. 256~319, 当時読まれたものとしてペックによる「イリノイ州移住案内」をみる事が出来る。
(14) Jennings., ibid, op. cit. p. 234, 以前、北東部の工場労働者であった彼は、新公有地法により八〇エーカーの土地をなけなしの金、一〇〇ドルで購入した所、翌日の夜にはその土地は五〇〇〇ドルで売れたという。
(15) Macdonald., ibid, pp. 287~288, (cf). Dewey, ibid, op. cit. pp. 219~220, 229.
Jennings., ibid, op. cit. pp. 370~371.
(16) Commager., ibid, p. 283, (cf). Macdonald, ibid, pp. 287~291.
Dewey., ibid, pp. 227~229.
(17) Commager., ibid, p. 283.

第二節　一八三六年の大統領選挙

ジャクソン内閣の閣僚達の多くは中部、西部州で占められた。(1) 前期に国務長官、後期に副大統領に指名されたマーティン・ヴァン・ビューレンは中部ニューヨーク州の出身である。

一八三六年十一月最初の週の火曜日は、二期八年を務めたジャクソンの後継を決める第八代大統領選挙の日でもある。ジャクソンはボルチモアに開催された民主党全国大会にM・ヴァン・ビューレンを後継者に指名、党大会は満場一致で彼を同党候補者に決定。又、副大統領候補にジャクソンの腹心の一人、ケンタッキー州の上院議員、リチャード・M・ジョンソンを指名した。かくして我々は少し寄り道になるが、ジャクソンとM・ヴァン・ビューレン、同様にR・M・ジョンソンとの交遊録について一言、つけ加えなければならないであろう。

第五回国勢調査（一八三〇年）[2]によれば、ニューヨーク市は、中部を代表する商工・金融・交易・造船は言うに及ばず、合衆国を代表するアメリカ産業資本の一大中心拠点都市であり、エリー運河を始めとする各種交通網により、ボストン・フィラデルフィア・ボルチモア・太湖諸都市・国道カンバーランド沿線諸都市・オハイオ川・ミシシッピー河を経て南部の外港都市・ニューオーリンズを結ぶ、まさに合衆国の血流を司る心臓部を形成した。[3]今日、その勢いは旧大陸を代表する諸都市、ロンドン・パリ・ウィーン等をも凌ぐものとなった。就中、同年五月中旬、第二合衆国銀行廃止後は、ニューヨーク市のウォール街が、事実上合衆国の中央銀行の役割を担う事になった。その立役者が、前ニューヨーク州知事職にあったM・ヴァン・ビューレンその人であった。だが民主党大統領候補者として、ニューヨーク金融界を代表する彼の世評は芳しいものではなかった。白髪・長身・ニューオーリンズ救国の英雄、アンドルー王等々と、庶民・大衆の人気を博したジャクソンに対し、小身・小男・赤髪をカールし、イギリス女王愛用の香水をふりかけ、パリ仕込みの金ピカ紳士、あるいは金融という錬金術を駆使、ぬれ手にあわで成功を掴みとったヴァン・ビューレンに輿《よ》論は厳しかった。赤毛の魔術師・小人のヴァン・ニューヨークの手品師・金ピカ政治家[4]等々と、庶民の味方、一般大衆の代表を、と叫ぶ、民主党の選挙スローガンからは、ヴァン・ビューレンは最も遠い位置にあった。だがこうした世間の評判とは裏腹に、彼の出自はジャクソンの人生と非常に酷似していた。ジャクソンはヴァン・ビューレンの人となりを鋭く観察していた。

以下、M・ヴァン・ビューレンの伝記作家、エドワード・M・シェファードによる彼の自伝である。[5]

「M・ヴァン・ビューレンは一七八二年十二月五日、ニューヨーク市の片田舎、キンダーホークにオランダ移民の子として誕生した。ロシャンボー、ラファイエット等米仏植民地連合軍がコーンウォーリス指揮下、イギリス軍をヨークタウンの会戦に降したのはその前年の十月十六日の事であり、事実上イギリス軍は以後、アメリカ植民地軍の独立の勢いを止める事は出来なかった。こうした戦乱の最中に誕生したヴァン・ビューレンは、ジャクソン同様幼くして父母より離れ、法律を志し、法律事務所の雑務のかたわら、酒場の給仕等の仕事により糊口を凌ぐ少年時代を過ごしたのである。戦争という銃弾が飛び交う戦場に生を受けたアメリカの多くの若者達がそうであった様に、生きる為には血のにじむような努力を積み重ねなければならなかった。生きる努力を捨てた時、それは死を意味した。ヴァン・ビューレン少年にとって、ニューヨークの夜の酒場は、彼の人生哲学の最良の学校となったあぶく銭を手にした夜の紳士達、香水をふりかけ、華美な衣装のドレスに身を隠した淑女達の嬌声が、彼の少年時代の教師であった。一方我々はこうした中部のヴァン・ビューレン少年に対し、既存の社会に別れを告げ、西方に広がるアレガニー山脈以西の地を目指し、神の予定を離れ、開拓団の一員に身を投じたマクドナルド、バセット等が執筆する少年時代のジャクソン伝の一節を想起せざるを得ない。

マーティン・ヴァン・ビューレンは志を立て法曹界を目指した。二〇才までF・シルベスタ法律事務所に勤め、以降、ニューヨーク市に移り、高名なウィリアム・P・ヴァン・ネス法律事務所に勤務する事になる。同事務所に七年間務める事になるが、そこで彼は二一才で弁護士資格を取得、同州検事総長（司法長官）、ベンジャミン・バトラーを知る所となり、判事に任官、更に同市最大の大富豪、大地主、リヴィングストン家、ローズヴェルト家等に匹敵するスティヴン・ヴァン・レンセラー、ヤコブ・ヴァン・レンセラーを知る事となった。更に同家の血縁に連なるハンナ・ホーと二五才で結婚、二六才の時、ジェファスン率いるリパブリカン党に入党、政界を目指す事になった。レンセラー家等の支援もあり、三二才で同州三二人の上院議員の内の一人に当選、政治家への一歩を印した」（シェファード、同書、一四頁〜八七頁）

彼は港間、言われる如く、金ピカ紳士や手品師、魔術を駆使する錬金術師等として世に出たのではなく、伝記が伝える如く、ジャクソン同様、額に汗し、ニューヨーク社交界の給仕、雑用係という、社会に鍛えられながら自らの努力と才覚によって人生に闘いを挑んだのであった。酒場暮らしの日々の内より弁護士資格を取得する事になった。

以上みた如く、日の出の勢いのニューヨーク市の実業界に転身、幸いな事に彼のこうした努力が州知事、D・クリントンの知る所となり、知遇を得る事になった。クリントン知事はジェファスン後継を目指す熱心なリパブリカンであったが、野心家でもあった。一八一二年の大統領選挙にG・マジソンの対抗馬としてクリントンがフェデラリス党より打診を受けると即座に受諾した。この大統領選挙に知事を支援し、同州の政党をまとめ活躍したのがヴァン・ビューレンの人生の転機となった。又、ニコラス・ビドルのもと第二合衆国銀行が「政府の銀行」から「銀行の中の銀行」としてアメリカの金融界を牛耳る事に成功しつつあった同時期、北東部とニューヨークで株式制度による金融業の再編が進んでいた。北東部のサフォーク銀行制度とニューヨーク市のニューヨーク州安全基金である。エリー運河建設の為、知事の片腕として活躍したジョシア・フォーマンは、同運河を経由して、中西部諸州と結び、北東部工業製品を中西部へ運び、同地の穀物等の農産物を北東部へ運ぶ為の金融の役割を果たす為に、同州各地に乱立する銀行をニューヨーク市のウォール街へ移し、再編する事にあった。ヴァン・ビューレンは知事と共にジャクソンの二度の大統領選を支援する事になるが、特に一八二八年の大統領選挙を前にクリントン知事の急死を受けて、同州の民主党政治組織、「オルバニー・レージェンシー、Albany Regency」(6)を陣頭指揮、合衆国最大の人口を有するニューヨーク州をジャクソン支持でまとめ、西部州初の庶民代表、丸太小屋出身ジャクソン大統領誕生の最大の功労者として世人に知られる事になった。翌二九年、ヴァン・ビューレンは同州知事に選出。先にみたジョシア・フォーマン提案の「ニューヨーク州安全基金制度」が実現された。ペンシルバニアのチェスナット街に代わりニューヨーク市のウォール街が、アメリカ金融界の中心を歩む事になるのである。

赤毛のヴァン・小人のヴァン・金ピカ紳士・錬金術師等と芳しからぬ世評を浴びたヴァン・ビューレンではあった

が、ジャクソン大統領の認める所となり以後合衆国政界に雄飛する事になる。二九年〜三一年・国務長官、一八三一年・駐英大使、三二年〜三六年・現副大統領として、今日ヴァン・ビューレンは第八代合衆国大統領選挙に際し、次期民主党大統領候補者として、アメリカの国民的英雄、A・ジャクソン大統領、その人により後継指名を受けるというまさに「青天の霹靂」に会する事になった。「丸太小屋よりホワイトハウスへ」はジャクソンに捧げられたアメリカ大衆民主主義の到来を告げる庶民のアメリカン・ドリームを祝う言葉であったが、今日、ヴァン・ビューレンが主張するジャクソニアンデモクラシーのそれは、「酒場のボーイからホワイトハウスへ」と称されるもので、必ずしも品格のある言葉ではなかったが、いずれにしろ我々はジェファスニアン・デモクラシーに代わる新たなアメリカ大衆民主主義の時代が到来した事を指摘しなければならない。(7) 生まれも育ちも、教育の機会はおろか政治的訓練の機会さえ得られなかった少年が、生きる為に血の出るような積み重ねの日々の内に「人生は怠けている時よりも、幾多の試練に耐え、働いて、財産、地位、名誉を築き上げる事の方がより幸福であるという」労働の尊厳に挑戦する姿に、ジャクソンは若き時代の自らの生涯を、ヴァン・ビューレンの姿に重ね合わせたのであった。

我々はジャクソンとヴァン・ビューレンの交遊録についての話を、更に言葉を継いで続けなければならない。二人の交遊録について伝記作家はこう筆を継いでいる。先に触れた「ペギー・イートン事件」の続編である。大統領選勝利の興奮冷めやらない最中、一八二八年十二月初め、ジャクソンは、故郷テネシー州選出の若き上院議員で腹心の一人、独身のジョン・H・イートンに年が明けた元旦に、首都ワシントン近郊、ホテルの女主人で寡婦のペギー・オニールとの結婚を命じ、同年三月四日の組閣に際し、J・H・イートンを合衆国陸軍長官に指名した。だがワシントン政界はこの人事をイートン氏の醜聞事件として批難した。一方閣内にあって、副大統領に指名したJ・C・カルフーンの婦人がこの問題をとりあげた。彼女はオニール婦人が夫の留守中に、婦人の経営するホテルを常宿とするイートン議員と婦人が親しくなり、それが原因で、海軍士官の夫が自殺するという事件が起きた。その後、間もなくイートン議員と婦人が再婚した事から「婦人に対し破廉恥な結婚」と彼女を批難した。その後、カルフーン婦人に他の閣僚達の婦人等全員が同調した為、ジャクソン内閣は組閣早々スキャンダルを抱え込む事になった。その時、この「醜聞事件」を解決したのがニューヨーク社交界の荒波にもまれた経験を有する国務長官に指名したマーティン・ヴァン・ビューレンであった。彼は愛する婦人を亡くしたばかりであった。彼は内閣の危機と捉え、閣僚の婦人達を一人一人訪ね歩いては、又一人と説得を続けて、「ペギー・イートン事件」を見事に解決した。その後、彼はこの事件の責任を取り、国務長官職の辞任を大統領に申し出た。ジャクソンは慰留を続けたがヴァン・ビューレンは翻意をみせなかった。大統領はやむなく彼の職務を解く事を決意した。事態の成り行きを見守っていた閣僚達も、郵政長官、ウィリアム・ベリーを除き（同婦人は関与せず）全員大統領に辞表を提出、大統領は翌三一年閣僚を一新、内閣の危機を脱した。一方、内閣の危機に身を挺して阻止、解決したヴァン・ビューレンの忠誠心にジャクソンはいたく感激、イギリス大使の任を以って応えた。又、陸軍長官を辞したJ・イートンをフロリダ州知事に転出させ、再起の機会を与えた。「ペギー・イートン事件」を奇貨としてジャクソンのヴァン・ビューレンへの信頼は一層高まった。

だが事件のあおりを食う事になったのは、副大統領カルフーンであった。衆目のみる所、ジャクソン（学歴・博識・識見・南部の名望家・大プランター）は高齢で、病身であり、次期大統領候補は、J・C・カルフーンと誰もが認識していた所、「事件」の引き金を引いたのが、彼の妻であり、ワシントン政界や、社交界にまで口出しし、船出したばかりのジャクソン内閣の危機を演出した事で、副大統領は、ジャクソンの不興を一身に背負う事になった。悪い事にカルフーンには逆風が襲った。特に「関税論争」以降、彼は南部州権論の急先鋒を担う事になったから、民衆の代表たる大統領を任じ、憲法がいう行政権（執行権）の強大化による大権を行使、連邦主権を実践するジャクソンと齟齬を来す事になった[8]。続いてカルフーンはジャクソンに反論。「南カロライナ州解明」を執筆[9]、副大統領の名を秘したが、それは衆目の知る公然の秘密に過ぎなかったから、カルフーンは自ら、大統領後継レースから外れる事になった。ジャクソンは第二次内閣に際し、M・ヴァン・ビューレンを副大統領に指名した。憲法の定めに従い三選を辞し、一八三六年の「大統領選挙」に、M・ヴァン・ビューレンを民主党候補者に指名した。又、同党副大統領候補者にケンタッキー州の上院議員、リチャード・M・ジョンソン大佐を指名した。そこで我々もジャクソンとジョンソン大佐の交遊録についても伝記を伺う事にする。

R・M・ジョンソンは始めリパブリカン党員として政界に進み、第二次対英戦争に際し、ジャクソン陸軍少将の副官を務め従軍、ニューオーリンズの会戦には連隊長として英軍を撃破し勇名を馳せた。更に彼は北部戦線に連隊を率い、イギリスと結びアメリカ軍を悩ませた先住インディアン大酋長・テカムセを捕らえ殺した事で一躍国民的英雄となり、賞賛を得た人物であった。[10]だがジョンソンの地盤、ケンタッキー州は、ホイッグ党・H・クレイが仕切る同党の拠点州で、西部のジャクソン民主党に対抗しH・クレイはジャクソンに敵意をあらわにし、西部の真の代表を自負、ホワイトハウスへの野心を決して諦める事はなかった。今日、ジェファスンゆかりのリパブリカンを改組、イギリスに倣い、ホイッグ党という新たな政党を立ち上げたのである。だが彼は、その政党が本国において、イギリス市民革命の成果を簒奪し、王政復古をもたらし、多数を占める市民を弾圧する少数者を意味する政党に転落、蜂起した市民が一滴の血も流さず国王諸共同党を壊滅させた「名誉革命」の史実を欠落させていた。そうして又、イギリスのホイッグ党なる政党が、本国の貴族的、恒産所有者層を代表する政党であるという歴史の教訓を認識していなかった。ジャクソンを合衆国の大統領に担いだアメリカ北東部の工場労働者層を始めとする無産大衆層と、新興西部の中小自営農民層を連携させた所の庶民の代表たるジャクソン民主党を簒奪者の政党と攻撃した事が、多数を占める一般庶民層の反感を買う事になるという事に、全く想いを及ぼす事が出来なかった。我々はここでヴァン・ビューレン、R・ジョンソンとジャクソンとの交遊録を閉じなければならない。大統領選挙の日が近づいていた。ともあれ、M・ヴァン・ビューレンに追い風が吹いてきた事は記さねばならない。

ジャクソン内閣の後半は好景気に沸いていた。たとえそれが正貨（硬貨）という公信用に裏打ちされないグリーンマネー（各州法銀行やペット銀行・山猫銀行と称された手動の輪転機に印刷された紙幣）であったとしても、西部の土地は広大無比、無尽蔵であった。人々は明日の百万ドル長者の夢に酔っていた。グリーンマネーは印刷すればする程、市場は沸きかえった。ジャクソンの施策はこうしたグリーンマネーなる紙幣が演出した好景気であり、それが単なる紙幣であるという事に誰も考慮を払う事はなかった。

かくして、ホイッグ党は逆風の最中、党大会を開催、正副大統領候補者を指名する事になった。だが幸いにも党には人材が豊富であった。「赤毛のヴァン、小人のヴァン、あるいは金ピカ紳士、他に魔術師や手品師、錬金術師」等と与党・民主党候補者のヴァン・ビューレンに世論は厳しかった。だが彼の最大の理解者、ジャクソンは未だに絶大なる人気を誇っていた。ホイッグ党はジャクソンのこうした国民的人気に対抗し得る候補者探しから始めなければならなかった。ホイッグ党はその人物をジャクソンの国民的名声に比肩し得る軍人に見いだした。今は静かに余生を過ごす六三才の老軍人、ウィリアム・H・ハリソン陸軍少将である。

彼は第二次対英戦争に際し、南部戦線の司令官を務めたジャクソン少将に比肩する軍人で、合衆国陸軍を率いて、カナダ国境より侵攻したイギリス軍を北部戦線に迎え討つ事になった。イギリス侵攻軍は、先住民インディアン諸部族を初めて一つにまとめあげた大酋長・テカムセ兄弟と会盟、テムズ川に来襲した。一八一三年、十月五日、ハリソン軍はこの戦いで「イギリス・インディアン連合軍」を撃破、彼は先のインディアン戦争（一八一一年、十一月七日）ティペカヌーの戦に続くテムズ川の戦により、ニューオーリンズのジャクソンと共に国民的名声を獲得したのである。だがハリソンには弱点があった。軍人として幾多の会戦を戦い抜いた身体は老齢という事もあり、全国遊説を伴う選挙戦に耐え得る程、丈夫な身体ではなかった。かくしてホイッグ党では自薦、他薦の候補者が乱立した。

周知の如くケンタッキーには再びH・クレイが立候補を表明すると、マサチューセッツ州からはD・ウェヴスター、同、エドワード、エヴァレット、テネシー州にジョン・ベル、同、ビュー・L・ホワイト、メリーランド州からレヴァディ・ジョンソン、サウスカロライナ州、ヒュー・S・レグリー、同、ジェームズ・L・ペティグレー等多士済々となった[11]。

同様に、ホイッグ党は副大統領候補者指名も乱戦となった。ニューヨーク州からはフランシス・グレンジャーが名乗りを上げると、ヴァージニア州からはジョン・タイラーが立候補を表明。アラバマ州からはウィリアム・スミスという有り様となった[12]。

かくして合衆国最初の政党政治による選挙戦が開始された。だがホイッグ党の選挙戦は正副大統領を指名する為の予備選挙という性格を有するものとなった。同党の各候補者は我こそは‼とジャクソンも赤面する程の熱を帯びた全国遊説を行った。D・ウェヴィスター、H・クレイ、H・S・レグリー等は北部のヴァーモント州から南部のヴァージニア州まで、あるいは南部から北部へと遊説旅行をして回った。

一方オールド・ヒッコリーと称される程歴戦の英雄で、銃弾飛び交う戦野に獅子咆哮する大音声をもって「M・ヴァン・ビューレン、R・ジョンソン」候補支援で全米二五州を遊説する長旅に、さすがの七〇才の老ヒッコリーにもようやく秋風が身にしみる頃となった。身体に二発の弾丸が残っていた事が原因で遊説の途次肺出血を起こし病に倒れる事態となった。

だがM・ヴァン・ビューレンには神の手が届いた。我々は右に、彼の伝記を読んだ所であるが、ニューヨーク市は、原初十三州が「古い西部」であるなら、州都オルバニーの北方に位置する同市は新たに開かれる「新しい西部」の入り口に位置していた。ニューヨーク市は今やアメリカの心臓部を担っていた。第五回国勢調査が示す如くに、合衆国を代表する「一大通商、産業、金融の中心地」として日に日を継いで躍進するアメリカを代表する都市として成長を続けていた。ウォール街はロンドンの「シティ」に迫る勢いを示していた。今日、新天地アメリカを目指す人々は、ニューヨーク港がカナーンの地を意味する所となった。アメリカに夢を托した人々は自らの労働の尊厳の内に、ヨーロッパではおとぎ話のような夢物語を実現させていた。こうしたニューヨークの成長はヴァン・ビューレンの抱く夢と軌を一《いっ》にした。ニューヨークを代表する大富豪、レンセラー家のみならずリヴィングストン家、更にローズヴェルト家もヴァン・ビューレン支援の一員に名を連ねた。

一方、ニューヨーク州、民主党員の政治組織、「オルバニー・リージェンシー」[13]の機関紙、「オルバニー・アーガス紙」編集者、サミュエル・A・タルコット、弁護士仲間、ベンジャミン・F・バトラー、同州上院議員、サイラス・ライト等はヴァン・ビューレンを支援する「タマニー組織」[14]協会員を総動員、ヴァン・ビューレン支援に奔走した。

ジャクソン内閣はみた如く「キッチン内閣・Kitchen」と揶揄される程、政治的には疑問符が呈されたが、ジャクソンの絶大なる人気を最大限に活用した。更に魔術師と呼ばれる程、選挙戦に無類の才を見せるヴァン・ビューレン支援に、私設内閣は得意のマスコミを利用した。

周知の如くジャクソンの私設内閣の多くは新聞記者出身者で占められていた。他方、民主党支持者の多くはみた如く、北東部の都市労働者層と西部の自営農民層が中心であった。こうした一般庶民・大衆層は、こむずかしい選挙綱領を書き連ねたホイッグ党マニフェスト等には馴染みがなかった。ジャクソン自身生涯に読了した本といえば「聖書」以外知らないといってはばからなかった。辺境未開なる西部開拓に勤《いそ》しむ農民は、週刊の半紙に記されたワシントン政界や、ニューヨークの金融界の記事等には関心がなかった。こうした一般庶民層の一日の疲れをいやしてくれるのは、ジャクソンやヴァン・ビューレン支持の言葉をのせた、開拓精神をふるいたたせる激励文であり、新聞記者あがりの閣僚達の記事に記載された「労働の尊厳」を称える賃金・労働条件の向上を訴える民主党のスローガンこそが何よりの関心事であった。[15]就中A・ケンドールはこうしたキャンペーンは得意中の得意であった。「民衆の代表をして代表たらしめよ!!」等はその最高傑作である。

対してホイッグ党も民主党に対抗した。候補者乱立、こむずかしい各候補者が約束する綱領等に、確かに北東部の実業家や南部のプランター等政治的訓練や教育の機会に恵まれた恒産所有者層や博識を誇る知識人等には、合衆国の政治経済・外交政策・内外に累積する課題解決へ向けての訴える姿勢や、その為の諸施策等は確かによく理解された。

一八三六年十一月最初の火曜日に行なわれた選挙の結果が判明した。大統領選挙人投票では候補者が乱立したホイッグ党は票が分散した。ヴァン・ビューレンの一七〇票に対し、W・H・ハリソン七三票、H・L・ホワイト二六票、D・ウェヴスター一四票、W・P・マンガム十一票[16]、ヴァン・ビューレンの勝利であった。国民投票の結果も間もなく全米二五州よりワシントンに届いた（「資料Ⅳ[17]」）。民主党は予備選さながらとなった各候補の内より選挙人投票で一番人気が高くジャクソンの国民的人気に対抗し得る「ティペカヌーのハリソン」こと、ウィリアム・ハリソン将軍を指名した。だが結果は「資料Ⅳ」の如くヴァン・ビューレン得票数・七八一、五四九票、W・ハリソン得票数・七三六、六五六票、得票差・二四、八九三票によりヴァン・ビューレンの勝利が確定した。

だが民主党は副大統領選挙で思わぬ苦戦を強いられた。原因は同候補の選挙スローガンに起因した。副大統領候補に指名されたケンタッキー州選出上院議員、R・H・ジョンソンの選挙スローガンに、同州民主党が採用したのは「ランプシー・ダンプシー、ランプシー・ダンプシー、ジョンソン大佐がテカムセを殺した[18]」というものであった。確かに同州民主党が選んだスローガンはハリソンのスローガン「ティペカヌーのハリソン」に対抗するものであったが、ハリソンのスローガンに比して、いかにも間のびしたものであり、ジャクソンの圧倒的人気をもってしても、ホイッグ党の乱立候補を圧倒する事が出来なかった。選挙人団投票に於てホイッグ党副大統領候補者F・グレンジャー七七票、J・タイラー四七票、W・スミス二三票、民主党副大統領候補者R・Mジョンソン一四七票[19]、であった。かくしてホイッグ党候補者三名が獲得した選挙人獲得票数・一四七票と民主党候補者が同数となり、ヴァン・ビューレンが選挙人投票で得た一七〇票を大きく下回る結果となった。民主党各州選挙人団にさえ不人気なスローガンであった。そこで同数対決の前例となった「T・ジェファスン対アーロン・バー」の前例にならい、副大統領の選出法は、憲法修正第十二条により、「各州別の上院議員による投票による決する」[20]との規定により、ようやくジョンソンの勝利が確定するというきわどいものとなった。

ジャクソンは病に倒れたが、彼が後継に指名したＭ・ヴァン・ビューレンと彼の補佐官、Ｒ・Ｍ・ジョンソンの勝利は、「丸太小屋の少年」に続く「片田舎の少年」ヴァン・ビューレンをホワイトハウスへ導く民主党なる「庶民大衆をして大統領たらしめよ!!」と叫ぶ、無産大衆層をアメリカ政治の主人公へと導く、ジャクソニアンデモクラシーの勝利でもあった。以上我々は一八三六年、ホイッグ党・民主党による大統領選挙を右の如くみてきたのであるが、その結果、民主党、Ｍ・ヴァン・ビューレン候補の制する所となった。ヴァン・ビューレンは右にみた如く、健全な精神と人格を有し、平凡ながらもニューヨーク市の同志等と同様、人生は怠けている時よりも働いて、財産・地位・名誉を築く事が幸せである、という「労働の尊厳」を身をもって証した。かくして以降、全てのアメリカ市民は、いついかなる環境、運命にあっても、自らの信じた道に向け常に努力を怠らず研鑽に励むなら人は、誰でもホワイトハウスを目指し、それを勝ち取り「国家と国民に向かえ聖書に誓約した如くに」全能なる神の御導きにより大統領職を務め得る事を病床に伏したジャクソンが証明し、今日続けてヴァン・ビューレンが証明する事になった。

建国の父祖、Ｔ・ジェファスンがいう、彼を後継する恒産所有層を中核とするジェファスニアンデモクラシーに対し、無産大衆層を代表するジャクソニアンデモクラシーを旗幟とする「二大政党制」はここに成立する。

注

（1）Jemes Franklin Jameson, Dictionary of United States History, Philadelphia, 1931, pp. 750~753, 以下の「資料Ｉ」はジャクソン内閣の閣僚名簿である。各閣僚の出身州にみる如く全て中部と西部州で占められている。彼の北部工業州（ヤンキー）と南部ヴァージニア王朝に対する嫌悪の深さが知られるであろう。

（2）Jameson, ibid・p785.

（3）Fletcher W. Hewes and Henry Gannett, Scripner's Statistical Atlas of the United States, New York, 1883, p. plate, 21.

「資料Ⅱ」は第五回国勢調査以下センサス時（一八三〇年）の合衆国二四州、準州の総人口と、「資料Ⅲ」に一八二〇年第四回センサス時主要都市人口と一〇年後のセンサス時のそれを示したものである。

両センサス時のニューヨーク市は「マンハッタン地区」のみであり、近郊の「ブルックリン地区、一二、四〇六人」「ブロンクス地区、クインズボロー地区、リッチモンドボロゥー地区」の二七、二九一名を加えると二四二、二七八名となる。以上は単に人口のニューヨーク集中を示すのみではなく、一八二五年開削、エリー運河が太湖と連結、更にハドソン河に通じ、以降中部のニューヨークが外港都市として発達、南部・北部を結ぶ物流、人口、金融の中核を担う事となり、州都、オルバニーに代わる全米第一位の政治経済、文化の結節点としての成長を約束するものとなった。

（4）André Maurois, The Miracle of America, New York 1944, P.221, (cf). Samuel Eliot Morison, The Oxford History of the

注（1）「資料Ⅰ」 閣僚名簿

官　職	氏　　　名	出　身　州	指名年
副大統領	ＪＣ・カルフーン	南カロライナ	1829
〃	ＭＶ・ビューレン	ニューヨーク	1832
国務長官	ＭＶ・ビューレン	〃	1829
〃	エドワード・リヴィングストン	ルイジアナ	1831
〃	ルイス・マクレーン	デラウィア	1833
〃	ジョン・フォーサイス	ジョージア	1834
財務長官	サミュエル・インガム	ペンシルバニア	1829
〃	ルイス・マクレーン	デラウィア	1831
〃	ウィリアム・ダン	ペンシルバニア	1833
〃	ロジャーＢ・トーニー	メリーランド	1833
〃	レビィー・ウッドベリー	ニューハムプシャー	1834
陸軍長官	ジョンＨ・イートン	テネシー	1829
〃	ルイス・キャス	オハイオ	1831
〃	ベンジャミンＦ・バトラー	ニューヨーク	1837
海軍長官	ジョン・ブランチ	北カロライナ	1829
〃	レビィー・ウッドベリー	ニューハムプシャー	1831
〃	マロン・デッカーソン	ニュージャージー	1834
郵政長官	ウィリアム・ペリー	ケンタッキー	1829
〃	アモス・ケンドール	ケンタッキー	1835
検事総長	ジョンＭ・ベリーン	ジョージア	1829
（司法長官）	ロジャー・トーニー	メリーランド	1831
〃	ベンジャミンＦ・バトラー	ニューヨーク	1833

出典：J. Franklin Jameson., Dictionary of United States History Philadelphia, 1931, pp. 750 ~ 753.

American people, New York, 1965, pp. 488～491.

（5） Edward M. Shepard, Martin Van Buren, Boston, 1888.

第一章、ヴァン・ビューレン政治に与えたジェファスンの影響、一頁～一三頁。

第二章、少年時代から弁護士時代、一四頁～三七頁。

第三章、ニューヨーク州上院議員、同州司法長官時代、三七頁～八七頁。

第四章、ニューヨーク州選出・合衆国上院議員時代、リパブリカン政党より民主党へ。オルバニー・リージェンシーの指導者としての政党指導者時代、八八頁～一五二頁。

第五章、一八二八年の民主党勝利の立役者、ニューヨーク州知事時代、一五三頁～一七六頁。

第六章、国務長官として民主党の党勢拡大の基礎確立。国務長官辞任、一七七頁～二二二頁。

第七章、イギリス大使より副大統領へ。第八代米合衆国大統領選出馬、二二三頁～二八一頁。以上本稿参照。

注（2）「資料Ⅱ」

	州　　名	人　口		州　　名	人　口
	北東部			西部～北西部	
1	メイン	399,455	12	オハイオ	937,903
2	ニューハムプシャー	269,328	13	インディアナ	343,031
3	ヴァーモント	2,280,652	14	イリノイ	157,445
4	マサチューセッツ	610,408	15	ミズーリ	140,455
5	コネチカット	297,675			1,578,834
6	ロードアイランド	97,199		ミシガン地区	31,639
		1,954,717			1,610,473
	州　　名	人　口		州　　名	人　口
	中部			南部～南西部	
7	ニューヨーク	1,918,608	16	ヴァージニア	1,211,405
8	ニュージャージー	320,823	17	北カロライナ	737,987
9	ペンシルバニア	1,348,233	18	南カロライナ	581,185
10	デラウィア	76,748	19	ジョージア	516,823
11	メリーランド	447,040	20	アラバマ	309,527
		4,111,452	21	ミシシッピー	136,621
	コロンビア地区	39,834	22	ルイジアナ	215,739
		4,151,286	23	ケンタッキー	687,917
			24	テネシー	681,904
					5,079,108
				アーカンソー地区	30,388
				フロリダ地区	34,730
					5,144,226
		総人口　12,860,702			

出典：Jameson, ibid, P. 785, 合衆国第５回国勢調査（1830年）

注（3）「資料Ⅲ」

第４回国勢調査				第５回国勢調査		
	都　市　名	州　名	1820年人口（人）		都　市　名	1830年人口（人）
1	ニューヨーク	ニューヨーク	123,706	1	ニューヨーク	202,581
2	フィラデルフィア	ペンシルバニア	63,802	2	ボルチィモア	80,620
3	ボルチィモア	メリーランド	62,738	3	フィラデルフィア	80,462
4	ボストン	マサチューセッツ	43,198	4	ボストン	61,392
5	ニューオーリンズ	ルイジアナ	27,176	5	ニューオーリンズ	46,082
6	チャールストン	南カロライナ	24,780	6	チャールストン	30,289
7	ノーザンリバティ	ペンシルバニア	19,678	7	ノーザンリバティ	28,923
8	サウスワーク	ペンシルバニア	14,713	8	シンシナチー	24,831
9	ワシントンDC	DC	13,247	9	オルバニー	24,209
10	セーラム	マサチューセッツ	12,731	10	サウスワーク	20,581
11	オルバニー	ニューヨーク	12,630	11	ワシントンDC	18,826
12	リッチモンド	ヴァージニア	12,067	12	プロヴィデンス	16,836
13	プロヴィデンス	ロードアイランド	11,767	13	リッチモンド	16,060
14	シンシナチー	オハイオ	9,642	14	セーラム	13,895
15	ポートランド	メイン	8,581	15	ケンジントン	13,392
16	ノーフォーク	ヴァージニア	8,478	16	ポートランド	12,598
17	アレキサンドアDC	DC	8,218	17	ピッツバーグ	12,568
18	サバンナ	ジョージア	7,523	18	ブルックリン	12,406
19	ジョージタウンDC	DC	7,360	19	トロイ	11,551
20	ポーツマス	ニューハムプシャー	7,327	20	スプリングガーデン	11,140
21	ニューポート	ロードアイランド	7,319	21	ニューアーク	10,953
22	ナントゲット	マサチューセッツ	7,266	22	ルイズビル	10,341
23	ピッツバーグ	ペンシルバニア	7,248	23	ニューヘイブン	10,180
24	ブルックリン	ニューヨーク	7,175	24	ノーフォーク	9,814
25	ニューヘイブン	コネチカット	7,147	25	ロチェスター	9,207
26	ケンジントン	ペンシルバニア	7,118	26	チャールズタウン	8,783
27	ニューベリーポート	マサチューセッツ	6,852	27	バッファロー	8,668
28	ペテルスバーグ	ヴァージニア	6,690	28	アレキサンドリア	8,459
29	ランカスター	ペンシルバニア	6,633	29	ウティカ	8,323
30	チャールズタウン	マサチューセッツ	6,591	30	ペテルスバーグ	8,322
31	ニューアーク	ニュージャージー	6,507	31	ポーツマス	8,082
32	グロセスター	マサチューセッツ	6,384	32	ニューポート	8,010
33	ポーグケプス	ニューヨーク	5,726	33	サバンナ	7,776
34	マーブルヘッド	マサチューセッツ	5,630	34	ランカスター	7,704
35	ハドソン	ニューヨーク	5,310	35	ニューベドフォード	7,592
36	レキシントン	ケンタッキー	5,271	36	グロセスター	7,510
37	トロイ	ニューヨーク	5,264	37	ジュージタウン	7,312
				38	ポーグケプス	7,222
				39	ナンタケット	7,202
				40	ハートフォード	7,074

出典：Hewes and Gannett, ibid, P. plate, 21.

（6）E M·Shepard., ibid, pp. 111～112, この組織は、クリントン知事の政敵に対抗し、再選を目指して、ヴァン・ビューレン、ウィリアム・L・マーシー、サミュエル・A・タルコット、ベンジャミン・F・バトラー等が中心となって組織したものであったが、後、出版業者、エドウィン・クローズウェル、合衆国地方判事ロジャー・スキナー、ニューヨーク州財務長官、ベンジャミン・ノーア等が加わった。更に後、同州選出合衆国上院議員、サイラス・ライト、他にアザリア・C・フラッグ、トーマス・オルコット、チャールズ・ダドリー等の有力者・知識人が加わりニューヨーク州の民主党最大の政党組織団体となる。マーティン・ヴァン・ビューレンはその指導者であった。

（7）ジェファスニアンデモクラシーからジャクソニアンデモクラシーへの転換によって、アメリカのデモクラシーは新たな段階に入ったとの指摘はA・C・マクレーンの以下の書を参照。Andrew Cunningham Mclaughlin. Steps in the Development of American Democracy, New York. 1920, pp. 78～95, ジェファスニアンデモクラシーの性格を分析した上でジャクソニアンデモクラシーの登場という大衆民主主義の時代をアメリカ民主主義の更なる進化であると。pp. 90～97.

（8）William Montgomery Meigs., The Life of John Caldwell Calhoun, New York, 1917, Vol Ⅰ, p. 318.

（9）Meigs., ibid, Vol Ⅰ, p. 413.

（10）Shepard., ibid, p. 259, ジャクソンの副大統領候補者指名にもかかわらず、ジョンソンは一八三五年五月二〇日、ボルチモアの全国民主党大会に選出された五〇〇人を越える代議員の内党綱領に定める三分の二の支持を得られずヴァージニア州より立候補したウィリアム・C・リーブスとの選挙となった。リーブスを制したが候補者として疑問符がつく事になった。

（11）Morison., ibid, op. cit, 一八三六年、ホイッグ党の大統領候補者、クレイは「アメリカ体制」の主導者の一人であり、D・ウェヴスターはマサチューセッツを代表する雄弁家ばかりか、連邦議会での南部の「ヘイン」との公開論争では「ローマのカトー」と称される程の弁士として評判を得た。又、二代・三代大統領アダムズ、ジェファスンの弔辞に選出される程聴衆に訴えかける事では有名であった。更にE・エヴァレットは哲学者としても有名で後、ハーバードの学長、同州知事としても高名である。テネシーのＨ・Ｌ・ホワイトは上院議員として名を馳せ、メリーランド・Ｌ・ジョンソンは上院議員からタイラーの司法長官として、南カロライナのＨ・Ｓ・レグリーはタイラー内閣の司法長官、同、Ｊ・Ｌ・ペティグレーは南カロライナ州の司法長官としてカルフーン等の「連邦法無効宣言」に違憲を宣する等識見を示した。アメリカの思想家、ラルフ・Ｗ・エマーソンはその著『政治』の中で民主党について「最高の主義主張を持ち」、ホイッグ党については「最高の道義を有し、最高の人々」と同党の多士才々ぶりを評価する。

(12) Jameson., ibid, pp. 746, 206, 512, 特にヴァージニア州選出上院議員、Ｊ・タイラーはＴ・ジェファスン以来ヴァージニア王朝に連なる名門プランター・リパブリカンながら、テネシーのジャクソンがリパブリカンを離れデモクラット（民主党）を結成すると、彼と行動を共にした。だが一八三二年末、隣邦、南カロライナ州が発した「一八二八年関税法、及び同法修正一八三二年関税法無効宣言、An Ordinance to nullify certain acts of the Congress」を巡り、ジャクソンと齟齬を生じ、民主党員ながら民主党の施策に反対する議会活動を続けた。ホイッグ党はこの間隙を突き民主党に楔を打ち込んだ。

(13) Morison., ibid, p. 488, ヴァン・ビューレンは一八二一年、ニューヨーク州上院議員より米合衆国上院議員に選出された。その時、選挙戦に大きな力を発揮したのが彼の組織した後援会「神聖同盟、Holy Alliance」であった。彼は野心を胸に州議会よりホワイトハウスの隣、連邦議会に活躍の場を移す事になる。そこで将来を目指すべく後援会を拡大、支持基盤を強固なものにする為支援者を同州全域に求めた事から彼の政治組織は、オルバニー・リージェンシーの名前で呼ばれる事になった。多くはニューイングランドよりの移住者であり新しい西部の入り口に立ったニューヨーク市を成功への道と選択した。田舎育ちの少年ヴァン・ビューレンの抱く夢を自身と重ね合わせたアイルランド、オランダ、ドイツを後にした人々で占められていた。右の三名は彼の仲間であり、その代表である。

(14) Morison., ibid, op. cit. p. 489, ニューヨーク市のタマニーホールに会同する民主党員は右派から左派まで幅広い支持者であったが結束は固かった事から「タマニー協会、Tammany Society」とも称された。(cf) Shepard., ibid, op. cit. pp. 67, 361.

（15）Charles A. Beard and Mary R. Beard., The Beard's New Basic History of the United States, New York, 1960, 邦訳、ビアード夫妻著、『新版アメリカ合衆国史』、松本重治、岸村金次郎、本間長世共訳、岩波書店、昭和三十九年、二二七頁、次の資料はビアード夫妻による一八三九年合衆国郵便局報告による北部、中部、西部、南部各州を代表する州の新聞と定期刊行物数を示したものである。中部・ニューヨーク州（二七四紙）のみで南部四州「ヴァージニア（五二紙）、南カロライナ（二〇紙）、ジョージア（三三紙）、ルイジアナ（二六紙）」（一三一紙）を合わせた二倍以上のマスコミを有し、西部の新州、オハイオ（一六四紙）のみで南部四州を合わせたマスコミより多く、同様にインディアナ（六九紙）のみで南部王朝・ヴァージニア（五二紙）より多く、同様に西部辺境州・イリノイはケンタッキーより移住したA・リンカーンが入植した地でJ・カルフーンが指導する南カロライナ（二〇紙）より多い。一七七六年にT・ジェファスン等が

注（17）「資料Ⅳ」の１　1836年、大統領選挙における一般投票

	州　　名	ヴァン・ビューレン	ハリソン	計
1	アーカンソー	2,400	1,238	3,638
2	ロードアイランド	2,964	2,710	5,674
3	ルイジアナ	3,653	3,383	7,036
4	デラウィア	4,155	4,738	8,893
5	ミシガン	7,360	4,000	11,360
6	ミズーリ	10,995	8,337	19,332
7	ミシシッピー	9,979	9,688	19,667
8	ニューハンプシャー	18,722	6,228	24,950
9	イリノイ	18,097	14,983	33,080
10	アラバマ	19,068	15,637	34,705
11	ヴァーモント	14,037	20,991	35,028
12	メイン	22,300	15,239	37,539
13	コネチカット	19,234	18,466	37,700
14	ジョージア	22,126	24,930	47,056
15	メリーランド	22,167	25,852	48,019
16	北カロライナ	26,910	23,626	50,536
17	ニュージャージー	26,347	26,892	53,239
18	ヴァージニア	30,261	23,368	53,629
19	テネシー	26,120	35,962	62,082
20	ケンタッキー	33,435	36,955	70,390
21	インディアナ	32,480	41,281	73,761
22	マサチューセッツ	33,501	41,093	74,594
23	ペンシルバニア	91,475	87,111	178,586
24	オハイオ	96,948	105,405	202,353
25	ニューヨーク	166,815	138,543	305,358
		761,549	736,656	1,498,205

出典：Fletcher W. Hewes and Henry Gannett., Scribner's Statistic Atlas of the United States, New York, 1883. p. plate. 7.

アメリカ植民地の独立を宣言した時、ヴァージニア邦には二〇紙のマスコミがあり、パトリックヘンリーの「我に自由を、しからずんば死を」のヴァージニア議会での演説（一七七五年三月二三日）は直ちに二〇紙に掲載、一三邦へ送られ植民地独立闘争勝利の一因をなした。ジャクソンはこうしたマスコミの果たす大衆動員の役割について最初に認識した政治家であった。

注(17)「資料Ⅳ」の２
第５回国勢調査（1830年）合衆国人口

	州　　名	人　　口
1	オハイオ	937,903
2	イリノイ	157,445
3	メリーランド	447,040
4	インディアナ	343,031
5	ニュージャージー	320,823
6	ミズーリ	140,455
7	北カロライナ	737,989
8	ヴァージニア	1,211,405
9	ミシシッピー	136,621
10	アラバマ	309,527
11	ケンタッキー	687,917
12	メイン	399,455
13	ペンシルヴァニア	1,348,233
14	コネチカット	297,675
15	マサチューセッツ	610,408
16	ニューハムプシャー	269,328
17	ロードアイランド	97,199
18	テネシー	681,904
19	ヴァーモント	280,652
20	ニューヨーク	1,918,608
21	デラウィア	76,748
22	ジョージア	516,823
23	ルイジアナ	215,739
24	南カロライナ	581,185
準州	ミシガン	31,639
〃	コロンビア	39,834
〃	フロリダ	34,730
〃	アーカンソー	30,388
総人口・地域別		12,866,020（有色・2,328,642人）

出典：Jameson ibid. p. 785.

（16）Jameson., ibid, p. 746.
（17）Fletcher W. Hewes and Henry Gannett., Scribner's Statistic Atlas of the United States, New York, 1883. p. plate. 7.
（18）Morison., ibid, op. cit, p. 454, ホイッグ党の大統領候補者の一人、W・ハリソンを一躍英雄に押し上げた「ティペカヌーのハリソン」というスローガンを聞いたジョンソンの友人が、ハリソンに対抗する文句として大衆向けに作った造語「ランプシー・ダンプシー、ランプシー・ダンプシー、ジョンソン大佐がテカムセを殺した。Rumpsey dumpsey, Rumpsey dumpsey. Colonel Johnson killed Tecumseh!」
（19）Jameson, ibid, p. 746.

(20) Charles A. Beard, Mary R. Beard and Their son William Beard, ibid, pp. 486~487.

第三節　一八三七年の経済恐慌

アメリカの民主主義はジャクソンの登場により「自覚の域に達した」[1]というが、我々は更に言葉を継いで言わなければならない。彼が後継指名したヴァン・ビューレンのホワイトハウス入りはそれを一層前進させた、と。ジェファスニアンデモクラシー以降、南部のプランターは連邦政府なる中央権力と闘う為に、州権論、州主権論を展開した。辺境未開、西部に入植した独立自営の農民層は、北東部の金融・産業資本家・投機家達と闘う為に、「普通選挙権」を手に庶民の代表、ジャクソンを担ぎ新たなデモクラシーを展開した。西部の農民層と北東部の工場労働者層は、丸太小屋の青年と、ニューヨークの片田舎育ちの実業家に自身の夢を托した。ジャクソン、ヴァン・ビューレンはこうした無産大衆層の代表であり、味方であった。

我々はこうしたジャクソン、ヴァン・ビューレン民主党が掲げる労働の尊厳の実現を目指すその闘いを、ジェファスニアンデモクラシー後継を掲げる博識、名門家等が集う恒産所有者層等の「独占と特権」打倒の闘いに展開したその諸施策を右に検討してきたが、就中、ジャクソンが途半ば、病に倒れ、ヴァン・ビューレンに後事を托した。「銀行闘争、Bank war」の一環をなす合衆国史上初めて国庫に積み増しされた「剰余金処分、Distribution of the Surplus 1836.6.17.」を受けて、彼が発した「正貨支払令、Specie Circular. 1836.7.10」の経過より伺わなければならない。

一八三七年三月四日、合衆国第八代大統領としてホワイトハウス入りを果たしたM・ヴァン・ビューレンは、組閣に際し、前大統領の閣僚をも継承する事になった[2]。だが前大統領が、ジェファスニアンデモクラシーを奉じるホイッグ党の財政を裏で支えていた第二合衆国銀行を「独占と特権」の牙城として、その特権期間延長を阻止、三十六年六月中旬に自然死させた。

ところがヴァン・ビューレンと彼を支えたニューヨーク市の実業家・銀行家・工場所有者・金融等の投資家層を始めとする中部諸州、及び北東部工業州では、第一合衆国銀行、続く第二合衆国銀行設立以来、その健全経営の実績から、同地域諸州内にあって、右の如きいかなる実業家層にとっても、こうした中央銀行の役割は彼等実業機構に不可欠の一部（合衆国全体の血流）となっていた。北東部諸州の民主党も、中部諸州の民主党にとっても同様な認識を共有していた。更に南北カロライナ州の連邦法無効主義者達にとっても、合衆国銀行とは未だかつて一度も喧嘩をした事はなかった。J・C・カルフーンでさえも合衆国銀行について、憲法上なんらの疑念もさしはさまなかった。そこで我々は「資料Ⅰ」[3]によって、ジャクソンが同銀行第三代総裁、N・ビドルの経営方針を巡り、激しい敵意と攻撃を開始した時でさえ、同銀行の株式の三分の二強が国内資本として留まっており、今日、ヴァン・ビューレンを支えるニューヨーク市オルバニー・リージェンシーの実業家達は、ジャクソンの激しい中央銀行攻撃にしばしば疑問を示していた。こうした事から、N・ビドルは政争に巻き込まれる事に注意を払っていた。さて中央銀行の健全経営を目指すビドルには資本主義的、合理的な会計学に沿った、中央政府による銀行中の銀行としての立場に立った経営を行っていたが、その時第二合衆国銀行とビドルにとって不吉な出来事が明るみになった。彼がいう中央銀行の経営方針にもかかわらず、同行の資金の一部がジャクソンの政敵・ホイッグ党に流れている事が判明したのだ。ホイッグ党の領袖の一人、D・ウェヴスターは第二合衆国銀行の重役であり、主任法律顧問の弁護士であった。だが彼は同銀行より貸付金を受けており、一方で、彼は東部を代表する実業家であったばかりでなく、マサチューセッツ州選出、連邦議会の上院議員であった。[4]一方彼等にも言い分があった。連邦議会議員の多くは政府提出の歳出予算案が連邦議会で可決されない間は利息なしで第二合衆国銀行より歳費の支出を受けていたが、政争によりホワイトハウス滞在がしばしば延長された事からこうした事態に立ち至ったと主張した。だが一方で、多くのジャーナリスト達が、自らの新聞紙上でホイッグ党に有利な記事を掲載する代償を求め、彼等に有利な条件の貸し付けを受けていた事も判明した[5]。こうした事情に更に油を注いだのが西部、ホイッグ党の重鎮、ケンタッキー州のＨ・クレイによる第二合衆国銀行の再特許法案（一八三二年七月四日可決）であった。ジャクソン民主党追い落としの法案であった。

こうしたホイッグ党と合衆国銀行との利害関係に対して我々は「資料Ｉ」に見る如く、同銀行株式所有が示す如く、西部諸州にとって、合衆国銀行に対する関心は薄く、二六万～二七万株に対する西部テネシー州の住民が有する株式数は東部、中部のそれと比較する時、その不人気ぶりを、その富裕層の少なさに注目せざるを得ない。

だが我々はこうした中央銀行の意図する資本主義的・合理的な会計学の果たす役割について、更に立ち入って検討しなければならない。それは一方に於いて、連邦政府により運営される合衆国銀行の右の如き健全経営方針は、辺境未開なる地に設立された地方銀行の手形を即時払いで解決する決済法であった事から、彼等農民層相手の地方銀行に対し、その貸し出し（経営）を抑制し、投機の為の信用手形額を常に健全に引き下げる機能をも果たしていたという事実である。対して、ジェファスン後継、歴代内閣の政策は中央銀行を後ろ楯とする「アメリカ体制」なる近代的工業国家建設を目指し、公有地売却収入・関税収入をあげて、アメリカ工業の保護育成をする事にあった事から、「イギリスに追いつけ」という錦の御旗のもとアメリカ国民経済の成立を掲げ、新たな国内市場創設を大陸奥地開拓に見出し巨額の国費を投入していたのである。こうした施策に西部の小商品生産者層（自営農民・熟練職人・商人）は激しい敵意を抱いたのであり、併せて彼等、金権、実業家、投機家を生業とする人々が連邦政府の官職を独占したから、こうした地にあった開拓者層とジャクソン、ヴァン・ビューレンは「反独占・反特権」との意識を共有する事になったのである。

一方この時期のアメリカでは新たな交通機関が開発されていた。蒸気機関が鉄道に応用された事から、蒸気船に次いで運河建設、更に鉄道建設が始まった[6]。綿花に対する需要は拡大するばかりであった。更に西方移住が激しさを増した。こうした事情が重なって西方未開なる公有地に対する需要が一層活発化したから、濡れ手に粟をと、ひと儲けを企む金融・投機家達にとって、この時期はまさに千載一遇の好機到来であった。

初代財務長官、A・ハミルトン等フェデラリスト指導者層が合衆国銀行に描いた役割、機能とは、イングランド銀行に範をとる、「資本主義的・会計学的・合理主義的」な経営方針であった。対してジャクソン等西部諸州設立の州法銀行・ペット銀行・山猫銀行のそれは「便宜的・政治的」な経営方針であった事から、両銀行の経営は全く相反するものであった。かくして前章にみた如く、西部では常に通貨が欠乏していた。市場が要求する通貨量は増加する一方であった。辺境未開なる西部開拓者にとって、公有地購入資金は喫緊の課題であり、「農業資本」にとってもそれは実に切実な問題であった。かくして政府預金を預かるペット銀行・各州立銀行に自らの選挙地盤・政治資金の原資をみていた西部の政治家達を始め、農民層は、「ジャクソンの党派、Jackson Men」なるM・ヴァン・ビューレンのホワイトハウス入りに、ニューヨークのウォール街に新たな選挙地盤・政治資金の原資を見出す事になった。

だが民主党、ヴァン・ビューレン対ホイッグ党乱立候補者による大統領選挙戦の熱狂の渦に隠れてグリーン・スネーク・マネー（青い紙幣のドル札）なる通貨は混乱をきたし始めていたのだ。一八三六年六月十六日、特許期間の終了した第二合衆国銀行、代わりを担うであろうと期待された民主党お気に入りの銀行、各州法銀行等は「資料Ⅱ[7]」、「資料Ⅲ[8]」の如くに合計八〇二行を数えた。右にみた如く、合衆国銀行の健全経営に対する、各州法銀行の便宜的・政治的経営、ジャクソン派による中央銀行に対する激しい攻撃は、確かにジェファスニアンデモクラシー継承を掲げる恒産所有者層等「独占・特権」に対するとどめの一撃であった。だがこうしたとどめの一撃は、ヴァン・ビューレン後継内閣に予想だにしない事態を進行させていた。ハミルトン以来、健全経営を奉じるN・ビドル第二合衆国銀行第三代総裁が、ペンシルバニア州フィラデルフィア市の本店を後にした時、それは各州法銀行・ペット銀行・山猫銀行等の経営姿勢を調節するという機能を有した「資本主義的・会計学的・合理主義的」健全なる政策、銀行の中の銀行たる中央銀行、第二合衆国銀行の役割も、その抑止力も終了した事を意味したのである。西部の政治家達や、農民層の政治的基盤や政治資金の原資に対する最後の歯止めを取り払う事になった。大統領選挙戦という事もあり、アメリカの人々は誰もその事に気付く事はなかった。だが事態は進行を始めていた。政策当局者はまず一八三四年の法令により「金と銀の比率を一対一六」とした。だが銀は国外に流失し始めた。更に通貨混乱に追い打ちをかけたのが「資料Ⅳ[9]」にみる如く国庫に積み増しされた剰余金処分問題であった。

一八三五年一月、ジャクソンは大統領教書に、合衆国独立に関わる戦時債務が完全に返済された事を宣言した時、「資料Ⅳ」にみた如くに関税収入と公有地売却収入による国庫に入る金が更に積み増しされ、ダブつき始めた事を示した。

我々の時代であるなら今日の如き少子高齢化という事もあり、福祉、年金、保険、医療、公共事業等々国庫収入は入る程に幸福度は増すばかりであるが、ジャクソン、ヴァン・ビューレンにあっては、神の予定を離れ、カナーンの地なるアメリカ合衆国の大地に自らの意志で立った時、労働の尊厳なる「独立自尊」の精神は何にも増して尊しとするものであった。ジャクソン、ヴァン・ビューレンはこれを民主党なる庶民大衆の大勝利とみたが、ホイッグ党領袖、H・クレイ、D・ウェヴスター、J・Q・アダムズ等は「是」とは認識しなかった。クレイは先の「メイスビル道路建設法案」に、ジャクソンが大統領拒否権を行使、廃案とした事から、ジャクソンは大陸奥地開発に、現下剰余金を投入せず、浪費の為に流用するのではないかと考えた。そこで彼は、この剰余金を各州に配分すべきであると提案した。南部のカルフーン等が同調した。だが連邦政府が所有する国庫金を州政府へ配分する事は「メイスビル道路建設法案」廃案にみた如く、憲法の著す精神に抵触するものであった。そこでカルフーン等はそれを国庫より各州政府へ貸しつけるという便法で解決した。一八三六年六月二十三日「国庫剰余金配分法、Distribution Act of the Surplus」である。同法によれば国庫に積み増しされた剰余金の内、三、六〇〇万ドルを翌一八三七年一月より始め一二月ヶ間

に分けて、九〇〇万ドルずつ、四回の配分により各州に給付するという法案であり、直ちに連邦議会にて可決された。(10)

ジャクソンは本章、第一節にみた如く、クレイ、カルフーン等に直ちに反撃した。同法はジャクソン民主党が施策の中心に掲げる辺境未開の広大無辺なる大地を北東部の金融家・実業家・投機家等からなる不在地主から守る!!とするジャクソニアンデモクラシーに対する二度《ふたたび》、三度《みたび》の挑戦であった。それは前節にみたヴァン・ビューレンへの支援を目指し、「民衆の代表をして大統領たらしめよ」とする民主党への重大な挑戦でもあった。ジャクソンは直ちに決断した。国庫剰余金は西部を始めとする勤労庶民大衆の「労働の尊厳」そのものの成果である。それを北東部の金融、事業家、投機家等「特権と独占」をほしいままに、一般無産大衆層の勤労の成果を吸血するが如き立法を認める事は出来なかった。第一章第一節にみた如く翌七月十一日、「正貨支払令、Specie Circular」を発令、直ちに配分された国庫金の回収を図ったばかりか、不在地主層なる右の如き投機家筋に向けてアメリカ国民の共有財産なる公有地の売買・及び売却した公有地の支払いには、硬貨以外受けとる事は決して認められない旨、各州駐在財務省管轄土地管理事務所に発令した。

かくして州法銀行は、剰余金配分の為に貸付金の回収をせまられる事になった。同様に投機家・不在地主等も債務の支払いに追われる事になった。土地の売買には正貨が義務づけられた。必要とされた硬貨流通を目指した流通銀貨の拡大を目指した金と銀の比率拡大にもかかわらず銀は海外に、高きに流れ出していた。正貨は既に払底していたのだ。中央銀行総裁、N・ビドルが大統領に国庫より、フランス政府へ年賦払いの正金、一〇〇万ドルの支払いに苦慮、延期要請を申し出たのは、公有地売却の激増に、公信用を担保すべき正金の積み増しが追いつかなかった事にその因があったのである。

更に、ヴァン・ビューレンによる「ニューヨーク州安全基金制度、Safty Fund System of the New York, 1829」やマサチューセッツ州の木綿工場主、ローウェル家、ローレン家、アプトン家等が中心となって設立した「サフォーク銀行制度、Suffork Banking System, 1824～1825」は、ペンシルバニア州、フィラデルフィア市チェスナット街に本店を構える第二合衆国銀行に対抗し設立されたもので、両基金銀行共にニューイングランド諸州、中部諸州を代表する大都市の実業家向けの金融支援を目的とするものであったから、その発券紙幣を担保する正金の積み立てが義務づけられていた。[11] 正貨の保有は基金銀行制度の信用に直結したから、フィラデルフィア・ボストン・ニューヨーク市等による銀行の中の銀行を目指す金融戦争が勃発した。「アメリカ体制」を目指し、ニューイングランド地方を中心にアメリカ産業革命の中心産業を担ったのは右の如き木綿産業であった。一方中部諸州を代表するニューヨーク市出身、ヴァン・ビューレンは同州知事・国務長官・イギリス大使・副大統領・第八代合衆国大統領と、アメリカ政界の出世コースを順調に歩み、今日、ジャクソンの後継者として、病に伏した前大統領に代わり、今や民主党の領袖に昇りつめた。我々はこうしたM・ヴァン・ビューレンの成功を支えた同州の民主党政治家集団、オルバニー・リージェンシー、更に同市「タマニー協会」に集う民主党政治家層を右にみてきた所であるが、彼等の支持者達の多くは「エリー運河建設」の成功に続く、今や全国的に拡大した運河建設熱に沸く投資資金を求める人々の期待に応える実業家達であった。一八三〇年代半ばは、こうした産業資本家、銀行家、金融投機家、土地投機業者等の飽くなき成功物語の最中にあった。アメリカ国中はおろか、大洋の彼方、ヨーロッパ諸国の金融資本家達も、合衆国中央銀行廃止と続く各州法銀行制度、それに基づく地方銀行、山猫銀行、民主党（ペット）銀行の濫立[12]・濫発される紙幣に何の疑いさえ持たずに、更なる新運河建設、鉄道建設、各種交通網の建設に資本の増殖を夢見、投資話に飛びついた。だがそうした儲け話の裏側では危機が一層深まっていた。

「○合衆国中央銀行の保証がない銀行券。

○辺境未開の大森林や大草原等誰も未だ目にした事のない未開地、それが公有地。

○そうした公有地の存在と杜絶した交通網。
○東部の先住民、赤銅インディアンは駆逐されたが、西部の山岳地、大森林地帯、草原の勇猛なインディアン部族の危険性。
○こうした事情等誰も関心がなかった。関心事は異常につり上げられた公有地価格であった。
○それらはほとんど価値のない抵当だった。
○一獲千金を狙い、儲け話に飛びつき、開拓地に向かう入植者目当てに雑貨商人やにわか職人・工人等はこうした人々の日用生活必需品を法外な高値で売りつけた」。これが危機の正体であった。

ヴァン・ビューレンのホワイトハウス入りに、ニューヨーク州民主党をあげて銀行戦争の勝利と、続く大統領選挙戦の勝利に我が世の春の到来を確信した。ヴァン・ビューレンは病身の前大統領A・ジャクソンを、合衆国最初の蒸気機関車が運行するボストン・オルバニー間を走る鉄道で見送った。以後、合衆国大統領は鉄道列車により見送る事が慣例となった。ヴァン・ビューレンは民主党による政権運営に自信を示した。

だが史実は右の如く、ジャクソンはヴァン・ビューレンに危機を残してナッシュビルに去ったのである。正貨が払底していたのだ!!。「四年に一度の大統領選挙も終了、ようやく落ちつきを取り戻したアメリカの人々は、同年六月二十三日の「国庫剰余金処分法」に続く翌七月十一日の「正貨支払令」の問題に直面した。

合衆国連邦議会は翌三十七年一月一日、第二回剰余金配分（九〇〇万ドル）を民主党お気に入りの銀行から政府が回収を始めようとした時、初めて事態を認識した。ジャクソンが企図した法案は、右の如き事情により、各銀行共々、ただでさえ乏しい正貨を吸収し尽くしていた事に気付いた。連邦上下両院議会は翌年三月、直ちにジャクソンが公布した「正貨支払令」を廃棄する法案を採択した。正貨の大量流失は今や合衆国の公信用を破滅させる危急存亡の秋《とき》を告げていたのである。だがジャクソンは「正貨支払令」こそ西部の公有地を不在地主なる投機筋より守る事と信じていたから、議会の「廃棄法案」に、彼は大統領拒否権を発動した。連邦議会は直ちに上、下両院議会を開催、両院議会議員三分の二の賛成により「大統領拒否権」の破棄を目指し、全連邦議会議員を招集した[13]。

だが議員達は、ジャクソンが議会に送付してきた「大統領教書」の日付を見て「大統領拒否権」の破棄を断念せざるを得ない事を知らされた。ジャクソンの「大統領教書」の日付は一八三七年三月三日、午後一一時四五分[14]と著されていたからである。一五分後以降、三月四日は新大統領、ヴァン・ビューレンの合衆国第八代大統領就任式の時刻を指していた。

M・ヴァン・ビューレンはこうした中、ジャクソンの残した施策を継承すべく、ホワイトハウスの執務室に入る事になった。前にもみた所であるが彼は金融戦争と、続く大統領選の勝利者であった。ニューヨーク州選出連邦議会上院議員、W・マーシーがいう「勝者が全てを入手する」民主党支持者達に選挙戦勝利の分け前を譲渡する役割を負っていた。彼の支持者達、ニューヨーク州、オルバニー・リージェンシーの政治家、実業家、銀行家達、ニューヨーク市、タマニーホールに集う同様な支持者達は、ヴァン・ビューレンの呈示する連邦政府の官職叙任を待っていた。ニューヨーク市の片田舎育ちの貧しい少年は選挙の度ごとに勝者を嗅ぎ分ける才能を示してきた。選挙に勝ち、見返りを得て、支持者達に分け与える「猟官制度」こそは、出自に恵まれず、教育の機会にも恵まれず、門閥《もんばつ》にも恵まれない名もなき貧しい環境に生きるアメリカの庶民層にとって、世に出る一つの手段でもあった。「人生は怠けている時よりも働いて、財産、地位、名誉を築きあげる事」が幸福であるという「労働の尊厳」をジャクソンに続き、ヴァン・ビューレンは身を以って示した。次は隣人愛を示さなければならなかった。聖書が求めていた。

だが危機は突然、大洋の彼方から吹き寄せてきた。一八三七年の春は内外共に天候が不順であった。中部地方、西部地方のトウモロコシはおろか、この年の小麦は全くの不作であった。農民の収穫が激減した。同様な事がヨーロッパでも発生した。最初はフランスの農民達が打撃を受けた。そこでフランスの銀行はイギリスに投資した資本の回収に走った。イングランド銀行は健全であったが、ロンドンのシティの中小の銀行のいくつかが支払不能に陥った。この噂が尾ひれをつけてヨーロッパ中に広がった。慌てたイギリスの銀行団が、アメリカに投資していた資金の回収に走った。[15] アメリカ国内では更に悪い事が勃発した。南部の綿花価格が急落していた。天候不良と重なった事からその価格が一ポンド当り、前年よりも半減していた。[16] 綿花はアメリカの「王様」であった。ヴァン・ビューレンの大統領就任からわずか三ヶ月後の五月一日、彼の地元、ニューヨーク市のウォール街の一銀行が正価流失により支払停止に追い込まれた。[17] たちまちの内にニューヨーク市中にその噂が広まると、ウォール街の市中銀行団ばかりではなく、同州の州法銀行のほとんど全ての銀行が「正貨支払」不能に陥ってしまった。ヴァン・ビューレンが中心となって設立した「ニューヨーク州安全基金制度」はその為の銀行基金制度であったが、同様に中部諸州全ての銀行に担保すべき正金程には積み増しが不足していた。

かくしてニューヨーク市、ウォール街発の銀行倒産はマサチューセッツ州の「サフォーク銀行制度」を巻き込み全国へ拡大した。大恐慌の勃発である。恐慌の影響は深刻となった。全米二五州、ほとんど全ての州が外国資本の債務の重圧に呻吟し始めた。「資料Ⅴ[18]」はその事を示している。

失業と破産が全国に拡大した。アメリカ中の人々がその原因追求に走った。言うまでもなく、人々はヴァン・ビューレンとジャクソンが仕掛けた「銀行戦争」と「中央銀行の廃止」、更に続いた「正貨支払令」にあった事に気付くと、たちまちの内にジャクソン、ヴァン・ビューレンへの批難の大合唱へと発展した。次いで人々の批難の矛先は南部ミズーリ州の上院議員、西部諸州への公有地売却に一層の低価格と売却区画の細分を求める雄弁家、トーマス・H・ベントンへ向かった。アメリカ中の世論がローマの政治家「シーザー、ポンペウス、クラッスス」三名による三頭政治を共和政治の簒奪者として批難した如く、ジャクソン、ヴァン・ビューレン、ベントンを「アメリカの繁栄に害を及ぼす三頭政治[19]」と批難した。ヴァン・ビューレンと彼の内閣はこうしたアメリカの経済恐慌に対処すべき有効な手段を講じる事が出来ず恐慌は更に続く事になった。大統領は破産に追い込まれたミシシッピー州が連邦離脱を決意するに及び米合衆国の公信用の回復に向けた「合衆国財務省短期証券（国債）」の発行に踏み切る決意を固めた。一八三五年、独立戦争、第二次対英戦争に次ぐ財務省支出不足金一、九八〇万ドル、国庫剰余金不足額四六〇万ドル、合わせて二、四四〇万ドル[20]である。連邦議会に特別議会開会の招集要請がなされた。

注

（１）Andrew C. Mclaughlin., Steps in the Development of American Democracy, New York, 1920, pp . 96～97.
マクローリンは辺境未開の西方開拓者達の意識と存在が、原初一三州の共和政治を支えるデモクラシーを更に進展させ、ジャクソニアンデモクラシーに結実したという。

（２）J. Franklin Jameson., Dictionary of United States History, Philadelphia, 1931, pp. 750～753.
ジャクソン任命の陸軍長官、ルイス・キャスは一八三六年、駐フランス大使に任命され転出、検事総長、ベンジャミン・バトラーが陸軍長官を兼任したが、職責に鑑み、弁護士出身者より、かつて南カロライナ州関税論争に際し、ジャクソンを支持、同州関税無効論に最後まで反対したリパブリカン出身、ポインセットを推薦、ヴァン・ビューレンは彼を新陸軍長官に指名した。以上の経過から新大統領の内閣は「ジャクソン第三次内閣」とさえ称された。

（３）一八二八年の株式所有状況については、Walter W. Jennings, A History of Economic Progress in the United States, New York, 1926, op. cit. p. 356, 一八三二年のそれは Samuel L.

注（２）　ヴァン・ビューレン内閣閣僚名簿

官　職	氏　　　名	出　身　州	指名年
副大統領	リチャード・ジョンソン	ケンタッキー	1837
国務長官	ジョン・フォーサイス	ジョージア	1834
財務長官	レビュー・ウッドベリー	ニューハムプシャー	1834
陸軍長官	ジョエル・ポインセット	南カロライナ	1837
検事総長（司法長官）	ベンジャミン・バトラー	ニューヨーク	1833
郵政長官	アモス・ケンドール	ケンタッキー	1835
海軍長官	マロン・デッカーソン	ニュージャージー	1834

出典：J . Franklin Jameson., Dictionary of United States History, Philadelphia, 1931, op. cit. pp. 746 ～ 747.

Morison, The Oxford History of American people, New York, 1965, op. cit. p. 438 .

（4）Arthur M. Schlesinger, A political and Social History of the United States, 1829~1925, New York, 1926, p. 43.

（5）Schlesinger, ibid. op. cit. p. 43. 例えば、ニューヨーク速報調査新聞等はN・ビドル総裁より五三、〇〇〇ドルの貸し付けを受け、同行批判の急先鋒の論説を掲げながら、貸し付けを受け取ると論説は一変、中央銀行の健全性を称えた。

（6）Max Farrand, The Development of the United States, New York, 1918, op. cit. pp. 172~174. 一八二八年、ボストン・オルバニー間にアメリカ初の鉄道が完成した時フィラデルフィア市の広告に掲載された一文にはこう記されていた。「当市、M・W・ボールドウィン氏の製造による機関車は、晴天に限り毎日旅客列車を運転します。しかし雨天日には、馬匹による運転となります。」という程の代物で、輸送機関としては、運河や蒸気船の補助機関ぐらいにしか考えられてはいなかった。だが一八三〇年に一〇〇kmにも満たなかった線路は、一八三八年には連邦議会は全ての鉄道を郵便の通路とした事、一八四〇年には一二、〇〇〇kmに達し、駅馬車が毎時一六km~二四kmに対し鉄道のそれは六〇kmから八〇kmの速度を示した。以降鉄

注（3）「資料Ⅰ」 1828年、第二合衆国銀行、株式所有状況

州名		株式数
北部・中部・南部	ペンシルバニア	70,763
	ニューヨーク	46,638
	南カロライナ	35,495
	メリーランド	34,262
ニューイングランド	メイン	
	ニューハムプシャー	
	ヴァーモント	
	マサチューセッツ	
	ロードアイランド	
	コネチカット	20,853
南部	北カロライナ	
	ヴァージニア	
	ヴァージニア	19,815
西部	オハイオ	
	インディアナ	
	イリノイ	
	ケンタッキー	
	テネシー	1,804
外国（ヨーロッパ諸国）		40,412
計		270,042

出典：Walter W. Jennings, A History of Economic progress in the United States, New York, 1926, op. cit.p. 356.

1832年、第二合衆国銀行株式所有状況

州名	株式数
ニューヨーク州	31,000
ペンシルヴァニア州	51,000
メリーランド州	34,000
南カロライナ州	40,000
ニューイングランド諸州	15,000
西部諸州	3,000
ヨーロッパ諸州	84,000
	258,000

出典：Samuel L. Morison, The Oxford History of the American people, New York, 1965, op. cit. p. 582.
アメリカ国内では北部、中部、南部の大州に株式所有が集中していった。ヨーロッパ諸国の中ではイギリスの株式所有が中心である。

注(4) 第二合衆国銀行による連邦議会議員への貸付額

年	人数	単位（ドル）
1829	34	
1830	43	192,161
1831	59	322,199
1832		478,069

出典：Arthur M. Schlesinger., A political and Social History of the United States, 1829-1925, New York, 1926, p. 43.

道は輸送手段の主役として登場する事になるが、アメリカの歴史に及ぼした最も重大な貢献は西部移住の拡大を促進した事にあるとファランドは指摘する。

（7）Davis R. Dewey. Financial History of the United States, 1907, op. cit. p. 225.

（8）Dewey, ibid, op. cit. p. 210.

（9）Dewey, ibid. op. cit. p. 246, 一八三四・一八三五・一八三六年度会計に四、〇九八万ドルの剰余金が計上された。合衆国財政史上稀有な事である。今日ならば社会福祉、年金、医療等、公共事業費等収支は赤字に振れるが、建国時六〇年、アメリカ国民の独立自尊、労働の尊厳はジャクソン、ヴァン・ビューレンの唱える新しいデモクラシーの説く所である。

（10）Jennings, ibid, op. cit. p. 370.

（11）鈴木圭介編『アメリカ経済史』、東京大学出版会、一九七二年、所収、第二章、第六節、四─二。楠井俊朗著『安全基金制度』三二二頁から三三三頁、論文参照。ニューヨーク州安全基金制度は弁護士ジョシア・フォーマンがエリー運河建設の為ニューヨーク州知事、D・クリントン、M・ヴァン・ビューレンの腹心と活躍、その資金として基金設立を提唱したもので、ヴァン・ビューレンにより採用され制度化されたものであった。同基金の担保は正金である。

注(7)「資料Ⅱ」　1829年～1845年、合衆国州法銀行数、資本金、発券額と貸付額

年	銀行数	資本金	発行高	貸付高 (100万ドル)
1829	329	110,2	48.2	137.0
1834	506	200,0	94.8	324.1
1835	704	231,2	103.7	365.2
1836	713	251,9	140.3	457.5
1837	788	290,8	149.2	525.1
1838	829	317,6	116.1	485.6
1839	840	327,1	135.2	492.3
1840	901	358,4	107.0	462.9
1841	784	313,6	107.3	386.5
1842	692	260,2	83.7	324.0
1843	691	228,9	58.6	254.5
1844	696	210,9	75.2	264.9
1845	707	206,0	89.6	288.6

出典：Davis R. Dewey, Financial History of the United States, New York, 1907, op. cit. p. 225.

注(8)「資料Ⅲ」　1835年～1836年、民主党銀行（Pet Bank）預金額　（単位ドル）
(政府預金移転政府系銀行)

日　付	銀行数	預金額
1835年1月1日	29	$10,323,000
1835年12月1日	33	$24,724,000
1836年11月1日	89	$49,378,000

出典：Davis R. Dewey, Financial History of the United States, New York, 1907, op. cit. p. 210.

(12) Dewey, ibid. op. cit. p. 210. デューイによれば一八三三年、ジャクソンが財務長官の反対を押し切って、政府預金を各州、民主党系銀行に移転を開始した時その数は二三行であったのが右の如くわずか三年を経ずして八九行へと激増、預金額も五千万ドルに迫る勢いを示していた。

(12-i) Henry S. Commerger, Documents of American History, New York, 1934, op. cit. p. 284. 一八三六年、十二月五日の第八回大統領教書に「正貨支払令」の意義を再度、西方未開なる大地は、合衆国国民の共同、共

注(12)　民主党系銀行

設立年月日	行数	預金総額ドル
1835. 1. 1	29	10,323,000
1835.12. 1	33	24,724,000
1836.11. 1	89	49,378,000

出典：Dewey, ibid. op. cit. p. 210.
政府資金移転時、23行に過ぎなかった民主党お気に入りの銀行は、ジャクソンがヴァン・ビューレンに引き継いだ時89行と増加していた。

注(9)「資料Ⅳ」 1834年～1846年、連邦政府収入内訳

（ドル）

年	関　税	公有地	雑収入	合　計
1834	16,214,000	4,857,000	720,000	21,791,000
1835	19,391,000	14,757,000	1,282,000	35,430,000
1836	33,409,000	24,877,000	2,540,000	50,826,000
1837	11,169,000	6,776,000	7,009,000	24,954,000
1838	16,158,000	3,730,000	6,414,000	26,302,000
1839	23,137,000	7,361,000	984,000	31,482,000
1840	13,499,000	3,411,000	2,570,000	19,480,000
1841	14,487,000	1,365,000	1,008,000	16,860,000
1842	18,187,000	1,335,000	454,000	19,976,000
1843	7,046,000	898,000	287,000	8,231,000
1844	26,183,000	2,059,000	1,078,000	29,320,000
1845	27,528,000	2,077,000	365,000	29,970,000
1846	26,712,000	2,694,000	293,000	29,699,000

1834年～1846年、連邦政府支出内訳

（ドル）

年	陸　軍	海　軍	インディアン	人件費	債務費	雑　費	計
1833	6,704,000	3,901,000	1,802,000	4,589,000	303,000	5,716,000	23,018,000
1834	5,606,000	3,956,000	1,003,000	3,364,000	202,000	4,404,000	18,627,000
1835	5,759,000	3,864,000	1,706,000	1,954,000	57,000	4,229,000	17,573,000
1836	11,747,000	5,807,000	5,037,000	2,882,000		5,343,000	30,868,000
1837	13,682,000	6,646,000	4,348,000	2,672,000		9,895,000	37,244,000
1838	12,897,000	6,131,000	5,504,000	2,156,000	14,000	7,160,000	33,865,000
1839	8,916,000	6,182,000	2,528,000	3,142,000	399,000	5,725,000	26,896,000
1840	7,095,000	6,113,000	2,331,000	2,603,000	174,000	5,995,000	24,314,000
1841	8,801,000	6,001,000	2,514,000	2,388,000	284,000	6,490,000	26,482,000
1842	6,610,000	8,397,000	1,199,000	1,378,000	773,000	6,775,000	25,135,000
1843	2,908,000	3,727,000	578,000	839,000	523,000	3,202,000	11,780,000
1844	5,218,000	6,498,000	1,256,000	2,032,000	1,833,000	5,645,000	22,484,000
1845	5,746,000	6,297,000	1,539,000	2,400,000	1,040,000	5,911,000	22,954,000
1846	10,413,000	6,455,000	1,027,000	1,811,000	842,000	6,711,000	27,261,000

出典：Davis Dewey, Financial History of the United States, New York, 1907, op. cit. p. 246.

有する財産であるからして、不在地主なる「特権と独占」を有する土地投機業者より「額に汗して大地を耕す人々」を守るのは合衆国大統領の責務たる事を連邦議会に宣言した。(cf), James D. Richardson, A compilation of the Messages and Papers of the Presidents, 1789~1897, Vol. Ⅲ Tennessee, 1899, op. cit. p. 249.

(13) Macdonald, ibid, op. cit. pp. 290~291. 一八三七年二月十日上院ではカルフーン、クレイ、ウェヴスター等が中心となり四一票対五票で可決され、同年二月十八日下院も賛成多数で可決した。

(14) Dewey, ibid, op. cit. p. 229.

(15) 我々は一九二九年十月二十四日、米合衆国、ニューヨーク市のウォール街を突如襲った株価大暴落が、オーストリア・ウィーン発の投資銀行三行の破産がヨーロッパ中に尾ひれをつけて駆け回った後、慌てたフランス、イギリス等ヨーロッパの銀行団がアメリカに投資していた資金の回収に走った事を想起するであろう。それは二年も経たずに全米中の銀行という銀行の支払い停止を引き起こした事を。アメリカ発の世界大恐慌勃発へ発展した事実を。

(16) Fred Albert Shannon, America's Economic Growth, New York, 1940, op. cit. p. 264. 一八三五年、一ポンド当り一六・七セントが一八三七年に入ると一ポンド当り九セントに下落した。

(17) Ernest L. Bogart. An Economic History of the United States, New York, 1925, op. cit. p. 235. 五月十日以降二ヶ月でニューヨーク市内の銀行倒産は二五〇行を数え、その資産総額四千万ドルが一晩にして消失してしまったという。ニューヨーク市のウォール街はその後五年から六年この大恐慌の重圧にさいなまれる事になった。以下の資料は一八三七年と一八四三年における全米二五州の大恐慌下における各州法銀行の数と資産の変遷を示すものである。

(18) Ernest Ludlow Bogart., An Economic History of the United States, New York., 1925, op. cit. p. 206.

(19) Andr'e Maurois, The Miracle of America, New York, 1944, op. cit. p. 229.

(20) Dewey, ibid. op. cit. p. 233.

注(17)　1829年～1843年、合衆国州法銀行と資本金、発券紙幣、貸出額

単位100万ドル

年	銀行数	資本金	発行紙幣額	貸し出し額
1829	329	110,2	48.2	137.0
1834	506	200,0	94.8	324.1
1836	713	251,9	140.3	457.5
1837	788	290,8	149.2	525.1
1843	691	228,9	58.6	254.5

出典：EL. Bogart, An Economic History of the United States, New York, 1925, op. cit. p. 234.

注(18)「資料Ｖ」　1838年、合衆国各州債務額　（ドル）

	州　名	銀　行	運　河	鉄　道	道　路	その他	合　計
1	アラバマ	7,800,000		3,000,000			10,800,000
2	アーカンソー	3,000,000					3,000,000
3	イリノイ	3,100,000	900,000	7,400,000	300,000		11,600,000
4	インディアナ	1,390,000	6,750,000	2,600,000	1,150,000		11,890,000
5	ケンタッキー	2,000,000	2,619,000	350,000	2,400,000		7,369,000
6	ルイジアナ	22,950,000	50,000	50,000		235,000	23,285,000
7	メイン					554,976	554,976
8	メリーランド		5,700,000	5,500,000		292,980	11,492,980
9	マサチューセッツ			4,290,000			4,290,000
10	ミシガン		2,500,000	2,620,000		220,000	5,340,000
11	ミシシッピー	7,000,000					7,000,000
12	ミズーリ	2,500,000					2,500,000
13	ニューヨーク		13,316,674	3,787,700		1,158,032	18,262,406
14	オハイオ		6,101,000				6,101,000
15	ペンシルバニア		16,579,527	4,964,484	2,595,902	3,166,787	27,306,700
16	南カロライナ		1,550,000	2,000,000		2,203,770	5,753,700
17	テネシー	3,000,000	300,000	3,730,000	118,166		7,148,166
18	ヴァージニア		3,835,350	2,128,900	354,800	343,439	6,662,189
	合　計	52740000	60,201,551	42,871,084	6,618,868	8,474,684	170,356,187

出典：Ernest Ludlow Bogart, An Economic History of the United States New York, 1925, op. cit. p. 206.

※無債務州（州）
1　コネチカット
2　デラウィア
3　ジョージア
4　ニューハムプシャー
5　北カロライナ
6　ロードアイランド
7　ヴァーモント
※債務不履行に陥った州
1　ミシシッピー
2　ルイジアナ
3　メリーランド
4　ペンシルバニア
5　インディアナ
6　ミシガン
※自力で債務解決に成功したのはニューヨーク州とオハイオ州のみである。

注(20)　財務省欠損金（歳入不足額）余剰金配分不足金

（単位ドル）

年次	歳入不足金	各州配分不足金
1837	12,300,000	
1838	7,500,000	
1839		4,600,000
1840	4,900,000	
1841	9,600,000	
1842	5,200,000	
1843	3,340,000	
累計	42,900,000	4,600,000

出典：Dewey, ibid, op. cit. p. 233.

おわりに

一八三七年五月十日、ニューヨーク市・ウォール街の銀行支払停止に始まる金融恐慌は、その後全国へと波及した。一般剰余金配分は三回分、二、八〇〇万ドルを支払った後[1]、政府預金を預かるペット銀行は機能喪失状態に陥った。一般庶民層が預金引き出しを求めて銀行に殺到した。婦人達は閉じられた銀行の扉をたたいて払い戻しを要求した[2]。都市では物価高騰に対する抗議集会が相次いだ。翌三十八年に入ると恐慌は一八二九年、一八三七年の恐慌の規模をしのぐものとなった。ニューヨーク市では治安を守る為に合衆国軍が出動する有様となった。世論はヴァン・ビューレン内閣の責任を追及し始めた。銀行破産が続いた事から通貨不足が発生した。都市の商店主等は印刷した証券でそれを補った。例えばある都市の商店では「当証券では一枚の牛の舌と、二枚の焼き菓子に限り交換可能[3]」と印刷されて流通していた。

こうした国民経済の悪化に対し、ヴァン・ビューレン内閣の対策は「時を待つ」事に情勢の好転を期待した。ヴァン・ビューレンは特別議会を招集、議会で施政方針を表明した。「合衆国政府には紙幣の価値を維持する責任はなく、雇用、労働が存在しない所に紙幣価値が発生するなどという信心話には責任を負うものではない[4]」と。

ヴァン・ビューレンは「労働の尊厳」を信頼した。アメリカ国民が力を併せ、従来にも増して勤勉、節倹、忍耐を旨とする敬虔なキリスト教徒なる、神に選ばれしカナーンの地に集いし人々は、隣人愛を貫く為、産業活動を通し、獲得した「富」を合衆国国民経済全体の発展、向上に資するなら、現下の困難な情勢を必ず克服する事を信じた。

ジャクソン、ヴァン・ビューレンは広範なる無産大衆層等の経済失政を難じる怨嗟の声になんらなす術がなかった。

ヴァン・ビューレンの議会における右の如き声明は自身の体験に基づく信念以外の何ものでもなかったから、実業界あげてヴァン・ビューレン内閣の無為無策ぶりを批難、激昂した連邦議会は大統領に政府資金の投入を要請した。大統領は以下の如く表明した。「現行紙幣なる政府資金を銀行に預け入れる事は、インフレーションを更に拡大する事になる。紙幣は独立した国庫に委託すべきであり、連邦政府の全ての支払いは、金あるいは銀で行なわれるべきである[5]」と引き続き自説を開陳した。

確かにヴァン・ビューレンの声明は、資本主義的、会計学的、合理主義的銀行経営者としては正当なるものであった。だが庶民大衆と実業界は大統領を憎悪した。

不景気の時に政局に立つ事は政党にとって破滅であった。それは多くの史実が実証していた。ヴァン・ビューレン民主党内閣の「時を待つ」政策に対して、ホイッグ党は大統領と民主党内閣のこうした無為無策ぶりに政権攻撃の機会を得る事になった。

我々は次にこうした恐慌の間接的影響についても考察を進めなければならない。

アメリカ国民は依然建国者達が掲げた合衆国独立の精神とその国造りの理念に、国家と社会の偉大なる発展を信じていた。

ジェファスニアンデモクラシーは旧ヨーロッパ大陸に匹敵する領土をルイジアナ地方に見た。ジェファスンは後継者達に同地開拓に際して、ミシシッピー河以東には百年単位の年月と、同河以西には更には千年以上の歳月が必要とする程、ルイジアナ領の広大無辺を豪語した。

だが土地投機という転売の度に、濡れ手に粟の宝の山と、グリーン・スネーク（青いドル紙幣）が囁く儲け話の声に全てのアメリカ人が投機熱に冒され浮かれてしまった。結果、国庫が有する正貨を遥かに越える紙幣なるグリーン・スネークの大濫造、大濫発となり今や右にみた如き、アメリカ国家と社会の存続を足元から揺るがす単なる紙製の国家を建設したに過ぎなかった事が判明した。ジャクソンの登場と軌を一にした運河、橋梁、鉄道、国道建設等の、こうした一大公共事業には膨大な資金が必要であった。だが建国未だ道半ばの合衆国には、こうした資金はなかった。アメリカ国民経済の成立に向け、膨大な資金不足を克服し、成功させるものは、アメリカ国民の熱狂以外には何もなかった。我々はこうしたアメリカの国内資本不足の解決を目指し、ヨーロッパ資本の導入に依存したその経過についてもみてきた所であるが、それを可能にしたのは、合衆国の正貨なるドルを担保する硬貨にあった事を再び想起しなければならない。

エリー運河成功以来、ニューヨーク州の躍進ぶりをみた各州は、ニューヨーク州に続けとばかり各種の事業計画の支援者となり、又、各州自身が運河、道路、鉄道建設事業を計画し、不足する資金を外国金融機関の資金に求めたから、その証書を発行、それを裏書きし、手形で保証した。

ここに恐慌が勃発した事から「資料V」にみた如く二五州中一八州が利払不能に陥り、ミシシッピー等六州が債務不履行に陥る等各州は破産状態となった。ヨーロッパの投資家、銀行家の批難は合衆国政府の無策ぶりに集中した。ヴァン・ビューレンは閣議を招集、R・ウッドベリー財務長官はアメリカ政府保証の短期財務省証券発行に踏み切った。

我々はこうした恐慌がその後、四年にもわたり続いた事から、その直接の打撃をもろに被った階層を直ちに知る事になる。恐慌はアメリカ国民経済の最も脆弱な部分を構成する一般庶民層を直撃した。だがアメリカの一般大衆層なる工場労働者、熟練工、農民、小商人等は破産宣告を受けたけれども二度《ふたたび》、三度《みたび》の再起を期した。こうしたアメリカの庶民層は、度重《たびかさ》なる恐慌にもかかわらず、大陸奥地なる辺境未開の西方に避難した。そうした西方奥地は彼等の「労働の尊厳」を不断に再生した。額に汗し大地を耕す人々は、フェニックスの如くに再起し蘇った。ターナーの指摘を待つまでもなく我々もこうした辺境未開なる大地の存在こそアメリカ精神を二度、三度と不断に再生するカナーンの地である事に異論を有しない。かくして以降、アメリカの人々は、政府の公有地政策の変更を求めることになった。

我々は今やヴァン・ビューレン内閣による公有地売却収入を歳入の原資とする公有地政策が今や何一つ好ましい結果をもたらさなかったばかりか、今日、それは合衆国国家と国民にはかりしれない災厄をもたらした事になった。

かかる経過より「公有地政策」を変更、アメリカ合衆国と国民全体の健全性と利益に連なる、「額に汗し、大地を耕す人々は神が選びたもう選民である」との建国の父祖が遺言に托した如く、勤労精神と労働の尊厳の実現を目指しカナーンの地の開拓を志す人々の移住を奨励する政策に転換する事になった。

注

（1）Dewey., ibid, op. cit. pp. 229～231, pp. 231～233, 剰余金配分法は一八三七年一月一日、四月一日、七月一日のみ支払われただけであり、最後の十月一日にはニューヨーク市の銀行倒産は二五〇行に達し、消失した資金は四千万ドルに達したと報告されている。又、ニューヨーク市が投資していた鉄道、運河への資金二千万ドルも消失、労働者二万人が七月までに失業した。

（2）Maurois., ibid, op. cit. pp. 228～229.

（3）Maurois., ibid, op. cit. p. 229.

（4）Maurois., ibid, op. cit. p. 229.

（5）Maurois., ibid, op. cit. p. 229.

第二章　ハリソン、タイラーの施策
――テキサス領有――

はじめに

ジャクソン、ヴァン・ビューレン民主党政権下、北東部、工場労働者層や、中部、西部の自営農民層、熟練工、商人層等、従来、アメリカ政治の表舞台から阻害されていた人々を白人成人男子普通選挙権の普及と共に、政治の中心層へと押し上げたから、こうしたアメリカ社会の多数を占める人々は、憲法に著された人間が生まれながらに有する自由で平等なる権利を現実の政治に実感した。

一方、全てのアメリカ人の子弟に対する公費による初等教育の全国的普及が進展した事から、アメリカ社会の底辺に位置したこうした一般庶民層、無産大衆層なる人々は、自らは出自や教育の機会には恵まれなかったが、自身の子弟達は、国費による教育を等しく受ける事により、自らの環境を教育を通して改善し得る道が開かれた。かくして旧大陸にみられる無産大衆層による社会変革が、武器を執って行なわれた事に対して、合衆国では「投票」という「平和的手段」による行動によって実現し得る事を身をもって示した。

ジャクソン、ヴァン・ビューレンを担いだ西部農民層と、北東部の工場労働者層や中部の実業家等の連携による恒産所有層が支持するホイッグ党より民主党への「政権交代」はその何よりの証しであった。

続いて、一八三七年、ヨーロッパに端を発した信用不安がアメリカの銀行倒産に始まる経済恐慌勃発の原因となった事から、野党ホイッグ党も民主党同様、財政収入を目的とする公有地売却による未曽有の収益が、今や、国家の発展に何等有用さをもたらさぬ事に気付いたばかりか、反対に国家に甚大な大災厄をもたらした事から、収益を目的とする公有地政策を変更、西方領土開拓を目指す「現実入植主義」に転換。従来「スコッター・Squatters」[1]なる無住地占有者等を含む、開拓者移住を優先、奨励する為に「未占有地（無住地）先取権法」[2]を採択する事となった。

ホイッグ党による公有地政策が従来の財政収益主義から「現実入植主義」優先へと政策の方針を転換した事から、民主党支持の中核をなした西部、中部、北西部農民層はホイッグ党のこうした政策転換の有効さに明日の地主や、農場主への道が開けた事に気付いたから、ホイッグ党を支持する事になった。

恐慌は未だ全米二六州を巻き込み、多くの州が外国資本（主にイギリス）の債務の重圧に苦しんでいた。[3]北東部や中部の諸都市では工場閉鎖が相次ぎ、労働者の失業、銀行の倒産は全般的となったが、ヴァン・ビューレン内閣の短期国債発行が合衆国と国民の破産を回避した。中部のニューヨーク州と西部のオハイオ州が自力で金融危機を脱出した。[4]続いて北東部より西部への入り口に立ったケンタッキー州と南西部への入り口に位置したテネシー州が続いた。ヴァン・ビューレン内閣は西部開拓に向けて、ヨーロッパからの移住民を奨励した。時を同じくして、南部の綿花の需要が拡大した。イギリスの国民的産業（繊維、機械、製鉄、金属等）が世界市場を席巻していた。未だ恐慌の傷跡は深刻であったがそれでもアメリカはフェニックス（不死鳥）の如く立ち上がった。

辺境未開なる西方奥地に控える広大無比なる領土は未だ大自然のもとにあった。T・ジェファスンがナポレオンよりルイジアナ地方をただ同然に購入した時、同地をアメリカ国民に千年王国の地と豪語した如く、ルイジアナ領土のみで旧ヨーロッパ大陸に匹敵する程、広大な地方であった。

ジャクソン、ヴァン・ビューレンは西方領土開拓に意欲を示した。両内閣は、西方領土開拓に際し、開拓を阻害する先住民、赤銅インディアンに対する掃討戦を続けていた。抵抗する部族は婦女子、子供まで抹殺された。殺戮を免れた先住民は合衆国陸軍の銃口の監視下、老若男女部族ごと、ミシシッピー河以西、指定されたオクラホマの不毛の荒地を目指して追い立てられていった。老幼婦女子等長旅、病疾、疲労に倒れた者から打ち捨てられていった。涙の小道はいたる所にみられた。先住民が去った土地の後には白人入植者が入って来た。その先にはオレゴンへの道やサンタフェへの道が建設される事になった。

アメリカ国民経済の多数を占める農民層等・一般庶民大衆層は恐慌の度ごとに西方奥地に避難した。辺境未開なる西方大地は、二度《ふたたび》、三度《みたび》、入植者を再起させた。我々は言葉を継いで言おう。一八三七年に始まる恐慌を克服し、アメリカ国民経済をフェニックスの如く不断に再生させたのは西方奥地に控えるこうした辺境であると。ルイジアナ領の遥か西方、オレゴン地方、テキサス地方占有を決意したジャクソン、後継ヴァン・ビューレンは経済再建を掲げ、大統領再選を目指した。一方、ホイッグ党はジャクソン、ヴァン・ビューレン民主党内閣の経済失政、無策を攻撃した。両党は一八四〇年の大統領選挙に向け走り出した。我々は以下、ヴァン・ビューレンの再選か？　ホイッグ党の政権復帰か、西方領土との関わりより伺う事にする。

注

（1）Frederick J. Turner., The Frontier in American History, New York, 1920, pp. 272～273, ペンシルバニア p. 101, 中西部 p. 137, を見よ。建国一三州を古い西部とし、以降アパチア山脈以西に建設される新州を新しい西部と指摘、こうした新西部開拓の第一線に立ったのが身体一つで大自然に対峙した「スコッター・Squatters」なる未占有地開拓者層であった。例えば、一七二六年、ペンシルバニアの一〇万以上の人々がスコッターと称される人々で、六七万エーカーを所有、独立後、中西部・北西部地方のオハイオ、インディアナ、イリノイ開拓に向かった。

（2）Bogart, An Economic, ibid, op. cit. p. 261, 辺境未開、西部公有地開拓は一区画、三六〇エーカーの一托売却方式（一エーカー二ドル）であった事から、庶民層にとっての土地取得は困難であった。そこで庶民層にとっては更なる土地区画の細分化と、一エーカー当たりの価格引き下げ要求は実に切実なものがあった。だが連邦政府の収入が、公有地売却と関税収入が中心であったから、こうした国民共有の財産を巡る論争に、社会の最底辺に位置するスコッター層なる開拓の最前線に立った人々は、「無償取得・Redemption」の立法化を求める事になった。

（3）Bogart, An Economic, ibid, op. cit. p. 207, ジャクソンが一八三九年に全米二五州の債務を見積もった所、前年の一億七千万ドル余から二億ドルへと増大、又同額を国内の株式会社が負っており、年々の利息を一、二〇〇万ドルと見積もった。

（4）Bogart, An Economic, ibid, op. cit. p. 208.

第一節　ハリソンからタイラーへ

一八四〇年十一月最初の火曜日は四年に一度の大統領選挙の日である。全ての白人成人男子に普通選挙権が普及したから、民主、ホイッグ両党は五月早々、全国党大会を開催、候補者選考に入った。

大恐慌の傷は未だ癒えず、不景気に喘いでいた。いつの世もそうであるが、政権党にとって、経済政策の失敗は致命傷となる事は多くの史実が例証していた。

我々ははじめにみた如く、ヴァン・ビューレン内閣がジャクソン内閣より継承した負の遺産、第二合衆国銀行廃止、正貨支払令という失政に同情を禁じ得ないが、その遠因が、民主党を政権党へ押し上げた、あくまで楽天的な西部農民層と中部の金融、投機、実業家層を始めとする土地投機家層に起因する事を否定する事は出来ない。就中、中央銀行に代わるニューヨーク市銀行団の主将、Ｍ・ヴァン・ビューレンと彼の支持者、オルバニー・リージェンシーや同志達、ニューヨーク市、タマニー協会員等の責任は極めて重大であった。

一方、テネシー州ナッシュビルの「ハーミテージ草庵・Hermitage」に余生を過ごす民主党領袖《りょうしゅう》Ａ・ジャクソンが、ヴァン・ビューレンに寄せる信頼には揺るぎがなかった。又、ジャクソンの反特権、反独占への闘いが、恐慌の引き金となったばかりか、西部の公有地を不在地主等、投機業者から守り抜くとする「正貨支払令」は西部に次々と成立する新州を、こうした土地投機筋から救出する政策であったが、史実は、中央銀行の健全経営を廃止した事から、富裕な不在地主や大金融家層を打倒する為の施策は反対に、一般庶民層を痛打する事になった。こうした痛打にもかかわらず、一般庶民層は「人民の代表者をして大統領たらしめよ!!」と獅子《しし》咆哮《ほうこう》するジャクソン、ヴァン・ビューレンの政策に、従来通り一般庶民なる勤労者、無産大衆層は彼等の声を代表する民主党政権を支持したのである。その結果、こうした無産大衆層、一般庶民層は強大な権力を有し、一般庶民層の犠牲の上に立つ巨大な合衆国銀行の再現を嫌悪したのである。我々がこうした強大な合衆国銀行の再生を知る事になるのは今日「アメリカ連邦準備制度」が設立された一九一三年以降の事である。

かくしてジャクソンはナッシュビルの草庵からヴァン・ビューレンに再出馬を促した。ボルチモアに開催された民主党大会は再び、現職正副大統領を候補者に指名するとヴァン・ビューレン、Ｒ・ジョンソンはこの栄誉を受諾した。だが今や、ヴァン・ビューレンの魔術は金メッキが剥がれ落ち、単なる手品師の使い走りに過ぎない事が判明した。副大統領Ｒ・ジョンソンは戦場の勇士であり恐慌対策には疎遠であった。閣内ではＪ・イートンのみが内政、外交に通じていたが、今日閣内を去りスペイン大使の任にあった。他の閣僚は弁護士やジャーナリスト出身者であり、経済恐慌克服の施策に何等有効な手立てを打つ事は出来なかった。

かかる恐慌と続く不景気の真っ只中で行なわれる大統領選挙戦が、ヴァン・ビューレン民主党政権にとって全く不幸なものとなる事は誰の目にも明らかであった。だがテネシーの国民的英雄、A・ジャクソンを支持し「アンドルー王万歳!!」と叫ぶ一般庶民層は依然彼と民主党を支持した。特に西部や北西部、中部の自営農民層、北東部の工場労働者や熟練工、小商人層、実業家層等はジャクソンの施策が恐慌の引き金となったにもかかわらず、彼の号令一下、ヴァン・ビューレン、R・ジョンソン、同時に行なわれる連邦下院議員選挙に民主党支持を決めた。辺境未開なる西方に控える広大なる手付かずの大地が存在する限りは、ジャクソンは民衆の国民的英雄であり続けた。

一方、野にあったホイッグ党にとっては政権復帰の好機が巡って来た。前回立候補を表明した如く、候補者は多士才々、十指に余る才能に恵まれ、合衆国中にその名声を轟かす人物が揃っていた。

我々はまず国内の政治情勢より伺わなければならない。民主党、ホイッグ党なる二大政党制による政権の座を競い合う政党政治はジャクソンの登場以降成立する政治形態である。ジャクソン民主党の綱領はジェファスニアンデモクラシーを「異花受胎」とする政治思想であるから、国内政策を巡る、両党の主張には明らかな相違がみられた。左に紹介する如くである。

『○関税論

南部のプランターと西部、中部の農民層が低関税を求めたのに対し、北東部、中部の実業界を代表する工場主達は、各種製造工業保護の立場から高関税を主張、一八三三年、H・クレイの妥協関税により、一〇年をかけて二〇%台前半の関税率に復帰する事で合意した。

○銀行論

西部、北西部、南部、南西部の農民層は州法銀行による紙幣通貨を要求したが、北東部の銀行家、金融家、実業家達は全国一律の貨幣（硬貨）発行権を有する中央銀行の存続を求めた。だが恐慌の勃発はこうした政策が正しかった事を証明したから、中部、ニューヨーク州の実業家ヴァン・ビューレンは政策を転換、新たな第三合衆国銀行再設立を連邦議会に求めたが、西部、北西部、南部、南西部の反対により挫折した。

〇内陸奥地開発論

南部、南西部は連邦政府による国庫金投入に憲法の厳格解釈を楯に反対した。政権与党となったヴァン・ビューレン内閣は憲法を広義に解する立場より厳格解釈、州権論に反対、引き続き、運河、鉄道、国道建設を目指した。だが恐慌勃発により各州が巨額の債権を負いその重圧に喘いでいたから、ヴァン・ビューレン内閣は「時節を待つ」政策に転換、内陸開発を中断した。

〇公有地論

大陸奥地、西方、未開拓地なる領土（公有地）売却に際し、西部、北西部は小区画、低価での売却を要求したが、連邦政府は財政収入の立場から一括売却を主張、南部、南西部が西部の主張を支持。小区画、低価格論の最中に大恐慌勃発。ヴァン・ビューレン内閣は財政収入主義を転換、「現実入植主義」なる小区画、低価格化へ舵を切る。

〇奴隷制度論

一八二一年の「ミズーリ協定」により同州西方州境三六度三〇分以北を自由州、同以南を奴隷州とする事で南北対立妥協成立』

次いで外政問題である。合衆国外交に関し建国の父祖等は国際紛争に巻き込まれる事を警戒、遺言した。列強の大陸政策、政争には不介入を国是とするモンロー宣言により「南北アメリカ大陸にヨーロッパ諸国の介入を阻止」、合衆国は建国間もない新興独立国として内政の充実に一意専心すべき事を外交の指針とした。

建国半世紀を経て、一八二六年、ジェファスン、Ｊ・アダムズ等建国の父祖が相次いで死の谷に歩みを進めると、三一年、J・モンロー、三五年、最高裁長官、J・マーシャル、三六年、J・マジソンが後を追った。栄光を誇っていた南部のヴァージニア王朝にたそがれを告げる鐘の音が響いた。

その年、ヴァン・ビューレンはジャクソンの号令一下、庶民の代表として、彼の意志を継ぐ事になった。だがその時、北東部メイン州から太湖にかけて、国境を接するイギリス領カナダ植民地が、合衆国独立の再現を掲げて、宗主国に対して独立闘争を開始した。[1] ヴァン・ビューレン大統領は「遺言通り独立闘争への不介入」を宣言した。だが合衆国の躍進ぶりは隣国カナダ植民地の人々に勇気を与えた。ドイツの国民的政治経済学者、F・リストはアメリカより祖国への帰国に際して、合衆国の躍進ぶりを称えて、建国（少年）より独立国（大人）への成長を成し遂げた暁には、大人の務めとして国際関係論を構築すべき施策をその「著作」に説いた。[2] 今日、米合衆国ルイジアナ領の西方に位置し、イギリスと共同統治するオレゴン領有を目指し、あるいはその南にはメキシコと国境を接する地に独立を果たした「テキサス共和国[3]」のアメリカ合衆国編入が新たな外交問題として浮上してきた。

情勢かくの如く、未だ恐慌の傷跡癒えず、内外共に急迫する課題の中、第九代合衆国大統領選挙が行なわれる事になった。ジャクソンはヴァン・ビューレン、R・ジョンソンの再選を目指し、ナッシュビルのハーミテージより「民衆の代表者をして大統領たらしめよ!!」と、二度《ふたたび》・三度《みたび》、一般庶民、大衆層にヴァン・ビューレン再選支持の檄をとばした。

対してジェファスニアンデモクラシーを奉じるリパブリカン政党後継内閣を掲げながら野にあったJ・Q・アダムズ等は、ジャクソン、ヴァン・ビューレン民主党に反対する全ての勢力を結集した。更にH・クレイ、D・ウェヴスター等はホイッグ党政権樹立を目指して、政策、綱領の作成に集中した。北東部のホイッグ党支持層、実業界、工場所有者達、知識人層は、前回一〇氏に余り乱立した候補者の一本化に失敗した苦い経験から教訓を得た。北東部の富裕な知識人層を読者とする「ボストン・アトラス紙[4]」は前回一般投票にホイッグ党候補者の最高得票を獲得したオハイオ州ノースベントの老将軍、今年七〇才の高齢ながら、老いてなお盛んなW・H・ハリソン陸軍少将に政権奪還の正夢をみた記事を載せた。「アメリカ体制」を掲げジャクソンに対抗、西部の真の代表者の意地を賭けて闘志を燃やすH・クレイ、北東部の実業界を代表すると自他共に認める雄弁家D・ウェヴスターを含め、前回大統領選挙に名乗りを上げた他の八氏は立候補を断念、W・H・ハリソン支持を表明した。我々は次に、ヴァン・ビューレンの再選を目指す施策を伺わなければならない。

ヴァン・ビューレンの恐慌対策の柱はすでにみた如く、短期国債の発行により連邦政府の財政危機を回避したが、続くギリス発の恐慌に向けた施策の閣議の最中、彼とジャクソン大統領が中心となって推し進めた銀行の中の銀行なる合衆国銀行の廃止であった。しかしそれが今般の大恐慌の引き金をひき、あまつさえブーメランの逆襲の如く、ヴァン・ビューレン内閣とアメリカ国民経済を直撃したから、自身の経済政策が全くの失敗である事を思い知らされた。そこで彼は連邦議会に特別議会招集を要請。第二合衆国銀行に代わる、連邦政府による中央銀行の再設立を要請した「第三合衆国銀行」の設立である。だが彼のこうした政策の転換は、ジャクソン政権以来民主党が展開してきた所の党綱領に掲げた政策を自ら放棄するという自己矛盾を表明する施策であったから、各州法銀行を抱える西部、北西部、南部、南西部諸州選出議員の反対のみならず、ヴァン・ビューレン民主党議員等からも反対者が続出、成案を見る事は出来なかった。

一方民主党支持の中核を担った西部、北西部農民層と共に、彼等農民層と提携する北東部、中部の工場労働者層にも恐慌は大打撃を与えていた。無産大衆層なるこうした地域の工場労働者、熟練工らは一八三七年、恐慌が全国的規模に拡大する前、各職種別に労働組合の組織化が進展、組合員数は三〇万人を数え、[5]一〇時間労働、正貨での賃金の支払い[6]、公立学校教育の公費負担の普及等々の要求を掲げ、次々と実現、憲法に著された合衆国市民として、生まれながらに有する人間としての基本的人権、平等権、自由権、機会の均等等に、旧大陸には決して存在しない「労働の尊厳」の実現をみたから、アメリカの地こそ聖書に著された所のカナーンの地なる事を確信した。だがこうした労働者階級の環境改善に向けた組合運動に向かって恐慌が直撃した。各地に工場閉鎖が続出した。仕事を失った労働者の多くは都市近郊の農村出身者であったから、多くは親元の農場に向かったが農場も疲弊の極みにあった。一方、身体一つが財産の労働者はやむをえず市や町の救貧院に向かわざるを得なかった。労働組合運動はたちまちの内に挫折、雨散霧消してしまった。ジャクソンのヴァン・ビューレン支援要請の声も、組織的労働組合員のもとには届きそうにもなかった。だがしかしそれでも失業した労働者にとって、大陸奥地なる辺境未開に控える広大無辺なるフロンティアの地が存在する限り、彼等はフェニックスの如く再生したのだ。フロンティアの存在する限り彼等は民主党を支持した。

一方、ヴァン・ビューレン大統領の再選戦略に又一つ暗雲が覆った。太湖より北方のメイン州にかけて国境を接する隣国、英領カナダ植民地が宗主国イギリスを相手に植民地独立宣言を発し、植民地解放闘争を開始したのだ。国境を接する北東部、メイン、ヴァーモント、中部、ニューヨーク州より独立軍支援に義勇軍派遣騒動が勃発、ヴァン・ビューレンは翌三十八年一月五日、中立宣言を発し、「モンロー宣言」を合衆国外交の基本とする事を内外に発した。だが紛争は続き(7)、ヴァン・ビューレン内閣は内憂外患に苦しむ事になった。

かかる情勢下、ホイッグ党はミシシッピー河以西、ルイジアナ領土に向けた内陸開発政策を党綱領に取り入れ「アメリカ体制」なる国民経済の再建策を選挙戦に採択した。党指導部はこうした政策の推進により現下の不況を脱し、ジャクソン、ヴァン・ビューレン内閣により大打撃を受けた「アメリカ体制」を再建、近代的工業国家論の再構築を目指す事になった。

こうした選挙戦最中、ホイッグ党支持を掲げる機関紙「ボストン・グローブ紙」が記事に掲げた一文、「ティペカヌーのハリソンにタイラーをも(8)」という響きは、民主党が掲げる「ニューオーリンズのジャクソン」に匹敵する効果をもたらした。

共に第二次対英戦争の国民的英雄ながら、七〇才の高齢にもかかわらず老雄ハリソン将軍はなお意気軒昂《いきけんこう》、戦意旺盛、ミシシッピー河以西オレゴン、テキサス、カリフォルニアに向けたフロンティアの開拓に危険な障害となる全ての赤銅インディアン諸族を征討すべしとする宣言をホイッグ党の選挙公約に掲げた事から、同公約は辺境未開なる西方奥地を目指す「西漸運動」を一層奨励し、障害となる先住民は部族ごと抹殺するとの宣言に他ならなかった。

かくしてホイッグ党の全機関紙は一斉に、ボストン・グローブ紙の記事を転載した。それはジャクソン、ヴァン・ビューレン政権がミシシッピー河以東の地の開拓に抵抗する北東部全インディアン部族征討政策の再現を公約に掲げたものに他ならなかった。ジャクソン、ヴァン・ビューレン支持の農民層がホイッグ党支持に動いた。オレゴン、サンタフェ道への展望が開けた。障害となるインディアンの土地入手の好機が再び到来した。

ホイッグ党は民主党のスローガンを逆手にとり、「ティペカヌーのハリソン」を候補者に指名、アメリカの人々の愛国心に訴える戦術を採択した。更に民主党が掲げる「勝者が全てを取る」との猟官主義も採択、官職交代制を連邦政府の役職に適用。労働者の正貨による賃上げ要求を掲げるなど支持拡大に向け、ヴァン・ビューレン候補打倒に向けなりふり構わぬ戦術に打って出た。

我々はこうした両党による一八四〇年の大統領選挙戦を更に立ち入って伺わなければならない。二大政党政治が開始されたその経過を以下に明らかにする。

ホイッグ党、Ｗ・Ｅ・ハリソン候補者支持を鮮明にしたのは従来、北東部や中部諸州の恒産所有者層等、建国以来の名門、博識階層と新たに「アメリカ体制」なる近代的工業国家論に自信を示す工場経営者、実業家、銀行家、金融業者等を中心とする階層であった。一方民主党、ヴァン・ビューレンがジャクソン支援下、庶民の味方、代表として再選を目指す今回の選挙には、恐慌と中央銀行に対する激しい攻撃で打撃を受けた人々や、ジャクソンの国家主義的強権政治に嫌悪を覚えたジェファスン以来の「南部州権論」支持者等がホイッグ党支持に回った。こうした支持者達はホイッグ党が従来主張した所の「アメリカ体制」に、新たに採択した国民経済成立を目指すとする「農業、工業、商業の三位一体」なる近代的工業国家建設を政策とする再建論に、不景気脱出の展望を見た人々であった。

かかる支持者達は「生来の民主党拒否感情」に駆られてホイッグ党支持に結集したのである。デモクラットなる響きにポピュリズムの匂いを鋭く嗅ぎとった人々であった。

更にホイッグ党支持者が現れた。ジャクソンとヴァン・ビューレンの「公有地政策」に対する同党が選挙のスローガンに掲げた公約「ティペカヌーのハリソンを」とする標語は、西方インディアンに対する聖戦宣言であったから、新たな西部開拓を目指す人々にとって、インディアンの危険が除去されオレゴンへの道や、サンタフェへの道に向け、安全な開拓路が連邦政府により建設される事を確信したのである。しかもその保障が、合衆国陸軍の護衛の下に行なわれるという事であるから、獰猛で危険な先住民を駆除し、彼等の肥沃な土地はおろか、土地の肥えたオレゴン、果てはテキサス、カリフォルニア地方までもが視野に入ってきた事に気付いた人々であった。

一方、こうしたホイッグ党に対する支持拡大を受けて同党領袖者達は、ハリソン候補に対する彼の政治経歴に一抹の不安を覚えていた。そこで我々もヴァン・ビューレンの伝記を紹介した如くに、同様にW・E・ハリソン候補についても彼の経歴より伺わなければならない。

「W・E・ハリソンは一七七三年二月九日、ヴァージニア邦チャールズシティに、同州の奴隷制大農園主の子として誕生した。ジャクソン、ヴァン・ビューレン等全くの無名、貧困層の出自とは異なり、ハリソン家はヴァージニア邦を代表する富裕な、しかも名門家であり、彼の父、ベンジャミン・ハリソンは「アメリカ独立宣言」に署名した一三邦、六三名を代表する人々に列せられる程の博識家であった。父、ベンジャミン・ハリソンは建国の父祖の一人である。名門ウィリアム・ハリソンは一八才で合衆国陸軍に入隊、故郷を後にした。開拓の最前線オハイオ州に派遣され、インディアン戦争で名を上げ、第二次米英戦争時、陸軍少将に昇進、北部戦線の司令官として、イギリス・インディアン（ショーニー族）連合軍を打破、南部戦線のジャクソン陸軍少将と共に、その軍功により一躍国民的英雄となった。次いでインディアナ准州の知事を務め、後、同州が連邦に加入すると、インディアナ州より米合衆国連邦議会、下院議員、次いで上院議員に選出され、リパブリカン党、Ｊ・Ｑ・アダムズ大統領よりコロンビア大使に任命された。同大使在任後、南米大陸の植民地解放に立ち上がったシモン・ボリヴァルを知る事になった。それが原因となり、政権を新しく担った民主党ジャクソン大統領に解任され、故郷オハイオ州ノースベントに二、〇〇〇エーカーを所有する大農場主として野にあった(9)」と。

以上がハリソン候補の経歴である。世評に云う如く、ヴァン・ビューレン候補とはその出自、経歴に於て、全く異なるものであった。

ホイッグ党領袖者等とハリソンは、民主党副大統領Ｒ・ジョンソン大佐の対抗馬として同郷の士、ヴァージニア州・チャールズシティ市生まれの軍人にして建国の父祖、生粋のＴ・ジェファスン信奉者、リパブリカン党員ながら、今日ジャクソンと仲違いを起こし、頑固一徹なまでの州権論者として知られ、同州選出、連邦議会上院議員、ジョン・タイラーを指名した。ホイッグ党の狙いは南部民主党の分断にあった。

ホイッグ党の選挙戦のスローガンにタイラーが加わり「ティペカヌーのハリソンに、タイラーをも!!(10)」と。アメリカの人々は今日もそうだが「軍人の英雄」を国家の指導者に崇拝する。こうしたスローガンがホイッグ党支援の機関紙を飾る事になったが、民主党のスローガンは従来通り、ヴァン・ビューレン、Ｒ・ジョンソン支持に向けた「民衆の代表をして大統領たらしめよ!!」とするものであった。民主党には逆風が吹いていた。ホイッグ党のスローガンは選挙戦が進むと共にジャクソンの国民的英雄の声援に十二分に対抗し得る効果を発揮する事になるのであるが、我々は次にこうした選挙戦に思わぬ一石を投じる事になった「一事件」について更に伺わなければならない。

一八四〇年大統領選最中、ペンシルバニア州選出ホイッグ党下院議員チャールス・オーグルがヴァン・ビューレンに対する人身攻撃を開始した。曰《いわ》く「ホワイトハウスは王侯宮殿の如き豪華さに埋まっている(11)」として「民衆の代表をして大統領たらしめよ!!」と自任し常に民衆の代表を自負するヴァン・ビューレンに対し大統領としての資質を疑わせるべく輿論《よ》に訴えたのである。「ローマ帝国皇帝、カエサルにも比すべき皇帝にして、フランス制の香水、オーデコロンを使用、ルイ一五世のベッドに比肩し、金のスプーン、フォアグラ、金の装飾で飾りたてたイギリス製の馬車にのる伊達男!![12]」という如くに、ヴァン・ビューレンに対する辛辣な人身攻撃である。反対に、自党ハリソンに対しては次の如くその質素、倹約ぶりを世論に向けて訴えた。「西部のシンシネータス、インディアナのノースベントの無位、無冠の人物、西部の農夫等々[13]」と訴えたのである。

ジャクソン、ヴァン・ビューレン下、台所内閣と揶揄されたジャーナリスト出身のA・ケンドール、F・ブレア等も負けじとホイッグ党に反撃を開始した。民主党の各機関紙にハリソン攻撃が掲載された。こうしたキャンペーンにボルチモアの一ジャーナリストがハリソン攻撃に筆を執った。「ティップ老人はホワイトハウスよりも、ハードサイダー二樽と、年金二、〇〇〇ドルの丸太小屋の生活を!![14]」と。アメリカ大統領選挙戦がこうした二大政党による相手候補を陥れ蹴落とす「ネガティブキャンペーン」として始まり今日全米国民の注視する内に、我々は一国の指導者としての資質を見極めんとする大衆民主主義のいかにも遅々として進まぬデモクラシーのもどかしさを見る。だが我々はアメリカ民主主義のこうした稚拙な体験と経験の積み重ねの内に蓄積され、啓発される大衆の理性の内に、アメリカ民主主義の二大精神、人間の生まれながらに有する自由に対する信念と、共和政治に対する信仰にも近い信念の由来を知る事になるであろう。

大統領選挙戦に戻らなければならない。ボルチモアの民主党支持機関紙がハリソン攻撃に、ハードサイダー片手に、辺境開拓地に生きる老農夫の生活を揶揄した一文を載せると、ホイッグ党はこれを逆手にとり、西部開拓農民層の勤勉、忍耐、節倹ぶりを「山車《だし》」車の上に再現して「労働の尊厳」を有権者に訴えた。我々は当時のホイッグ党機関紙上を飾ったこうした「絵画新聞[15]」には、国旗の中に酒樽を挿入する紙面なども登場する事になった。[16] 例えば「山車《だし》」

車の上に丸太小屋をつくり、小屋の戸口にあらい熊の毛皮を張りつけ、その脇に一樽のハードサイダーを描き、小屋の上には煙突を備え、それを四輪馬車に載せて、ホイッグ党員、支持者等が手で引き、その後に参会者等が続き「……ヴァンは銀の器から冷たいワインを手にとり、バネがよく利いた長い椅子の上で休みをとる。ティップ老人は堅い木の椅子とハードサイダーにより休みをとり満足をする。ティペカヌーとタイラー万歳、万歳!![17]」と叫び、町や村々を回り、ホイッグ党への支持を訴えた。事実は全くの逆であった。

ナッシュビルのハーミテージにあったジャクソンは、こうした政治の逆風をまともに浴びた愛弟子、ヴァン・ビューレンと民主党の危機に直面、政権崩壊の危機を察知した。

ニューオーリンズの戦いに名声を博したA・ジャクソンも今や七三才を迎え、「ティペカヌーのハリソン」以上の老将軍であった。だがホイッグ党の「特権と独占」に反対する庶民の代表ジャクソンの敵愾心は未だ意気軒昂なものがあった。独立闘争に続くインディアン戦争、第二次米英戦争と、国家と国民、国土を守り抜き、多くの戦場を駆け抜けた身体には未だに弾丸が二発も残っていた。だが民主党の危機に病身を押し、ヴァン・ビューレン支持を訴える為全国遊説に旅立った。彼の部下として、アメリカ各地の戦場に従軍したかつての勇士達も今や、老境に達しつつあった。だがかつて救国の英雄としてナポレオン軍をワーテルローの会戦に破ったイギリス遠征軍をニューオーリンズの激戦に迎い打ち敵将、ウィリントン諸共撃滅、アメリカを救った老将軍が今また二度《ふたたび》、三度《みたび》、四度《よたび》と叱咤激励知る声を聞きつけると、将軍と共に戦野を駆け巡ったあの独立自営農

「資料Ｉ」　絵画新聞

出典：ミシガン大学、ウィリアム・L・クレメント図書館所蔵
André Maurois, A new History of the United States, London, 1948, p. 252.
ハリソンのハードサイダー（発泡酒）と改革に投票を！　というスローガンが国旗の中に描かれたが、以後、法律により禁止された

民等はヴァン・ビューレン民主党支持拡大を目指し、ジャクソン旗下に再び結集した。一方において両党によるこうした相手候補に対するネガティブキャンペーンに堕した選挙戦の是正に立ち上がった人々もいたのである。ペンシルバニア州選出、民主党上院議員ジェームズ・ブキャナンである。彼はジャクソンが民主党綱領に掲げた庶民を代表する政策の実現をヴァン・ビューレンの再選に托して奔走した。又、同様に、副大統領R・ジョンソンも「ティペカヌーのハリソンにタイラーをも」とするスローガンに対抗、ショーニー族大酋長「テカセム」から剥ぎ取った赤い上着を着て、逆風に晒されたヴァン・ビューレン支持の先頭に立った。

だがヴァン・ビューレン批難の声は

注(18)「資料Ⅱ」　1840年、各州大統領選挙人団

	州　名	下院選挙人	上院選挙人	各州選挙人	ヴァン・ビューレン	ハリソン
1	アラバマ	5	2	7	7	
2	アーカンソー	1	2	3	3	
3	コネチカット	6	2	8		8
4	デラウィア	1	2	3		3
5	ジョージア	9	2	11		11
6	イリノイ	3	2	5	5	
7	インディアナ	7	2	9		9
8	ケンタッキー	13	2	15		15
9	ルイジアナ	3	2	5		5
10	メイン	8	2	10		10
11	メリーランド	8	2	10		10
12	マサチューセッツ	12	2	14		14
13	ミシガン	1	2	3		3
14	ミシシッピー	2	2	4		4
15	ミズーリ	2	2	4	4	
16	ニューハンプシャー	5	2	7	7	
17	ニュージャージー	6	2	8		8
18	ニューヨーク	40	2	42		42
19	北カロライナ	13	2	15		15
20	オハイオ	19	2	21		21
21	ペンシルバニア	28	2	30		30
22	ロードアイランド	2	2	4		4
23	南カロライナ	9	2	11	11	
24	テネシー	13	2	15		15
25	ヴァーモント	5	2	7		7
26	ヴァージニア	21	2	23	23	
計		242	52	294	60	234

出典：J. F. Jameson, ibid, op. cit. p. 760.

恐慌に続く不景気のせいばかりではなかった。カナダ独立運動（一八三七年〜三八年）に、大統領が発した「中立宣言」に対し異を唱えた北東部、中部諸州が独立軍支援に「義勇軍」を派遣した事から大統領は合衆国陸海軍を動員、鎮圧した事も影響しカナダの独立軍は敗北を喫する事になった。アメリカ義勇軍の中心となったのがニューヨーク州であったから、民主党の支持者達であった人々の中からも大統領に反旗を翻し、ホイッグ党支持に回る実業家達が続出した。こうした例がカナダと国境を接するメイン州でも起きていた。同州では十一月から雪の季節となる事から、大統領選挙の投票日は八月末に行なわれていた。一八四〇年の夏は同州知事選と重なり、ホイッグ党のエドワード・ケントの圧勝となった。同州知事選がホイッグ党躍進に更に弾みをつける事になった。

　一八四〇年十一月最初の火曜日に投票が開始された。中旬には早くも大勢が判明した「資料Ⅱ[18]」にみる如く、大統領選挙人団の投票から開票された。結果、ハリソン候補二三四票、ヴァン・ビューレ

注(19)「資料Ⅲ」　1840年、一般投票大統領選挙

	州　名	ハリソン	ヴァン・ビューレン	バーニイ	総　計
1	ロードアイランド	5,278	3,301	42	8,621
2	デラウィア	5,967	4,884		10,851
3	アーカンソー	5,160	6,049		11,209
4	ルイジアナ	11,297	7,617		18,914
5	ミシシッピー	19,518	16,995		36,513
6	ミシガン	22,933	21,098	321	44,352
7	ヴァーモント	32,445	18,009	319	50,773
8	ミズーリ	22,972	29,760		52,732
9	コネチカット	31,601	25,296	174	57,071
10	ニューハンプシャー	26,158	32,670	126	58,954
11	メリーランド	33,528	28,752		62,280
12	アラバマ	28,471	33,991		62,462
13	ニュージャージー	33,351	31,034	69	64,454
14	ジョージア	40,261	31,933		72,194
15	北カロライナ	46,376	34,218		80,594
16	ヴァージニア	42,501	43,893		86,394
17	ケンタッキー	58,489	32,616		91,105
18	メイン	46,612	46,201	194	93,007
19	イリノイ	45,537	47,476	149	93,162
20	テネシー	60,391	48,289		108,680
21	インディアナ	65,302	51,695		116,997
22	マサチューセッツ	72,874	51,948	1,621	126,443
23	オハイオ	148,157	124,782	903	273,842
24	ペンシルバニア	144,021	143,676	343	288,040
25	ニューヨーク	225,817	212,519	2,798	441,134
計		1,275,017	1,128,702	7,059	2,410,778

出典：Fletcher W, Hewes and Henry Gannett, Scribner's Statistical Atlas of the United States, New York, 1883, p. plate, 7.

ン候補六〇票、続いて同年末までに全国一般投票の結果が確定した。「資料Ⅲ」[19] ハリソン、一、二六九、七六三票、ヴァン・ビューレン、一、一二六、一三七票、その差一四三、六二六票と選挙人団投票数にみられた程の大差とはならなかった。

かくして一八四〇年の大統領選挙は与党民主党から野党ホイッグ党、ハリソン、タイラーへの政権交代という現実であった。ジャクソン、ヴァン・ビューレンが頼りとした庶民大衆層の普通選挙権普及による成果である。

注

（1）J. M. S. Carelless, Canada, A story of challenge, 1970, ケアレス著、博水博、大原祐子共訳。『カナダの歴史』、山川出版社。一九七八年。一八四頁～一八六頁、一九三頁～一九四頁。一八三七年十二月二十三日、ケベック州にフランス系カナダ人、大農場主ルイ・ジョゼフ・パピーノ、オンタリオ州にイギリス系カナダ人ジャーナリスト、ウィリアム・ライアン・マッケンジー等自由主義的、急進的共和政治思想に影響を受けた彼等の指導下、イギリスの重商主義的植民地体制を打破し、躍進著しい合衆国を目標に、武力蜂起に立ち上がったが、時機尚早、イギリス軍に鎮圧され失敗、マッケンジー等は太湖を経て再起を期し合衆国へ逃れた。

（2）Friedrich List, Grundrih der Amerikanishen Politischen Öekonomie, 1827, Outlines of American Political Economy, Bottiger Verlaga-GmbH, Wiesbaden, 1996, p. 35, 邦訳。F・リスト著、正木一夫訳、『アメリカ経済学綱要』、未来社、一九九六年。二五頁～二六頁。

（3）John S. Bassett, The Life of Andrew Jackson, New York, 1931, pp. 739～740, テキサス共和国大統領、サミュエル・ヒューストンはテネシー州生まれの軍人で、ジャクソン指揮下、ニューオーリンズの会戦、続くクリークインディアン戦争に武勲を立て、副官に昇進、連邦下院議員、同州知事と順調に民主党政治家の出世コースを歩み、後テキサス独立運動に身を投じ、アラモの悲劇を機として一八三五年メキシコ共和国より独立、三十六年第二代大統領に就任するや退任間近のジャクソン大統領宛連邦加入を求める親書を送付した。だが連邦議会はメキシコの宗主国スペインがイギリスと同盟を結んでいる事から、アラモに名を借りた合衆国のメキシコ領土侵略の烙印の口実を与え、国際紛争勃発を招きかねない事や、同共和国が「奴隷制度」を有する事に、ミズーリ協定以来の古くて新しい問題を合衆国国内に呼び起こし、南北対立を招きかねない事などを理由に、議会は反対を表明、ジャクソンは退任間際によりこの問題を先送り、ヴァン・ビューレンに委ねた。前節にみた如くヴァン・ビューレンも同様の問題に直面、合衆国の懸案となった。

（4）S. E. Morison, The Oxford History, ibid. op. cit. p. 455.

（5）S. E. Morison, The Oxford History, ibid. op. cit. p. 456.

（6）Ernest L. Bogart, An Economic History, ibid. op. cit. p. 248, (cf), Ernest L. Bogart, Economic History of the United States. New York, 1938, p. 266.

（7）S. E. Morison, The Oxford History, ibid. op. cit. pp. 466~467, オンタリオ州の革命蜂起に失敗、合衆国に逃れたジャーナリストW・マッケンジー等は太湖よりカナダ進行を企て、ニューヨーク市のヴァン・レンセラー等に義勇軍の支援を要請、数度にわたり国境を越えて進攻した。その際革命軍に武器弾薬、糧食等の後方支援を行ったのがニューヨーク市外輪船キャロライン号と恐慌で失業した人々であった。カナダ軍が反撃、同年十二月二十九日の夜半同船沈没、一名が死亡するという事件が発生、敵に最初の弾丸を射たせるという「アラモを忘れるな。Remember Alamo‼」カナダ侵攻の機が訪れた。だが相手はイギリス外務大臣、パーマストン卿である。ヴァン・ビューレンは表面ではイギリスに抗議したが、ウィンフィールド・スコット将軍に命じて反乱軍を鎮圧、義勇軍司令官、ヴァン・レンセラーを逮捕した。だが翌一八三六年に入るとメイン州と国境を接するカナダ、ニューブランズウィク州との間で、合衆国が自国領と主張するアローストック川にカナダ人木材業者が侵入、合衆国領より木材を切り出した事にメイン州上院議員が抗議に向かった所、逆にカナダ軍に逮捕されるという事件が発生、ニューヨーク州知事W・H・スウォードは州兵を動員、ニューブランズウィック州侵攻の体制を整えた。ヴァン・ビューレンはカナダに抗議する一方スウォードに自重を求め外交問題として処理する事を条件にスコット将軍の指揮下、翌三十九年三月に休戦協定を結ぶ事になった。以後も類似事件が多発、ヴァン・ビューレンは気の休まる所がなかった。
（8）S. E. Morison, The Oxford History, ibid, op. cit. p. 467.
（9）J. F. Jameson, ibid, op. cit. p. 221.
（10）André Maurois, The Miracle of America, New York, 1944, p. 230.
（11）S. E. Morison, The Oxford History, ibid, op. cit. p. 457, ヴァン・ビューレンに対するC・オーグルの人身攻撃に口実を与えたのは、彼のイギリス大使時代に身につけた外交官としての慣習にあった。バッキンガム宮殿に集う大使達は皆礼服に身を包み、香水を使用、馬車を仕立てて女王陛下の謁見に臨むのがならわしであったから、それを彼はホワイトハウスに持ち込んだのである。「金ピカヴァン」の世評が立つ事になった理由である。
（12）S. E. Morison, ibid, op. cit. p. 457.
（13）S. E. Morison, ibid, op. cit. p. 457, シンシネータスとは共和制ローマの人で、ローマの危機に農夫より執政官となり危機を切り抜けローマ共和政治を守った事から、オーグルはハリソンをこの農夫にたとえた。
（14）S. E. Morison, ibid, op. cit. p. 457.
（15）ビアード著、『新版アメリカ合衆国史』、松本重治、岸村金次郎、本間長世共訳、岩波書店、昭和三十九年、二五三頁。
（16）André Maurois, A New History of the United States, London, 1948, p. 252, ミシガン大学、ウィリアム・L・クレメント図書館所蔵、ハリソンのハードサイダー（発泡酒）と改革に投票を、というスローガンが国旗の中に描かれたが、以後、法律により禁止されたと。
（17）S. E. Morison, ibid, op. cit. p. 458.

(18) J. F. Jameson, ibid, op. cit. p. 760.
(19) Fletcher W. Hewes and Henry Gannett, Scribner's Statistical Atlas of the United States, New York, 1883, p. plate, 7.

第二節　一八四一年、土地法、プリエンプション法（未占有地先取法）

一八四一年三月四日、W・H・ハリソンは米合衆国第九代大統領（ホイッグ党）として、大統領就任式に臨んだ。だがその日は朝から粉雪が舞う等例年にない寒波に見舞われた就任式となった。

一二年ぶりに政権に復帰した高揚感に包まれた事もあって、新大統領は側近が用意した防寒用の帽子やマフラー、コートを着用せず、戸外に集まった多くの支持者、支援者や観衆を前に、一時間四〇分にも及ぶ就任演説を行った[1]。だが歴戦の将軍もこの寒気には勝てず、夜半から高熱と悪寒に見舞われ、たちまち肺炎を併発、病床に伏すや翌日の四月四日、死の谷に歩む所となった。憲法の規定により副大統領にして、同郷（ヴァージニア州チャールズシティ）の後輩、プランター出身のジョン・タイラー（リパブリカン出身）が第十代合衆国大統領に就任した。ホイッグ党指導部は急遽ホワイトハウスに新大統領を招き会同した。ケンタッキー州、H・クレイ、マサチューセッツ州より党重鎮、長老、J・Q・アダムズ、D・ウェヴスター、テネシー州、ジョン・ベル、ヒュー・ホワイト、メリーランド州、レヴァディ・ジョンソン、南カロライナ州、ヒュー・L・レグリー、ジェームズ・ペティグレー等々であった。同党首脳部は大統領に対し、民主党政権三期一二年に及ぶ施政下、それがホイッグ党が掲げる大英帝国に比肩し得る一大通商産業国家建設を目標とする所の、「アメリカ体制」なる近代的工業国家論に対する一大打撃となった事実を列挙した。曰《いわ》く「ジャクソンの国家主義的、強権的行政権の行使」により、国家の中央銀行たる第二合衆国銀行の廃止と続く大恐慌を招き、今日に到る不景気による打撃を被る事になったのが北東部の銀行家を始めとする工場主層であり、実業家層であった。以上の結果更に多くの都市労働者層や中小の農民層がその影響を被った事実を指摘、新大統領に同党が目指す再建策を進言した。

大要以下の如き政策に集約された。

㈠ 引き続き産業の保護、育成を奨励する為に保護関税政策への復帰。

㈡ 廃止された第二合衆国銀行の精神、性格を継承する第三合衆国銀行の設立。

㈢ 辺境西部に向かう大陸奥地開発に資すべき、国庫金の投入。

㈣ 公有地の売却処分方針に際し、従来政府が採択してきた財政収入を廃し、「土地の先買権＝無住土地先占取権法」を施行し現に公有地に対する開拓を目的に住みついている無断土地入植者に最低価格での公有地取得を認可する。(2)

以上が病に倒れた第九代W・C・ハリソン・ホイッグ党大統領が目指す施策であったから、会同したホイッグ党首脳部は、大統領選挙に掲げた政策の継承を新大統領に要請した。タイラー大統領はこれを了承した。

彼はハリソン・ホイッグ党内閣の施策を継承すべくD・ウェヴスター国務長官を始め、全閣僚の留任を承認した。かくしてタイラー内閣の全閣僚は北東部や中西部のホイッグ党出身者で占められた。だが事実上、同党最高指導部の地位を占める事になるのは、H・クレイとD・ウェヴスター等であり、次期大統領選への出馬を未だ捨てきれず野心を秘め、リパブリカン党出身のタイラー大統領を見守った。

ホイッグ党は右にみた同党綱領に掲げた主要政策実現に向け、ジャクソン、ヴァン・ビューレン民主党政権が綱領に掲げた「勝者が全てを獲る」とする施策を逆手にとり、連邦政府の職員を民主党員に代え、ホイッグ党員支持者で固め、官職を独占した。

次いで新大統領は右の如き施策の実現に際し、連邦議会の両院共ホイッグ党議員が多数を占めたから党首脳部共に

「アメリカ体制」再建に自信を示した。

かくして我々は以下、一二年ぶりに政権の座に復帰したホイッグ党指導下、タイラー大統領の施策より伺わなければならない。

ホイッグ党領袖Ｈ・クレイは「アメリカ体制」推進の主唱者であったから、その再建の中心となるのは産業の血流を担う中央銀行の再設立にあった。それによって息を吹き返した各種製造工業の市場として西方奥地の開発、開拓を進め、関税政策と公共土木工事に国庫金を投入、各種国内交通網を整備、辺境未開なる西部公有地売却を財政収入から現実入植主義へと変更、一層の西方開拓、移住を推し進める事になった。

一方、タイラー大統領は従来、生粋のリパブリカン党出身の民主党員であり、かつ頑固な「州権論者」でもあった。だが今日ホイッグ党に鞍《くら》がえ、同党大統領に就任したから、今や故郷南部王朝（ヴァージニア州）を始めとする全アメリカ二六州、全ての民主党員と敵対する事になった。

ホイッグ党は政権の帰趨を左右する「銀行の中の銀行」を目的とする第三合衆国銀行の設立法案を議会に提出、上下両院で討議の後、採決、多数により可決、直ちに大統領の署名を求めた。だがタイラーは「州権論」の立場より憲法の厳格解釈を理由に「大統領拒否権」を発動、廃案とした(3)。

次に同党は、国庫金投入による「公共土木工事法案」を提出。国道、運河、橋梁、港湾、鉄道建設を目指す傍《かたわ》ら、大陸奥地開発に向け、連邦政府による財政出動を求めた。上下両院議会ともに同法を可決、大統領に送付した。だがタイラーは、銀行法同様、州権論及び憲法の厳格解釈の立場より、同法案がある勢力の利害に関わる性格を有する事由を付して「大統領拒否権」を行使、廃案とした(4)。

ホイッグ党が選挙公約に掲げた四大政策の内、二つの公約がホイッグ党の指名した大統領の行政権の発動（拒否権）により葬り去られる事になった。

ホイッグ党長老、J・Q・アダムズ等が従来、タイラー大統領に抱いてきた、彼のジェファスン崇拝（州権論、及び州主権論）や頑固なリパブリカン党員（現民主党）としての危惧が今や現実のものとなって表面化した。[5] ホイッグ党首脳部と大統領との関係が険悪化した。

折しも議会では「民主党、ホイッグ党」共に従来、公有地政策を巡り、国庫への財政収入主義の立場を支持してきたが、その結果として、今日の如き土地投機をもたらし、あまつさえ恐慌の原因を引き起した事の反省から「労働の尊厳」なる大地の開拓に勤《いそ》しむ入植者への低価格での公有地売却に同意する事になった。そこでホイッグ党は会同し、一八四一年九月四日、現実入植主義奨励を目指し公有地処分に関する適切なる手続として「未占有地土地取得法、プリエンプション法「Pre-emption Act. 1841.」を議会に提出した。両院における討議を経て可決、同法は直ちにタイラー大統領に送付された。大統領はこれに署名、一八四一年、プリエンプション法、Pre-emption Act. として成立した。[6] 中心となったのはH・クレイであった。彼は前文に同法案の趣旨を以下の如く著した。

「辺境なる西方奥地の開拓、居住が、政府の土地測量によりなされる以前、すでにそれに先行する形態で進められて来た。だがそうした事は、未占有地なる未開の無住地に関わる問題をも生じさせる事にもなった。一つには、そうした地方なる西方奥地に入植し、同地を開拓、土地を所有する人々は、それは実際、政府が所有する公有地であり、同地に対して、彼等入植者はいかなる権利をも有さずに居住を始めたのである。そしてそれは近年一層大きな動きとなり巨大化しつつある。更に彼等は入植し、開拓した公有地を自らのものとしておおやけに売却している。だがこうした行為は不法行為である。又、一つに、彼等はこうした政府に対する違法行為に際し、同じ仲間を叫合し、協同し、以前に予定されていた土地価格を決して上回る事のないよう要求しているのである。そこで連邦議会に対し、こうした連邦政府が所有する未開西方の公有地に対して未占有地居住者の権利を認可すべく、政府が所有する未測量の公有地に関して、二分の一セクション、一六〇エーカーを最少の価格にて、その地の購入を許可すべき法律。すなわち、同地に入植、開拓した人々にそれを認可すべきとする『Pre-emption, プリエンプション、先占取土地取得権』を現実に入植を成している多数の人々よりなされている所の要求を認める事を提案する」[7]として立法化を求めたのである。我々は以下、クレイ提案の「プリエンプション法、Pre-emption Act. 1841. 904.」を紹介検討する。

「第八条、公有地売却に際して、各州政府に認められる奥地開発を促進すべく為に提供されるべき、土地は五〇万エーカーを上限とし、それを越えない範囲を条件として認可すべき事、既に許可した所の未占有の土地五〇万エーカーの売却を既に達成した所の州は、それ以上の未占有地の開拓を許可してはならない。

第九条、各州政府は、奥地開発の目的に有効となるであろう所の、一つづきの連続する公有地、すなわち、道路、鉄道、橋梁、運河及び水路の改良、湖沼の開削等に資する土地なる公有地に関しては、売却の対象とはならず、決して許可を与えてはならない。

第一〇条、本法律施行後に於て、二一才以上の白人成人男子、米合衆国市民権を有する者は……一八四〇年六月一日以降、先住民たるインディアンが所有し、その後に消失し、政府が所有する公有地となった土地を開拓、占有する者は、それに先立って、そこに居住し、以後も居住を続けるべく意志を有し、その事の証明として、在地の土地登記局に申請し、登記を完了した事実を以って土地の所有を認可する事とし、以上の土地については……法律の主旨から一六〇エーカーを分割、あるいはそうした公有地一セクションを四分の一に分割（四〇エーカー）、私有に際しては、その申請者の宅地を含む事とする。……政府への公有地購入の支払いに際しては、土地の最少価格……土地の実情を考慮し、それ以外の制限、例外は認めない。……いかなる人といえども、本法律により、一つの先占取土地取得権により公有地を取得した者は、それ以上の権利の行使は認められない。

第一一条、同様にして一セクションの四分の一（四〇エーカー）の土地にいて、二人ないしそれ以上の人達により開拓された際のプリエンプション権は一番最初に入植開拓した人に権利として与えられる事とする」[8]。

我々はH・クレイ提案の一八四一年プリエンプション法の分析に立ち入る前に、アメリカの公有地政策を一瞥するであろう。

「資料Ⅰ(9)」は公有地処分に関わる測量法、「資料Ⅱ(10)」は一区画、六里平方、タウンシップに対し、二セクション内への再分割法、「資料Ⅲ(11)」は、公有地売却に関わる価格の推移を示すものである。

辺境未開なる西部公有地に向けた一八四一年土地法「プリエンプション法、Pre-emption Act」に対するターナー等の指摘(12)を待つまでもなく、我々もそれが「西漸運動」の主因をなした事を等しく認める所であるが、周期毎にアメリカを襲う恐慌はいつもそうであるが、我々は右にみた如くにアメリカ国民経済の最も脆弱な部分を構成する工場労働者、熟練工、中小農民層等、無産大衆層を痛打したから、こうした庶民層はその都度、再起を期し、債務を放棄、辺境未開なる西方に避難せざるをえなかった。その為北東部の債権者から「無断入植者層、スコッター、Squatter」なる蔑称を受ける事になった。だがこうした一般庶民層は「労働の尊厳」を身をもって証し、辺境西方の地に独立の自営農民として姿を現す事になった。

恐慌と続く不景気を克服すると彼等は不死鳥の如く蘇り再起した。こうして辺境未開なる大陸奥地に向かい、開拓前線は進められていった。

今日綿花はアメリカの王様であった。南部から南西部にかけて「結合せる南部」の綿花生産の拡大には目を見

注(9)「資料Ⅰ」

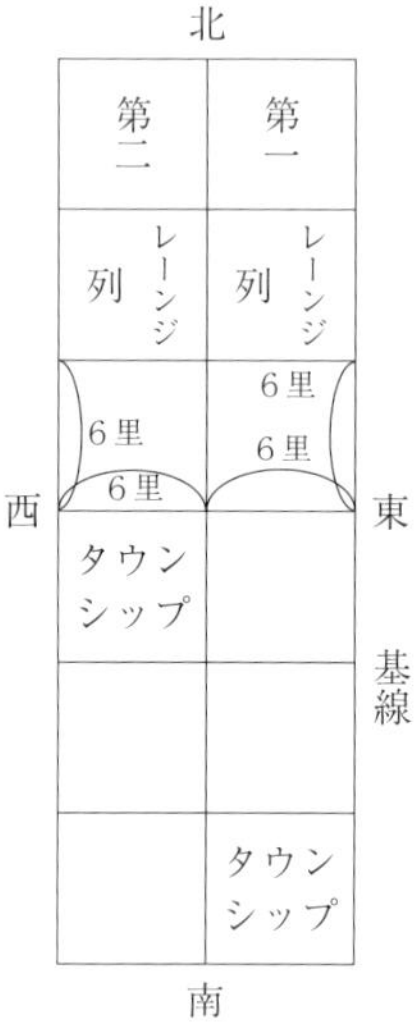

※公有地測量法
東西南北の線によって、6里平方のタウンシップを作り、これを次に拡大して全公有地を科学的に測量し細分し売却した。

出典：Henry S. Commager, Documents of American History, New York, 1948, ibid, op. cit. pp. 121～123. より作成

注(10)「資料Ⅱ」 公有地分割法――タウンシップへの細分割要求

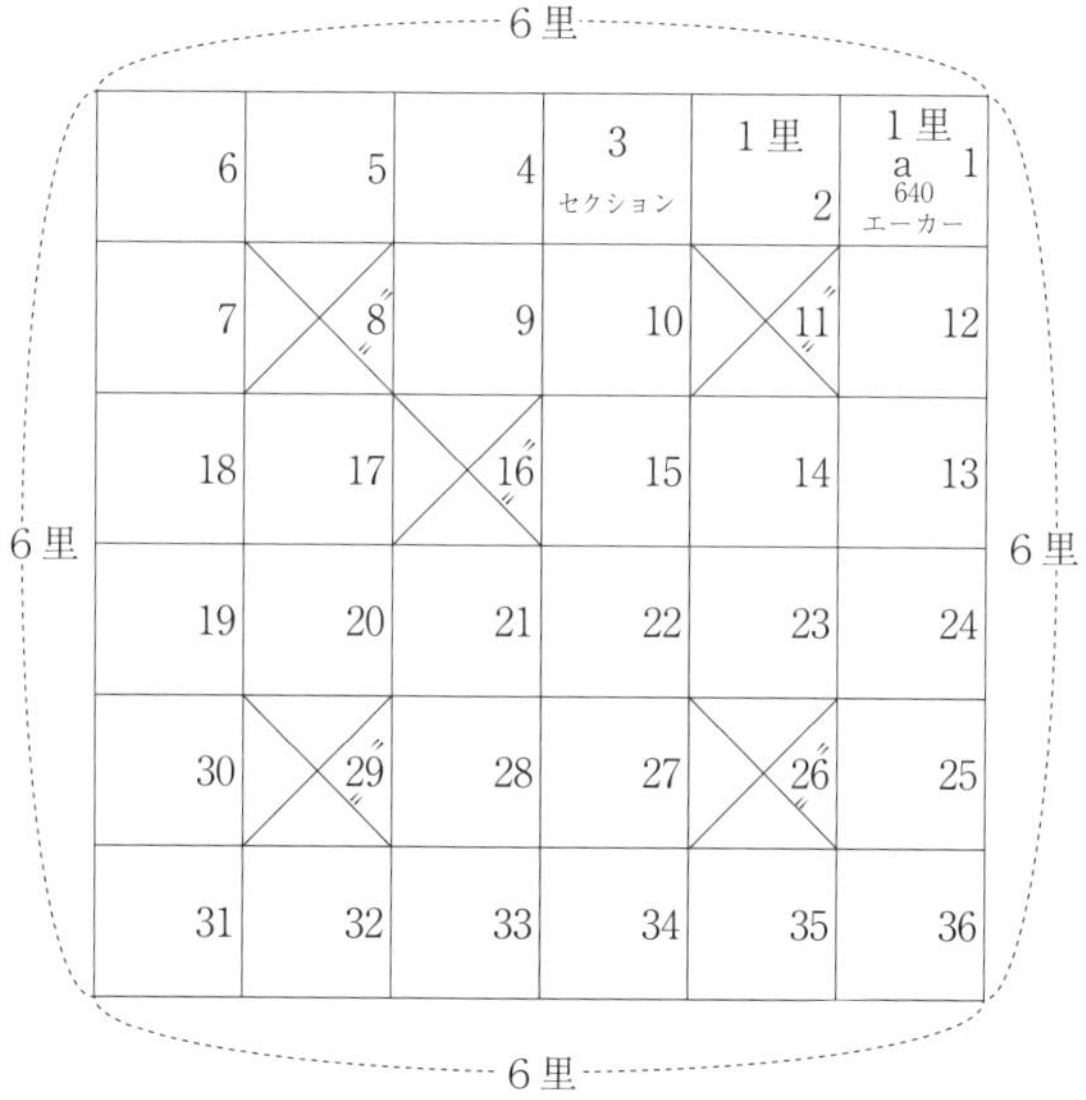

a. 1セクション＝640エーカー
　＝1里平方
b. $\frac{1}{2}$セクション＝320エーカー
c. $\frac{1}{4}$セクション＝160エーカー
d. $\frac{1}{8}$セクション＝80エーカー
e. $\frac{1}{16}$セクション＝40エーカー

☒：保留地
※西部への入植者はc. 160エーカーからe. 40エーカーへとタウンシップへの再分割要求を掲げた。

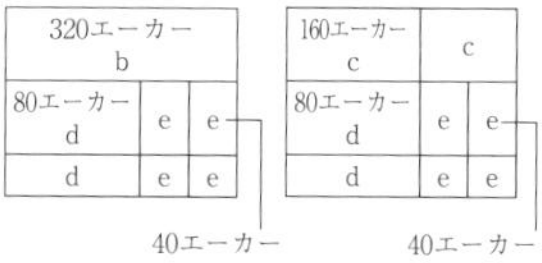

1エーカー2ドルの4年年賦、クレジット払い

出典：H. S. Commager, ibid, op. cit. pp. 121～123. より作成

注(11)「資料Ⅲ」 公有地政策（建国より南北戦争時）の推移

年	売却方式	売却価格	支払方法
1785年	一括売却	640エーカー　1エーカー、1ドル	現金一括払い
1800年	分割売却	320エーカー　1エーカー、2ドル	現金、1ドル25セント 残金、4年払い
1804年	〃	160エーカー　1エーカー、2ドル	〃
1820年	〃	80エーカー　1エーカー、1ドル25セント	現金一括払い
1832年	〃	40エーカー　1エーカー、1ドル25セント	〃
1841年	〃	160エーカー　1エーカー、1ドル25セント （プリエンプション、先占取得権法） 更に40エーカー、分割	公有地の未測量地への占有許可法

出典：H. S. Commager, ibid, op. cit. pp. 121～123, 291～292.

張るものがあった。綿花栽培に最適なテキサス地方の先には更に肥沃なカリフォルニア地方が控えていた。又、北西部地方に向かう開拓者達はロッキー山脈の麓の隘路を縫って進むと、その先にはイギリスとの共同管理地、オレゴンの大草原が太平洋に向かって続いていた。ヴァージニア州のプランター出身、リパブリカン民主党員ながら、ホイッグ党大統領として、H・クレイ提案の土地法に署名したタイラーは全ての白人成人男性開拓者に一セクション・一六〇エーカーの土地取得法、「プリエンプション法、Pre-emption Act.」を認下した。更に同法は右にみた如く、開拓地に向かう各種交通網建設の為の用地として公有地を確保する事を認可したから、同地に向かう国道、運河、橋梁、鉄道が次々と着工、更に多くの入植者を乗せて西方に向かう事になった。こうした「プリエンプション法、Pre-emption Act.」による公有地処分について、財務省統計が示す所によれば一八四一年より一八六三年土地法（ホームステッド法）施行前年にかけて実際に処分された公有地は、二億六、九四〇万四一五エーカーにのぼり、連邦政府が受け取った代金はわずか六、八七五万二、八八九エーカーに過ぎず残り、二億六二万三、五二六エーカーは無償であったと[13]。

タイラー大統領が署名した「プリエンプション法、Pre-emption Act.」が目的とする新たな西部開拓に向けた移住奨励策は、以降アメリカの人々に辺境未開開拓熱を一層煽る事になった。

テキサスより更なる西方に向けて、サンタフェへの道が開拓者に開放されると、奴隷を引きつれ綿花栽培に一儲けを企む入植者達に対して、北西部オレゴン地方への入植を選択した人々は、「他人の労働にて生きる」事を潔しとせず、「奴隷制度」を嫌悪する開拓者達であった。彼等は自らの額に汗し、大地を耕す聖書に著された「労働の尊厳」への道を尊しとする「節倹、忍耐、勤労」による生産者のデモクラシーを新たに導く事になった。我々はジェファスニアンデモクラシーにあらず、ジャクソニアンデモクラシーにもあらず、イリノイの地に新たに入植、今日、同州選出連邦下院議会に足を踏み入れる事になったA・リンカーンその人の名をこうした人々の内にみる事になるであろう。こうしたアメリカの新しい時代精神を切り開く事になる勤労なる生産者のデモクラシーを我々は間もなく合衆国連邦議会に聞く事になる。一方、一八四一年土地法による時代の波は南部より南西部にかけた「結合せる南部」には奴隷制度に支えられた綿花プランテーションが急速に拡大を続け強固なプランターアリストクラシー、南部奴隷制社会が姿を現す事になる。

他方、ミズーリ西方境三六度三〇分以北には人間の生まれながらに有する自由と自由な市民の代表者による政治社会が形成される事になった。

我々はＪ・タイラー大統領が署名した一八四一年九月六日成立の土地法、「プリエンプション法、Pre-emption Act.」なる法令が従来、南北両地域が忘れかけようとしていた「生産者のデモクラシー」が導く奴隷労働という、合衆国憲法が掲げた圧政からの人類の解放を著した精神とは似ても似つかぬ真逆の社会の出現を、目のあたりにする事になる。

だが更にアメリカの人々を驚かせる事になったのは、タイラー大統領が「プリエンプション法、Pre-emption Act.」に署名したその二週間後、ホイッグ党閣僚中、国務長官Ｄ・ウェヴスターを除く全閣僚が突如大統領に辞職届を提出、ホワイトハウスを退去する事件が勃発したのである。アメリカ憲政史に残るホイッグ党にみる事実上の解任宣言、クーデターである。我々は次節に詳しく検討しなければならない。

注

（１）S. E. Morison, The Oxford History of the American people, New York, 1965, ibid, op. cit. p. 459, (cf). André Maurois, The Miracle of America, New York, 1944, op. cit. p. 232, ホイッグ党首脳部は、Ｗ・ハリソン大統領の就任式に際し、国務長官Ｄ・ウェヴスターに就任演説草稿に目を通す事を要請、ウェヴスターは大統領に主旨を説明、要請すると、老将軍は子供の頃に読んだ「プルターク英雄伝」の一説より引用した長文草稿を国務長官に示した。雄弁で聞こえるウェヴスターはあまりの長文に、一七ヶ所の訂正（削除）を要請した。それでも演説は寒空のもと一時間四〇分にも及ぶものとなった。

（２）Maurois, ibid, p. 232.

（３）Maurois, ibid, p. 232.

（4）Maurois, ibid, p. 233.

（5）Maurois, ibid, p. 232, 連邦憲法修正第十二条に現合衆国大統領死亡に際し、その権力と責務は副大統領に移譲すると規定しているが、J・Q・アダムズ、H・クレイ等はこうした臨時的選出方法がかつて、ジェファスン対アーロン・バーによる三〇数回にも及ぶ大統領決選投票に緊急避難的手段として考案された事に起因する所から、新大統領は新たに選挙が行なわれるまでの一時的に認められた故、タイラーが大統領の資質、適材として選出されたのではないとして、彼に疑念を抱いていた。

（6）H. S. Commager, Documents of American History, New York, 1948, ibid, op. cit. p. 291.

（7）Commager, ibid, op. cit. p. 291.

（8）Commager, ibid, op. cit. pp. 291～292.

（9）Commager, ibid, op. cit. pp. 121～123.

（10）Commager, ibid, op. cit. pp. 121～123.

（11）Commager, ibid, op. cit. pp. 121～123, 291～292.

（12）Frederick Jackson Turner, The Frontier in American History, New York, 1958, op. cit. pp. 205～211, 新たに西方に展開する辺境（フロンティア）の存在、こうした広大な公有地の存在こそ新しいアメリカ精神誕生を導いたのが西漸運動であったとする氏の指摘。

（13）Ernest L. Bogart, An Economic History of the United States, London, 1925, ibid, op. cit. p. 261.

第三節　一八四二年関税法

アメリカでは北東部の製造工業の発展につれて、定期的に不況が勃発した。恐慌である。それは一八一九年、二九年、三七年と、おおよそ一〇年毎にアメリカの国民経済を直撃した。前節にみた如く、恐慌はアメリカ国民経済の最も脆弱な部分を構成する農民、職人、労働者等の一般大衆庶民層を直撃したから、債務に苦しむ人々は、その度《たび》毎に大陸奥地に広がる西方未開なる辺境の地を目指して避難した。一方大陸奥地開発を目指す各種交通網の建設はこうした辺境地を目指し避難する人々に味方した。

周知の如く大陸奥地に控える広大な未開地の開発は、エリー運河開削（一八二五年）と河川交通に蒸気船が登場して以降、急速に進展した。更に太湖とハドソン河が運河で結ばれると、ニューヨーク港が旧世界と大陸奥地を結ぶ外港となった事から、今日蒸気船はオハイオ川、ミシシッピー河、ミズーリ川にも日常的に見られる様になり、更に蒸気船はその支流に向かった。確かに恐慌の間は西方大陸奥地開発を目指す西漸運動は一時停滞した。だが一八四〇年に入ると再び西方奥地に向かう幌馬車隊が見られるようになった。ヨーロッパの産業も活況を取り戻した。なかでもイギリス産業革命が絶頂期を迎えた事から、アメリカ産綿花への需要が拡大した。河川交通の主役となった蒸気船はこうして開拓者や商品、貨物を満載して西方へ向かった。水深が浅く、航行不能な地には中継地が次々と建設された。更に西方を目指す開拓者達はそこから幌馬車隊を編成し、遥かな、開拓地を目指して旅立った。一八四一年「プリエンプション法、Pre-emption Act.」がそれを後押しした。「資料Ⅰ[1]」にみる如く、一八三八年以降南部綿花の生産量は再び拡大を始めた。

一八四〇年を過ぎる頃になるとミシシッピー河中流域から下流に向かう両岸地域に急速に綿花プランテーションが拡

大していった。旧南部（ヴァージニア、南北カロライナ、ジョージア、フロリダ州）よりメキシコ湾岸を囲む形で（テネシー、ルイジアナ、ミシシッピー、アラバマ、フロリダ、アーカンソー州）など低南部の黒土地帯が新たな綿花州として登場した。こうした新興綿花州は旧南部州の利害と軌を一《いっ》にしていたから、両地域は手を携え「結合せる南部」として、政治、経済、社会的紐帯《ちゅうたい》と絆を一層強めていった。

こうした新しい南部の発展につれて、北西部地方にも変化がみられる様になった。一八四〇年の辺境線は、ついに大森林地帯を乗り越えた事を証していた。人々の目前には広大な大草原地帯が姿を現した。草丈は開拓者の背丈程もあり、それはいつ果てるともなく続き、見渡す限り地平線の彼方までも埋め尽くしていた。入植者達は従来のオノやノコギリに代えて、強く頑丈な鉄製の鋤や鍬に持ち代え、家族総出の勤労により同地を小麦や大豆、とうもろこし等の穀物地帯へ(2)と姿を変えていったのである。

注（1）「資料Ⅰ」 恐慌前後における米合衆国南部綿花輸出量、価格

年次	1ポンド価格（セント）	輸出量（ポンド）	価格
1834			
1835	16.7	3億8,700万	6,500万ドル
1837	9.0	不明	不明
1838	13.3	5億9,600万	6,150万ドル
1840	8.5	7億440万	6,400万ドル
1843	6.2	7億9,300万	4,900万ドル
1845	5.9	8億9,300万	5,200万ドル

出典：Fred Albert Shannon, America's Economic Growth, New York, 1940, op. cit. p. 264.

こうした情勢を背景にホイッグ党指導部は「アメリカ体制」なる近代的工業国家再建築へ向けた、新たな国内市場実現を目指し西方大陸奥地開発を一層促進すべき各種交通網の建設、整備に財政面から支援を与えるべく、新たな国立銀行の再設立とその公信用による内陸開発法案を採択した。更に「アメリカ体制」が目指す、イギリス産業資本を追走し、彼の国に比肩し得るアメリカ産業資本の保護育成を目標とする高率保護関税政策の実施である。

一八三三年、H・クレイが提案、成立した関税法は「妥協関税法」である。南部が輸入工業品に低率関税を求め、北東部は立ち上げたばかりの製造工業を保護する為、輸入工業品に高率関税を課すべしとする事から国論を二分、関税法成立時、一八二六年関税率に一〇年をかけて復帰するとする法案であった。[3] 一八四二年はその一〇年目に当り、改正を迎える事になった。「資料Ⅱ」[4]は一八二八年より一八四二年にかけての関税率の推移を示すものである。

かくして我々はホイッグ党が一八四二年関税法改正を控え、ジャクソン、ヴァン・ビューレン民主党政権により打撃を受けた保護関税法再建を目指し新関税法提出に到る過程に一瞥を与えなければならない。

周知の如く初代財務長官、A・ハミルトンが主張した工業国家建設への道は、H・クレイらの「アメリカ体制」なる高率保護関税政策に継承された。その結果、既にみた如く北東部（ニューイングランド）の富は著しく増加し、逆に南部の富は激減した。北東部は南部への資金供給者としての立場から、南部は祖先より受け継いだ世襲財産なるプランテーションを担保に北東部の銀行家の前に平身低頭を余儀なくされた。それが一八二八年関税法に対する南カロライナ州議会の「関税無効法決議」であった。建国五〇周年の式典に際し、南部は総計八億ドルにのぼる輸出の成果を担った結果として、例えば建国者の一人、T・ジェファスンは死後、四万ドルにものぼる債務が残されるなど、プランテーション経営の厳しい現実を示す事になったのであった。このような事業は、南部の人々に、北部の産業資本家とH・クレイ等が結託し、彼等が指導する政党の施策として認識したから、激しい憎悪と敵愾心を産み出したのである。だがこうした南部の窮状に大洋の彼方から神風が吹いた。今や大英帝国を支えるイギリスの国民的産業なる繊維産業の世界征覇である。就中イギリス木綿産業を支える原料は、アメリカ南部の綿花であったから、南部はその富を蓄積し、再び政治的、経済的発言力を高め、劣勢に立たされた政治

注（4）「資料Ⅱ」 1828年～1842年、合衆国関税法、平均関税率

年度	%	
1828	39.3	
1829	44.3	
1830	48.8	
1831	40.8	
1832	33.8	修正関税法
1833	31.9	クレイ、妥協関税法
1834	32.6	
1835	36.0	
1836	31.6	
1837	35.3	
1838	37.8	
1839	29.9	
1840	30.4	
1841	32.2	ホイッグ党提出関税法
1842	23.1	終生妥協関税法

出典：Davis R. Dewey, Financial History of the United States, New York, 1907, op. cit. p. 189.

勢力を結集、一八二八年以降続く一八三二年に至る高率保護関税法に対し、激しい関税論争を引き起こし、「アメリカ体制」推進の首謀者であったH・クレイは右の如き一八三三年妥協関税法を提案、成立する事となった。だがそれはクレイにとっては屈辱的関税法となった。

南部ヴァージニア州プランター出身の旧リパブリカン、民主党員として、頑固なまでのJ・タイラーは今日、ジャクソン民主党に敵対するホイッグ党の大統領としてホワイトハウスにあった。だが彼は既にみた如く民主党への先祖返りを果たしていたのである。

かくして我々は次にホイッグ党がJ・タイラーを同党の副大統領候補に指名した所のいきさつと、彼の経歴について伺わなければならない。

「彼はヴァージニア州チャールズシティにW・H・ハリソンと同様、名門プランターの子として誕生した。一七九〇年三月二十九日生まれの五〇才。独立戦争後生まれの第一世代の人である。T・ジェファスン等建国の指導者達が学んだ州都ウィリアムズバーグ市の名門、ウィリアム・メリー大学を卒業（一八〇六年）、一八〇九年弁護士試験に合格、開業後、ジェファスンを領袖とするリパブリカン政党に入党、政界入りを果たすと一八一一年～一六年・同州議会議員を経て、一八一六年～二一年・同州選出連邦下院議員、一八二五年～二七年・同州知事に就任。更に一八二七年～三六年・同州選出連邦上院議員、一八三二年の大統領選挙に際して、ホイッグ党大統領候補者が乱立、十指にも及び、ヴァージニア州より立候補したハリソンと共に、同党選挙人代表団より大統領候補に推薦される等順調に出世街道を歩んだ。更に第二次対英戦争に参戦、英と同盟する対インディアン戦争に勇名を馳せ、ジェファスン後継内閣の支持者として頭角を現す。[5]」一方彼は生粋のジェファスン支持者としても知られ、ジャクソン内閣の国家主義的強権政治に反対を表明する等頑固な州権論者としても知られた人物で、ジェファスン同様更に進んで州主権論を政治的信条として掲げた程である。南カロライナ州関税無効論に端を発した連邦議会とジャクソンとの対立に、ヴァージニア州は連邦議会にて、「ジャクソン内閣批難決議」が上呈されるとヴァージニア州議会は同州選出上下両院議会議員に対し、否決票を投ずるよう指示を発した。だがタイラーはこれを拒否、ジェファスニアンデモクラシーを奉じる信条より指示に従わなかった。こうしたいきさつに注目したホイッグ党首脳部はリパブリカン、民主党、J・タイラーの行動にジャクソン、ヴァン・ビューレン民主党に反撃する絶好の好機を見たのであった。

かくして前節にみた如く一八四〇年の大統領選挙のスローガンに「ティペカヌー（ハリソン）にタイラーをも」と、押韻を含んだ一般大衆受けの宣伝を大いに利用、民主党に勝利、復権したのである。ハリソン七〇才、タイラー五〇才であった。ハリソンの急死により副大統領から昇格した初めての大統領の登場に、世論は「タナボタ閣下」と酷評した。彼自身「想定外」の大統領就任であった。だが彼の政治信条は強大な中央権力に反対する州政府の権利を擁護するジェファスニアンデモクラシーにあったから、ホイッグ党の大統領に就任した故を以って、自らの信じる政治理念の宗旨替えを行う事はなかった。彼は南部リパブリカンが中央政府に抱く政治権力の強大化を抑制するとするジェファスニアンデモクラシーに忠誠を誓うヴァージニア王朝の立場を継承する意志を頑固なまでに固持した。かくして彼は大統領就任後も信念を断固として主張した事から、ホイッグ党が選挙公約に掲げた政策と真正面から衝突する事になった。以下にみる事になるであろう。

H・クレイ等ホイッグ党首脳部は「アメリカ体制」を財政面から支援すべく「第三合衆国銀行」再特許設立を目指し銀行法案を連邦議会に提出、上下両院議会ともホイッグ党が多数を占めたから同法案は可決、大統領に送られた。しかしタイラーは憲法の厳格解釈を理由に署名を拒否、大統領教書を議会に送付した。(6)

次にホイッグ党は新たな国内市場開拓を目指す法案として「公共土木工事を含む内陸奥地開発法案」を議会に提出した。議会は討議の後、法案を可決し大統領に送付した。だが大統領は再度、州権論の立場からそれが一部の限られた人々の利潤追求の法律と認識される故をもって、再度拒否権を行使。大統領教書を付して、議会宛に送付した。(7)ここに大統領とホイッグ党は分裂状態に陥った。

我々はここにホイッグ党と、同党が大統領に担いだJ・タイラーとの蜜月関係がわずか数ヶ月で破綻した事を知る事になるのである。

かかる情勢を受けてホイッグ党首脳部は会同し、大統領の重《かさ》なる拒否権発動に対し、除名を決議した。一八四一年九月十三日、全閣僚六名中、国務長官D・ウェヴスターを除いた五名の一斉辞任を大統領に通告した[8]。大統領の行政権剥奪を目的とするクーデターである。事実上ホイッグ党による大統領解任である。

かくしてここにタイラーは行政権を完全に喪失。合衆国の内政全般が機能不全に陥った。アメリカ合衆国と国民生活全般に危機が勃発した。一方、ホイッグ党首脳部はタイラー大統領の屈服を確信した。

だが大統領も歴戦の勇士であった。独立戦争を戦い抜いた世代ではなかったが、第二次対英戦争と続く対インディアン戦争を生き抜いた勇士であった。国家と国民の運命を自らの双肩に担う事をホワイトハウスに於て聖書に誓約した。たとえ「タナボタ閣下」と揶揄されようとも、国家と国民に生命を捧げた今日、大統領には米合衆国と国民の命運が星条旗の下に委ねられた。米合衆国は永遠である。決断するや行動は早かった。大統領は直ちにホイッグ党に反撃を開始した。国務長官を除く五閣僚を大統領が信頼する民主党議員で固め、ホワイトハウスに招集。星条旗と聖書を前に全閣僚は合衆国とアメリカ国民に忠誠を誓った。

「国務長官、D・ウェヴスター　留任（マサチューセッツ州）
　財務長官、T・ウィング　辞任（オハイオ州）
　〃　W・フォワード　新任（ペンシルバニア州）
　陸軍長官、J・ベル　辞任（テネシー州）
　〃　J・スペンサー　新任（ニューヨーク州）

海軍長官、Ｊ・バッガー　辞任（北カロライナ州）
〃　Ａ・アプシュワー　新任（ヴァージニア州）
郵政長官、Ｆ・グレンジャー　辞任（ニューヨーク州）
〃　Ｃ・ウィックライター　新任（ケンタッキー州）
検事総長、Ｊ・クリテンドン　辞任（ケンタッキー州）
（法務長官）
〃　Ｈ・レガール　新任（南カロライナ州）[9]」

かくして大統領はホイッグ党のクーデターを完全に封ずる事に成功した。だが彼はホイッグ党との全面衝突は望まなかった。理由は明白である。次期大統領選挙への立候補であった。世論の酷評する「タナボタ大統領」としてではなく、アメリカ国民の正当な投票による、米合衆国大統領として国民と青史に記憶される事を望んだのである。

ホイッグ党との妥協の余地は存在した。国務長官Ｄ・ウェヴスターは同党指導部Ｈ・クレイ、Ｊ・Ｑ・アダムズ等と同様、ホイッグ党の領袖の一人であった。イギリスとの国境を接する最北部州、メイン州とカナダ側、ニューブランズウィック州との国境画定問題が残った事から、閣内に留まった。更に彼は北東部工業州、マサチューセッツ州にあって、ニューイングランド工業州を代表し、造船、商船隊を指揮する通商交易業者であったから、同地方の多くの実業家の利潤の源は大洋の彼方の交易にあった。彼等は「アメリカ体制」再建を目指す、未だ目にした事もない危険な内陸奥地開発を目指し、巨額の国庫金を投入する政策には反対の立場を示した。

かくしてタイラー内閣は国務長官にホイッグ党を含む民主党との連立からなる内閣で再編、構成される事になった。

一方民主党は次期大統領候補としてジャクソンの愛弟子、ヴァン・ビューレンを再度指名する事は既定の路線であった。民主党は個人の自由と労働の尊厳を極限にまで主張する熱烈なジャクソニアンデモクラシー下に結集、次期大統領選挙に雪辱を誓っていた。他方「民主党」に先祖返りを果たしたタイラーは建国の父祖、トーマス・ジェファスンが掲げる強大な中央政府の建設を企てる全ての法案を、それが人民の自由の権利を阻害するものとして、州権論及び州主権論擁護を掲げ、連邦政府の行政権の強大化を抑止すべく、第三合衆国銀行再設立法案、内陸奥地開発法案に大統領拒否権を発動、リパブリカン、民主党員としての矜持を示した。かつてのジャクソンも確かにリパブリカン党員であり、生粋のジェファスニアンデモクラシーの信奉者をもって任じていた。だがリパブリカン党と決別したジャクソンは今日、民主党結成と共にタイラーと齟齬を来す事になった。

今日南部は「結合せる南部」として、ミシシッピー河中下流域両岸よりメキシコ湾岸南方に沿って、次々と綿花プランテーションが開拓されていた。今やその勢いは、広大なテキサス地方にも波及し、更に進んで、西方に控える一層広大なカリフォルニア地方までもが視野に入っていた。彼は次期合衆国大統領選挙にアメリカ憲政史に残る第十一代大統領として記録される事を強く念じ立候補への決意を新たにした。折しも一八四二年の秋はかつて合衆国の南北両地域と西部をまき込んだH・クレイ提案の「一八三二年関税法、妥協関税法」が目標とする一〇年を目安とした平均関税率二〇％を目指すとする関税法改正の年である。そこでタイラーは結合せる南部の綿花生産量の急拡大を背景に、財政収入の増加を目的に、H・クレイが提案した平均関税率を「三二・一％」に引き上げるとする一八四一年新関税法案を受け入れ、ホイッグ党との妥協を選択した。ホイッグ党が多数を占める連邦議会だが「結合せる南部」はクレイのこうした「公約」を平気で反古にし、数を頼みに関税率を引き上げたことに反発、一八四二年一月一日に始まる連邦下院議会に反撃、西部、北西部選出議員の支持を得て、七月一日までの六ヶ月間に一八四一年関税法は急速に引き下げられ一八三三年妥協関税法に約した二〇％台に到達した。同法は七月一日より九月一日までのわずか三ヶ月間実施されたのみで廃止された。更に同議会では一八三三年の「妥協関税法」に約した税率、二三・一％に復帰する成案を基に討議の後可決、上院に送付、可決を得て大統領に送付された。

タイラー大統領は同法案に署名、「一八四二年関税法」はここに成立した。

だが新関税法は、タイラー大統領が予想した思惑とは異なり、西部を巻き込み、従来忘れられていた南部綿花州と北東部工業州との地域対立を再燃させ、セクショナリズムの炎に再び火をつける事となり、更に深刻な対立を生み出す事になった。

我々は以下、ホイッグ党Ｈ・クレイが提案、民主党大統領Ｊ・テイラーが妥協、次期大統領選出馬を秘め署名した所の一八四二年関税法について伺わなければならない。

Ｈ・クレイが第二七回連邦議会（一八四二年）に提出した新関税法案は「衣料用繊維、木綿、羊毛、亜麻、大麻、製鉄製品、ガラス、陶器等の輸入関税率を引き上げ、合衆国が生産し価格面においても外国製輸入品に対抗し得る日用、雑貨等の製品に課す関税率について、可能な限り引き下げ、合衆国国庫収入増を目的とし、平均関税率を二三・一％とする」[10]ものであった。

彼は「結合せる南部」が輸入する工業品に配慮を示し、北東部や中部工業州が恐慌により打撃を受け、立ち直りを目指す「各種製造工業」への保護、育成を目的とする法案であった。

かくして我々は以下、連邦下院議会に提出された新関税法にかかわる採決状況を以下に検討するであろう。「資料Ⅲ」[11]は一八四二年下院議会における採決を一八三二年関税法と比較したものである。次の「資料Ⅳ」[12]はそれを地域毎に集計したものである。

一八三二年関税法についてみるならば、Ｈ・クレイ等が主張する高率保護関税政策は従来通り多数の議員により支持された事が理解される。その際新興西部州と中部州、西方に位置するニューヨーク州とペンシルバニア州の産業資本家、実業家、銀行家層等が保護関税支持を強く求めた事、対してニューイングランド州は交易と工業に支持が別れた事、南部はヴァージニア、南北カロライナとジョージアに賛否が両分された事である。

対して一八四二年関税法についてみるならば、ニューイングランド工業大州と中部の工業化に向かう四州は圧倒的にH・クレイ、タイラー関税法を支持したが、南部、南西部の「結合せる南部」州は結束して保護関税法に反対票を投じた事である。一方、西部と北西部諸州では賛否が拮抗したという事実である。

注(11)「資料Ⅲ」 1832年、1842年関税法にみる連邦議会の動向

州名＼採決（年次）	1832年 賛成	1832年 反対	1842年 賛成	1842年 反対
ニューイングランド諸州	17	17	26	7
メイン	6	1	4	2
ニューハンプシャー	5	–		4
ヴァーモント	–	3	4	–
マサチューセッツ	4	8	10	1
コネチカット	2	3	6	–
ロードアイランド	–	2	2	–
中部諸州	52	18	54	10
ニューヨーク	27	2	23	8
ニュージャージー	3	3	6	–
ペンシルバニア	14	12	20	–
デラウィア	–	1	1	–
メリーランド	8	–	4	2
西部、北西部諸州	18	–	13	13
オハイオ	13		8	6
インディアナ	3	–	3	3
イリノイ	1	–	1	2
ミシガン	1	–	1	–
南部、南西部諸州	45	30	10	69
ヴァージニア	11	8	3	17
北カロライナ	8	4	–	10
南カロライナ	3	6	–	5
ジョージア	1	6	1	7
アラバマ	2	1	–	4
ミシシッピー	1	–	–	3
ルイジアナ	1	2	2	1
アーカンソー	–	–	–	1
ケンタッキー	9	3	4	8
テネシー	9	–	–	13
計	132	65	103	99

出典：U. S. Senate, Committee on Finance, ibid, op. cit. pp. 295～297.

注(12)「資料Ⅳ」

1832年関税法、平均税率33.8%			1842年関税法平均税率		
地域＼採決	賛成	反対	地域＼採決	賛成	反対
ニューイングランド	17	17	ニューイングランド	26	7
中部	52	18	中部	54	10
西部	18（北西部含む）	0	西部（北西部含む）	13	13
南西部	27	27		6	48
南西部	18	3		4	21
計	132	15		103	99

出典：U. S. Senate, Committee on Finance, ibid, op. cit. pp. 295～297.

我々はこうした事から「結合せる南部」諸州は生活に資する全ての工業製品をイギリスからにしろ、中部からであれ購入し、アメリカの王様である綿花で支払うという事実を知らなければならないであろう。更にこうした関税収入が今日、再び政府の財政収入増加を名目に掲げながらも、内実は「アメリカ体制」なる工業の保護、育成策に他ならなかったという事実である。(13) かくして「結合せる南部」はこうした保護関税法によって得られる関税収入を内陸開発に投資するとする「公共土木工事」や「各種交通網」の整備、建設が目指す所のものは結局、北東部、中部に躍進を目指す産業資本家層を保護、育成し、併せてアメリカ国民経済の再建、成立に名を借りた結合せる南部の犠牲の上に近代的工業国家建設に向けた新たな保護関税法と認識される事になったのである。(14)

更に我々は、「ミズーリ協定」に約された同州西方境、三六度三〇分以西に奴隷制を禁止するとする西部諸州及び北西部諸州等では一八四二年関税法に賛否が両分した事について指摘しなければならない。西部や北西部諸州では海外の不安定な穀物市場に代わる、安定した国内市場を求める人々に対して羊毛、大麻、亜麻等繊維製品を生産、関税引き上げを支持する明日のニューイングランド型製造工業を目指す勢力に賛否が分かれた事を示したものであった。

かかる結果を受けて同法は上院に送付され可決、直ちにタイラー大統領のもとに送られ、署名、成立をみる事になった。

だがその結果は、タイラーが意図した成果とは全く異なる所となった。H・クレイは税率引き下げに不満を示していた。更に彼を始めとするホイッグ党首脳部は、民主党に先祖返りを果たした大統領を次期同党大統領候補者に担ぐ事など、タイラーを除名処分にした時点で消し去っていた。更に一八四二年関税法成立により、北東部諸州では各種製造工業が躍進につぐ躍進をみせたから、海運交易業も一層の進展を示した。H・クレイは高齢ながら依然として大統領への夢、野心を捨ててはいなかった。我々は次に民主党よりの出馬を目指すタイラー大統領の南部をみる事にする。今日古い南部と新しい南西部は更に結束を強め「結合せる南部」として、綿花を国王として仰ぎ、経済的にも、政治的にも旧南部王朝として復権を果たしていた。結合せる南部には更に広大な領土を有する「テキサス共和国」が奴隷州として連邦への加入を目指していた。テキサスはメキシコ共和国が国是とした「奴隷制禁止」を破棄、憲法に奴隷制度を明記したから、一儲けを企むアメリカからの入植者達が、奴隷と綿花の種を携え、家財道具を満載、家畜を引き連れ幌馬車を連ね「ローンスター・一ッ星」を国旗とした共和国を目指した。共和国はこうした開拓者達を心よく受け入れた。

民主党の領袖、A・ジャクソンはナッシュビルへ帰郷する退任の時を選びテキサスの独立を承認した。テキサス共和国加入を巡り、H・クレイ、タイラーが妥協し成立した一八四二年保護関税法を受けて、南北両地域とも久しく忘れ去られていた「奴隷制度」を巡る問題が政治の場に突如として浮上した。次期大統領選挙の焦点が早くも浮かび上がってきた。奴隷制度とテキサスのユニオン加入問題、更に北西に控えるオレゴン、南西に控えるカリフォルニア等の問題である。ジャクソンは七五才の老齢ながら未だ闘志は健在であった。かくして次期大統領選挙への出馬を目指すタイラーの頼みの綱は依然として民主党の領袖、国民的英雄、アンドルー・ジャクソンの意向如何《いかん》にかかっていた。

注

(1) Fred A. Shannon., America's Economic Growth, New York, 1940, op. cit. p. 264. 綿花価格は種子付きの場合、一ポンド当り二セント以上、種子を除去した場合、一ポンド八セント以上であれば利益になるとジェニングは指摘する。Walter W. Jennings., A History of Economic Progress in the United States, New York, 1926, op. cit. p. 143. (cf). Harold U. Faulkner, American Economic History, New York, 1924, op. cit. p. 209.

(2) Ernest L. Bogart., Economic History of the United States, New York, 1938, op. cit. p. 277. こうした背丈程もある大草原の刈取機として登場したのが一八三一年、ニュージャージー州のウィリアム・マニングやボルチモア市のオベッド・ハッシー等が発明した刈取機であり、それを改良したのがサイラス・マコーミックの刈取機であった。次に収穫機が続くと西部の穀物地帯が登場する事になった。

（３）Ernest L. Bogart and Charles M. Thompson., Readings in the Economic History of the United States, New York, 1929, op. cit. pp. 326~327. Ｈ・クレイ提案の妥協関税法は、二〇％を越える関税については、その超過する部分の一〇分の一を一八三四年に除去し、その後、二年毎に一〇分の一ずつを引き下げ、一八四二年七月一日までに行う事とするものであった。かくして北部の主張する高率保護関税に対する南部の自由貿易論者はクレイ提案を受け入れた。

（４）Davis R. Dewey., Financial History of the United States, New York 1907, op. cit. p. 189. Ｈ・クレイは妥協関税により、一〇年後に、二〇％に低下するならば、先進工業国イギリスの優れた製鉄工業や毛織物工業に後進国アメリカ工業は太刀打出来なくなる事から、その間、アメリカ製造工業を保護すべく、税率低下を防ぐべく修正される事を願い様々な手段を講じた。一八三四年以降の関税率のゆるやかな低下はＨ・クレイの苦心の跡を示すものであった。一八四〇年、ホイッグ党が政権に復帰するや、一八四一年、彼は逆に関税が引き上げられた法案を支持した。だがこうした逆修正は結合せる南部の反撃する所となり、一八四二年十二月一日、再度仕切り直し法案となり、当初の二三・一％とする修正妥協関税法として成立する事になるのであるが、問題は民主党に先祖返りをしたタイラー大統領の署名がなされるのか、あるいは再び拒否権の発動となるのか、ホイッグ党とクレイの心中は穏やかではなかった。

（５）J. F. Jameson., Dictionary of United States History, Philadelphia, 1931, p. 512.

（６）Maurouis., ibid, op. cit. p. 232, Ｈ・クレイ、Ｄ・ウェヴスター等ホイッグ党首脳部はかつてジャクソン内閣下、第二合衆国銀行が特許満了年次（一八三六年）を待たず四年も前に（一八三二年）再特許法案を同銀行総裁、Ｎ・ビドルと共に議会に提出。「アメリカ体制」なる工業化による国民経済の拡大を目指したが、西部、南部農業州よりの激しい反対を招いた。ジャクソンは従来の拡大解釈の立場を変え憲法の厳格解釈から大統領拒否権を発動、廃案にした。

タイラーは南部（リパブリカン、民主党）ヴァージニア州選出の上院議員として反特権、反独占の象徴、中央銀行廃止闘争の一員であった。

（7）Maurois., ibid, op. cit. p. 232, 一八三〇年ケンタッキー州提案のメイスビル国道建設法はH・クレイが中心となった国庫金を運用する財政投資による法案であった。

（8）André Maurois., The Miracle of America, New York, 1944, op. cit. p. 233, 国務長官、D・ウェヴスターはメイン州と英領カナダ・ニューブランズウィック州との国境画定交渉をイギリス外務卿、アシュバートンと控えていた事から閣内に留まった。アメリカ外交にとって与党、野党に関わらず国益は永遠であり最優先される事案として変更される事はないのである。

（9）J. F. Jameson., ibid, op. cit. pp. 750～753.

（10）Davis R. Dewey., Financial History of the United States, New York, 1907, op. cit. pp. 188～190.

（11）U. S. Senate, Committee on Finance., The Existing Tariff on Imports in to the United States, and the Free List, Together with Comparative Tables of Present and Past Tariffs, and Other Statistics retating thereto, 48 the Congress, 1st Session, Senate Report No. 12. Washington, G. P. O. , 1884, pp. 295～297.

（12）U. S. Senate, Committee on Finance, ibid, op. cit. pp. 295～297.

（13）U. S. Senate, Committee on Finance, ibid, op. cit. pp. 295～297, 建国より一八三九年までの関税法の採択の推移を参照せよ。

（14）F. J. Turner., Rise of the New West. 1819-1829, New York, 1968, New York, op. cit. pp. 326～328, ジャクソン内閣下、副大統領職にあった南カロライナ州、J・C・カルフーンが一八二八年成立の「保護関税法」反対に展開した南部の経済的立場を表明した経済論である。一八四二年成立の「保護関税法」反対の理論はこうしたカルフーン以来の州権論の立場よりのものである。タイラーは南部経済の復活にクレイとの妥協を秘めて彼の「アメリカ体制」ににじりよったが「結合せる南部」の立場はタイラーの思惑を遥かに超越したカルフーン分析の南部「経済論」にあった。

おわりに

アメリカは建国以来人間の生まれながらの自由を求め辺境未開なる西方奥地開拓を目指し、西へ西へと領土の拡大を続けてきた。そうした折、Ｔ・ジェファスンの若き二人の秘書官「ルイス、クラーク」隊[1]は大統領の命によりルイジアナ地方の調査に向かった。彼等は先住民を案内人に旅を続けアメリカ大陸が東側に大西洋と接続し、西方に太平洋と接続する「両大洋」に連なる広大な大陸である事をアメリカ国民に広く知らせる事になった。以降、幾多の試練を経、ジェファスニアンデモクラシーなる啓蒙思想に導かれ、「額に汗し、大地を耕す人々こそ神が選び給う選民」なりと開拓前線を進めていった。建国一三州の古い西部を後に、新しい西方の地を目指す開拓者達の群れは一時として途絶える事なく新しい入植地に向け開拓の手を休める事はなかった。入植者達は辺境未開なる危険極まりない大陸奥地開拓を創物主に導かれ、神の声を聴く事になった。人々は鋤、鍬、家財道具を荷馬車につむと、家族を引き連れ、Ｔ・ジェファスンがアメリカ国民に向け新領土にと予定したルイジアナ地方に「千年王国」建設を目指し入植していった。今日こうした西方の地には教会の代わりに新しい共和国がたちあがり、神の声に代わりグリーンマネーが席巻していた。

こうした折ジェファスニアンデモクラシーに代わり新たに登場した庶民の代表、Ａ・ジャクソンは民主党なる大衆政党を組織、神の予定を離れ自らの足で辺境未開なる西方の地に立った。創物主の御恵みや御布施なるジェファスニアンデモクラシーを捨て「自らの運命は自らの才覚と労働の尊厳により実現すべし」とするジャクソニアンデモクラシーを掲げ、人民の代表をして大統領たらしめよ!! とのスローガンは今日、「西部の丸太小屋よりホワイトハウス」への新たな時代の到来を告げる合言葉となった。

こうしたジャクソン民主党の登場は庶民、大衆層を鼓舞した。志を抱いた人々は遥かな西方に控える辺境未開なる内陸開拓を目指す「西漸運動」は各種交通網を始めとする建設とも相まった広大な公有地開拓でもあったから巨大な土地投機熱を発生させた。それが今般の大恐慌勃発の一因ともなった事から、民主党に代わり政権復帰を果たしたホイッグ党はW・ハリソンの急死を受けて第一〇代大統領にJ・タイラーを担ぐ事になった。

さて民主党政権の相次ぐ経済失政が明白となった今日、ホイッグ党首脳部は従来財政収入の柱を関税収入と公有地売却収入にみていたが、公有地の一括売却に関わる銀行、金融、投機筋による土地転売が国家に対して大災厄をもたらした事に鑑《かんが》み、「額に汗して大地を耕す人々こそ神に選ばれし選民」とのジェファスニアンデモクラシーが目指す「現実入植主義」を採択、「一八四一年土地法」なる一区画一六〇エーカーと更にその四分の一(四〇エーカー)の小区画売却法なる「プリエンプション法、Pre-emption Act.」をタイラー内閣下にその実現をみる事になった。

次いで「ユニオン、Union」なる連邦政府財政収入の二本柱、一八四二年関税法(平均税率二三・一%)の実現により、高率保護関税を主張する北東部、中部工業家層に対し、低率関税を求める「結合せる南部」プランター層との再度の妥協を見る事になった。

だが北東部の実業家達は優れた技術を有するイギリス産業資本に対抗する手段として、一八四二年の関税法には依然として受け入れる事に強い不満を示した。特に「アメリカ体制」の首謀者・H・クレイにあってはなおさらの事であった。(2) 機会があれば一八三三年関税法への再復帰を果たす事を秘かに狙っていた。

一方南部プランター出身のタイラー大統領はクレイ提案の一八四一年保護関税法(平均税率三二・一%)にホイッグ党との妥協を夢見て署名したが同法は一八三三年修正妥協関税法(一〇年後平均税率を二〇%とする)を反古にする法案であった事から「結合せる南部」を始め西部、北西部の開拓者達より激しい反発を受ける事となった。そこでタイラーは議会が討議可決した公約に近い二三・一%とする一八四二年関税法に署名。「結合せる南部」、西部、北西部を拠点とする民主党の支持を得るものと期待した。

こうした情勢を受けて「西漸運動」は更に加速した。大統領はイギリスと未解決となっていた合衆国の最北州、メイン州の国境を画定させると、退任間近に西方のテキサス併合を強行した。次に合衆国が領土につけ加えるのはテキサスより一層広大なオレゴン地方であった。今や合衆国の領土は両大洋にまたがる広大なものとなった。我々はかくしてハリソン、タイラー大統領の施策の内にこうした領土の膨張を一八四一年土地法、一八四二年関税法に触発された「西漸運動」にみる事になったが、タイラーはそれをジェファスンの言う神の意志と断じ、十一代大統領を夢見ていた。

だが我々はこうした「西漸運動」が他方に於てその大地が遥かな祖先より世襲財産として受け継いできた所の西方大地に生きる先住民、インディアンに対する情け容赦のない残虐な殺戮と国境を接するメキシコへの侵略と、インディオへの同様な殺戮によりなされた事を指摘しなければならない。ハリソン、タイラー両大統領によるこうした新領土は直ちにミズーリ州西方境、三六度三〇分以北を自由州とし、同境以南を奴隷州としてユニオン加入がなされたから更なる新領土としてロッキー山脈北方にオレゴン地方、その南に太平洋に接する更なる広大なカリフォルニア地方が開拓者達の目の前に姿を現す事になった。ニューヨーク市のジャーナリスト、ジョン・L・オサリヴァンはこうした「西漸運動」を改め「明白な天明、Manifest Destiny」[3]と記した。

注

（1）Dumas Malone., Jefferson The President. First Term. 1801-1805, Boston, 1970. op. cit. pp. 275~276, ジェファスンの同郷の秘書官メリウィザ・ルイス陸軍大尉は、ジェファスンの命により一八〇四年初め、前年大統領がナポレオンより一、五〇〇万ドルで購入した新領土、ルイジアナの探検を命じ、彼にその報告書を作る事を命じた。ルイスは陸軍を除隊し故郷ケンタッキーの農場で暮らす友人ウィリアム・クラークを副官に探検隊を編成、二年半をかけてルイジアナ領土がロッキー山脈を経て、コロンビア川の河口が太平洋岸と接している事を確認した。後ミシシッピー河を経てワシントンへ帰り大統領宛、ルイジアナ新領土が合衆国に果たす役割について資料を作成し報告した。

（2）Carl Schurg. Life of Henry Clay. VolⅠ. New York. 1887. op. cit. pp. 357～358. H・クレイにあっては初代財務長官A・ハミルトン以降、イギリス型近代的工業国家を目指す「アメリカ体制」の実現には多くの困難が予想された事から、立ち上げたばかりの北東部の各種製造工業の保護、育成の為には高率保護関税は国家の政策によらなければ先行するイギリス産業に太刀打ち出来ない事をよく認識していた。

かくして彼は一八二八年関税法は無理としてもそれに次ぐ三二年関税法、三三年関税法に見た三〇％前半の関税法をなんとしても実現する事が彼とホイッグ党に課せられた政策目標と確信していた。更に併せてもう一つの目標は安定した国家の財政収入を確保する事にあった。

（3）Morison., ibid, op. cit. p. 495. ニューヨーク市の月刊誌、「ザ・デモクラテック・レビュー、The Democratic Review」誌の編集長職にあったジョン・L・オサリヴァンは一八四五年の夏季号にこうした西方フロンティアの開拓こそアメリカ人の天命と論じた。

第三章　Ｊ・ポークの施策
――米の明白な天明に関する一考察――

はじめに

ホイッグ党指導部は一八四〇年の大統領選挙に勝利した後、民主党政権時約束した妥協関税法を、第二章に見た如く一八四一年関税法、一八四二年関税法に、「再修正関税法」とする事に成功した事から、政権運営に自信を示した。かくしてＨ・クレイ、Ｄ・ウェヴスター、Ｊ・Ｑ・アダムズ等首脳部は、従来みられた所の北部、西部、南部という「地域、Section」の枠組みを越えた「アメリカ体制」再建に向け、再びイギリス産業に追いつき、追い越せを合言葉とするアメリカ製造工業の保護・育成を目指す奨励策を展開する事となった。

以上我々はみた如く「第三合衆国銀行設立法案」を始めとする内陸開発を目的とする「公共土木工事法案」、「各種交通網の建設」、「プリエンプション法・先占取土地法」、「一八三三年・妥協関税法に対する再修正関税法」等々の施策にあった。

だがこうした従来の地域的利害を超越した「アメリカ体制、The American System」再建策に、結合せる南部、（以下南部とする）プランターは一斉に反対の立場を鮮明にした。南部と北部は別々の道に向かって歩み始めた。

確かに我々がみた如くに、一八三三年より一〇年をかけた二〇％台前半を目標とする関税率に向けた税率の低下は緩慢なものであり、対して南部の綿花価格はみた如く一八二〇年から一八四〇年にかけて一ポンド当り平均十一セントから十九セントの間を上下していた。だが恐慌後一八四〇年からは八セント(1)と年々低下する一方であった。

かくして南部はこうした価格の低下に生産量の増大で対応せざるをえなかったから、必然的に新たな綿花栽培地の拡大と、奴隷制の更なる拡大をもとめる事になった(2)。南部のプランターはこうした解決策として、海岸線より内陸に向け、あるいは南にテキサス地方、更にその西方に控えるカリフォルニア地方に向け、綿花栽培を目指す事になった。同地方は綿花栽培に最適の土壌であった。南部のプランターはメキシコ政府の弱体化ぶりをよく観察していた。

南部にとって、クレイ等が主張する民主党政権により打撃を受けた所の「アメリカ体制、The American System」再建を目指すとする、アメリカ各種製造工業を保護、育成し、奨励する政策に対し、それがかつて、南カロライナ州が武力を以って「ユニオン、Union」なる連邦政府より分離、独立をも辞さずとする反対運動を勃発させた所の「死の宣言」に他ならない事と認識した。

ここに南部は結束、タイラー政権中枢に復帰した南カロライナ州民主党領袖《りょうしゅう》、前副大統領（ジャクソン時）J・C・カルフーンが展開した所の「南部自由貿易論(3)」支持を一層鮮明にした。かくして、カルフーンは民主党重鎮として完全に復活を果たした。

一方西部は従来こうした南北両地域の対立や抗争、利害を超越した立場に立ったが、折からの「オレゴン開拓熱、Oregon Fever」に促され、イリノイ・アイオワ・ミズーリ州等から開拓者が幌馬車を連ね、ロッキー山脈の隘路を縫ってオレゴンへの道を切り開く事になった。新しい西部が北西地方に開拓され始めた。開拓者達は「他人の労働の血の一滴までも吸血する」奴隷制度を嫌悪した。今日、アメリカ大陸奥地を目指す「西漸運動」は、今や明白な天命となった。入植地を目指す人々は、建国の理想を掲げ、Ｔ・ジェファスンが祝福した如く「額に汗し、大地を耕す人は、創物主より選ばれし選民」なる宣託を胸に、未だ見ぬ遥かな地を目指し、大自然の脅威や獰猛なインディアンの危険・風土病・食糧の欠乏に耐え、明日の農場主を目指し、遠くに望む山並の彼方に水源地を夢見、疲れた身体をしばしの草枕に癒《い》やすのであった。

一八四四年の秋は四年に一度、アメリカ大統領選挙の年である。民主党・ホイッグ党は大統領選挙に向け、党大会を開催、候補者を指名、選挙戦に向け、政策の策定に向け一斉に走り出した。

我々は以下、ホイッグ党タイラー大統領が再選を夢見、国民に信を問う決意を固めた一八四四年の大統領選挙に向けた両党の政策より伺わなければならない。

注

（１）Ernest L. Bogart, An Economic History of the United States, New York, 1925, p. 133, 一七九三年、Ｅ・ホイットニーによる操綿機の発明以降、南部の綿花栽培は、土地と労働力が低価であったから種子を除去しない綿花は、一ポンド当り二セント、種子を除去した際には一ポンド当り八セント以上であれば十二分に収益を得た事をボガートは指摘する。(cf), Walter W. Jennings, A History of Economic Progress in the United States, New York, 1926, ibid, op. cit. p. 143.

（２）Bogart., ibid. op. cit. p. 135, 一八〇八年、ジェファスンによる奴隷貿易禁止法施行以降、一八一五年、成人奴隷一人当りの価格は従来二〇〇ドル前後から二五〇ドルへと上昇を始めていた。モリソンによれば恐慌前一八三二年、成人奴隷一人当りの価格が五〇〇ドルに上昇、恐慌直前の一八三七年時には一二〇〇ドルと急上昇していた。プランテーション経営にはその他、奴隷一人当りの維持費十五ドルから五〇ドル程度を要したから表面上南部プランターの貴族的優雅な生活とは裏腹に、豊かな大プランター等でさえ東部の金融家やニューヨークの銀行家の融資に依存せざるを得ず、その支払いはニューヨーク港より輸出される綿花で支払われていた。こうした事実は、西部の独立自営の農場主であれば穀物輸出によって得られた利潤を更なる農場の拡大や、事業の為の資本増殖を目指して貯えられる事になったが、南部プランターは利潤を得る為には新たな奴隷と土地の獲得に使わざるを得なかった。Morison., ibid, op. cit. pp. 504~505.

（3）Benjamin F. Wright., A Source of American Political Theory, New York, 1929, op. cit. pp. 538~544, J・C・カルフーン著、『合衆国憲法と政府論』、John C. Calhoun., A Discourse on the Constitution and Government on the United States, 1851. 南部民主党の重鎮としてホイッグ党政権が担いだ民主党プランター・タイラー政権の国務長官に就任したJ・C・カルフーンは従来主要理論として州権論・州主権論より更に進んで競合的多数決制、コンカレント・マジョリティ、Concurrent Majority. なる政治理論を構築した。彼は民主党政権が連邦政府を単なる数による勝者の支配とするジャクソニアンデモクラシーが主張するその正当性に対し、カルフーンが主張するのは選挙により多数を占める事がかなわなかった所の各少数者なる利害者集団に対しても発言の機会を与え、多数者と少数者の協調・相互妥協の道を探ろうとする理論であった。具体的には北部工業州と南部奴隷州との協調を内に秘め、その実現を目指す政治論である。

第一節　テキサス併合と一八四四年大統領選挙

一八四三年春、タイラー内閣も後半になると、アメリカの北部地域と南部地域には全く異なる社会が出現した。イギリス産業革命が盛期を迎えると、世界の覇権を握ったイギリスはその圧倒的な生産力を背景に世界の工場たる地位をも独占した。同時期、アメリカ北部でも産業革命が急速に進展した。国内交通網に新しい輸送手段として蒸気船に次ぎ蒸気機関車が貨車や客車を連結し登場すると、北部と西部の人口増加は一段と進展した。こうした新しい輸送機関の発展と人口増加はアメリカの工業化を一層促進させた。それは近郊の農村の若者層や婦女子・移民層を含む工場労働者に再編したからニューヨーク・フィラデルフィア・ボストン・ボルチモア市等は北部を代表する大都市として知られる事になった。例えば一八三〇年、ニューヨーク市の人口は二四二、二七八人から、一八四〇年国勢調査（以下センサス）によれば、三九一、一一四名[1]、一八五〇年のセンサスには六九六、一一五人に[2]増加するという驚くべき急成長ぶりを示した。ホイッグ党内閣が成立した一八四〇年の第五回センサス時、合衆国人口は一千二百八十六万六千人を数えたが、一八五〇年第六回センサス時には、一千七百六万余人と、わずか一〇年で四二〇万人余りの増加ぶりを示した。「資料Ⅰ－ⅰ」[3]によれば第五回センサス時、一万人以上の人口をもつ都市は四〇市であったが、第六回センサスでは一万七千人以上の人口を有する都市に成長しており、多くは北部に属する都市であり、その躍進ぶりを示した。こうした北部工業化の躍進を前に、南部リパブリカン、民主党の拠点（ヴァージニア州プランター出身）の頑固なジェファスン崇拝者として知られるタイラー大統領は、ホイッグ党が担ぐ「タナボタ大統領」としての世論を前に次期大統領選出馬に向け、四面楚歌の中、再選戦略に想いを巡らした。

我々はこうした情勢下ホイッグ党の拠点・北部工業州の躍進ぶりより伺わなければならない。

周知の如くアメリカの工場制機械工業は、木綿・毛織物・大麻・麻・亜麻等の紡績と織布部門より開始されたが、それは先行するイギリスの技術を導入して開始されたから、イギリスより平均三〇年から四〇年程の遅れを伴う事になった（「資料Ⅰ－ⅱ」[4]）。初代財務長官A・ハミルトンはこうした後進国アメリカの工業化政策を取るにあたって、北東部に立ち上げたばかりの幼稚な工場制度と稚拙な技術を保護育成し、先行するイギリスの工場制機械工業を追走する事を決意した。以後T・ジェファスン後継の歴代内閣が採択した「アメリカ体制」なる工業の保護育成策と高率関税政策はハミルトンが企図したアメリカ工業の近代化に他ならなかった。

こうしたアメリカ産業資本の近代化のコースはいう所の「後進資本主義型」から、先行するイギリスの「先進資本

注(3)「資料Ⅰ－ⅰ」

	都市名	州　名	1840年人口（人）		都市名	州　名	1850年人口（人）
1	ニューヨーク	ニューヨーク	312,710	1	ニューヨーク	ニューヨーク	515,547
2	ボルチモア	メリーランド	102,313	2	ボルチモア	メリーランド	109,054
3	ニューオーリンズ	ルイジアナ	102,193	3	ボストン	マサチューセッツ	136,881
4	フィラデルフィア	ペンシルバニア	93,665	4	フィラデルフィア	ペンシルバニア	121,376
5	ボストン	マサチューセッツ	93,383	5	ニューオーリンズ	ルイジアナ	116,375
6	シンシナティ	オハイオ	46,338	6	シンシナティ	オハイオ	115,435
7	ブルックリン	ニューヨーク	36,233	7	ブルックリン	ニューヨーク	96,828
8	ノーザンリバティ	ペンシルバニア	34,474	8	セントルイス	ミズーリ	77,860
9	オルバニア	ニューヨーク	33,721	9	スプリングガーデー	ペンシルバニア	58,894
10	チャールストン	南カロライナ	29,261	10	オルバニー	ニューヨーク	50,763
11	スプリングガーデー	ペンシルバニア	27,849	11	ノーザンリバティ	ペンシルバニア	47,223
12	サウスワーク	ペンシルバニア	27,584	12	ケンジントン	ペンシルバニア	46,774
13	ワシントン	ワシントンＤＣ	23,364	13	ピッツバーグ	ペンシルバニア	46,601
14	プロベンデンス	ロードアイランド	23,172	14	ルイスビル	ケンタッキー	43,194
15	チンジングトン	ペンシルバニア	22,314	15	チャールストン	南カロライナ	42,985
16	ルイスビイル	ケンタッキー	21,210	16	バッファロー	ニューヨーク	42,261
17	ピッツバーグ	ペンシルバニア	21,115	17	プロビデンス	ロードアイランド	41,513
18	ローウェル	マサチューセッツ	20,790	18	ワシントン	ワシントンＤＣ	40,001
19	ロチェスター	ニューヨーク	20,191	19	ニューヨーク	ニュージーャジー	38,894
20	リッチモンド	ヴァージニア	20,153	20	サウスワーク	ペンシルバニア	38,799
21	トロイ	ニューヨーク	10,384	21	ロチェスター	ニューヨーク	36,402
22	バッファロー	ニューヨーク	18,213	22	ローウェル	マサチューセッツ	33,383
23	ニューアーク	ニュージャジー	17,290	23	ウイリアムスバーグ	ヴァージニア	30,780
24	セントルイス	ミズーリ	16,469	24	サンフランシスコ	カリフォルニア	30,000
25	ポートランド	メイン	15,216	25	シカゴ	イリノイ	29,963
26	セーラム	マサチューセッツ	15,082	26	トロイ	ニューヨーク	28,785
27	ノイアメインゼング	ペンシルバニア	14,573	27	リッチモンド	ヴァージニア	27,570
28	ニューヘイブン	コネチカット	12,923	28	ノイアメインゼング	ペンシルバニア	26,979
29	ウイチカ	ニューヨーク	12,782	29	シラキューズ	ニューヨーク	22,271
30	モービル	アラバマ	12,672	30	アレゲニー	ペンシルバニア	21,262
31	ニューベドクォード	マサチューセッツ	12,087	31	デトロイト	ミシガン	21,019
32	ロックスベリー	マサチューセッツ	11,484	32	ポートランド	メイン	20,815
33	チャールスタウン	マサチューセッツ	11,484	33	モービル	アラバマ	20,515
34	サバンナ	ジョージア	11,214	34	ニューヘイブン	コネチカット	20,345
35	ピータースバーグ	ヴァージニア	11,136	35	セーラム	マサチューセッツ	20,264
36	シラキューズ	ニューヨーク	11,013	36	ミルオーキー	ウィスコンシン	20,061
37	スプリングフィールド	マサチューセッツ	10,985	37	ロックスバリー	マサチューセッツ	18,361
38	ノースオーク	ヴァージニア	10,920	38	コロンバス	オハイオ	17,882
39	アレゲニー	ペンシルバニア	10,089	39	ウイチカ	ニューヨーク	17,565
40	ポーゲーケプシー	ニューヨーク	10,005	40	チャイルスタウン	マサチューセッツ	17,216

出典：Fletcher W. Hewes and Henry Gannett., Scribner's Statistical Atlas of the United States, New York, 1883, op. cit. pp.plate, 21.

主義型」への移行を目指すものであった。

かくして後進国なるアメリカが目指す資本主義化のコースは先行するイギリス産業資本の様々な圧倒的生産力に対抗する一方、国内に残滓として残る封建的遺制を抱いたままこうした逆境を清算、イギリス産業の技術を導入、その模倣から始めた工場制度を、北東部の産業資本家達は急速に発展させ、ついには「部品の互換性」と「標準化」という全く新しい技術を開発、不足する工場労働者層を補った。

かくしてイギリスの後塵を拝した工場制機械工業の様々な変革に成功、一八四〇年代に入ると、北部に展開するアメリカの産業資本家達は先行するイギリス資本主義の後姿をはっきりと視野にとらえる事になった。こうしたアメリカ産業資本の進展は当然に北部諸州の社会にも一大変革を与える事になった。我々は以下、アメリカ北部産業を代表する木綿工業、羊毛工業、製鉄工業の発展を資料より検討する。

「資料Ⅱ」[5]と「資料Ⅲ」[6]にみる如く、一八一〇年代にはわずか八万七千錘を数えるに過ぎなかった紡錘数が一八四〇年代に入ると一挙に二三〇万錘へと急速な進展をみる事になる。工場数も一八一〇年代には一八六ヶ所に過ぎなかったが一八四〇年には一二四〇の工場数をみるという急速な工業化の進展を示し、その地域的分布も「資料Ⅳ」[7]の如くに北部工業州を中心としてニューイングランド地方に、マサチューセッツ、ニューハンプシャー、ロードアイランド州、中部にはペンシルバニア州等へ向けての急速な進展ぶりを伺わせるのである。

次に羊毛産業は、先進国、イギリス毛織物工業製品に圧倒され続けた事から、イギリスに対抗すべく、高率保護関税策に擁護され、奨励と保護・育成策から出発した。木綿産業の拠点地たるマサチューセッツ州ローエル市の近郊、ローレンス市やロードアイランド州ウーンソケット市、ポータケット市を中心に生産を拡大、一八五〇年までには北東部諸州を中心に

注(4)(資料Ⅰ－ⅱ)　アメリカ北部の資本主義の発展

機会使用年度	イギリス	アメリカ
ケイの飛び梭	1741	1788
ジェニー紡績機	1764	1780年代
アークライト紡績機	1769	1790
力織機	1785	1814

出典：福島県高等学校社会科研究会編『世界史学習資料集』清水書院、昭和53年、111頁、イギリス編。アメリカ編については拙著、『T・ジェファスン研究Ⅰ　ジェファスンと高弟達のアメリカ』を参照

注（5）「資料Ⅱ」 北東部（ニューイングランド）木綿工場数

州名／年度	メイン	ニューハンプシャー	ヴァーモント	マサチューセッツ	ロードアイランド	コネチカット	計
1805				1	1		2
1806				1	1	1	3
1807					4		4
1808				1			1
1809	1			1		1	3
1810		1		3	2	2	8
1811				5	1	1	7
1812			1	9	4	3	17
1813	1			13	3	3	20
1814		3		12	4	6	25
1815		2		4	2	3	11
1816		2		1			3
1817		3			1		4
1818		1		1	1	1	4
1819		1	1		2		4
1820		1		4		2	7
1821		1		2		1	4
1822		1		3	1	2	7
1823	1	2		4	5	7	19
1824		4	1	2	4	5	16
1825		1		8	2	6	17
	3	23	3	75	38	44	186

出典：C. F. Ware., The Early New England Cotton Manufacture, New York, 1993. p-37.

注（6）「資料Ⅲ」 アメリカの木綿工場数、生産量、紡錘数、労働者数、生産額

年度	工場数	綿花消費量（千ポンド）	紡錘数（千錘）	労働者数（男性）	労働者数（女性）	生産額（千ドル）
1810			87			
1820			220			
1831	795	77,800	1,200	62,177		32,000
1840	1,240		2,300	72,119		46,400
1850	1,094		3,600	33150	59,136	61,700

出典：M. T. Copeland., The Cotton Manufacturing Industry of the United States, Cambridge, 1917, pp. 5 ～ 6.11.

一五〇〇以上の羊毛工場をみる事になった[8]。

一方、こうした木綿工業における急速な工場制機械工業の進展は、繊維機械の国内生産を促す事になるから、織物機械製作工場を建設、イギリス製よりアメリカ製への転換、国産化を目指す事になった。同時にそれは鋳鉄部門の発展を要求する事になり、蒸気機関や機関車等を含む鉄道部門への需要を喚起したから鋳鉄生産を更に発展させる事になった。我々は次に「資

料Ｖ[9]」により製鉄産業の進展をみる事にする。ついで「資料Ⅵ[10]」にその進展の実像を一八〇九年段階に於て中心的地位を占めたペンシルバニア州の事例をとりあげ、更に「資料Ⅶ[11]」に、北部鉄鋼産業の発展を支える事になる同州ピッツバーグ市の圧延工場における事例を伺う事にする。

注（7）「資料Ⅳ」　木綿工業の地域的分布（1860年）

地　　域	経営数	紡錘数（1,000錘）	織機数	労働者数		生産額（1,000ドル）
				男	女	
ニューイングランド	570	3,859	93,344	29,886	51,517	79,360
(マサチューセッツ)	217	1,673	42,779	13,691	24,760	38,004
(ニューハンプシャー)	44	637	17,336	3,829	8,901	13,700
(ロードアイランド)	153	815	17,315	6,353	7,724	12,151
中部諸州	340	1,042	25,185	12,212	16,866	26,535
(ペンシルバニア州)	185	477	12,994	6,412	8,582	13,560
西部諸州	22	44	1,071	778	863	1,642
計	1,091	5,236	126,313	46,859	75,169	115,682

出典：U. S. D. I., Manufactures in the US　in 1860, p. xxi.

注（9）「資料Ⅴ」　合衆国製鉄産業の発展

年度	銑鉄生産量	練鉄生産量（単位千トン）
1810	53.9	24.5
1820	20.0	—
1830	165.0	96.6
1840	286.9	197.2
1850	563.8	278.0
1859	750.6	—

出典：P. Temin, Iron and Steel in 19th Century America, pp. 264 ～ 265. B. F. French, Rise and Progress of the Iron Trade of the United States, from 1621. to 1857, A. M. Kelly Publishing, 1973, pp. 18. 54. 64. 137, 鈴木圭介編『アメリカ経済史』、p. 237参照

注（10）「資料Ⅵ」　ペンシルベニア州（1849年）製鉄所別・平均経営規模

地域	種　類	工場数	固定資本	最大生産量	労働者数
東部	塊鉄生産	6	4.8	91	16
	鍛鉄生産	118	17.0	360	26
	圧延生産	56	56.0	1640	65
西部	鍛鉄生産	3	4.7	127	
	圧延生産	23	105	3,130	131

出典：P. Temin., Iron and Steel in 19th Century America, pp. 107 ～ 108, 鈴木圭介編『アメリカ経済史』、p. 239, 参照

注（11）「資料Ⅶ」　ペンシルバニア州ピッツバーグ市鉄鋼産業（圧延工業）の発展

年次	圧延工場数	塊鉄消費量	銑鉄消費量	計
1826	7	2,500トン	3,200トン	5,700トン
1829	8	6,000 〃	1,500 〃	7,500 〃
1836	9	20,000 〃	8,000 〃	28,000 〃
1850	14	8,840 〃	50,360 〃	59,240 〃
1854	20	16,350 〃	82,500 〃	98,850 〃
1857	21	27,267 〃	105,333 〃	132,600 〃

出典：L. C. Hunter., "Influence of the Market upon Technique in the Iron Industry in Western Pennsylvania, up to 1860" ,Journal of Economic and Business History, Vol. I Cambridge, 1928 ～ 1929, No2. p. 247, 鈴木圭介編『アメリカ経済史』、p. 240参照

アメリカ北部の右の如き製鉄産業の躍進を更に後押ししたのは一八五〇年より拍車のかかった鉄道建設熱であった。[12]こうした新たな鉄需要は、鉄道用レールの他、機関車、客車、貨車等各種製鉄製造工業の需要を生み出し、急速な生産を促したから、フィラデルフィア・パターソン市等に右の如き、各種工場建設が相次ぐ事になった。かくして北部、鉄工業はそれまでの農業的市場に代わる工業市場を求める事になった。この事は以後、従来の木炭炉に代わる石炭炉と圧延工場の一層の発展を促し、鉄工業を都市へ集中させる事になったから「資料Ｉ」にみられる如き北部諸都市への工場労働者層等を一層集中させる事になったのである。一方、それは都市労働者層の労働環境改善を始め労働条件の一層の民主化を促進する労働組合運動に結実する事になった。

次に我々は南部社会の変貌について伺わなければならない。

右の如き北部社会の急速な工業化の進展に際して、南部の指導者層、プランター等は「アメリカの王様」なる綿花生産の拡大に活路を見た。我々は先にイギリス産業革命の進展に促され、南部の綿花価格が一八三〇年代に急激な価格上昇をみた事から、従来、旧南部と称された南北カロライナ・ヴァージニア・ジョージア州という大西洋岸地域からメキシコ湾岸西方に向けて、あるいは低南部地帯から、内陸部の丘陵地帯を越えて急激な綿花栽培地の拡大を検討してきた。かくして新たな綿花栽培地域として南西部地方や内陸部にかけて、フロリダ・アラバマ・ミシシッピー・ルイジアナ・テキサス・アーカンソー・テネシー州へと向かう、結合する綿作地帯が登場した事を見る事になった。こうした旧南部と新たな南西部に登場した諸州は、「奴隷制度と綿花生産」に利害を共有したから、結合せる南部として、旧ヴァージニア王朝に優るとも劣らぬ、政治的・経済的力を行使する事になった。だが一八三七年五月一〇日、ニューヨーク市に勃発した金融破綻が、七月には全国に波及、大恐慌に発展、綿花価格も低落傾向を示し始めた事から、結合せる南部（以下南部）はこうした綿花価格の低下を、綿作地の更なる拡大と、生産量の増大によって補う事になった。だがそれは一方に於て、綿花の過剰生産を促す事にもなったから、反対に綿花価格を引き下げる要因にもなったのである。

かくして我々は以下「資料Ⅷ」(13)にアメリカの綿花生産量の推移と対外輸出量の推移、就中、イギリス向け輸出量の推移をみる事にする。又、「資料Ⅸ」(14)は南部各州別による綿花生産量の推移である。

「資料Ⅷ」にみる如く第二回センサス時、一五万六千ベールに過ぎなかった綿花生産量は一八四〇年、ハリソン内閣成立時、第六回センサスには、二百十七万八千ベール余と、飛躍的な躍進ぶりを示した。それは綿花生産地が旧南部諸州地域より、我々が見た所の南西部地方から低南部地方にかけて新たな綿花生産州として連邦加入を果たした新興南西部諸州の登場がその因であった。一方イギリス向け綿花輸出は全綿花輸出量の五〇％後半から六〇％以内で推移する一方、「資

注(13)「資料Ⅷ」　アメリカ綿花生産量の推移と輸出（1800～1810）

単位1,000ベール（1ベール＝500ポンド）

年度	生産量	輸出量	対英輸出量	輸出率（%）
1800	156	79	71	55
1805	281	154	131	58
1810	340	373	145	111
1815	364	302	203	83
1820	606	484	302	79
1825	892	617	424	69
1830	976	839	596	89
1835	1,254	1,023	723	82
1840	2,178	1,876	1,247	86
1845	2,395	2,084	1,439	87
1850	2,334	1,590	1,107	68
1855	2,983	2,244	1,550	75
1860	4,861	3,774	2,669	76

出典：Stuart Bruchey, Cotton and Growth of the American Economy. 1790～1860, San diego 1967, pp. 14～17.

注(14)「資料Ⅸ」　南部・各州別綿花生産量　（単位100万ポンド）

	州	1810	1811	1821	1834	1849	1859
1	北カロライナ	4、0	7、0	10、0	9、5	29、5	64、6
2	南カロライナ	20、0	40、0	50、0	65、5	120、0	141、0
3	ジョージア	10、0	20、0	45、0	75、0	199、6	312、3
4	フロリダ	—	—	—	20、0	18、0	29、9
5	アラバマ	—	—	20、0	85、0	225、8	440、5
6	ミシシッピー	—	—	10、0	85、0	194、0	535、1
7	ルイジアナ	—	2、0	10、0	62、0	71、0	311、0
8	テキサス	—	—	—	—	23、2	193、1
9	アーカンソー	—	—	—	0、5	26、1	163、0
10	テネシー	1、0	3、0	20、0	45、0	77、8	132、0
11	その他	5、0	8、0	12、0	10、0	1、6	24、7
	計	40、0	80、0	177、0	457、5	986、6	2、347、2

出典：S. Bruchey, ibid, op. cit. p. 18.

注(15)「資料Ⅹ」 アメリカ綿花市場（単位1,000ベール）

地域＼年度	1839年～1840年（%）	1859年～1860年（%）
イギリス	1,022（56）	2,344（53）
ヨーロッパ大陸	453（25）	1,069（24）
アメリカ	336（19）	953（23）

出典：Gray, op. cit.Ⅱ. p. 692.

注（16） 連邦加入年月日

	建国時（13州）	自由州	奴隷州
		ニューハンプシャー	デラウイア
		マサチューセッツ	メリーランド
		ロードアイランド	ヴァージニア
		コネチカット	北カロライナ
		ニュージャージー	南カロライナ
		ニューヨーク	ジョージア
		ペンシルベニア	
14	1791. 3. 4	ヴァーモント	
15	1792. 6. 1		ケンタッキー
16	1796. 6. 1		テネシー
17	1800. 4.24	ワシントンDC	
18	1803. 3. 1	オハイオ	
19	1812. 4.30		ルイジアナ
20	1816.12.11	インディアナ	
21	1817.12.30		ミシシッピー
22	1818.12. 3	イリノイ	
23	1819.12.14		アラバマ
24	1820. 3.15	メイン	
25	1821. 8.10		ミズーリ
26	1836. 6.15		アーカンソー
27	1837. 3. 3	ミシガン（13州）	（13州）
28	1845. 3. 3		フロリダ
29	1845.12.29		テキサス
30	1846.12.28	アイオア	
31	1848. 5.29	ウイスコンシン	
32	1850. 9. 9	カリフォルニア	
33	1858. 5. 1	ミネソタ	
34	1859. 2.14	オレゴン	

出典：J. Franklin Jameson., Dictionary of United States History, Philadelpha, 1931, pp. 607～619.

料Ⅹ[15]」によれば、アメリカ北部の木綿工業の発展につれヨーロッパ向け、イギリス向け綿花輸出量が減少に向かうという事実である。

だがこうした旧南部と南西部を結合せる「綿花地帯、Cotton Belt」は奴隷制プランテーションを原資とするものであったから、それは必然的に黒人奴隷制の更なる拡大となり一層の強化を伴う事になった。左の各州[16]は建国十三州以降、新たに連邦に加入した州を自由州・奴隷州に区分したものである。加えて「資料Ⅺ[17]」は奴隷数の推移を建国時よりタイラー内閣時にかけて示したものである。建国時七〇万にもみたなかった奴隷数は、北部諸州の工業化と時を同じくして同地方では次第に消滅していくのに対し、旧南部と南西部諸州の結合する「南部」は、タイラー内閣時にかけてわずか半世紀の間に、二五〇万近くに達するという激増ぶりを示していた。

一八四三年、新年早々タイラー政権に激震が走った。国務長官D・ウェヴスターが大統領に辞職を申し出、故郷マサチューセッツ州マーシュフィールドに去った。ホイッグ党と大統領をつないでいた唯一の糸が切れた。後任に検事総長・法務長官・ヒュー・レガールを任命、彼の後任にメリーランド州下院議員・ナポリ大使を務めるJ・ネルソンを指名、難局打開を目指したが、新国務長官は就任早々病死、後任には同郷の後輩、現海軍長官A・P・アプショアを指名、その後任に同じく同郷の知事を経て連邦下院議員を務めるトーマス・ギルモアを指名、内閣を全て民主党員で固め、引き締めを図ったが不幸は続いた。翌一八四四年二月二八日、新たに建造されたフリゲート艦・プリンストン号の竣工を祝うべく、ポトマック川に来航した新鋭艦に、大統領以下、閣僚、ワシントン駐在の各国外交官、上院議員、多くの婦人達が乗船、出航すると突然主砲が爆発、ギルモア海軍長官他一名が即死、アプショア国務長官、ミズーリ州上院議員・トーマス・H・ベントン等一九名が重傷を負うという大惨事[18]となった。国務長官アプシュアはその後、死亡した。

　タイラー大統領の施策と、その再選戦略は前章にみた如く、ホイッグ党大統領として、北東部工業州に立ち上げた産業資本の保護・育成を目指す「アメリカ体制」支持の立場から保護関税政策を採択、南部民主党出身大統

注(17)「資料XI」

	自由州			奴隷州		
	州数	総人口 （　）は奴隷数	下院議員	州数	総人口 （　）は奴隷数	下院議員
1790	8	1,968,455 (40,370)	57	6	1,961,372 (657,527)	48
1800	8	2,684,621 (35,946)	76	8	2,607,223 (853,851)	65
1810	9	3,758,910 (27,510)	103	8	3,456,881 (1,158,459)	78
1820	12	5,152,372 (19,108)	123	12	4,452,780 (1,512,640)	90
1830	12	7,012,399 (3,568)	141	12	5,808,469 (1,999,356)	99
1840	13	9,728,922 (1,129)	135	13	7,290,719 (2,481,632)	88
1850	16	13,454,293 (236)	143	15	9,612,969 (3,200,364)	90
1860	18	18,726,007	147	15	11,464,290 (3,950,000)	90

出典：Max Farrand. The Development of the United States, Boston, 1918. op. cit. p. 225, 斜線に続く、自由州と奴隷州の黒人奴隷数である。

※各州２名の上院議員は州の数が等しい間は、北部の上院議員の若干名は必ずT・ジェファスン以来南部の意見を支持した。南部は上院議員数において優位を占めた

領として、同党領袖・A・ジャクソン前大統領の支持がタイラー再選の死命を制する事から、銀行法案・内陸開発への国庫投入を阻止、一方南部綿花プランター等が目指すテキサス領土併合による綿作地帯の拡大を目的とする主張を支持した。こうした南北両地域における二大政党の主張を調整する施策を背景に、他方、西部・北西部諸州の開拓者達が新たに入植地として北北西の地に更なる大草原地帯「オレゴン」の地踏破に成功、豊かな一大穀物地帯誕生をみた事から、同地を合衆国が獲得、かの新興北西部・西部諸州自営農民層の支持を取りつける、とする戦略にあった。更に加えて、アメリカ国民の多数を占める一般庶民層が求める「小区画で低価な公有地」売却要求に応え署名した土地法（プリエンプション法）に最小区画を四〇エーカーとし、一エーカー当り一ドル二五セント、四年払いという無償に近い土地取得法を公布した。だが彼が最も頼みとした同郷の腹心の部下・アプショア国務長官の不慮の死に直面した事から、大統領の再選戦略に狂いが生じた。

秋の大統領選挙を目指す候補者指名の全国党大会は両党共、五月の初めにボルチモア市に開催が迫っていた。世論にはホイッグ党候補者として、老齢ながらH・クレイ、D・ウェヴスターを始めとして多士済々、両手に余る候補者が出馬に意欲を示した。

民主党には前大統領M・ヴァン・ビューレンがジャクソ支持下、雪辱戦に燃えていた。民主党には彼以外には候補者が見当らなかった。世論はヴァン・ビューレンに厳しかった。ジャクソンとヴァン・ビューレンこそ大恐慌勃発の原因を作った張本人ではないかと。

内閣の再編は急務であった。新国務長官には内政に通じ、実務に通じ、外交をこなし、大統領を補佐、閣内を調整する内閣の要石・キーストーンであったから実力者が求められた。幸い大統領はプリンストン号爆発に際し、傷一つ負わなかった。彼は新国務長官の要職に、南部民主党の重鎮、南カロライナ州、ジャクソン内閣下、前副大統領・J・C・カルフーンを指名した。海軍長官に同郷の民主党員、連邦下院議員・ジョン・メイスン、又、陸軍長官・J・ポーターを更迭、後任にペンシルベニア州民主党員・W・ウィルキンズを任命、再び全閣僚を民主党員で固めた。かくしてここにホイッグ党タイラー内閣は大統領以下、全て民主党員で構成される事になった。

国民世論も呆然とする程のホイッグ党内閣ながら事実上、民主党内閣への衣替えであった。だがアメリカ国民の関心は新国務長官に就任したJ・C・カルフーンに集った。一八三二年彼はジャクソン大統領と関税政策を巡り対立、副大統領職を辞した南部州権論者、州主権論者でありかつ自由貿易を唱えるカルフーンが、タイラー内閣の中心閣僚に復帰したという事は、彼がジャクソン民主党に再び加入した事を示すものであった。

周知の如くカルフーンは南部プランターを代表する南部人であり、綿花なる国王の忠臣であり、奴隷制度の擁護者であった。更にテキサス共和国は言うに及ばず、その西方のカリフォルニア地方の占領をも辞さぬ程の領土拡張論者であり、その為にはいかなる手段を行使する事も辞さなかった。

かくしてカルフーンのタイラー政権中枢への復帰は、従来、ジャクソン大統領下、副大統領職にあった時と同様に『州権論を基礎として、民主党を改革し、「ユニオン・連邦・Union」米合衆国として維持すべき手段』[19]を講じる事にあった。だが、我々は先にみた如く、彼の主張する「州権論者・州主権論者あるいは新たな競合的多数論、（Concurrent Majority）」とは、彼が大統領を目指すに際し、奴隷制度が施行されている諸州ではそれを永続化し、更に進んで西方に成立する新しい領土に奴隷制度を拡大する事を目的とし、現在の自由州（十三州）対奴隷州（十三州）という均衡を更に南部奴隷州側に奴隷制を有する新州を加入する事により政治的優位を占める事にあった。[20]だがこうしたタイラー大統領の秘めた戦略に対して、ホイッグ党首脳部の施策は、タイラーの民主党への先祖返り以上に民主党に打撃を与えるものとなった。ホイッグ党指導部H・クレイ、D・ウェヴスター、J・Q・アダムズ等は現在ミズーリ協定線以西に準州として、奴隷制度を嫌悪する西部及び北西部諸州に、北部自由州として加わる事を明言した。

こうした両党指導部の思惑の中、一八四四年五月初め、ボルチモア市に民主党全国大会が開催された。我々は以下民主党全国大会より伺う事にする。

ホイッグ党が担ぐ現職・J・タイラー大統領は右にみた如く民主党への変節、先祖返りを果たした事に、ホイッグ党は愛想を尽かし、全閣僚を引き上げたから彼等は農場経営にワシントンを後にした。かくしてタイラーは旧ヴァージニア王朝の再建を夢み、全閣僚を民主党員で固め、候補者指名を心待ちにしていた。

だが民主党選挙人団の誰一人として、タイラー支持に登壇する者はなく、反対に大統領を民主党の裏切り者として叫弾する有様となった。

民主党の本命候補はニューヨーク州出身、前大統領M・ヴァン・ビューレンであった。後ろにアンドルー王・老ヒッコリーなるジャクソンがヴァン・ビューレンの再出馬を支援していた。誰もがヴァン・ビューレンの候補者指名を疑わなかった。

その時、突如一通の文書が公開された。内容はM・ヴァン・ビューレン氏と、ホイッグ党の大統領候補に名乗りを上げたH・クレイ氏が共同で合意した「テキサス併合」が時期尚早であり、奴隷制度の西方拡大は、ミズーリ協定に約した南北融和の妥協を反故にし、内乱の不協和音を再び招きかねないと指摘したものであった。[21]

そこでテキサス共和国の併合に熱心なミシシッピー州の代議員・ロバート・ウォーカーは綿作地帯拡張論者であったから直ちに登壇。南部の新たな綿作地帯・Cotton Belt 形成を阻止するヴァン・ビューレン候補指名に激しい反対論を展開した。

同州選挙人団はR・ウォーカーと共調、南部の各州選挙人団にヴァン・ビューレン候補に反対票を投ずるよう働きかけた。その結果、党規約の定める大統領選挙人の三分の二の賛成を必要とするとの内規[22]に達する選挙人団の賛成を得る事が出来ず、ヴァン・ビューレン候補は落選してしまった。

次に民主党選挙人団が同党候補者として耳にしたのは、誰も聞いた事のない前テネシー州知事・ジェームズ・K・

ポーク氏四八才、であった。J・K・ポークは北カロライナ州出身であった。彼は地元、北カロライナ大学を卒業後、弁護士資格を取ると、事務所開設を目指し隣のテネシー州ナッシュビルに移り弁護士事務所を開設、A・ジャクソンを知る事になると伝記は記している。(23) それから政界を目指し、ジャクソンの支援を得て、同州下院議員、下院議長、同州知事を二期務め、三期を目指したが落選、再起を目指し、世評にジャクソンの上着係と評される程の忠勤ぶりを示した。ジャクソンは「約束を守る男」としてヴァン・ビューレンの後継に推薦したのである。ポークは領土拡張論者であった。

幸いな事にポークには追い風が吹いていた。アメリカの人々はテキサスはおろか、カリフォルニア、オレゴン、メキシコ領へ向けての領土拡大熱に浮かれていた。国境を接するメキシコ共和国は政情不安に揺れ、弱体化していた。「オレゴンフィーバー、Oregon Fever」が吹き始めていた。

かくして各州選挙人団を始めアメリカの人々は全く無名のポークが、西方への領土膨張を掲げ登壇すると、テキサスの連邦加入を求める南部諸州とオレゴン熱に浮かれた西部・北西部諸州、更に西部開拓を求める北部選挙人団は一致してポークへの支持を表明したから、民主党大統領選挙人団は、大統領候補にJ・K・ポーク、副大統領候補に中部ペンシルバニア州の上院議員・同州検事総長（法務長官）を務めたジョージ・M・ダグラスを指名した。

一方、ホイッグ党全国大会は大統領候補に六七才の高齢ながら「アメリカ体制」に執念を燃やす妥協の政治家・H・クレイを指名、副大統領候補にニュージャージー州選出の上院議員・シオドア・フレリンスンを選出、ホイッグ党選挙人団は全国的知名度において、全く無名の民主党候補に対し、「アメリカ体制」なる政策により知られるクレイの全国的優位を確信した。

だがホイッグ党に思わぬ事態が発生した。北部諸州の反奴隷制感情を背景に、ニューヨーク州より奴隷制度廃止を公約に「自由党」を立ちあげたジェームズ・G・バーニーが出馬を表明した事から、北部を支持基盤とするホイッグ党への影響は避けられない事になった。同時に彼の出馬はヴァン・ビューレン民主党の牙城、ニューヨーク州へも影響を与える事になった。

かかる情勢の下、民主党大統領選挙戦を指揮したジャーナリスト出身のブレーン達は、前回選挙戦に「ティペカヌーにタイラーをも」との庶民受けするスローガンに敗北したからその雪辱に燃えていた。彼等が採択した民主党の選挙スローガンは「オレゴンの再占領とテキサスの再併合 Development the Country. The Whole of Oregon or None !! Fifty-four forty or fight !」か、戦争か!![24]」という極めて好戦的なものであった。

一方、ホイッグ党のスローガンは前回のスローガンの、ハリソンをク

注(25)「資料XII」. i　1844年、各州大統領選挙人団投票

	州　名	下　院	上　院	各州選挙人団	クレイ	ポーク
1	アラバマ	7	2	9		9
2	アーカンソー	1	2	3		3
3	コネチカット	4	2	6	6	
4	デラウィア	1	2	3	3	
5	ジョージア	8	2	10		10
6	イリノイ	7	2	9		9
7	インディアナ	10	2	12		12
8	ケンタッキー	10	2	12	12	
9	ルイジアナ	4	2	6		6
10	メイン	7	2	9		9
11	メリーランド	6	2	8	8	
12	マサチューセッツ	10	2	12	12	
13	ミシガン	3	2	5		5
14	ミシシッピー	4	2	6		6
15	ミズーリ	5	2	7		7
16	ニューハムプシャー	4	2	6		6
17	ニュージャージー	5	2	7	7	
18	ニューヨーク	34	2	36		36
19	北カロライナ	9	2	11	11	
20	オハイオ	21	2	23	23	
21	ペンシルベニア	24	2	26		26
22	ロードアイランド	2	2	4	4	
23	南カロライナ	7	2	9		9
24	テネシー	11	2	13	13	
25	ヴァーモント	4	2	6	6	
26	ヴァージニア	15	2	17		17
		223	52	275	105	170

H・クレイ：105票
J・ポーク：170票
出典：Jameson., ibid, op. cit. p. 746. 760.

レイへ、タイラーをフレリンスンに代えただけのものであった。加えてハリソンが高齢で急死、クレイもハリソン同様六七才という高齢であった。民主党のスローガンはみた如くアメリカ国民の高揚する愛国心・ナショナリズム・Nationalism. を何程か鼓舞・叱咤激励する文言《ことば》であるのに対し、ホイッグ党のスローガンは陳腐で一向にアメリカ国民の愛国心を鼓舞するには間が抜けていた。アメリカ国民が政治に求めるのはジェファスニアンデモクラシーやジャクソニアンデモクラシーに開示された如く政治家が民衆に語りかける明日への夢と希望と理想を実践すべき勇気であり、民衆はそれを支持した。

十一月最初の火曜日の投票の結果が判明した。「資料XII・i・ii・iii」[25]の如くH・クレイが獲得した選挙人団投票数、一〇五票、一般投票、一、二九九、〇六八票、全国的には全く無名のポークの選挙人団投票数、一七〇票、一般投票、一、三三七、二四三票、自由党バーニーの選挙人団投票数、〇票、一般投票、六二、三〇〇票であった。又、副大統領選挙の結果、フレリンスン選挙人団投票数に得たのは一〇五票、ダラスが同、一七〇票、自由

注(25)「資料XII」. ii　1844年大統領選挙一般投票

	州　名	ポーク	クレイ	バーニー	計
1	デラウエア	5,996	6,728		12,274
2	ロードアイランド	4,867	7,322	107	12,296
3	アーカンソー	9,546	5,504		15,050
4	ルイジアナ	13,782	13,083		26,865
5	ミシシッピー	25,126	19,206		44,332
6	ヴァーモント	18,041	26,770	3,954	48,765
7	ニューハムプシャー	27,160	18,866	4,161	49,187
8	ミシガン	27,759	24,337	3,632	55,728
9	アラバマ	37,740	26,084		63,824
10	コネチカット	29,841	32,832	1,943	64,616
11	メリーランド	32,676	35,984		68,660
12	ミズーリ	41,369	31,251		72,620
13	ニュージャージー	37,495	38,318	131	75,944
14	北カロライナ	39,287	43,232		82,519
15	メイン	45,719	34,378	4,836	84,933
16	ジョージア	44,177	42,106		86,283
17	ヴァージニア	49,570	43,677		93,247
18	イリノイ	57,920	45,528	3,570	107,018
19	ケンタッキー	51,988	61,255		113,243
20	テネシー	59,917	60,030		119,947
21	マサチューセッツ	52,846	67,418	10,860	131,124
22	インディアナ	70,181	67,867	2,106	140,154
23	オハイオ	149,117	155,057	8,050	312,224
24	ペンシルベニア	167,535	161,203	3,138	331,876
25	ニューヨーク	237,588	232,487	15,812	485,882
	合　計	1,337,243	1,299,068	62,300	2,698,611

※南カロライナ州は州議会で、投票、ポーク支持で全員投票。
出典：Hewes and Gannett., ibid, op. cit. p. plate, 8.

党トーマス・モリス、同〇票というものであった(26)。
かくして一八四四年の大統領選に表明されたアメリカ国民の政治決断は、テキサス・オレゴン、更に西方メキシコ国境に向けての領土拡大である。

注(25)「資料XII」. iii　各州党派別獲得率

	州　　名	ホイッグ党	デモクラット党
1	ニューヨーク		48.8
2	オハイオ	49.6	
3	ミシガン		49.8
4	テネシー	50	
5	インディアナ		50
6	ペンシルバニア		50.4
7	ニュージャージー	50.4	
8	コネチカット	50.8	
9	デラウィア	51.1	
10	ジョージア		51.2
11	ルイジアナ		51.3
12	マサチューセッツ	51.4	
13	北カロライナ	52.3	
14	メリーランド	52.4	
15	ヴァージニア		53.1
16	メイン		53.8
17	ケンタッキー	54	
18	イリノイ		54.1
19	ヴァーモント	54.8	
20	ニューハムプシャー		55.2
21	ミシシッピー		56.6
22	ミズーリ		56.9
23	アラバマ		59.1
24	ロードアイランド	59.5	
25	アーカンソー		63.4

※南カロライナ州は州議会で行う、ポーク100%支持。
出典：Hewes and Gannett., ibid, op. cit. p. plate, 8.

注

(1) James F. Jameson., Dictionary of United States History, Philadelphia, 1931, op. cit. p. 823.
ニューヨーク市の内訳　マンハッタン区312, 710　ブロンクス区5, 346　ブルックリン区47, 613　クイーンズ区14, 480　リッチモンド区10, 965　計391, 114

(2) Jameson, ibid, op. cit..
ニューヨーク市の内訳　マンハッタン区515, 547　ブロンクス区8, 032　ブルックリン区138, 882　クイーズ区18, 593　リッチモンド区15, 061　計696, 115

(3) Fletcher W. Hewes and Henry Gannett Scribner's Statistical Atlas of the United States, New York, 1883, op. cit. p. plate, 21.

(4) 福島県高等学校社会科研究会編、『世界史学習資料集』、清水書院、昭和五十三年、百十一頁、イギリス編。アメリカ編については拙著、『T・ジェファスン研究I』、歴史春秋社、二〇一一年を参照

（5）C. F. Ware., The Early New England Cotton Manufacture, New York, 1931, p. 37.
（6）M. T. Copeland, The Cotton Manufacturing Industry of the United States, Cambridge, 1917, pp. 5～6. 11.
（7）U. S. D. I., Manufactures in the in US. 1860, p. xxi. 鈴木圭介編、『アメリカ経済史』東京大学出版会、一九七二年、所収論文、宮野啓二論文、第二章、第四節、二、木綿工業における工場制度の成立、一三二頁参照。
（8）Samuel E. Morison., The Oxford History of the American People, New York, 1965, p. 483.
（9）P. Temin., Iron and Steel in 19th Century America, pp. 264～265, BF. French, Rise and Progress of the Iron Trade of the United States, from 1621 to 1857. Cambridge. pp. 18. 54. 64. 137, 鈴木圭介編『アメリカ経済史』、二三七頁参照。
（10）P. Temin., ibid, pp. 107～108, 鈴木圭介編『アメリカ経済史』、二三九頁参照。
（11）L. C. Hunter., "Influence of the Market upon Technique in the Iron Industry in Western Pennsylvania, up to 1860〃, Journal of Economic and Business History, Vol. I No2. A. M. Kelly, 1973, p. 247, 鈴木圭介編『アメリカ経済史』、二四〇頁参照
（12）Max Farrand., The Development of the United States Boston, 1918, p 一八三〇年アメリカ鉄道路線は二三マイル（三六・八km）であったのが一八四〇年には三〇〇〇マイル（四八〇〇km）と、急速に拡大した。更に連邦議会は一八三八年、全ての鉄道路線に郵便路線を併設し立法化したから、国内各地へ向けた鉄道建設を一層促進させる契機になった。
（13）Stuart Bruchey., Cotton and Growth of the American Economy. 1790～1860, Sandiego 1967, pp14～17.
（14）Bruchey., ibid, op. cit. p. 18.
（15）Lewis C. Gray., History of Agriculture in the Southern United States to 1860, Vol Ⅱ, Massachusetts 1958, op. cit. p. 692.
（16）南部奴隷州は一八四五年、フロリダ・テキサス加入以降北部自由州に次第に政治的地位を譲る事になる。
（17）Farrand., ibid, op. cit. p. 225.

（18）Morison., ibid, op. cit, p. 555.

（19）William M. Meigs., The Life of John Caldwell Calhoun, New York, 1917, Vol II , pp. 85. 309. 398. 113~125.
副大統領職を辞し故郷南カロライナ州フォートヒルに戻ったカルフーンは一、一〇〇エーカーの農場と七〇人から八〇人の奴隷を使用する綿花プランテーションを経営した。彼がジャクソンと意見を共にした州権論・州主権論から更に進んで「競合的多数決制、コンカラント・マジョアリティ」を構想する事になるが、彼の真の主張は、南部プランターと北部資本家との対決にあったのではなく、多数派と少数派との連携により連邦政府を維持する事にあった。

（20）Meigs., ibid, p. 118. 北部諸州を拠点とするホイッグ党及び三〇〇誌にものぼるマスコミ・ジャーナル誌はカルフーン新国務長官の進めるテキサス共和国併合に反対であった。同共和国がユニオンに新加入となれば、広大な領土を有する事からテキサス州内に又新たな奴隷州の誕生をみる事になる故、それは南北両地域の均衡を約したミズーリ協定を反古にし、南部の政治的優位をもたらす事になるのではないかというものであった。

（21）Maurois., ibid, op. cit, pp. 242~243. カルフーンはテキサス共和国併合をメキシコ大使に申し入れたが拒否された事から、テキサス共和国と併合条約を結び一八四四年四月、議会に批准を求めた。だが上院で否決された。一方、大統領候補指名確実と自認したヴァン・ビューレンとH・クレイはテキサス併合が必ず英・仏の介入（戦争）を招く事で認識を共有していたからいずれ共同した認識として発表する事を約していた。（cf） Morison, ibid, op. cit, p. 556.

（22）Morison., ibid, op. cit, p. 556. 一八三六年の民主党の大統領指名全国大会の規約には、指名には三分の二の選挙人団の賛成が必要と約されていた。一八四〇年規約には撤廃されたが同規約は一八四四年から一九三六年まで採択された。

（23）Jameson., ibid, op. cit, p. 397.

（24）Maurois., ibid, op. cit, p. 242.

（25）i , Jameson., ibid, op. cit, p. 746. 760, ii , iii , Hewes and Gannett., ibid, op. cit, p. plate, 8 .

（26）Jameson., ibid, op. cit, p. 760.

第二節　ポークと明白な天命

建国以来アメリカは大陸奥地を目指し、西へ、西へ、南へあるいは北へ、はたまた辺境未開なる河川はおろか、急峻極まるロッキー山頂を踏み越え、開拓前線を拡大させていった。

周知の如く北東部大西洋沿岸には「アメリカ体制」を目指し工業化の道を歩む大都市が出現、アパラチア山脈以西に向かってはオハイオ川に沿う大湖にかけて、かつて、旧大陸農民層を苦しめた「封建地代」なる小作料が全く存在しない、インディアンコーンが生い茂る人跡未踏なる大自然の地に次々と農業州が姿を現した。そこにはジャクソニアンデモクラシーを産み育てたスコッターなる無断土地占有者層が、今日、独立自営農民に姿を代えて登場した。

更に東部大西洋岸からフロリダ半島を経たメキシコ湾岸にかけては、北部の奴隷商人と手を携えた綿花プランテーションがミシシッピー河流域を横断、更なる西方へ向けて急速なる拡大を続け、今日、テキサス地方に向かっていた。

一八四五年三月四日、第十一代米合衆国大統領としてホイッグ党に代わり政権奪還を果たしたJ・K・ポークであったが世論の評価は厳しかった。「老ヒッコリーなるナッシュビル・ハーミテージの老雄、アンドルー王の上着の裾を持ち歩く男!!」[1]と芳しからぬ世評を上程された。

だが民主党の新大統領に就任したJ・ポークは世間に言われる如き軟弱な人物ではなかった。我々は彼の出自より伺わなければならない。

ポークも又、ジャクソン同様、成功への機会を求め、多くの若者がそうであった様に苦学力行に耐え、自らの夢を求めたのであった。彼は北カロライナの辺境の地、メクレンバーグに誕生（一七九五・十一・二）した。その後、一八〇六年、開拓団に併われアレゲニー山脈を踏み越え豊かな大地として知られるテネシーに向かった。法律の修得を目指し北カロライナ大学を卒業するとナッシュビルに戻り、同地に弁護士事務所を開業したのは一八二八年（二三才）の時であった。更に、政界を目指し、民主党に入党、ニューオーリンズの戦いに国民的名声を博し、T・ジェファスンを領袖とするリパブリカン党と決別、デモクラット（民主党）を立ち上げ、勤労民衆の労働の尊厳を確立すべく、ホワイトハウスを目指すジャクソンの知遇を得る事になった。以後、ジャクソンに従い、一八二三年―二五年テネシー州下院議員、一八二五年―三九年、同州下院議長としてホワイトハウス入りを果たしたジャクソン大統領の留守を預る事になった。三選を辞しナッシュビルのハーミテージに戻った老ヒッコリーではあったが依然として民主党の指導者であり領袖として意気軒昂であった。後任は彼の腹心、ニューヨーク州のM・ヴァン・ビューレンであった。ポークはジャクソンの支援を得て一八三九年から一八四一年、同州知事として、大恐慌の荒波を切り抜け、一八四一年再選を目指したが、恐慌の責を受けた事から落選。次回の知事選に再起を期したがまたしても逆風を受け敗北した。だがジャクソンの支援には変わりがなかった。今日、テネシー州は北隣りのケンタッキー州と共に、大陸奥地を目指す開拓地に向かう西漸運動の拠点州に立っていた。大恐慌による経済の停滞も一段落を迎えると、再び西部へ向かう開拓者を乗せた幌馬車隊の列も増加した。ポークはこうした西方領土開拓者の先頭に立った。逆境にあったポークに入植地より声援が届いた。「西漸運動」は、今や姿を変え、「アメリカの天命」となった。西方領土拡大の使命を帯びた人物こそ神が選び給うたJ・K・ポークであった。折しも一八四四年はアメリカ大統領選挙の年であった。ジャクソンは余命を悟ったのかヴァン・ビューレンの後任を、忠臣ポークに神の声を聞いた(2)。かくしてここに建国以来アメリカの人々が両大洋にはさまれた北アメリカ大陸の全ての領土を獲得する機会が初めて訪れた。アメリカのジャーナリストを始め議会ではそれを「明白な天命、Manifest Destiny(3)」と激賞した。今や世論は西方領土に向かう開拓者達を励ます神なる声と讃えた。ポークには更なる好運が舞い降りた。

クレイとカルフーンがテキサス併合を時期尚早と反対した事が暴露された。かくしてH・クレイとM・ヴァン・ビューレン共に、世論が求める「明白な領土拡大」に逆らったばかりに、目の前にした大統領候補の椅子からころげ落ちてしまった。一八四四年五月、ボルチモアの民主党大会に「ダークホース」として登場したポークは、マサチューセッツ州の民主党選挙人団を率いたジョージ・バンクロフトと知り合った際、彼は大統領としての抱負をバンクロフトに開陳、支援を要請した。(一)関税を引き下げ、財政を確立。(二)テキサスの併合を行う。(三)オレゴン領の米英共同管理を廃止、現在ロシアと合衆国との国境線、北緯四九度三〇分を北緯五四度四〇分に画定する事。(四)現在、メキシコ領とされるカリフォルニア地方を領有する。[4]という決意を披露した。

彼が提示した政策のどれ一つとして一内閣がなし得る政策ではなかったが、バンクロフトは支持した。

かくして我々には合衆国が今日の領土の骨格を整え、東は大西洋に面し、西は太平洋に向かう、大英帝国の「世界政策、Pax Britanica」に比肩する若き米合衆国が目標とする「世界政策、Pax Americana」、アメリカによる平和を万物の創造主の御告げとして掲げる事になった。

さて今日、時流となった西部を開拓せよとの世論に後押しされ、「明白な天命、Manifest Destiny」にみた第十一代米合衆国大統領ジェームズ・K・ポークのホワイトハウス入りと時を同じくして、来るべき「アメリカ型」と呼ぶ内部に前近代的封建遺制という「奴隷制度」を抱い込みながらも、共和制度と民主主義を機能させ、新しい国土の開発を目指す事になった。連邦法の無効を叫ぶ州権論の嵐を切り抜け、「ユニオン、Union」なるアメリカ合衆国（連邦）の維持を聖書に誓う二つの国民政党を作り出し、それに生命を与えたジェファスニアンデモクラシーと続くジャクソニアンデモクラシーなる米民主主義思想の過程をみてきたのである。だが現実のアメリカの政治はそうした理想に相反し、北部と南部は互いに離反しつつあった。

さて我々は以上みてきた如くに、北部社会では産業革命が進行し、それが交通革命を促し低価格による輸送網を拡大し、教育や人道上の運動を促進させ、西方への開拓移住を促す「西漸運動」等により躍進を遂げていた。だが南部社会では、こうした北部の変貌を促す事となった「産業革命」の導くその類い稀な物質的生産力の向上を見逃したばかりか、更にはその影響力をも軽視した。南部は一意専心、綿花生産と奴隷制度の存続を選択した。

ポーク政権が誕生した一八四五年以降、誰も指摘しなかったが、南北両地域には全く相異なる文化圏が出現していた。北部に成立した物質的な生産力（工場制機械工業）とその周辺に形成される価値観は今やイギリスの産業資本家対アジアの専制君主程の格差となっていた。

だがこうした南北両地域の相違が民主党、ポーク政権の屋台骨を揺るがす事もなく、更なる躍進の期待を彼の内閣に抱かせたのは「辺境、Frontier」の存在であった。

F・J・ターナーの指摘する如く、辺境の存在とその絶えざる前進の内に形成される開拓者魂・精神による合衆国の領土拡大をニューヨークのジャーナリスト、J・L・オサリヴァンは「明白な天命、Manifest Destiny」に見たのである。我々も言葉を継いで言おう。辺境なるフロンティア、Frontier こそアメリカの精神に不断の再生を促した事を!!

かくして我々は辺境西部が生み育てた第十一代米合衆国大統領ジェームズ・K・ポークの就任演説から聞く事にする。一八四五年三月四日、宣誓式に臨んだポークは、支持者を前に選挙戦のスローガンに掲げた「テキサスの再併合とオレゴンの再占領、fought on the platform of the Re-annection of Texas and the Re-Occupation of Oregon」から語り始めた。「テキサス共和国が我が連邦への加入を長い間、待ち望んでいた事はよく知られていた所であります。今日、共和国は我が連邦の一員として加入を果たし、同じく、我が憲法のもたらす自由と安全の恩恵に供に浴する事に私は祝福を贈るものであります。テキサスはただちに我が連邦の一員となりました[5]。―外国の力により割譲される事は賢明な方法ではありません―テキサス州は連邦制の一つの独立州として、それぞれに統治権をその州内に共に共有する事は疑問の余地のない所であります。

今日、テキサス州政府同意のもと、我が連邦議会の法律の施行下、連邦政府の一員として再加入された事に対して、それが契約という独立した共和国としてテキサス州が連邦政府を構成する一員としてなされた事に敬意を表する者であります。かくしてこうした二つの独立した国家の契約という事について、最早、外国による干渉はなされるべきではなく、再加入に対する異議をさしはさむ事は出来ないのであります。テキサスの再加入は合衆国にとって重要であります。我が連邦政府の強力な防衛力の力となるものであります。……かつ温和な気候と肥沃な土壌に覆われるテキサス州、広大な資源を保護し速やかなる開発に資する事はニューオーリンズ港をより安全に、更に我々が目指す南西部に向かうフロンティアを敵対する勢力から守る事にも資する故に、それは我が連邦が目指す利害と軌を一にし、一層促進するのであります。

かくしていかなる国もテキサス政府が独立国として、ユニオンに留まる限り我が国の平和と安全を危険に陥れる事は出来ません。

……同様にロッキー山脈の彼方に横たわる我が合衆国の領土なる大地に関してであります。それが我が国の権利として、全ての法律上の手続きにより維持管理されている所のその土地の所有権を主張する事は、米合衆国の大統領たる私の責務であります。オレゴン領土という名前で呼んでいる大地でありますが、それは米合衆国の領土であり何等疑問の余地はありません!!

オレゴン領は既に我が国の人々によって開拓され、完全に領有されております。開拓した家族の婦人達やその子供達によって所有されているのであります。オレゴン地方は既に八〇年も前にアレガニーの山麓を進んだ合衆国の開拓者によって広く開放されました。私が見聞した事柄では、合衆国の開拓者は数百万にも達するとの事であります。ミシシッピーの東側の渓谷より出発し、あるいは又、ミズーリから出達した冒険的開拓者や山頂人なる猟師等の先住者達は、オレゴン地方の河川を下り、太平洋岸に達する広大な地に自治政府を確立して参りました。産業なども既に立ち上がっております。かくして我々米合衆国政府には、こうした開拓者達の子孫が耕した広大な領土と自治政府を完全に保護すべき責務があるという事であります。

オレゴン地方の人々が自らの共和国を選択した所の大地は遥かに遠くの地ではありますが、私は、我がユニオンの法律と、我が国のもたらすであろう恩恵をオレゴン領土に行使する責務があるという事を明確に申し上げるものであります[6]」

ポークが就任演説の最上位に掲げた右の如き「テキサス併合とオレゴン再占領」は、彼が大統領選挙戦で国民に約束したスローガンであった。言葉は勇ましいものであったが、その政策は一歩誤れば「テキサス」に関して言えば、メキシコとその宗主国ルイ・フィリップのフランスとの戦争を招きかねなかった。又、オレゴン領土に至っては、英外相パーマストンは英下院議会で「合衆国がオレゴン占有を望むなら、それはわが大英帝国との開戦を覚悟しなければならない[7]」と警告を発していた。事実大英帝国は一八四二年以来、米英共同統治領オレゴン地方北緯四九度線太平洋に向かうバンクーバー島に海軍基地を建設、その太平洋の西の彼方、清朝支那と「アヘン戦争」の最中にあった。

国民世論は「イギリス、メキシコとの開戦も辞さず」、との民主党のスローガンに酔い痴れて西部開拓に熱中していた。だがポークは就任演説とは裏腹にイギリス、フランス、メキシコ相手の開戦に苦慮していた。イギリス、フランスという二大強国相手の二正面作戦に二の足を踏んだ。国家の最高指導者として、合衆国と国民の存亡を賭してのイチかバチかの政策を選択する事はアメリカの大統領としての責務を放棄するものであった。米合衆国と国民が生きる大地は、神がこの地に集う人々に選び給う「カナーン」の地であった。ポークは時期を待つ事にした。内政の充実を選択した。「国土を開発せよ!![8]」との声は天命であった。

同年六月八日、ポークをワシントンに見送ったジャクソンが死の谷に歩みを進めるころ、明白な天命にも支えられた事から、恐慌以来低迷していたアメリカ経済が回復傾向を示し始めた。「資料Ⅰ」[9]にみる如く財務省統計も歳入、歳出がようやく黒字を計上するようになった。

ポークは同年十二月初め、最初の大統領教書を執筆、議会に送付、自信を取り戻した経済力を背景にモンロードクトリンの再宣言を発表した。我々も就任演説に次ぐ彼の議会宛教書を聞く事にする。

「……我々の西部開拓は今まで未占有であった領土も含めて急速に拡大している。そうした地より我が連邦に新たに新州として加わる事になるのだ。そうしてそれは自由という原則が更に進展し、国家としての偉大さに向けた歩みが拡大する今日、ヨーロッパ列強の間で関心を引き起こした所の原則として「勢力の均衡」と称する原理という旧大陸で公表された政策だが、そうしたドクトリンなるものが、合衆国の発展がなされている新大陸アメリカでも追及される事になったのである。

米合衆国は全ての諸国家と良好でお互いに理解し合える関係を求めてきた。それは北アメリカ大陸に関しては、いかなる干渉に対しても沈黙を守る事はないというものであり、そうした干渉や試みに対しては常に抗議する準備と同意がなされているという事であり、そうした政策はアメリカ国民なら誰でも承知している所であり、合衆国政府は全ての国家との関係に於いて、ある国の政府が他の国の政府に対し従属関係をもたらすが如き干渉を決して認める事は出来ないという事である。

……我々はアメリカ大陸に関して、ヨーロッパ諸国の干渉を排除すべきであるという事を要求する。米合衆国国民は……ヨーロッパ列強諸国の政治支配より独立しており……独立国家としての権利を有している。それ故北米大陸の独立国家に対するヨーロッパ諸国の干渉を見過ごす事は出来ないのである。政治制度に関するアメリカの体制（共和政治）は、ヨーロッパ列強諸国とは全く異なるものであり、列強諸国の「猜疑心」から発する所のある国家を「勢力均衡」という御題目の下に、孤立させる政策に与する事は出来ない。こうした権謀術数は北アメリカ大陸のいかなる地においても認める事は出来ない。

我々米合衆国はこうした原則を従来維持してきた所のものであり、そうした原則の第一は、北アメリカ大陸の人民は自らの運命は自らが決する権利を有するという事である。

……我々はヨーロッパ列強諸国が北アメリカ大陸を彼等の勢力下に留めるべく、「勢力均衡」策に従属するなどという合衆国の連邦制を妨げる政策に同意する事は出来ない。こうした原則は二五年前に、前大統領の「モンロー宣言」により世界に向け発せられたものである。

以来、アメリカ大陸は今日まで、自由と独立を保持してきたのであり、それ故、今日以降将来にわたりヨーロッパ列強諸国の植民地化や隷属に服する事はなかったのである。こうした原則は次第に勢力を増しつつあるヨーロッパ列強諸国による、北アメリカ大陸に対する新しいいかなる形態の植民地建設に対しても適用されるべき原則である。

私はかかるモンロー大統領による宣言に開陳された原則に関して、現在の世界の流れにあって、こうした環境を維持する為の最も適切なる手段とみなし、モンロー宣言の立場を再宣言し、断固維持すべく事が賢明な政策とみなす者

単位、100万ドル

支出							
陸軍	年金	先住民	利子	雑費	計	欠損金	債務
6.3	0.9	0.6	2.5	1.6	19.7	+ 8.1	48.6
6.8	1.4	0.6	1.9	1.4	17.1	+ 7.7	39.1
4.8	1.2	0.9	1.4	1.4	15.2	+ 13.3	24.3
5.4	1.2	1.4	0.8	2.5	17.3	+ 14.6	7.0
6.7	4.6	1.8	0.3	3.2	23.0	+ 10.9	4.8
5.7	3.4	1.0	0.2	2.1	18.6	+ 3.2	0.4
5.8	2.0	1.6	0.1	1.5	17.6	+ 17.9	0.3
11.8	2.9	5.0	0.1	2.7	30.9	+ 19.9	1.9
13.7	2.7	4.3	—	2.9	37.2	− 12.2	4.9
13.1	2.2	5.3	—	3.3	33.9	− 7.6	12.0
9.2	3.1	2.2	0.4	2.6	26.9	− 4.9	5.1
7.2	2.6	2.3	0.2	2.6	24.3	− 4.8	6.7
9.0	2.4	2.3	0.3	3.5	26.5	− 9.6	15.0
6.7	1.4	1.2	0.8	3.3	25.1	− 5.2	—
3.1	0.8	0.4	0.5	1.6	11.8	− 3.5	27.2
5.2	2.0	1.3	1.9	2.6	22.5	− 6.8	24.7

注（9）「資料Ⅰ」 1829年～1844年、合衆国財政の推移

年次	収入							
	関税	公有地	利子	雑収入	計	行政	外交	海軍
1829	22.7	1.5	0.5	0.1	24.8	1.3	0.2	3
1830	21.9	2.3	0.5	0.1	24.8	1.6	0.3	3.2
1831	24.2	3.2	0.5	0.6	28.5	1.4	0.3	3.9
1832	28.5	2.6	0.7	0.1	31.9	1.8	0.3	4
1833	29.0	4.0	0.6	0.3	33.9	1.6	1.0	3.9
1834	16.9	4.9	0.6	0.1	21.8	2.1	0.2	4
1835	19.4	14.8	0.6	0.7	35.4	1.9	0.8	3.9
1836	23.4	24.9	0.3	2.2	50.8	2.1	0.5	5.8
1837	11.2	6.8	1.4	5.6	25.0	2.4	4.6	6.6
1838	16.2	3.1	4.5	2.5	26.3	2.7	1.2	6.1
1839	23.1	7.1	—	1.3	31.5	2.1	1.0	6.2
1840	13.5	3.3	1.7	0.9	19.5	2.7	0.7	6.1
1841	14.5	1.4	0.7	0.3	16.9	2.6	0.4	6
1842	18.2	1.3	—	0.4	20.0	2.9	0.6	8.4
1843	7.0	0.9	—	0.3	8.2	1.2	0.4	3.7
1844	26.2	2.1	—	0.1	29.3	2.5	0.6	6.5

出典：Paul Studenski and Herman E. Krooss., Financial Histiry of the United States, New York, 1952, op. cit. pp. 100, 115.

である。……私は全てのヨーロッパ諸国に向かって、既にアメリカ大陸に有する権利に関してそれを尊重されるべきと考えるものではあるが、しかしそれは我々の安全と独立、平和を脅かす事がない限りにおいてであって、又、我が国全領土の範囲内に適用される法律の順守と適用に違反しない限りに於てである。以上世界に向けて採択、宣言した事は、北アメリカ大陸の大地に樹立し確立した全てに関わる事柄に対し、米合衆国政府の同意なしにヨーロッパ諸国による植民地化、領土化などという行為は、現在未来永劫行なわれるべきではない!! という事である」[10]と。

ポークの「モンロードクトリン」の焼き直しに過ぎない「再宣言」ではあるが、先の大統領就任演説で発表した見解を受けてのものとすると、オレゴンとテキサスに関する彼の政策は一貫して述べられている点に注目しなければならない。モンロー宣言が指摘した所のものは「これらの」[11]という表現に示されたように具体的に地域を掲げなかったが、ポークの「再宣言」では「この大陸」と表現した地域はより具体的名称を有し、西は大西洋と東は太平洋に囲まれた所の「北アメリカ大陸」という名称を掲げ、この北ア

メリカ大陸こそ、米合衆国の核心的領域である事を内外に宣言した事である。合衆国は西は大西洋の彼方、東は太平洋の彼方までも「明白な天命」なる神の声を轟《とどろ》かす使命を有するとするアメリカの世紀へ向けての宣言であったという事実である。

こうした宣言を受けた大英帝国は、タイラー政権から続くオレゴン領有に向けたポーク政権の並並ならぬ決意に翌四六年、パーマストン外相の意を受けたアバディーン外務卿は、ポークの復心、副大統領ダラス宛一通の外交文書を手渡した。

内容は従来共同統治領とされるオレゴン地方に関して、英米両国間の国境確定線を北西地方のオレゴン地方まで延長線を引き、それは北緯四九度であるから、太平洋岸まで引き延ばしオレゴン地方は米領とし、バンクーバー島はイギリス領土とするものであった(12)。ここにオレゴン領土確定交渉は成立、ポークはイギリスとの開戦を避ける事に成功した。南部と西部はテキサス併合に沸いていた。

みた如くテキサス併合は前大統領タイラーの任期最終日三月三日、憲法上疑義が残る手法に訴え、連邦議会（上下両院合同）の決議三月一日、により承認、同様にして前年一度《ひとたび》上院で否決されたテキサス併合ではあったが再度議会に提案、それを直ちにテキサス共和国に伝え、同共和国の承認を得られた事から大統領が離任日に署名するという離れ技を駆使、二八番目の星条旗に加えたのである。メキシコ共和国はこれを拒否、開戦は避けられないものとなったが一年以上経過してもテキサス州とメキシコ国境リオグランデ川の流れには変わりがなかった。

ポークはメキシコ共和国の弱腰を見てテキサス州の更なる西方に向かうより一層広大なカリフォルニア領有を決意した。開戦も辞せずとする強圧外交でイギリスと北緯四九度線で彼の国の妥協を見たポークは、同緯線の遥かな南に国境を接するメキシコ領カリフォルニア地方に向け延伸、同地方と併合したばかりの西部テキサス地方に連ね、更にバンクーバー島よりカリフォルニア半島岸まで延長し、北アメリカ大陸の地全てを「ポーク再宣言」で開示した如く米合衆国領土として再編する意志を示すものであった。インディオの子孫の地、メキシコ共和国の解体である。決意するや行動は速かった。ポークはジョン・スライデルを駐テキサス公使に任命、テキサス問題の他、ニューメキシコを含むカリフォルニア地方の領土割譲交渉を命じた。恫喝外交である。メキシコ政府は引見を拒否した。領土割譲交渉が米合衆国大使接見の挨拶がわりなど独立国として聞いた事がなかったからメキシコ共和国は断固として拒否した。

　ポークの西部開拓はアメリカの天命であったから直ちに連邦議会に対メキシコ開戦に向け宣戦布告を求めた。だが閣内にあった国務長官ブキャナンは冷静であった。大統領が求める一方的開戦宣言は、米合衆国が内外に約した「モンロー宣言」を合衆国自ら破棄し、国際公約を反古にし、裏切る行為となる事から、彼は一計を案じ、ポークに、まずメキシコ政府を挑発し、先に発砲させてから「侵略者が先に手を出した事」を世界に知らせ、それを待ってから宣戦布告すべきである[13]!!と大統領に進言した。

　作戦計画に指名を受けたのは、対インディアン戦争に勇名を馳せ、軍功により合衆国陸軍少将に昇任したザガリー・テイラー将軍であった[14]。彼は対メキシコ国境を流れるリオグランデ河に布陣、メキシコ軍を挑発した。ポーク大統領の計略を知らないメキシコ軍は騎兵隊を先頭に河を渡りテキサス州に進撃、米軍を攻撃した。米陸軍の兵士に死傷者が出た事をワシントンに報告すると大統領は議会に開会を求め、五月十一日、大統領教書を送り、開戦を求めた。「……私はテキサス共和国議会と合衆国議会により承認されたノイセスとデル・ノルト間に合衆国陸軍の速やかなる派遣を求める。合衆国連邦に加入したテキサス州に対して、対メキシコ国境と画定したリオグランデ河を越境したメキシコ軍がテキサス州に侵入、国境防衛の我が陸軍兵士一六名を殺害し、負傷させ、神聖なる我が国土をアメリカ人の血で汚したのである。……私は連邦議会に対し、直ちに我が軍を同地に派遣、侵入軍を阻止、懲罰を与え、平和を回復すべく正当なる権利としての対メキシコ共和国への開戦を求めるものである[15]」と。

翌五月十二日、連邦上下合同議会は「メキシコ共和国による宣戦布告なしの米合衆国への攻撃はダマシ打ちなる卑劣な攻撃により今や戦闘状態にあり」との対メキシコ宣戦布告を発した。ポークはテイラー軍司令官に対し、正義の戦争であり侵略軍を打倒する闘いである事を訓辞、侵入したメキシコ軍掃討を命じた。戦闘は装備と訓練に勝る合衆国軍の圧勝であった。テイラー将軍率いるアメリカ軍の破竹の進撃に、「ジャクソン将軍の再来」を予感した大統領はテイラーに対抗すべき人物を指名、第二戦線軍司令官に任命ヴェラスケスより首都攻略を訓令した、ウィンフィールド・スコット陸軍少将である。[16] 第一軍、第二軍共一八四七年九月十七日に首都を占領、メキシコの降服を受け入れた。翌四八年グァダルーペ・イダルゴ条約締結によりアメリカはメキシコ政府に一、五〇〇万ドルを支払い南方の対メキシコ国境を従来通りリオグランデ河とし、テキサス州に続く西方のニューメキシコ、上部カリフォルニア地方を新たに領土[17]に加え、バンクーバーよりカリフォルニア半島にかけた太平洋岸に接する広大な領土を獲得、西は大西洋岸に接し、東は太平洋岸に接する今日のほぼ北アメリカ大陸全土を版図に加えた。世上言われる米墨戦争とは名ばかりの先住民インディオの子孫への虐殺と彼等が祖先より継承してきた大地の略奪に他ならなかった。

この戦争に名声を博したのはホイッグ党出身のザガリー、スコット両将軍と南部出身ジェファスン・デービス大佐、ロバート・リー大尉、北部出身のユリシーズ・グラント中尉である。モンロー宣言を逆手にとったポーク「再再宣言」の勝利である。

注

（1）Samuel E. Morison, The Oxford History of the American People, New York, 1965 op. cit. p. 557.

（2）James F. Jameson., Dictionary of United States History, Philadelphia, 1931, op. cit. p. 397.

（3）Jameson., ibid. op. cit. p. 555, マサチューセッツ州選出連邦下院議員として彼はこうした領土拡大に最も強く熱弁を振るった人物として名声を得た。

（４）André Maurois, The Miracle of America, New York, 1944, op. cit. p. 243, ポークはＧ・バンクロフトの支援に海軍長官の指名を以って応えた。

（５）Henry S. Commager, Documents of American History, New York, 1948, op. cit. pp. 306～307. 一八三六年メキシコより独立したテキサスは翌三七年以降、合衆国への新州として加入を希望したが前章にみた如く国際環境はそれを許さなかった。一八四三年タイラー内閣の国務長官に復帰したＪ・カルフーンは、綿花と奴隷制にテキサス、カリフォルニア地方が最適な地方であった事からテキサス共和国大統領サム・ヒューストンの要請を受け入れ、翌四四年四月に合衆国との併合条約を締結、上院議会に批准を求めたが否決。下院も否決となり、同年の大統領選挙の争点となり、併合を求める民主党ポークの勝利を見て、一計を案じた。今や国民の声となったテキサス併合熱に応える形態として両院議会の合同による決議案として併合を決するという手法であった。決議案はタイラー大統領の退任四日前の四五年二月二十八日に両院合同議会に提出され翌日可決、大統領に送られた。タイラーは直ちにＳ・ヒューストン大統領宛、テキサス共和国議会の承認を求めた。ヒューストン大統領より同共和国のユニオン加入締結文書がタイラーに届いたのは退任の日の三月三日であった。米合衆国連邦議会の決議は以下の如くである。

決議一、米合衆国連邦議会は、憲法上、テキサス共和国が法的に連邦政府の領土内に含まれる所の新州として新たに設立され、テキサス州として既に憲法会議に代表として派遣された連邦政府の一員としてユニオンに加入する事に同意する。

決議二、以下、……連邦主義、……州憲法の制定、……連邦憲法及びこれに基づいて制定された法律、条約を国家の最高法とし、最高裁判所に法律の解釈権が存する事、ユニオンの専権事項として、軍事、条約、関税等……各邦に課税権が存する事。……三権分立主義……権力の抑制と均衡、……各共和国の平等権……ミズーリ協定の順守、……連邦議会の代議員派遣、……人口比例……等々に同意する。

決議三、省略。Commager, ibid, op. cit. pp. 306～307.

（6）Commager., ibid, op. cit. pp. 307～308.

（7）Maurois., ibid, op. cit. p. 242.

（8）Max Farrand., The Development of the United States, Boston, 1918, op. cit. p. 192, Development of the Country, 国土を開発せよ!! とのスローガンは今や Manifest Destiny, 明白な天命!! へと転化していた。

（9）Paul Studenski and Herman F. Krooss., Financial History of the United States, New York, 1952. op. cit. pp. 100,116.

（10）Commager., ibid, op. cit. pp. 309～310.

（11）Commager., ibid, op. cit. p.237, モンロー宣言では Those Continent Circumstance, とアメリカ大陸という表現に留められていたがポークの再宣言では This Continent と具体的に北アメリカ大陸全土への!! と合衆国のより強い意志をヨーロッパ諸国に強調した事である。

（12）Maurois., ibid, op. cit. p. 244.

（13）Maurois., ibid, op. cit. p. 244.

（14）Jameson., ibid, op. cit. p. 495, N・テイラーはヴァージニア州名門プランター出身で、成人後陸軍に入隊、ブラックホークやジャクソンも苦戦したセミノール族を次々とせん滅、軍功を重ねホイッグ党の将軍として武骨者ではあったが部下には人望があった。

（15）Commager., ibid, op. cit. pp. 310～311.

（16）Jameson., ibid, op. cit. p. 450, W・スコットもテイラー同様ヴァージニア州名門プランター出身で成人後陸軍に入隊、第二次米英戦争に従軍、初戦のクエーンズタウンの戦いに英軍の捕虜となるも脱出、以後軍歴を重ね、インディアン戦争に軍功をあげホイッグ党員として陸軍少将に昇格した。だが軍功に反して兵士には人望がなかった。スコット将軍がメキシコ攻略軍第二軍指揮官に指名されたのは、民主党ポーク大統領によるテイラー将軍の対メキシコ戦争による国民的英雄なる名声獲得を恐れての事であった。アメリカ庶民の軍人英雄崇拝は彼の師A・ジャクソンの側近として十二分に認識の故、更には次期大統領選へ向けたホイッグ党対策をも兼ねていた。

（17）Maurois, ibid. op. cit. pp. 245~246, 一八四六年五月十二日~四八年九月十七日、二年余にわたる米墨戦争はモンテズマの館の軍事占領により終結、メキシコの新大統領に復帰したのはカリブ海に亡命していたサンタ・アナ前大統領である。アメリカ軍の銃口に守られ締結した同条約にポークは一、五〇〇万ドルを支払い、テキサス、オレゴンに続く上部カリフォルニア、ニューメキシコ領を獲得したが、その内実は一、五〇〇万ドルはT・ジェファスンのルイジアナ購入に習った強制買収であった。

第三節　ポーク政権の施策　——一八四六年、ウォーカー関税法を中心に——

民主党ポーク政権が国民に公約した政策は「㈠　テキサス再併合、オレゴン再占領　㈡テキサス以西へのカリフォルニア領土拡張　㈢　関税の引き下げ　㈣　財政健全化」。

以上からなる「明白な天命、Manifest Destiny」の実現である。

メキシコへの宣戦布告、戦端が開かれると第一軍Z・テイラー、第二軍W・スコットが指揮するアメリカ軍は国境を突破、破竹の進撃を続けていた。インディオの末裔メキシコ共和国軍はモンテズマの館（首都・メキシコシティ）に最後の秋《とき》を迎える事になった。

かくしてポーク政権は公約に掲げた一八三三年妥協関税法の施行を放棄、「アメリカ体制」を巡る南部自由貿易論対北部保護関税論に結論を下し、関税収入を国庫収入とし、健全なる財政関税政策を採択した。こうしたポーク政権の関税政策は、従来北部産業資本の保護育成より進んで「合衆国全土」の工業化を模索し始めたホイッグ党の政策「アメリカ体制」を崩壊させ、南部民主党が掲げる「自由貿易論」の完全勝利を目指すものであった。

かくして我々は米墨戦争の最中、風雲急を告げる国際情勢下、財政の健全化を求めて、関税引き下げ政策を計画、ポーク政権の財政政策を担った、ミシシッピー州選出上院議員・財務長官、ロバート・J・ウォーカーが連邦議会（下院議会）に提出した「一八四六年関税法・通称彼の名を冠したウォーカー関税法、Walker Revenue Tariff of 1846」をポーク大統領の求めに応えるべく財政健全化実現の為に、彼が執筆した関税法の背景より伺わなければならない。

パーマストン外相の妥協によりオレゴン領が新たな合衆国領土に加わると「オレゴン熱、Oregon Fever」は一層拡大した。西部のアイオワ、ミズーリ、イリノイ、ケンタッキー州等の開拓者を満載した幌馬車隊が「オレゴントレイル、Oregon Trail」オレゴン道路を目指し、セントルイスやインデペンデンスより旅立った。(1)

一方、南部では米墨戦争の勝利は既に、既定の事実として織り込み済であった。インディアン討伐戦同様、インディオの末裔相手の戦等、明白な領土拡大を求める神の声に彼等が抗う事は出来なかった。アメリカ軍が携えた聖書の声は新式銃と大砲であった。メキシコ軍は首都モンテズマの館に追いつめられた。ポークは亡命した独裁者、前大統領サンタ・アナにアメリカ軍との講和条約交渉の席で、メキシコ共和国代表の任務を与えていた。開戦劈頭、ポーク内閣は既に戦後処理を話し合っていた。広大なテキサス地方が二八番目の州として星条旗に加わると、満を持《じ》した南部の綿花州、テネシー、アラバマ、ミシシッピー、アーカンソー、ルイジアナ州等から奴隷の生き血を吸いとり、一儲けを企む開拓者達がプランテーション経営を目指し、ミシシッピーの大河を横断、広大なテキサス地方に向かった。(2)

タイラー政権に続く南部プランター、ポーク政権の登場は従来の商品作物生産がタバコ、砂糖、米、インディゴ、綿花であった所の作物から一転、「綿花」が南部の商品作物の中心に特化する事を意味した。

だが、南部のこうした綿花生産は奴隷制度に支えられていたから、アメリカ建国の理念なる合衆国の正常な民主主義の発展を阻害する事になった。

かかる南部奴隷制度の発展は、T・ジェファスン等建国の指導者層が憲法に書き著した「人は生まれながらに自由で平等な権利を有し、人民の代表なる政府が人民の権利を侵害する時その政府を改廃するのは人民の権利(3)」とする理念の共和国への重大な障害となった。かくしてアメリカ民主主義の実現に南部の奴隷制度の除去は今や急務となった。

しかしながらかかる南部奴隷制度を打破、粉砕する事が現実になし得るか否かは、以上我々が検討してきた如く、綿花がアメリカの国王である限りに於て、北部産業資本家と南部プランターの力関係によってのみ解決し得る問題ではなく、こうした解決のためには今日躍進著しい西部穀物農業州として、今や、南北両地域を超越し、あるいは又両地域のつがえの立場に立つ西部農業州との同盟関係によってのみ、初めて展望されるものであった。

こうした事実は今日全てのアメリカの人々に対し、奴隷制度を破棄し、イギリス型の近代的国民国家建設への道を歩むべきか、それとも旧大陸諸国に広くみられる所の前近代的、封建遺制なる残滓「南部奴隷制度」を国内に抱いたままの後進国家として、合衆国の道を歩むのか!! を選択すべきとして、全てのアメリカの人々を巻き込んだ所の国民的課題として、アメリカの行く手に立ちふさがって登場する事になったのである。セクショナリズムとナショナリズムの相克《そうこく》である。

だがこうした南北両地域間の物質的基礎と、世界観が全く異なる二つの「文化圏」が出現しつつあるにも関わらず、両地域は決定的対立抗争までには未だ致らなかった。

南部にとって綿花は金の卵を生む黄金の鶏《にわとり》であった。ホイッグ党に代わるポーク政権は恐慌後の経済の回復と西部への領土拡張戦争の最中にもかかわらず、北部が目指した一八一六年以来の関税法を変更し、その保護的性格を強調する「アメリカ体制」を放棄、国庫収入の増加を目的とする所の本来の意味での関税収入を目指す、財政関税政策への移行を目指し、従来の関税政策を転換する事を決断した。こうした大統領の意を受け、新たな関税政策を企画、立案する立場に立ったのがロバート・J・ウォーカー財務長官であった。

　彼はポーク内閣最初の予算編成をとりまとめ、翌四六年連邦議会決算報告書に黒字を計上した(4)。同年イギリスは自由貿易を宣言、穀物法の廃止を決定した。イギリス工業品は世界市場を席巻していた。これを受け、大統領はホイッグ党の関税政策を破棄した。以下伺う事にする。ポーク内閣財務長官、R・J・ウォーカーが連邦議会に提出した新関税法案は「資料Ⅱ(5)」に見る如くに、「列挙品目」毎に課税率を提示した。

　従来、合衆国関税収入は、国庫のみならず、国内産業の保護育成、内陸奥地開発等を目的とする各種交通、運輸網の開発に資する事を内包したから辺境未開なる奥地開発に名を借りた公有地売却、運河開削、各級国道、税道の延伸等の為、土地投機、公債の発行、紙幣の濫造、銀行の濫立を招き、大恐慌の引き金となった。

　かくしてポーク内閣財務長官として、ウォーカーはそうした事に連邦政府の財政政策が通貨の膨張、公信用の維持に名を借りた各種投機資本を助長し、銀行が、その原資を担い、更なる資本の増殖を見たウォーカーは、ポーク大統領誕生を促した今は亡き、民主党領袖、A・ジャクソンの反銀行闘争の内に志を同じくするものであった。

　彼はボルチモアの民主党大統領候補指名全国大会に、同党の指名候補者の一人として、ミシシッピー州選挙人団を率い、NY州のヴァン・ビューレン候補の対抗馬として知られていたが、ポーク候補の「五四度四〇分か戦争か!!」を始めとする彼の政策に共鳴、自ら候補を辞退、マサチュー

注（4）「資料Ⅰ」　ポーク内閣時連邦議会財政収支報告書（1846年～1849年）

年度＼収入	関　税	公有地売却	雑収入	総　計
1846	26,712,000	2,694,000	293,000	29,699,000
1847	23,747,000	2,498,000	222,000	26,467,000
1848	31,757,000	3,328,000	543,000	35,628,000
1849	28,346,000	1,688,000	687,000	30,721,000

年度＼支出	陸　軍	海　軍	インディアン	年　金	債務(利払含)	雑　費	総　計
1846	10,413,000	6,455,000	1,027,000	1,811,000	842,000	6,711,000	27,261,000
1847	35,840,000	7,900,000	1,430,000	1,744,000	1,119,000	6,885,000	54,920,000
1848	27,688,000	9,408,000	1,252,000	1,227,000	2,390,000	5,650,000	47,618,000
1849	14,558,000	9,786,000	1,374,000	1,328,000	3,565,000	12,885,000	43,499,000

出典：Davis R. Dewey., Financial History of the United States, New York. 1907. op. cit. p. 267.

セッツ州G・バンクロフト等とポーク政権誕生に奔走した。ポークはウォーカーを財務長官に指名した(6)。
かくして我々はこうした政策を有するポーク民主党政権が同年末初め財務長官名で連邦議会に提出した「一八四六年関税法」を検討する。

注（5）「資料Ⅱ」　1846年12月１日、連邦議会（下院）へ提出の関税法

列挙品目		税　率	主　要　品　目
		従　価	
	A	100%	ブランディー、酒精飲料
	B	40%	香料、葉巻
	C	30%	鉄及び一般金属、金属製品、羊毛及び毛織物 なめし皮革製品、紙、ガラス、及び木材等
	D	25%	木綿製品、フランネル（梳毛糸製品）
	E	20%	毛布
	F	15%	亜麻、生糸、銅、錫、板、亜鉛板
	G	10%	ソーダ灰、アンテニア、インディゴ、ココア
	H	5%	銅、鉛、錫、ニッケル
	I	免　税	コーヒー、茶、原綿、銅鉱
非列挙品目		20%	

出典：佐藤恵一、「ウォーカー関税法の成立と展開」、土地制度史学、1970年、第46号、32頁、
U. S. Congress, Tariff acts, pp. 121 ～ 36.
※列挙品目C.が北部工業州と南部農業州の論争点となった商品である。製鉄品の初期－銑鉄、鍛鉄、圧延棒鉄段階へと製品の品質、価格が上昇、北部工業州はこの圧延棒鉄段階への商品一レール生産への技術が劣っていた。木炭炉からコークスと鉄鉱石を高炉で生産する製鉄一貫生産は1850年代以降の事である。(cf). Frank W. Jaussig, The Tariff History of the United States, New York, 1931, op. cit. p. 114.

第一に各関税率（A～I）毎に商品名を指定した点である。A群に指定された商品には一〇〇%、B群が四〇%、順次C群三〇%、D群二五%、E群二〇%、F群一五%、G群一〇%、H群五%、I群を免税とするものである。A群に指定されたブランデー類などは奢侈、嗜好品であり、B群の香料類も同様である。問題は、C群からF群に指定された商品である。ここに指定された商品名と課税率こそ、従来南北両地域が新興西部地域を巻き込んで論争の最中にある商品の大部分であった。就中、C類に指定された「一般金属及び金属製品」の中にアメリカ北部、中部に立地する製鉄産業がイギリス産業に依然太刀打ち出来ない銑鉄、鍛鉄、圧延棒鉄、鉄道レール（圧延鍛造棒鉄）(7)が含まれており、更に同様な羊毛品、毛織物、鞣《なめ》し革《がわ》製品、製紙、ガラス品等が指定され税率三〇%とするものである。北部、中部工業州の主張はイギリス製品に技術面でも品質面に於ても対抗し得なかったから従来の四〇%をはるかに越える課税を主張していた。かかる高率関税に反対する南部は既にみた如く一八三三年、西部H・クレイの提案する妥協関税法により両地域の対立

注（9）「資料Ⅲ- i 」

地域 ＼ 賛否	賛	否
ニューイングランド	9	19
中部	18	44
西部〜北西部	29	10
南部〜南西部	58	20
計	114	93

※ニューイングランド、マサチューセッツ、コネチカット、ロードアイランドの木綿、毛織物工業州が反対
※中部、ペンシルバニア州の鉄工業が反対
※西部、オハイオ州の穀物生産と工業生産に分裂したが他州が従来の立場（保護関税支持）より自由貿易へ転換

は解決された。だが一八四六年関税法はこれを反古にする税率であった。更に第二の点はD群に指定されたフランネル品（梳毛製品）に対する課税率二五%は一八四二年十二月一日施行のホイッグ党タイラー政権が署名した税率三五%にも違反するものであった。第三の点は従来関税法に規定した最低関税評価額を廃止、第四に鉄鋼製品に従価税を適用していたのを廃止、新たに、重量税を採用した点に一八四六年関税法の特色がみられる事である。[8]討議の後、下院で採決に付された。「資料Ⅲ」[9]にみる如く賛成一一四票、反対九三票にて同法は可決、直ちに上院に送られ、民主党が多数を占めたから可決・成立した。

かかる「一八四六年関税法・ウォーカー関税法」を以ってアメリカ自由貿易の開

注（9）「資料Ⅲ」 1846年関税法
Walker Revenue Tararff of 1846,

州名 ＼ 賛否	賛否	反対
ニューイングランド諸州	9	19
1, メイン	5	1
2, ニューハムプシャー	3	1
3, ヴァーモント	—	2
4, マサチューセッツ	—	9
5, コネチカット	1	4
6, ロードアイランド	—	2
中部諸州	18	44
7, ニューヨーク	15	14
8, ニュージャージー	—	6
9, ペンシルバニア	2	23
10, デラウィア	—	—
11, メリーランド	1	1
西部、北西部諸州	29	10
12, オハイオ	11	8
13, インディアナ	5	2
14, イリノイ	5	—
15, ミシガン	3	—
16, ウィスコンシン	—	—
17, アイオワ	5	—
18, ミズーリ	—	—
南部、南西部諸州	58	20
19, ヴァージニア	13	1
20, 北カロライナ	7	3
21, 南カロライナ	7	—
22, ジョージア	5	2
23, アラバマ	7	—
24, ミシシッピー	4	1
25, フロリダ	1	—
26, ルイジアナ	3	1
27, テキサス	2	—
28, アーカンソー	—	—
29, ケンタッキー	4	6
30, テネシー	5	6
計	114	93

出典：U. S. Senate, Committee on Finance, The Existing Tariff on Imports into the United States, etc., and the Free List, together with Comparative Tables of present and past Tariff, and other Statistics retating therto. 48th Congress, 1st Session, Senate Report No.12. Wash., G. P. O., 1884, pp. 295-97.

始期と称するが、それは本来の自由貿易を開始したイギリスとは似て非なるものであった。それはむしろ同時期プロイセン等にみられる内部に農奴制を抱いた大農場制による穀物生産に励むユンカー層が主張する自由貿易論と同じ性格を有するものであるとする見解[10]を我々は支持する。

かかる見解として「資料Ⅲ－ⅰ[9]」にみる関税法採決が示す如く、北部、中部工業州は従来の立場を一転させ、反対票を投じたのに対し、南部、南西部諸州が従来の反対投票から一転、賛成票を投じた事からも知られる如く、結合せる南部が必要とする工業品は「揺りカゴから自らの墓場を掘る鋤鍬の果てまで」全ての製品をイギリスはおろか北部、中部工業州から輸入購入しなければならなかった。そしてその費用は南部の王様である綿花が生み出す貨幣で支払っていた。

かかる結果として一八三二年南カロライナ州議会がホイッグ党関税法を無効と宣言した如く全ての保護関税法に含まれる工業品に対する関税は終局に於て、南部の負担によりなされており、あまつさえその関税収入が内陸開拓に供され、更に公有地売却収入も又工業化政策に計上されたから、その全ては南部の犠牲によって「アメリカ体制」が強行される事に他ならない政策である、と認識されたのである。

前タイラー政権の国務長官に復帰したJ・C・カルフーンが経済表に分析した如く[11]、一八一六年以来続く関税率の上昇は今日、南部農業州にとって、決して座視するに堪えがたいものとなっていたのである。こうした両地域の対立が破局を迎えずに避けられたのは、H・クレイ、D・ウェヴスター、J・Q・アダムズ、J・C・カルフーン等多くの政治経験を重ねた老練な政治家等の知恵によるものであった。

さて我々が「資料Ⅲ[9]」にみた如く、一八四六年関税法の採決は南北両地域の立場が一変し、南部農業州が念願した自由貿易論に向けた橋頭堡であった。北部中部工業州はみた如くペンシルバニア鉄工業を始め、マサチューセッツ、ロードアイランド、コネチカット毛織物工業はイギリス製品への課税率一〇〇％であっても反対であり、アメリカ市場への進出それ自体認める事に大反対であった。採決の帰趨を握ったのは新興西部、北西部州であった（以下西部）。西部は欧州動乱終結以降、食糧品自給へ向かったから、新たな安定した穀物市場を躍進著しい北部工業州にみる事になった。かくしてケンタッキーのH・クレイに代表される如くに「アメリカ体制」支持へ向かった。だがポーク政権が目指した広大なオレゴン領開拓は見た如く「他人の労働にて生きるにあらず」とするオレゴン開拓熱を呼び起こし、今や西部開拓は「明白な天命」であった。更にその彼方、波頭の先には今日イギリスの国富となりつつある支那大陸を含む無尽蔵なる黄金の国々が眠っていた。西部は工業化を目指すオハイオを両分したが、新たな独立自営の農業州を目指したから南部を支持した。ミズーリ以西の北緯三六度三〇分線はそのまま西方に延長され同線以北は「奴隷制度」を禁止した。ルイジアナ領以西のオレゴン領、カリフォルニア領はこうして、T・ジェファスンがアメリカ国民に約した「額に汗して大地を耕す農民は神の選び給う選民なり」との声は今日、アメリカ国民には「明白な天命、Manifest Destiny」として語り伝えられる事になった。

一八四六年関税法（ウォーカー関税法、Walker Revenue Tariffi Act, 1846.）に指摘される自由貿易論はこうした性格を併せもつのである。

注

（1）André Maurois, The Miracle of America, New York, 1944. ibid. op. cit. p. 248, オレゴン地方を目指した人々はテキサス・カリフォルニア地方を目指す人々がサンタフェ・トレイルに向かうのとは逆に、険しいロッキー山脈の険路を抜けるオレゴン・トレイルに沿って開拓前線を進めていった。

（2）Maurois. ibid. op. cit. p. 248, テキサスへ向かう人々は綿花栽培を目指したから従来の南部から南西部にかけた大・中・小・のプランターと競争しても「奴隷の数」で劣勢に立たされたので、いきおい新天地の無尽臓とも言える大地を開拓し、奴隷を購入、プランターとしての成功を夢見た人々であった。北部の工場主達が年端も行かぬ子供の労働に資本の増殖を見たのと同様に、「奴隷制度」という他人の労働を吸血する事に何の後ろめたさも持つ事はなかった。

（３）Philip S. Foner., Basic writings of Thomas Jefferson, New York, 1944, op. cit. p. 21.

（４）Davis R. Dewey., Financial History of the United States, New York, 1907. op. cit. p. 267.

（５）佐藤恵一著。「ウォーカー関税法の成立と展開」、土地制度史学・第四六号、三二頁、一九七〇年、U. S. Congress, Tariff acts, pp. 121~36, を参照。

（６）Jameson., ibid. op. cit. pp. 750~753. 国務長官ジェームズ・ブキャナン（ペンシルバニア州）、陸軍長官ウィリアム・マーシー（ニューヨーク州）、法務長官（検事総長）リバデイ・ジョンソン（メリーランド州）、郵政長官ケーブ・ジョンソン（テネシー州）、海軍長官ジョージ・バンクロフト（マサチューセッツ州）等はＷ・マーシーがいう「勝者が全てを取る」とする猟官主義を地で行く如くに、ポークは選挙の報酬として大臣椅子を与えたのである。

（７）Morison., ibid. op. cit. p. 484. アメリカ鉄鋼業は前節にみた如くペンシルバニア、コネチカット州を中心に一八一〇年段階で五万三、九〇〇トンの生産が記録され、その四〇年後五六万三、八〇〇トンと一〇倍に達したが、同年一八五〇年次、イギリスの生産高は既に三〇〇万トンに達し、アメリカは国内生産の二倍強の鉄や鉄鋼をイギリスから輸入した。鉄道用圧延棒鉄、あるいはレール用の圧延鍛造棒鉄生産がアメリカで採用されたのは一八三〇年であり、ピッツバーグ鉄工業が高炉によりそうした鉄道用レールの生産を開始したのは一八四〇年に入ってからの事であった。こうした技術的遅れを解消する為ならイギリス製圧延鍛造棒鉄品への関税は一〇〇％どころか二〇〇％であろうとペンシルバニア、コネチカットの製鉄業者は支持したのである。

（８）Morison., ibid. op. cit. p. 483. アメリカ羊毛工業は木綿工業に遅れて開始されたからイギリス羊毛工業に対抗上、高率保護関税に守られ、マサチューセッツ州ローレンス、ロードアイランド州ウーンソケット、ポータケット市に成立、発展をみる事になったが、技術的遅れは否めなかったから毛布、フランネル、織り目の荒い毛糸製品を生産していた。それ故価格の高価な毛織物商品生産を目指し高率保護関税を支持したのは当然であった。

（9）U. S. Senate, Committee on Finance, The Existing Tariff on Imports into the United States, etc., and the Free List, together with Comparative Tables of present and past Tariff, and other Statistics retating therto. 48th Congress, 1st Session, Senate Report No.12. Wash., G. P. O., 1884, pp. 295～297.

（10）鈴木圭介編。『アメリカ経済史』、東京大学出版会、一九七二年、所収、第二章第七節。中西弘次著『外国貿易の展開』、所収論文四、関税問題、三六八頁（……ウォーカー関税法は……奴隷制プランテーション制度による南部プランターの利害の実現したものであって、……それはドイツにおけるユンカー経営の穀物輸出を基礎とした……自由貿易と同質のものであった）とする指摘を参照されたい。

（11）日高明三著。『ジャクソニアン・デモクラシー』、東京大学協同組合出版部、昭和二十三年、九三頁から九四頁

おわりに

ジャクソンの旧友、サム・ヒューストンがリメンバーアラモ、Remember Alamo. を唱えテキサス独立以降、アメリカではハリソン、タイラー、ポーク内閣と、テキサス共和国併合を巡る論争が続いていた。

ホイッグ党は時期尚早と即時併合に反対、民主党でもニューヨーク州のヴァン・ビューレン一派に代表される北部、中部民主党もホイッグ党の見解を支持した。だが南部民主党は綿花栽培の西方拡大を目指していたから、テキサスの即時連邦加入を支持した。

一方、西部は従来、南北両地域の以上の如き対立し、抗争する両地域が農業対工業という利害の内にあったから、従来両地域の超克者としての立場にあった。すなわち新興西部の自営農民層は土地を所有する独立の生産者としては南部のプランターに共感し、また小規模ながらも農村工場主としては躍進著しい北部工場主を支持した。だが今日、西方奥地開拓を目指す西漸運動は、アメリカの「明白な天命、Manifest Destiny.」として、今や米合衆国民の合言葉となっていた。

一八四四年の大統領選挙戦のスローガンは「国土を開発せよ、戦争か‼ 否か」が当落を決定した。それまでアメリカ国民には全くの無名、ダークホース的存在であったポークを民主党大統領候補者に指名したのは、A・ジャクソンであった。彼はジャクソンの指名に応じて「今や毎年のように年々歳々増加するアメリカ国民に、この大陸全土を開発し、自由に発展する事は、創物主より与えられた天命」であるとの御宣托を身を以って実践、ナッシュビルのハーミテージに眠るジャクソンに弔辞として捧げたのである。

この弔辞の中には「図1」[1]「テキサス共和国領土、三九万平方キロ、オレゴン領土、二八万五、〇〇〇平方キロ、カリフォルニア領土（ニューメキシコ地方からアリゾナ、コロラド、ユタ、ネヴァダの一部）五三万平方キロ」等以上、一二〇万五、〇〇〇平方キロ[2]（㎢）という巨大な新領土を含むもので、彼はこうした新領土をジェファスンがナポレオンより一、五〇〇万ドルで購入した前例に倣い、メキシコ共和国より一、五〇〇万ドルで入手したのである[3]。一八四八年二月二日、グァダルーペ・イダルゴ条約である[4]。

かかる明白な天命により東側は大西洋に結び、西側は太平洋に連なる北アメリカ大陸全土にまたがる、今日の米合衆国領土の基礎を整えたのである。だがこうした領土の急拡大をもたらしたその因は右にみたジャクソンのニューオーリンズ以来の旧友、テネシー出身のS・ヒューストン率いる合衆国を出自とする入植者が建国したテキサス共和国の星条旗加入への強烈な意志であった。だがそれは、同共和国は憲法に奴隷制度を明記したから南部奴隷制度の拡大に他ならなかった。同様な例はタイラー政権終結の日、三月三日になされたフロリダの連邦加盟にもみられた。フロリダ州も奴隷州であった。かくして南北両地域の政治的均衡（自由州一三対奴隷州一三＋（二））の一五に増加、亀裂をもたらした。ミズーリ協定が反古になったのである。その時「明白な天命」がポークに味方した。「オレゴンフィーバー、Oregon Fever」、オレゴン熱に吹き寄せられた開拓者達が米墨戦争の最中、背の高き青きトウモロコシがよく育つ大地、とインディアンが称した肥沃な地方であったが、彼等が追い払われた後アイオワ州が四六年十二月二十八日にユニオンに加盟すると隣りのウィスコンシン州が戦争が終了した四八年五月二日、自由州として、ユニオンに加盟する事になった。

かくしてここに「自由州一五対、奴隷州一五」というミズーリ協定に約した南北両地域の政治的妥協が復活する事になったのである。

こうしてポーク政権はアメリカの人々がまるで熱病に取りつかれたかの如く「明白な天命、Manifest Destiny」なる西方への領土拡張要求に、聖書の代わりに銃砲を携え、開拓者を満載した幌馬隊を援護、行く手を遮《さえぎ》る障害物となった先住インディアンを次々と駆逐したのである。次いでインディオの末裔なるメキシコ共和国への侵攻も、T・ジェファスンがいう所の「神が選びたもう選民」の使命なりとの免罪符を得たとして「ルイジアナ地方」に続く領土獲得に、それがキリスト教徒としての使命感と倫理観で覆い隠し、米合衆国陸海軍あげて国土拡大に向かったのである。

ジェームズ・K・ポークには更に追い風が吹いた。アメリカ陸軍第一軍を率いたザカリアス・テイラー、同第二軍を率いたウィンフィールド・スコット両将軍による四八年一月末、メキシコ共和国の首都、モンテズマの館に、メキシコ軍の降服を受け入れ、グァダルーペ・イダルゴ条約締結に向かう前の一月二十八日、カリフォルニア地方サクラメントに移住したスイス人、ジョン・サッターが近くの河川の水車小屋の建て直しの最中、川の中から砂金を手にすると、この事件はたちまち噂となってアメリカはおろか世界中に広まり、カリフォルニアは「黄金郷、El Dorado」(5)

として知られる所となり一獲千金を目指す山師達が世界中より押し寄せる事になった。我々は次章にカリフォルニアを伺わなければならない。

注

（1）James F. Jameson., Dictionary of United States, Philadelphia, 1931, op. cit. pp. 577. 579. 581. 583. 585.

（2）Jameson., ibid, op. cit. pp. 511. 577～585.

（3）Henry S. Commager., op. cit. pp. 313～314.

（4）Commager., ibid, op. cit p. 313, ポークはこの条約締結に国務長官補佐官、ニコラス・P・トリストを派遣、メキシコ政府が不満で締結を拒否した際には残りの領土である全メキシコ領土割譲も辞さぬ決意を有する事を伝達する事を命じた。イエスかノーかである。(cf) J. S. Reeves, 〝Treaty of Guadalupe History〟, American Historical Review, Vol. V, p. 491.

（5）Jameson, ibid, op. cit. p. 488.

第四章　タイラー、フィルモア政権の施策

——オレゴン、カリフォルニア州昇格を中心に——

はじめに

第十一代米大統領J・K・ポーク（James knox polk. 1795.11.2～1849.6.15）は四年の在任期間中、ホワイトハウスを留守にしたのはわずか三七日間であったと日記に記している。

こうした激務の結果、北アメリカにあったイギリス、フランス、スペイン、オランダ、ロシアの残存拠点を次々と駆逐、ついに両大洋に接続する現在の米合衆国領土を形成する事に成功した。

だが周知の如くそれは国内に於ける地域対立を更に一層深化させる事になった。

ポーク政権がその任期中に直面する事になったのは、建国の父祖等、就中、T・ジェファスンとその後継者達が全く予想だにしなかった連邦内に於ける異なる二つの文化圏が誕生し成長を続けていた事であった。連邦政府を支える政治、経済、社会観までもが全く相異なる体制が姿を現す事になったのである。北部地域では自由州として、南部地域では奴隷州としてであった。

こうした異質な相違なる文化圏がそれまで内部衝突、あるいは分裂しなかったのは何故にであったのかと問えば、それは一つには、

「〇言語と宗教を共通にした事
〇政治制度を共に共有した事（共和政、民主主義）
〇人生経験豊富な政治家達が多数存した事」

等等があげられよう。すなわちこうした背景を有した人々が自らの政治生命を賭して、アメリカ建国の理念をよく理解し、その使命感、体験を自身の生活の内に積み重ねた事に他ならなかった。それは人類史が未だ全く知る事のなかったアメリカの建国精神を十二分に自身の血肉の中に消化、自らの生命の限りを燃焼させ、その理想を継承すべく先頭に立って世界の人々に語りかける事にあった。

我々はこうした人々の生命を賭してのアメリカ人同士の衝突、内部分裂回避の姿勢を米墨戦争の舞台となったテキサス再併合に、北部ペンシルベニア州選出、民主党下院議員、ディビット・ウォルモットが南部奴隷州の版図拡大を目指して連邦議会に提出した決議案に対し、反対決議案を提出した事から「テキサス併合」に関わる奴隷制を巡る南北両地域に大論争が勃発した事は前章に伺った所である。

さてＤ・ウォルモットの「南部奴隷制度」拡大反対の決議案をうけた南部は、一八四八年、オレゴン準州の連邦加盟の動きに対して、オレゴンに奴隷制度を認めるよう連邦議会に決議案を提出、北部自由州の動きに対抗する事になった。

かかる連邦議会の動静に人々は、南北両地域の文化圏、世界観の相異の深刻さに改めて注目と関心を惹起する事になった。

更にこうした南北対立の大論争を勃発させる事になったのは、一八四八年二月二日、グァダルーペ・イダルゴ条約によりアメリカ領に編入されたカリフォルニア地方である。

そして同地に於いても奴隷制度を認めるのか、否かという論争が巻き起こった。そのきっかけは条約締結直前にサクラメントという一寒村の近くを流れる川で砂金が発見されたという噂であった事はよく知られている所である。発見者が砂金を鑑定所に送ると、正真正銘の黄金である事が判明するやこの噂を聞きつけた人々が次から次にと同地方のサクラメントを目指した事から、更なる噂が噂を呼び世界中から黄金を求める人々が押し寄せる事になった。

例えば太平洋の一漁村、サンフランシスコは近くのサクラメントで黄金が発見された年には人口六千人に過ぎなかったが、翌四九年より入植者が激増、五〇年の国勢調査時には三四、七七六人と記され、カリフォルニア地方には十万に達する人々が一獲千金を目指して押し寄せる事になった。(1) こうした人々を指して四九年の人々、フォーティ・ナイナーズ、Forty-Niners, と記録する程であった。

かくしてカリフォルニア地方は、五〇年にはミズーリ州の上院議員T・H・ベントンの義理の息子・冒険家としても知られるジョン・チャールズ・フリーモントを初代州知事に選出、連邦加盟を求めた事から、南北両地域はテキサス、オレゴン以上の広大なカリフォルニアを巡り、奴隷州か自由州かを争点に激しい綱引きが勃発、二大政党の間にも激震が走った。かかる事態の到来はユニオン・連邦にミズーリ協定以来の緊張をもたらす事になった。

さて一八四八年の大統領選挙を迎える頃連邦を構成する三〇州、就中北部が自由州十五州、南部の奴隷州が十五州と両地域の支持州は拮抗した状態にあった。一方、下院議会では自由州が奴隷州を圧倒していたが、各州二名の上院議会では州の数が等しい時にあっても、北部自由州上院議員の若干名は必ずT・ジェファスンゆかりの民主党を支持した事から連邦の指導権は民主党が掌握する事になった。(2) ホイッグ、民主の両党は自由州と奴隷州が等しい間は、連邦議会の審議採択に際して、最終局面が訪れると必ずといってよい程妥協案を見出しユニオン、Union. 連邦なる米合衆国の分裂を回避してきたのである。だが広大なカリフォルニア地方が憲法の規定を満たし自由州に昇格、連邦加盟となればその広大な領土の規模からしても新州誕生を促し、それまでの南北自由州、奴隷州均等の原則を覆す事になり、その結果、南部の劣勢は避けられなくなるであろう事は最早、誰の目にも明らかとなった。あまつさえ北部自由州にはミネソタ・オレゴン両準州が州昇格に名乗りをあげ人口が急増、更なる新たな自由州誕生は時間の問題であった。かかる情況は北米大陸に確固とした統一国家を目標に更なる大陸奥地開拓を目指し、領土拡大が続く米合衆国はここに国論分裂の危機を招く事になった。

この時、北部自由州より登壇したのが稀代の妥協の政治家として知られるＨ・クレイであり、南部奴隷州を代表したのが後の競合的多数決論を携えたＪ・Ｃ・カルフーン[3]であった。

我々は以下、アメリカ合衆国建国の理念の喉元《のどもと》に棘《とげ》の如く突き刺さった奴隷制度と、それが一八四八年の大統領選挙戦の争点となった事から同選挙戦を展望、連邦の維持か崩壊か、合衆国のデモクラシーを問う事になる両地域、両政党を代表する論争より伺うであろう。

注

（1）J. Franklin Jameson, Dictionary of United States History, Philadelphia, 1931, pp. 784~785.

（2）Charles A. Beard, Republic, Conversation on Fundamentals, New York, 1944, p. 31, Ｔ・ジェファスンはデモクラシーと共和政を同義語に使用したから一八〇〇年の大統領選挙に勝利以降も、各州支部、地方支部もデモクラテック、あるいはリパブリカン、そして又デモクラテックリパブリカンという名称を使用していた。後、ジャクソンが党の全国大会一八四四年に於いてリパブリカンなる名称を排除、自党を米民主党と名乗る事になった。だがジェファスンゆかりの政治家（北部上院議員）はホイッグよりも南部ゆかりの民主党に親しんでいた事もあり、南北対立の法案採択に際しては自党の方針に反し、幾人かは民主党支持に回り、下院で数に劣る民主党との最終的衝突を回避すべく政治的妥協を企画した。

（3）J. F. Jameson, ibid, pp. 77~78, 我々は既にＪ・Ｃ・カルフーンによる一八三〇年、Ａ・ジャクソン大統領令無効論を検討してきた所であるが、それはみた如く連邦の破壊ではなく連邦維持の為に主張されたものであり、以後、クレイに対する再度の論争もあくまでも南部奴隷制擁護の為の法律論であり、それは合衆国憲法に認められた所の州権論及び州主権論よりなされたものであって、競合的多数決論、コンカレント・マジョリティ、Concurrent Majority. により、一層精緻な理論となって主張される事となった。

第一節　南北対立と一八四八年大統領選挙

米墨戦争の経過はポーク内閣が描いた戦略通りアメリカ軍の一方的勝利であった。テキサス、オレゴン領に続くメキシコ領カリフォルニア地方、更にニューメキシコ地方が新たに合衆国領土に加わる事が予想された。同地方はテキサス州に続く太平洋岸にも接続する広大な領土で、しかも綿花栽培に最適な土壌でもあったから、南部は更なるアメリカ国富の源泉、綿花栽培地の拡大を目指した。だが南部のこうした新領土に対する綿花栽培地の拡大は「奴隷制度」の一層の拡大強化に他ならなかったから「奴隷制廃止」を求める北部工業州の声は一段と強まった。

かかる「南部農業州」対「北部工業州」の対立について、我々は既にみた如く、一七八七年、フィラデルフィア憲法制定会議の際、「北西部条令[1]」、一八三〇年「ミズーリ協定[2]」により一応、南北対立の妥協点として、

「○ミズーリ州西方境、北緯三六度三〇分以北に奴隷制禁止、以南に奴隷制を認める事。

○以降、ルイジアナ領を含む新たな西方開拓地より誕生する新州のユニオン、Union（連邦政府）加入に際して、奴隷州と自由州の均衡を維持する事。

○憲法会議に承認された如く、連邦議会（下院議会）議員選出に際して、白人成人男子による人口比例とし、その際、南部は黒人奴隷五人を以って白人成人男子三人と算出する人口比例とする事[2]」とした。

かくして奴隷制を巡る南北対立の妥協が成立。以降一八二八年、ジャクソン民主党政権誕生と時を同じくしてW・ギャリソンによる「奴隷制即時廃止」を求める運動[3]はアメリカの人々に大きな関心を呼び起こす事になった。

ここに我々が以上、南北の対立・論争を右に検討してきた所の主な論点である、㈠関税問題、㈡中央銀行問題、㈢内陸奥地開発問題、㈣公有地処分問題等々を巡り、南部農業州が民主党に、北部工業州がホイッグ党に結集、政権獲得を目指し西部を巻き込み大統領の椅子を争う事になったのである。

こうした折、南北両地域における「奴隷制」を巡る論争に再度言及、一八四〇年、一八四四年の大統領選挙に「奴隷制廃止」を掲げリバティ党、Liberty Partyより出馬したジェームズ・G・バーニティへの支持は前章にみた如く四〇年、七〇六九票、四四年、六二〇〇〇票と、全国的関心を呼び起こす程の広がりは見られなかったばかりか、彼の出馬は「奴隷制反対」を掲げた現職、民主党大統領マーティン・ヴァン・ビューレンを落選させる原因となった事実を我々は既に指摘してきた所である。

ところが、ポーク大統領が野心をあらわにした広大なカリフォルニア地方奪取に向けた「明白な天命」がにわかに現実味を帯び、ポーク内閣財務長官、J・ウォーカーが対メキシコ戦争遂行に関わる予算案を議会に提出（一八四六年八月八日[4]）すると、ペンシルバニア州選出、民主党下院議員ディビット・ウォルモットは、ウォーカー戦争予算に「追加条項」として、メキシコより獲得する領土内に「奴隷制度の廃止」を求める決議案を追加した[5]。下院では北部工業州が多数を占めたから可決され、直ちに上院に送られた。上院議会では議員数は各州二名の選出で同数であったが、従来北部選出上院議員の中にはT・ジェファスン以来リパブリカン出身者が常に議席を占めたから、ウォルモット提案「奴隷制廃止」法案否決に執念を燃やし、同案は下院で可決されるも、上院は否決を繰り返すという有様で混乱を来した。これに業を煮やした南部はウォルモット案に対抗、北西部領土に於ける「奴隷制禁止」を定めた「ミズーリ協定」を無視、オレゴン領土への「奴隷制承認」決議案提出を以って対抗した。だがこうした南部の決議案提出は誰の目にも理性を欠如した事態と認識された。ロッキー山脈を越えたオレゴン地方は緯度からいっても冬が早く寒冷で、高温多湿を好む綿花栽培には不向きな気候であったから、南部案は下院議会にて否決された。そこでポークは一八二〇年南北妥協のミズーリ協定案を提示したが南北の論争は収まらず、彼の任期終了を迎えた。(6) ここに北部はウォルモット追加条項案成立を断念、両法案はホイッグ、民主両党の痛み分けとなった。

かくしてここにカルフーン等が描いたポークの領土拡大主義政策、カリフォルニア領有に乗じたテキサス州に続く広大な綿花地帯形成、Cotton Belt という南部農業州が目指す、躍進著しい北部工業州に対抗する綿花王国の結成は見事に功を奏した。

ポーク政権は太平洋に向けた北西地方、オレゴン領有に続く陸続する南に向かうカリフォルニア地方奪取という離れ技を駆使、一期四年の任期ながら北アメリカ大陸のほぼ中央に、今日の合衆国領土を画定するという「国家百年の大計」を成し遂げると、一八四八年秋の大統領選挙には出馬を固辞した。

かくして一八四八年大統領選挙の争点は、新たに合衆国領土に編入された広大な領土に向けられ、北部工業州を支持基盤とするホイッグ党と、南部農業州を支持基盤とする民主党の主張は、我々が以上右にみた如く、関税、銀行、公有地、内陸開発等主要な相異なる利害に一応の妥協点を見出した事から、従来両地域、両政党が一八二〇年以来、久しく忘れかけていた「奴隷制」に関わるウォルモット条項に記された「奴隷制廃止」問題が突如として浮上してきたのである。

我々は以下、一八四八年大統領選挙に向けた民主、ホイッグ両党、南部農業州、北部工業州の主張より伺わなければならない。

さて民主党ではテネシーのジャクソン亡き後、タイラー政権国務長官として、権力の中枢に復帰した南カロライナ州のＪ・Ｃ・カルフーンは以降もミズーリ州の上院議員、Ｔ・Ｈ・ベントン等と連携、民主党の指導権を握っていた。特にカルフーンが南部民主党を代表する政治理論、コンカレント・マジョリティ（競合的多数決論）を掲げ事実上同党領袖《りょうしゅう》の地位にあった。

彼の政治論に関して我々は既に検討してきた所ではあるが、今日再び両地域、両政党に「奴隷制」を巡る論争が勃発した事から、南部奴隷制擁護に執念を燃やすカルフーンの主張について、再度、彼の論旨を伺わなければならない。

南北両地域、民主、ホイッグ両党の右の如き政策の相違については既に検討した如き五つの主要な施策に集約されるのであるが、そうした相違は最終的には連邦憲法の解釈論に行きつく事になるのである。カルフーンの憲法観は「ユニオン、Union なる憲法によって樹立された連邦政府とは、単に主権を有する各州政府間による契約によるものであり、単に独立国家たる各州政府間の同意せる連盟に他ならない故に、独立国家たる州政府は合法的に、任意にして、連邦政府（連盟せる政府）より離脱する事が出来る[7]」とする解釈論であった。

一方、北部ホイッグ党を代表するＤ・ウェヴスター等の主張は「憲法は合衆国人民によって制定され確立されたものである故、ユニオン（連邦政府）は永久的に存在する事になるのである。それ故、ユニオンの法律は各州政府の権威を超越するものとして全ての州政府を拘束する権威を有する事になるのである。故に州政府がユニオンを離脱する事は出来ないのであり、そうした行為は憲法を踏みにじり裏切る行為であり、決して許されるものではない[8]」としてユニオンの不可侵なる権威を主張。以来、南北両地域、民主党、ホイッグ党共に連邦政府の権威を認識、ユニオンを維持する事で今日、足並をそろえる事になったのである。

だが右にみた如く新たな領土拡大を目の前にした両党は、一八二〇年「ミズーリ協定」に約した同州以西州境三六度三〇分緯線に沿って北西を「自由州」、南西を「奴隷州」とする妥協案に対して今日、メキシコから獲得、奪取したテキサス領に接続する新領土への「奴隷制」拡大の可否を巡り論争が再び勃発した。

南部民主党のカルフーン等は北部民主党、ウォルモット提案を逆手にとりオレゴンへの「奴隷制」承認を条件としたが、気候的にも綿花栽培に不向きであったばかりでなく、大量の奴隷労働には全く適さない地であった。反対にオレゴン領に続く南方にはテキサス領以西に接続するカリフォルニア地方全てに於いて、綿花栽培、奴隷制度に最適な気候、風土であったから、カルフーン等の描く南部の綿花王国再建策にとって、新領土への「奴隷制」導入可否は南部の命運が賭けられていた。かくして南部は一致してカルフーン案を支持、カリフォルニア領への「奴隷制」導入を支持した。対して北部は、南部のこうした新領土に向けての「奴隷制」導入の動きに、ウォルモット法案を始めとして、カルフーン等の提案には全面的に反対。「ミズーリ協定線」の延長から、更にはホイッグ党指導部を未だに掌握するD・ウェヴスター、H・クレイ等は最悪な場面に際しては憲法論争を含め、新領土に入植を目指す開拓者等住民の意志に委ねる事も選択肢にあげる等、あくまで「ミズーリ協定」順守の立場に立った。

ポークはテネシー州のナッシュビルに眠る恩師、ジャクソンの故郷へ帰る旨、民主党に伝えた事からカルフーン等はジャクソン、ポークの国民的人気に、南部での民主党圧勝を確信した。五月初旬、ボルチモアの民主党全国大会に会同した大統領指名選挙人団は、北部における民主党への支持率向上が秋の選挙戦の帰趨を決するものと判断、ジャクソン内閣下、陸軍長官として、北部インディアン征討に功績を示したミシガン州上院議員、ルイス・カッスを大統領候補に指名、副大統領候補にケンタッキー出身の軍人、ウィリアム・O・バトラーを指名した。バトラーは先の第二次米英戦争に陸軍士官として従軍、更にメキシコ戦争には一八四六年、モンテレーの戦いに支隊を率いてメキシコ軍を潰走させた英雄としても知られた人物であった。合衆国市民は戦争の英雄を好んだ。

他方、ホイッグ党ではメキシコ戦争勝利の立役者としてアメリカ中の人々にジャクソン以来の国民的英雄として、彼の軍功に並び称される程の喝采を浴びる南部の名門プランター・ザカリー・テイラー将軍を大統領候補に指名した。

次いで副大統領候補にはマサチューセッツ州下院議員、アボット・ローレンスが指名されるはずであったが、ポークは彼をイギリス大使に指名した事から急遽、ニューヨーク州選出下院議員、会計検査官として清廉な人柄が認められたミラード・フィルモアが指名された。

ホイッグ党が南部の名門プランター・ヴァージニア王朝の系譜を引き継ぎ、ケンタッキー州に奴隷制農場を経営する生粋の老将軍、ザカリー・テイラーを大統領候補に指名したのには理由があった。伝記によれば「彼はヴァージニア州の名門プランターの家系に誕生した。後、独立戦争に従軍した父が軍功によりケンタッキー州にプランテーションを受けると父に従い同地方に移住、少年時代を過ごした。成人すると父に倣い、合衆国陸軍に志願。折からの第二次対英戦争に従軍、次いでジャクソン将軍が手を焼いたブラックホーク族との戦い、次いでフロリダのセミノール族戦争に軍功をあげた事で一躍国民的英雄として名声を得た。かくして西部へ向かう危険な障害は彼の軍功により全て除去された(9)」、と。

救国の英雄として戦争を勝利に導いた軍人が後、合衆国大統領に就任する習わしは、初代大統領Ｇ・ワシントン以来、Ａ・ジャクソン、Ｗ・ハリソン等が受け継いでいた。ホイッグ党は一八四四年の大統領選挙にハリソン将軍が圧勝した前例があった。そこで同党指導部各州大統領選挙人団は、Ｚ・テイラーにハリソン将軍を重ね合わせたのである。だがテイラーにはホイッグ党の大統領候補としては欠点があった。南部名門プランターとして父より受け継いだ世襲財産があり、奴隷制大農場主としても知られた将軍であった。秋の大統領選挙の焦点は、メキシコより獲得した新領土に「奴隷制度」の是非を問う事になるのは必然であった。そこでホイッグ党は副大統領候補には「奴隷制度」とは全く無縁な人物を捜し求めたのである。Ｈ・クレイ、Ｄ・ウェヴスター等がこうした人選の末に、白羽の矢をたてたのが右のＭ・フィルモアであった。

ホイッグ党の選挙スローガンはハリソンの勝利を決定づけた「ティペカヌーのハリソン」の前例に習い「メキシコ

戦争の英雄、モンテズマ館の主人公、テイラー!!」を採択、「南部奴隷制」擁護論への攻撃を控えたものであったが、アメリカ国民は戦争の英雄に酔っていた。時代の趨勢は飽くなき領土拡大熱に誰も彼もがまるで熱病にとりつかれたかの如く浮かれていた。それはジャーナリスト等が活字で盛んに煽った「明白な天命」にも影響されたものでもあった。

更にホイッグ党に神風が吹いた。一八四八年一月末のメキシコ戦争勝利直前の事であった。カリフォルニア地方の一寒村、サクラメント近郊を流れるアメリカン川の河床から発見された砂金がサンフランシスコの港町に送られ、鑑定の結果、本物の黄金である事が確認されるや、アメリカ国内はおろかすぐに世界中にも伝わった事から、アメリカを目指す黄金狂時代が勃発した。世界中の山師達がアメリカを目指した。

こうした折、ジャクソンの後継大統領を務めたニューヨーク州民主党の大立物、M・ヴァン・ビューレンは政界を引退していたが、「奴隷制度」に反対する北部のホイッグ党員等は党大会の指名に反旗を翻し、奴隷制に反対するM・ヴァン・ビューレンに出馬を求めた。彼等の主張は明確であった。党大会が指名したZ・テイラー候補は南部の大プランター出身で、ルイジアナ州にもプランテーションを所持しており、同党は南部に対して「ミズーリ以西、三六度三〇分」を延長した以西に奴隷制度を認めない旨宣言していたから、ザカリー将軍の指名はこれと全く相反するものであった。彼等は党指導部に候補者変更の申し入れを行ったが、クレイ、ウェヴスター等は受けつけなかった。こうした事から、Z・テイラー反対派は、前回二度の大統領選に奴隷制反対を唱え「自由党、Liberty Party」を率い立候補したJ・バーニティ等の残党を糾合、更に奴隷制に反対する勢力を結集。「奴隷制拡大反対党」なる自由土地派、フリーソイラー Free-Soiler を名称とする新党を結成、M・ヴァン・ビューレンを党首に選挙戦に名乗りを上げた。新党の選挙スローガンには「自由な土地、自由な言論、自由な労働、自由な人間」[11]と記された。こうしたスローガンからも推察し得る新党の「奴隷制」反対運動は「即時」完全廃止を求めるものではなく穏健な奴隷制廃止を表明する事で、南部の連邦離脱を押さえ、阻止、建国の父祖、T・ジェファスン等がミズーリ協定に期待を込めた所の南部の奴隷制度を、彼が購入した広大なルイジアナ領土の南の端の小さな地域に閉じ込め、それを徐々に時間をかけて自然に安楽死させる方法を支持、採択するものであった。ここに合衆国最大の人口を有するニューヨーク州の民主党は、党大会が指名したカッス候補に反旗を翻したヴァン・ビューレン支持派に分裂。北部ホイッグ党もザカリー支持派と反対派に分かれる事になったのである。

かくして一八四八年十一月最初の火曜日投票の大統領選挙は「資料Ⅰ」[12]にみる如く大統領選挙人団投票に於いてホイッグ党、Z・テイラー、一六三票、民主党、L・カッス、一二七票、自由土地派、M・ヴァン・ビューレン、零票、結果、ホイッグ党、Z・テイラー候補の勝利であった。更に「資料Ⅱ」[13]に見る如く、一般投票に於いてもテイラー、一、三六〇、一〇一票、カッス、一、二二〇、五〇四票、ヴァン・ビューレン、二九一、二六三票、ここにホイッグ党、Z・テイラーが第十二代合衆国大統領に決定したのである。[14]

一八四〇年に続く四八年、ホイッグ党、Z・テイラー候補勝利の因は、ニューヨーク州民主党が引退したとはいえ、前同党大統領、M・ヴァン・ビューレンの影響下にあった事が四八年大統領選の行方を左右したという事にあった。合衆国最大の人口を有するニューヨーク州民主党が、党大会が指名したカッス候補支持派と党則に反旗を翻し前大統領、ヴァン・ビューレン支持派と、真っ二つに分裂した事が、結果としてカッス候補の足を引っ張る事となり、落選したのである。

我々はかかる選挙結果をもたらす事になった「奴隷制」を巡る四八年大統領選挙について更に立ち入って伺わなければならない。その一つは「資料Ⅲ」[14]にみる所の合衆国における有権者（白人成人男子普通選挙権）の増加についての問題である。

更に我々が注目するのは「資料Ⅲ」[15]にみる如く西部～北西部（以下西部）地域と南部～南西部（以下南部）地域の有権者の増加についてである。こうした有権者の投票は、「資料Ⅰ」にみた如く西部は全て民主党カッスが獲得したのに対し、中部はホイッグ党が全て獲得。南部は民主党とホイッグ党に分裂。ニューイングランドも民主党とホイッグ党に分裂したという事実である。

　この事実は、我々が四八年の大統領選挙人団投票に分析した如く北部と南部の政党支持が民主・ホイッグ党に完全に分かれたという事であ

注(12)「資料Ⅰ」 1848年各州大統領選挙人団投票

	州名＼地域	下　院	上　院	各州選挙人団	カッス	テイラー	ヴァン・ビューレン
	ニューイングランド諸州	31	12	43	15	28	0
1	メイン	7	2	9	9		
2	ニューハンプシャー	4		6	6		
3	ヴァーモント	4		6		6	
4	マサチューセッツ	10		12		12	
5	コネチカット	4		6		6	
6	ロードアイランド	2		4		4	
	中部諸州	70	10	80		80	
7	ニューヨーク	34	2	36		36	
8	ニュージャージー	5		7		7	
9	ペンシルベニア	24		26		26	
10	デラウェア	1		3		3	
11	メリーランド	6		8		8	
	西部～北西部諸州	50	14	64	64		
12	オハイオ	21	2	23	23		
13	インディアナ	10		12	12		
14	イリノイ	7		9	9		
15	ミシガン	3		5	5		
16	ウィスコンシン	2		4	4		
17	アイオワ	2		4	4		
18	ミズーリー	5		7	7		
	南部～南西部諸州	79	24	103	48	55	
19	ヴァージニア	15	2	17	17		
20	北カロライナ	9		11		11	
21	南カロライナ	7		9	9		
22	ジョージア	8		10		10	
23	アラバマ	7		9	9		
24	ミシシッピー	4		6	6		
25	フロリダ	1		3		3	
26	ルイジアナ	4		6		6	
27	テキサス	2		4	4		
28	アーカンソー	1		3	3		
29	ケンタッキー	10		12		12	
30	テネシー	11		13		13	
		230	60	290	127	163	

出典:Fletcher W. Hewes and Henry Gannett., Scribner's statistical Atlas of the United States, New York, 1883, p. plate. 8.

る。更にこうした傾向に拍車をかけたのが対メキシコ戦争講和条約締結直前、旧大陸ヨーロッパにアンシャンレジームを恐慌と動乱の地と化す革命が再び勃発した。仏パリ市民達はウィーン体制下、保守、反動と化したルイ・フィリップ国王に、銃を手に自由を求め蜂起する（二月革命）や、この動きは翌三月にはヨーロッパ中に拡大した。更にベルリン、ウィーン、ハンガリー、ボヘミア（三月革命）に波及、ウィーン体制を指導したメッテルニヒが亡命、更に革命がその他の反動王国に拡大したから、血で血を洗う内戦へ向かった。ヨーロッパに混乱を避け、自由を求める人々は祖国を後にして次々と新天地アメリカへ逃れた。

一方イギリスでは、一八四五年突如気候変動による凶作が発生した。未だ小作制度に苦しむジャガイモ農民と揶揄され、塩茹でしたジャガイモさえもロンドンに居住する地主らの吸血税の対象と

注(13)「資料Ⅱ」 1848年大統領選挙時一般投票

	州　名	テイラー	カッス	ヴァン・ビューレン	計
1	フロリダ	3,116	1,847		4,963
2	ロードアイランド	6,779	3,646	730	11,155
3	デラウェア	6,421	5898	80	12,399
4	テキサス	4,509	10,668		
5	アーカンソー	7,588	9,300		16,888
6	アイオワ	11,084	12,093	1,126	24,303
7	ルイジアナ	18,217	15,370		33,587
8	ウイスコンシン	13,747	15,001	10,418	39,166
9	ヴァーモント	23,122	10,948	13,807	47,907
10	ニューハンプシャー	14,781	27,763	7,560	50,104
11	ミシシッピー	25,922	26,537		52,459
12	アラバマ	30,482	31,363		61,845
13	コネチカット	30,314	27,046	5,005	62,365
14	ミシガン	23,940	30,647	10,389	64,976
15	メリーランド	37,702	34,528	125	72,355
16	ミズーリー	32,671	40,077		72,748
17	ニュージャージー	40,015	36,901	829	77,745
18	北カロライナ	43,550	34,869		78,419
19	メイン	35,125	39,880	12,096	87,101
20	ヴァージニア	45,124	46,586	9	91,719
21	ジョージア	47,544	44,802		92,346
22	ケンタッキー	67,141	49,720		116,861
23	テネシー	64,705	58,419		123,124
24	イリノイ	53,047	56,300	15,774	125,121
25	マサチューセッツ	61,072	35,281	38,058	134,411
26	インディアナ	69,907	74,745	8,100	152,752
27	オハイオ	138,360	154,775	35,354	328,489
28	ペンシルベニア	185,513	171,176	11,263	367,952
29	ニューヨーク	218,603	114,318	120,510	453,431
30	南カロライナ				
		1,360,101	1,220,504	291,263	2,871,868

南カロライナ州は州議会で投票し、代議員票全てカッスを支持。
出典：Hewes and Gannett., ibid, p. plate, 8.

された事から、餓死や一家心中よりは聖書に記されたカナーンの地、蜜と川が流れるという新天地アメリカの話を聞きつけ、わずかに残されたジャガイモの種を携え、新天地に塩茹でしたジャガイモを腹一杯食わせる夢を抱き家族を伴い故郷を捨てる人々が続出した。又、船賃を工面出来ぬ人々は船長が用意した渡航賃を肩代りする農場での年期契約作男の書類に捺印せざるを得なかった。

我々はこうした移民の激増ぶりを一八五〇年第七回「国税調査、Census. センサス（以下センサス）」「資料Ⅳ」[16]より伺わなければならない。同資料にみる如く、一八四一年から一八五〇年にかけての移民総数一、六六〇、一二二名、更に「資料Ｖ」[17]にみる移民の職業記載名簿、一、七七〇、〇三八名には一〇八、〇五二名程の相違がみられるが、合

注（14）、注（15）「資料Ⅲ」　1844年、1848年大統領選挙一般投票数

	地域／州名	1844年	1848年	増　減（＋）（－）	
	ニューイングランド	390,921	393,043		2,122
1	メイン	84,933	87,101	2,168+	
2	ニューハンプシャー	49,187	50,104	917+	
3	ヴァーモント	48,765	47,907	858+	
4	マサチューセッツ	131,124	134,411	3,287+	
5	コネチカット	64,616	62,365	2,251-	
6	ロードアイランド	12,296	11,155	1,141-	
	中部	974,636	983,882		9,246
7	ニューヨーク	485,882	453,431		32,451
8	ニュージャージー	75,944	77,745	1,801+	
9	ペンシルベニア	331,876	367,952	36,076+	
10	デラウェア	12,274	12,399	125+	
11	メリーランド	68,660	72,355	3,695+	
	西部～北西部	687,744	807,555		119,811
12	オハイオ	312,224	328,489	16,265+	
13	インディアナ	140,154	152,752	12,598+	
14	イリノイ	107,018	125,121	18,103+	
15	ミシガン	55,728	64,976	9,248+	
16	ウィスコンシン		39,166	39,166+	
17	アイオワ		24,303	24,303+	
18	ミズーリー	72,620	72,748	128+	
	南部～南西部	645,310	687,388		42,078
19	ヴァージニア	93,247	91,719	1,528-	
20	北カロライナ	82,519	78,419	4,100-	
21	ジョージア	86,283	92,346	6,063+	
22	アラバマ	63,824	61,845	1,979-	
23	ミシシッピー	44,332	52,459	8,127+	
24	フロリダ		4,963	4,963+	
25	ルイジアナ	26,865	33,587	6,722+	
26	テキサス		15,177	15,177+	
27	アーカンソー	15,050	16,888	1,838+	
28	ケンタッキー	113,243	116,861	3,618+	
29	テネシー	119,947	123,124	3,177+	
		2,698,611	2,871,868	173,257	

出典：Hewes and Gannett., ibid, p. plate, 8.

注(16)「資料Ⅳ」　合衆国移民出生国別人数（1820年～1850年）

	国　　名	1820年～1830年	1831年～1840年	1841年～1850年	1820年～1850年
1	イギリス	15,837	7,611	32,092	55,540
2	アイルランド	27,106	29,188	162,332	218,626
3	スコットランド	3,180	2,667	3,712	9,559
4	ウェールズ	170	185	1,261	1,616
5	イギリス領アイルランド	35,534	243,540	848,366	1,127,440
	全イギリス連合王国	81,827	283,191	1,047,763	1,412,781
6	フランス	8,868	45,575	77,262	131,705
7	スペイン	2,616	2,125	2,209	6,750
8	ポルトガル	180	824	550	1,559
9	ベルギー	28	22	5,074	5,124
10	プロシア	146	4,050	12,149	16,545
11	ドイツ	7,583	148,204	422,477	578,264
12	オランダ	1,127	1,412	8,251	10,790
13	デンマーク	189	1,063	539	1,791
14	ノルウェー、スウェーデン	94	1,201	13,903	15,198
15	ポーランド	21	7	59	87
16	ロシア	89	277	551	917
17	トルコ	21	369	105	495
18	スイス	3,257	4,821	4,644	12,722
19	イタリア	389	2,211	1,590	4,190
20	ギリシャ	20	49	16	85
21	シシリア	17	35	79	131
22	サルディニア	32	7	201	240
23	コルシカ	2	5	2	9
24	マルタ	1	35	78	114
25	アイスランド				
26	ヨーロッパ	2		51	53
27	英領アメリカ	2,486	13,624	41,723	57,833
28	南アメリカ	542	756	3,579	4,977
29	中央アメリカ	107	44	368	519
30	メキシコ	4,818	6,599	3,271	14,688
31	西インド諸島	3,998	12,301	13,528	29,827
32	シナ	3	8	35	46
33	東インド諸島	9	39	36	84
34	ペルシャ	—	—	7	7
35	アジア	3	1	4	8
36	リベリア	1	8	5	14
37	エジプト	—	4	—	4
38	モロッコ	—	4	1	5
39	アルジェリア	—	—	2	2
	小　　計	36,640	245,985	612,349	894,983
	総人数計	178,476	529,176	1,660,122	2,307,764

出典：Ernest L. Bogart and Charles Thompson., Readings in the Economic History of the United States, New york, 1929, op. cit. p. 557.

注（17）「資料Ⅴ」　合衆国移民者の職業（1820年～1850年）

	職　　業	1820年～1830年	1831年～1840年	1841年～1850年	1820年～1850年
1	商人	19,434	41,881	46,388	107,703
2	農民	15,005	88,240	256,880	360,125
3	熟練工	6,805	56,582	164,411	227,798
4	水夫	4,995	8,004	6,398	19,397
5	鉱夫	341	368	1,735	2,444
6	労働車	10,280	53,169	281,229	344,678
7	靴職人	1,109	1,966	63	3,138
8	仕立職人	983	2,252	65	3,300
9	裁縫師、婦人装身具商	413	1,672	2,096	4,181
10	俳優	413	1,672	2,096	4,181
11	織物工、紡績工	2,937	6,600	1,303	10,840
12	僧侶	415	932	1,559	2,906
13	書記	882	1,143	1,065	3,090
14	弁護士	244	461	831	1,536
15	医師	805	1,959	2,116	4,880
16	技術者	226	311	654	1,191
17	芸術家	139	513	1,223	1,875
18	教師	275	267	832	1,374
19	音楽家	140	165	236	541
20	印刷工	179	472	14	665
21	塗装工	232	369	8	609
22	石工	793	1,435	24	2,252
23	帽子工	137	114	1	252
24	手工業者	175	107	1,833	2,115
25	製粉業者	199	189	33	421
26	製肉業者	329	432	76	837
27	パン屋	583	569	28	1,180
28	使用人	1,327	2,571	24,538	28,436
29	その他職業	5,466	4,004	2,892	12,362
30	職業不詳	101,442	363,252	969,411	1,434,105
		176,473	640,086	1,770,038	2,584,734

出典：Bogart and Thompson., ibid, op. cit. p. 556.

衆国への移民者には、ニューヨーク港やニューオーリンズ港等の外港ばかりではなく、長大な陸路を有すカナダ国境沿いや、西インド諸島経由の海路等を経て合衆国を目指した人々の数字等を考慮する時、同年代（一八四一～一八五〇）のみで右の数字をはるかに超える人々の存在を指摘しても大きな誤差は生じないものと思われる。又「資料Ⅴ」の百万人近くに昇る職業不詳の移民は言うまでもなくアイルランドからのジャガイモ小作農民である。更に我々が右の資料に注目するのは、こうした移住者が、合衆国到着後、移住した地域である。かくして我々は次に合衆国人口の推移を一八四〇年、第六回センサスと一八五〇年、第七回センサスを比較した「資料Ⅵ[18]」より伺う事にする。

この時期の増加は一〇年で五、四〇四、五八四人であるから単純に内二百万人前後は右の資料にみる移民であり、彼等が入植に向かった地域は中部、西部、南部が中心であり、就中、中部から西部にかけては広大な大草原地帯で、インディアン征討後には特にスコッターと称される無断土地占有者が集中した地域であった。南部は周知の如く「奴隷制度」に基づくプランテーションとカリフォルニア地方の黄金で沸き返っている地域である。

かかる結果を受けて、南部農業州と北部工業州の対立はエルドラードと化した広大なカリフォルニア領の州昇格を

注(18)「資料Ⅵ」　合衆国人口の推移（1840 ～ 1850）

	州　　名	1840年	1850年
	ニューイングランド	2,234,822	2,728,116
1	メイン	501,793	583,169
2	ニューハンプシャー	284,574	317,976
3	ヴァーモント	291,948	314,120
4	マサチューセッツ	737,699	994,514
5	ロードアイランド	108,830	147,545
6	コネチカット	309,978	370,792
	中部	5,118,076	6,624,988
7	ニューヨーク	2,428,921	3,097,394
8	ニュージャージー	373,306	489,555
9	ペンシルベニア	1,724,033	2,311,786
10	デラウェア	78,085	91,532
11	メリーランド	470,019	582,034
	コロンビア地区	43,712	51,687
	西部～北西部	3,357,642	5,520,866
12	オハイオ	1,519,467	1,980,329
13	インディアナ	685,860	988,416
14	イリノイ	476,188	851,470
15	ミシガン	212,267	397,654
16	ミズーリー	383,702	682,044
17	ウィスコンシン	30,945	305,391
18	アイオワ	49,212	192,214
	ミネソタ		6,077
	ユタ		11,380
	オレゴン		13,294
	カリフォルニア		92,597
	南部～南西部	6,358,913	8,317,906
19	ヴァージニア	1,239,7 7	1,421,661
20	北カロライナ	753,49	869,039
21	南カロライナ	594,38	668,507
22	ジョージア	691,32	906,185
23	アラバマ	590,76	771,623
24	ミシシッピー	375,651	606,526
25	ルイジアナ	352,411	517,762
26	アーカンソー	97,574	209,897
27	ケンタッキー	779,828	982,405
28	テネシー	829,210	1,002,717
29	フロリダ	54,477	87,445
30	テキサス		212,592
	ニューメキシコ		61,547
		17,069,453	23,191,876

出典：Jameson. ibid, op. cit. p, 785.

奴隷人口　　奴隷人口
2,482,761　　3,200,600
6,122,423名の増加
奴隷人口　717,839名を差し引く
5,404,584名は白人人口の増

巡り、現在、南部奴隷州（十五州）対北部自由州（十五州）の均衡を崩しかねない論争を引き起こす事になるのである。「明白な天命」の声に、領土拡張を神の代理人と自任したポークに代わり、第十二代合衆国大統領に就任したホイッグ党、ザカリー・テイラー将軍の登場に、南北両地域を巻き込んだアメリカデモクラシーの命運が委ねられた。中部・西部に入植した人々は既に建国第三世代に誕生した人々であり、塩茹でしたジャガイモさえもむしり取り、しぼり取るロンドンの寄生地主層はここでは最早聖書の一章を称えるに過ぎない遠い昔の物語であった。汝の敵を捨てた開拓者達は「他人の労働にて生きるにあらず」と自らの額に汗し、彼の背丈程もある見渡す限り地平線の彼方まで続く大草原に鋤鍬を手に「労働の尊厳」を実現せんと入植していった。南北両地域の「奴隷制」を巡る対立抗争は、こうした新しい西部に入植した独立自営の開拓農民にとっても他人事の論争ではなかった事が判明するのは最早時間の問題であった。

一八四八年大統領選挙は北部に勃興著しい産業資本家が担ぐ候補者と、綿花という「奴隷制プランテーション」に寄生吸血する南部プランターが担ぐ候補者に対し、西部に入植した独立自営の農民層は「労働の尊厳」を目指し、新たな人間の自由を促すデモクラシーを主張する事になった。

注

（1）Henry S.Commager., Documents of American History, New York, 1948, op. cit. pp. 128～132. 原初十三邦にアパラチア以西、オハイオ州以北の地に新たに建設される北西部地方（オハイオ、インディアナ、ミシガン、イリノイ、ウィスコンシン）には連合会議の任命する知事、官僚と共に議会を開設、白人成人人口が五千人に達した時、準州とし、更に白人人口が六万に達した時、州として連邦加入を認める、その際オハイオ川以北の地に奴隷制を禁止、以南の地に奴隷制を認めるとするもので、同法案は一七八四年、T・ジェファスンが起草した北西部条令案を基本としたものである。

（2）Commager, ibid, op. pp. 224～227.

（3）Commager, ibid, op. pp. 278～280, ウィリアム・L・ギャリソンによる「奴隷解放者」を名乗る新聞、リベレーター"The Liberatar"が発刊されたのは一八三一年である。だが同新聞は第一号を以って廃刊となったが、彼の主張は「黒人奴隷」の即時無条件解放を求める急進主義運動であった。アメリカ黒人奴隷解放の先駆けをなすものであり、その創刊の辞にはジェファスンのアメリカ独立宣言の一節「全ての人は創物主により自由平等な人間として誕生して来た。その自由の中には基本的人間の権利を有し……」が著された。南部プランターの心胆を寒からしめる一文となった事は十二分に推察し得るであろう。更に彼の運動は一八三三年十二月四日、フィラデルフィア市に開催された「奴隷制度反対全国協議会」結成大会冒頭に於いてもT・ジェファスン起草の独立宣言の右の一節を引用し「奴隷制度」を人類に対する犯罪と断じた。(cf), Benjamin F. Wright. A Source Book of American Political Theory, New York. 1929. op. cit. pp. 435～438.

（4）Samuel E. Morison.The Oxford History of the American People. New York. 1965. op. cit. p. 566. ポークはカリブ海に亡命した前メキシコ大統領サンタ・ラナに二〇〇万ドルの軍資金を用意したが、それはメキシコ大統領に復帰させる為の秘密支出金であった。その見返りとして合衆国は彼にカリフォルニア領の割譲を認めさせるという事を約したものである。

（5）Morison. ibid, op. cit. p. 556, D・ウォルモットの提案は、一七八七年成立の我々が既にみた所の北西部条令、Northwest Ordinance の焼き直しであった。オハイオ州以西に緯線を延長、ミシシッピー河を越えた地の以西に奴隷制を禁止するというものである。

（6）Morison, ibid, op. cit. p. 566.

（7）Wright, ibid, op. cit. p. 480, J・C・カルフーンはジャクソン大統領下、副大統領職にあった事から、彼のこうした憲法観は同じ南カロライナ州上院議員ロバート・ヘインにより連邦議会にて開陳された。

（8）Wright, ibid, op. cit. p. 481～485.

（9）James F. Jameson, Dictionary of United States History, Philadelphia, 1931, op. cit. p. 495.

（10）André Maurois, The Miracle of America, New York, 1944, op. cit. p. 249.

（11）Maurois, ibid, op. cit. p. 249.

（12）Fletcher W. Hewes and Henry Gannett, Scribner's Statistical Atlas of the United States, New York, 1883, p. plate. 8.

（13）Hewes and Gannett, ibid. p. plate, 8

（14）Hewes and Gannett, ibid. p. plate, 8, 勝者が全ての代議員票を獲得する。今日の大統領選挙も同様であるから、多数の代議員を擁する大州での攻防が選挙戦を左右する事になる。

（15）Hewes and Gannett, ibid. p. plate, 8.

（16）Ernest L. Bogart and Charles Thompson, Readings in the Economic History of the United States, New York, 1929, op. cit. p. 557.

（17）Bogart and Thompson, ibid, op. cit. p. 556.

（18）Jameson, ibid, op. cit. p. 785 より集計。

第二節　カリフォルニア州昇格と南北対立

一八四八年二月初め、武装したパリ市民が政治的平等を求め蜂起する（二月革命）と、この動きはヨーロッパ全土に飛び火した。だがウィーン体制下、反動化した君主達は銃を執った民衆に向かって軍隊に発砲を命じ、革命弾圧に乗り出した。

ヨーロッパに再び動乱が勃発した。自由を求める人々、は新天地に躍進を続けるアメリカに黄金が発見された噂も手伝って、雑誌に「北アメリカ大陸全土に、アメリカ国民が自由に発展する事は神が与えた天命」なる神の御告げを聞きつけた事から旧大陸を捨て次々とアメリカを目指した[1]。

折しも合衆国では南部プランター出身の民主党J・ポークが大統領として就任、世論やジャーナリズムの声援を受けた彼は、大陸奥地を目指す西方への領土拡大は新たな綿花栽培地獲得の好機ととらえた。

野心をあらわにしたポークは、広大な西部への領土拡大の為なら武力行使も辞さないとする信条の持ち主でもあった。彼の目前には大英帝国という反面教師がそのよい手本を展開していた。

今日イギリスは絶頂期を迎えた産業革命を背景に、強力な武器と優れた工業品を手に、世界制覇を夢見、それを神の見えざる手と称し、キリスト教文明に基づく使命感と倫理観の衣の下、聖書で覆い隠し、インドの阿片を片手に支那大陸を目指すと、ポークもイギリスに負けじと太平洋岸への出口を求め、西部進出を決意した。前途に障害となるインディオの末裔、メキシコ共和国を脅迫、テキサスに続くカリフォルニア地方の割譲を迫った。メキシコが拒否すると策を弄し、排発を続けた挙句、戦争に引きずり込み、ついに首都を占領し、太平洋への出口を武力でこじあける事に成功した。

だが戦勝後、同年秋の大統領選挙の結果は民主党が敗北、メキシコ戦争勝利の立役者、ホイッグ党候補者（陸軍少将）ザカリー・テイラー将軍の勝利となった。戦争の英雄がアメリカ大統領に選出されるのはワシントン将軍以降米国の伝統であった。更にメキシコから奪いとったカリフォルニア地方に金鉱が発見された事から一八四九年三月四日、彼の就任式は合衆国の栄光を一身に集めテイラー政権の前途は洋々たるものとなった。

従来アメリカの歴代政権を悩ませた南北両地域、民主、ホイッグ両党の施策の相違から論争の的となった関税政策、中央銀行特許問題、内陸開発政策、広大極まる公有地処分政策等には、今日、北部工業州を地盤とするホイッグ党内閣、南部農業州を地盤とする民主党内閣に結集した政治家達の知恵と経験により妥協が積み重ねられた事から、幾度か国論を二分する程の論争を勃発させたが、その度に両地域・両政党政治家達はその解決に建国の父祖達の知恵を尋ねる事になった。すなわち建国後制定された憲法会議における連合制、Confederation なる「各邦間の主権、自由、独立を保有する諸邦間の友好連盟」に学び、更に又その後制定された連邦制、Union, United States of America, なる新しい国家機構の下、連邦憲法及び条約、連邦議会の立法を国家の最高法規として、それは各州憲法、各州議会の立法に優位し、各州の裁判所をも拘束するとする「連邦制、ユニオン」の優位が確立された事に敬意を払う事になった。

だがそれは活字の中での事であって、連邦政府の優位が理解されるまでには我々が検討してきた如く、現実の政治の実践の内に確立されるまでには永い年月が必要とされたのである。

一八四八年以前、人口六千人を数えるにすぎなかったカリフォルニア地方は黄金が発見された一八四九年には北西部条令、Northwest Ordinance.1787. に定める州人口規定、六万人はおろか、一〇万人に達する勢いを示した。[2] 世人はこれをフォーティ・ナイナーズ、Forty-niners（一八四九年の人々）と称する程黄金目当ての入植者の激増ぶりを記録した。だがこうした州昇格規定を満たしたカリフォルニアを目指した入植者達であったが、彼等は一人として奴隷を引き連れる事はなかった事から、「奴隷制度」を認めない「自由州」としての州昇格を連邦加盟に規定、州憲法とした事から南部農業州（奴隷州）はそれまで奴隷州（十五州）対、自由州（十五州）の均衡が崩壊（自由州十六州、奴隷州十五州）する事態に直面、カリフォルニアの州昇格に反対した。その際南部はカリフォルニアがあくまで自由州として連邦加盟を目指し、北部がそれを認めるならば、南部は連邦からの離脱をもやむなしとし、断固たる決意を示した。この時、南部プランター出身のテイラー大統領は「奴隷制」擁護どころか、全く反対の立場に立った。ジャクソン大統領にならい、南部の連邦離脱には武力をもって断固鎮圧する事を宣言した。かくしてここに南北両地域、ホイッグ、民主両党は古くて新しい「奴隷制度」を巡り再び対立、論戦を闘わせる事になった。我々は以下、カリフォルニアの州昇格に際し南北両地域、ホイッグ、民主両党の論争を「奴隷制」との関わりより再度伺う事になるであろう。

注（3）「資料Ⅰ」

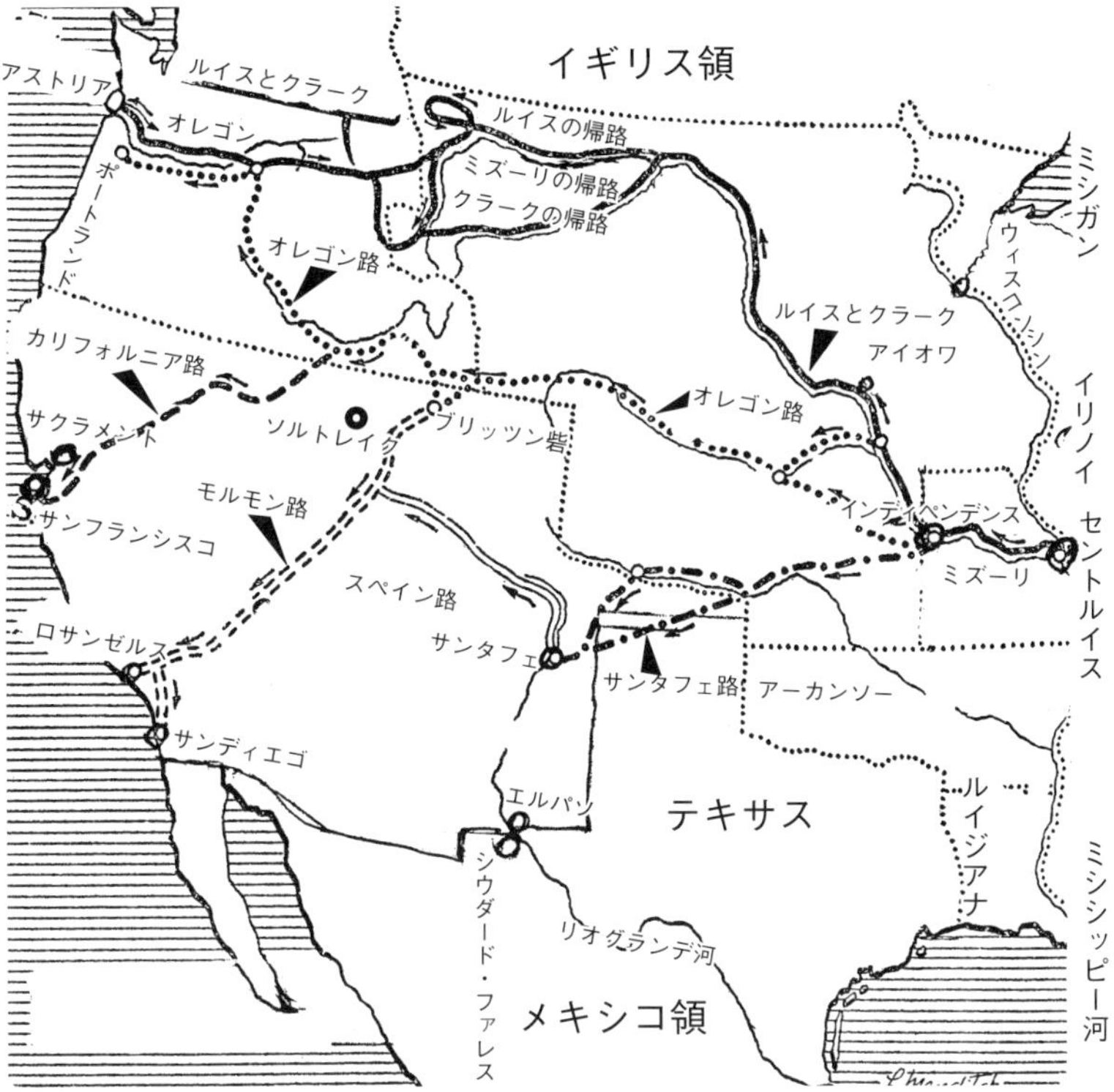

セントルイス―インディペンデンスから大陸横断路へ向かう
出典：Andre' Maurois, The Miracle of America, New York, 1944, op. cit. p. 248. より作成

一八四八年二月二日は「イダルゴ・グァダルーペ条約」により広大なカリフォルニア地方を獲得したポークは同地方に軍政を敷いた。知事にはメキシコ本国攻略軍とは別に第三軍を編成、ニューメキシコシティ攻略軍の指揮を執ったスティファン・W・カーニー陸軍少将であった。彼はわずかの犠牲を出したのみでたち所に首都を攻略、各市市長を任命、自治を委ねた。

金が発見されたサクラメントは「資料Ⅰ」[3]にみる如く、海路は太平洋岸の漁港サンフランシスコよりシェラネヴァダ山麓より流れる一支流アメリカン川に沿う地にあった。又、陸路にはミシシッピー河を横切り西部に向かう拠点、セントルイスよりインデペンデンスを経由、オレゴン路を西に、モルモン路よりユタを経由、目的地を目指した。だが入植者達を待ち受けていたのは長旅による疲労ばかりではなかった。用意した食糧が尽き果てると飢餓に襲われた。更に急峻な山脈や砂漠、土地を追われたインディアンの襲撃等に多くの犠牲者を出した。しかしそれにもかかわらず黄金郷を目指す入植者の群れは途切れる事はなかった。後に続く人々の多くはオレゴン路よりソルトレイクを通る踏み分け路よりサクラメントを目指した。噂を頼りに目的地にたどり着いた人々は、川床の砂のふるい分けから始めた。一方、山師達の中には川床に流れ出た金の鉱脈探しに成功する人々も続出した。噂が噂を呼んで数十億ドルの黄金の鉱脈があり、掘り出すまでには五〇年程かかるであろうとの流言まで飛び出す有様で、発見した鉱山の回りには多くの人々が仕事を求めて集まって来た。洗濯屋や石工職人、大工、鍛冶屋、飲食店、居酒屋、ホテル、賭博場、銀行家、代書人等々、黄金を巡る刃傷沙汰は日常茶飯事であり、「司法制度もなく、広大なカリフォルニア地方はカーニー将軍の軍事力により治安がかろうじて維持された。各々の鉱山町は自警団により町の秩序が保たれていた。無法者には私刑（リンチ）が科された。

一八四九年四月、Z・テイラーはカリフォルニア領土の急増する人口が州昇格を規定した「北西部条令、Northwest Ordinance. 1787.」に達した事から、速やかに自治政府を準備するよう指示を与えると、カーニー将軍に代え、新たに同州知事に任命したリリー将軍に「選挙令状」を発令。州知事を始め議会を開設し、代議員を選出。テキサスの例にならい、連盟加盟を待たずに「自治政府」を設立し憲法を制定する事を勧告した。[4]

一八四九年九月一日、勧告に従いカリフォルニアは、太平洋岸に面する同地方の中間に位置するモンテレーに「自治政府」設立の代議員会を開催した。彼等の多くは鉱山関係者で占められていたが国籍は様々であった。アメリカ人、フランス人、イギリス人、メキシコ人、スペイン人、中国人等は自らの政府を組織する事に合意、[5]初代州知事にピーター・H・バーネットを選出、[6]連邦議会議員にジョン・C・フレモントを指名した。[7]続いて憲法制定会議に入り、合衆国憲法に準じる草案を作成、その際、現在南北両地域に論争を呼び起こしている「奴隷制度」に関し、現在カリフォルニア地方に居住する入植者（約一〇万人と推定）達の人口の内に「奴隷」が存在しない事により「ウォルモット修正条項」を追加、承認を得た事から「カリフォルニア共和国」政府は同共和国憲法草案を住民投票に付した。結果、賛成一二、〇六六票、反対八一一票[8]、によりカリフォルニアは自由州として、同年十二月開会の第三一回合衆国連邦議会に、三一番目の州としてユニオン加盟を申請する事になった。

一八四九年十二月初旬、第三一回合衆国議会が首都に開催された。だが下院議会では議長人事を巡り、「奴隷制」擁護派（南部）対反対派（北部）が自派に有利な議員を推薦した事から紛糾した。六二回も投票が繰り返されたが決着せず、温厚な人柄で知られるジョージア州選出下院議員、ハウエル・コップが指名され、六三回目の投票でようやく過半数を得、議長人事が決着した[9]。

紛糾の原因はカリフォルニア州が「ウォルモット修正条項」（新しい領土における奴隷制を禁止）を同州憲法にそのまま付随させて連邦加盟を求めた事にあった。だが同州の連邦加盟を勧告したのは、実はホイッグ党軍人大統領、Z・テイラーその人であった。

従来、ホイッグ党は既にみてきた如く、下院議会で多数派を形成したが、上院では周知の如く、自由州・奴隷州共に十五州で、各州共二名の議員で構成された事から、共に三〇名ずつの均衡が保たれていた。そこで民主・ホイッグ両党の利害を伴う法案が下院で可決された。その法案が上院に送られると、その度毎、上院では、T・ジェファスンを領袖とするリパブリカン党（民主党に連なる政党）支持議員が現ホイッグ党に名を連ねていた事から、下院では可決された法案は上院で否決されるというホイッグ党政権にとって、政策の遂行上耐え難い政権運営をもたらす事になった。かくしてホイッグ党はテキサス州（奴隷州）の連邦加盟には反対し、カリフォルニア州（自由州）の加盟には領土獲得後わずか二年余りで賛成に回り、上院での議席増加を狙い、ホイッグ党政権が公約に掲げた政策の実現を目指したのである。

だがホイッグ党のこうした意図は民主党指導部も十分に予想していたから、ホイッグ党主導による議会運営を狙った多数派工作に対して、民主党も対抗策を用意していた。

我々はこうした施策について、一七八七年北西部条令制定の際に、新領土の加入に奴隷制禁止条項を見た南部は付則条項に、オハイオ川以西よりミシシッピー河以東の地を!!と追加条文を加え、オハイオ川以南よりミシシッピー河以南の地には奴隷制に関する文言を削除する事を確認した所である。次いで一八二〇年「ミズーリ協定」に同州西方境、三六度三〇分以北を自由州、同以南を奴隷州として、南北の妥協点を見出し、自由州と奴隷州の均衡を維持してきた件についても検討してきた所である。以降今日まで南北両地域、両政党の決定的対立、衝突は回避される事になった。ミズーリ協定妥協案はH・クレイの功績である。

既にみてきた如く、我々の理解する所では多くの南部農業州にとって、「奴隷制度」は優れて各州の問題であった。既に憲法前文[10]、本文、第一条第二節第三項[11]、本文第四条第三節第二項[12]、憲法修正第十条[13]にみた如く「奴隷制」を認めるか、禁止するかは連邦憲法により各州にその権利を認めていたのである。

だが今日連邦議会が開催されると、カリフォルニア州は連邦加盟に際し「ウォルモット修正条項」を附随させた州憲法のもと、奴隷制を禁止、自由州として連邦加盟を求めた事から多くの南部の人々の感情を逆なでする事になったのである。加えて南部の人々の感情を激昂させた事の一つは、対メキシコ戦争の勝利は、確かに現大統領、テイラー将軍の軍功に負う所大なるものがあり、疑問の余地はなかったが、しかし、戦に従軍したのは全てのアメリカ市民であり、彼等は南北両地域を問わず、国難に際しては銃を執って第一軍、第二軍、Z・テイラー軍、E・スコット軍、ニューメキシコ攻略第三軍、S・カーニー軍に志願、戦死者こそ少なかったが戦傷者は一万人を越えたのである。[14]こうした犠牲の上に、今日、広大なカリフォルニア領土が合衆国に新たに加わったのである。だがこうした犠牲の上に獲得された戦利品の配分に南部は完全に閉め出される事となったのである。新領土における「奴隷制の禁止」は、先に南北両地域が同意した「北西部条令」及び「ミズーリ協定」に約した精神「北緯三六度三〇分線」以北を自由州、以南を奴隷州との約定を反古にするものではないか!! 以上の事から南部の市民とその代弁者たる議員は不満を表明した。

南部民主党の重鎮、J・C・カルフーンが家族に書き送った手紙によれば、「……南部の権利なる奴隷制度を有する建国以来の全ての旧い物に対しても奴隷制の廃止を求める要求が始まっている。そしてそれが同じ原初十三州の北部より主張されているのだ。分裂を迎えるかも知れない。だが結合せる南部は一層団結した決意を固めなければならない。北部が断念するまで!! 南部の奴隷制が承認されるまで!! カリフォルニアの自由州加盟には反対するであろう[15]」と南部プランターの気概を示した。

ところがこうした南部プランターの強硬論に対し、北部の人々の考え方は異なっていた。今年七三才を迎えるH・クレイはこう記している。「……南部は確かに下院では劣勢ではあるが、上院議会では北部と同等の議員を有しており、一八〇一年以降（ジェファスン内閣を指す、筆者）内閣と大審院（連邦最高裁判所）に於いては多数派を形成してきた。大統領の多くはヴァージニアで生まれた人々であり……かくして南部は自らの欲する望みのもの全てをユニオン連邦から獲得してきたではないか!![16]」と。

その例としてクレイは以下指摘する。

「〇一八四六年ポーク内閣、ウォーカー関税法による関税率の引き下げ、それは事実上の貿易自由化である。

〇首都コロンビア地区、ワシントン市における「奴隷制度」の維持、承認。

〇南部は「奴隷制度」の更なる拡大を目指す拠点地として、ルイジアナ州、フロリダ州、テキサス州、インディアン居住地領土（オクラホマ）を有している[17]」と。

かくしてクレイは結論として、右の如き南部が有する多大なる利益を前にして、何故にカリフォルニア州の「奴隷制」禁止条項に異議を唱えるのであろうか!! と。クレイは右の如く、北部の人々が南部の主張をよく理解する事が

注(18)「資料Ⅱ」

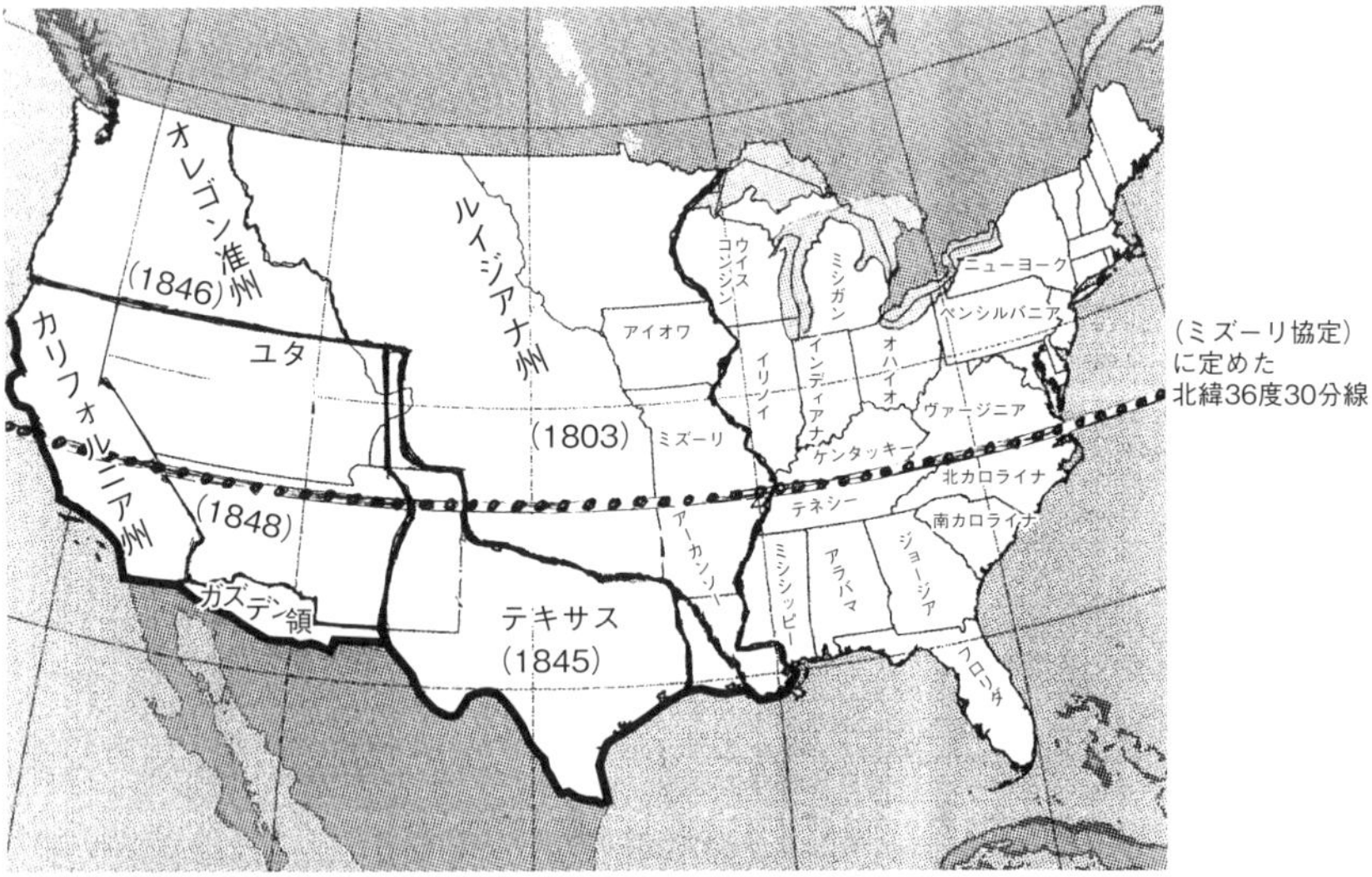

※テキサス共和国の併合（1845.3.3）により勃発した米黒戦争（1846.5.12 ～ 1848.2.2）によって、メキシコ共和国より奪取したのが太線（━）で示したカリフォルニア領土とテキサス領土である。ガズデン領は1853年鉄道建設の為彼がメキシコ領より政府の支援金を得て購入、後合衆国に編入された。
※ミズーリ協定（1820）により南北両地域で約定されたのは、ミズーリ州を除く北緯36度30分線より南の州では奴隷制を認め、同線より北の州では奴隷制を禁止（自由州）とするクレイ等による妥協案であった。丸い点線（•••••）が36度30分線。T・ジェファスンはルイジアナ領の奴隷制を南の端に押し込み自然死を期待した。
※カルフーン等はミズーリ線を太平洋岸まで延長、カリフォルニアの分割を求め、北に自由州、南に奴隷州を求めた。
出典：Maurois, ibid, op. cit. p. 389. より作成

出来ない事について指摘した。

だが一方、南部の多くの人々は、北部のこうした右の如き考え方とはとらえ方が異なっていた。南部の要求は「資料Ⅱ[18]」の如く「北西部条令」「ミズーリ協定」に約した如く北緯三六度三〇分を西方に延長、同緯線以北を自由州とし、同緯線以南に「奴隷州」を認める事とし、カリフォルニア州の二分割により上院議会及び自由州対奴隷州を同数とする要求であった。

次に南部が不満を表明したのは「ウォルモット修正条項」について記された奴隷制廃止に関わる彼の一貫した廃止を求める原則論にあった。

確かに一七八七年「北西部条令」には「アレゲニー山脈以西の新領土について奴隷制を禁止する」という条文が記されたが、その条文はあくまでオハイオ川以西よりミシシッピー河以東の地を指すもので、全西部地方を束縛するものではなく、オハイオ川以南に関しては将来に委

ねたものであった。だがウォルモットはあくまで原則論（全西部への奴隷制禁止）に固執したのである。

かくして南北両地域の論争が白熱を帯びる事になった。我々はこうした南北両地域、両政党を巻き込む〝奴隷州か自由州〟かを巡る連邦加盟問題に際して国論を二分する論争を勃発させかねない極めて重大な、合衆国建国の理念を問う問題にまで発展するであろう事を既に幾度か指摘してきた故に、カリフォルニア州加盟に際しても建国者等が予想した通りである。だがテイラー大統領は生粋の軍人であり、軍歴四〇年を誇る歴戦の英雄ではあっても政治には全くの素人であった。そこでホイッグ党は政権に閣僚ポストを増設、新たに「内務省」を新設しアイオワ州選出、前財務省長官トーマス・アーウィングを指名、(19)七閣僚体制とし、大統領を補任したが、政治的経験を発揮、テイラーを支えたのは国務長官、ジョン・M・クレイトンのみで白熱する論争に議会対策を欠落させた。加えて連邦議会に於いてもいよいよ新旧勢力の交代期にさしかかりつつあった。

建国第一世代は一八二六年前後を境としてT・ジェファスン、J・アダムズ等が相次いで死の谷に横たわると三〇年代に入り、J・マーシャル、J・モンロー、J・マジソン等が後を追った。四〇年代に入るとA・ジャクソン、J・Q・アダムズ等が続いた。今日建国第二世代を代表するH・クレイ、D・ウェヴスター、J・C・カルフーン、T・H・ベントン等も老境を抱えた頃、新たに第三世代として連邦議会に登場してきたのは、ヴァージニア州上院議員、ジェファスン・デーヴィス、イリノイ州上院議員にスティーブン・ダグラス、ニューヨーク州、ウィリアム・シェワード、オハイオ州上院議員、サイモン・P・チェイス等であった。前二者は民主党の論客で知られ、後二者は北部ホイッグ党新進気鋭の即時奴隷制廃止論者として登場した。我々が知っているイリノイ州選出のA・リンカーンが連邦下院議会に登場するのは、こうした「カリフォルニア自由州」加盟を巡り、両地域、両政党が下院議長選出に六三枚もの投票用紙を握りしめ、人間が人間の尊厳を家畜の如く、市場で売買する事態は決して放置されるべきではないと決意し投票に向かう第三一回連邦議会での事である。

「奴隷制」を廃止する「カリフォルニア州」加盟論争は年が改まった五〇年に入っても収拾の見込みが立たなかった。

業をにやした南部十五州はかつて第二次米英戦争に反対する北部諸州がハートフォード（一八一四年）に会同、連邦離脱も辞せずとする決議を採択した事を前例に、カリフォルニア自由州加盟に抗議を声明すべしと、「南部十五州会議、Southern Convention」開催への動きが高まった。南カロライナ州民主党領袖上院議員、J・C・カルフーンはこの時口頭結核が進行、既に声を失っていたから同志、ヴァージニア州選出上院議員ジェームズ・M・メイスンが彼の反対論を代読した。続いてジョージア州選出上院議員二氏がカルフーン支持に登壇した。こうした南部諸州の動きに対し、ヴァージニア州生まれの名門プランター、Z・テイラー大統領は教書を発し、南部諸州のこうしたユニオンに対する恫喝まがいの離脱の動きに対し、強圧法を発し武力行使も辞さずと南部諸州に警告した。

そこでこうした議会の紛糾に続く南部一五州対大統領との衝突を見たホイッグ党の老雄、既に七三才を迎え、なおホワイトハウスへの夢醒めやらぬクレイであったが、国論の分裂、連邦の危機回避を胸に一月二十七日議会に発言を求め登壇した。

彼は自分の命運も残り少ない事を悟ったかの如く、声はぼそぼそと小さく、往年の迫力はなく、聞き入る議員達はただひたすらクレイが連邦政府よりの離脱も辞さずとする南部諸州に対し、諫言の言葉と、北部諸州に対する譲歩の精神の言葉の内に、両者への相互妥協を求め、連邦を発足させた憲法会議における建国の父祖への感謝を想起させる演説であった。以下彼の論説要旨である。

「〇カリフォルニア州の加盟を自由州として認める。

〇メキシコから得たその他の領土、ニューメキシコ、ユタについて自治政府（准州）を組織、奴隷州、自由州について住民の判断に委ねる。

〇逃亡せる奴隷に関して、南部が捕らえる事を容易とすべき効果ある立法を認める。

○首都、コロンビア特別区（ワシントン市）に於て、奴隷貿易を禁止する。
○テキサス州は西部境界地の面積の減少に対し一、〇〇〇万ドルの補償を得る。[20]」

H・クレイの提案を受けた上院では翌日から質疑応答が闘わされた。主役は老雄クレイであった。北部から立ったのはニューヨーク州のシェワードやチェイス等強硬な即時奴隷制廃止を求める原理主義者らであった。クレイは「ウォルモット修正条項」の由来から説き起こし、北部工業州に向かって無益で攻撃的、抽象的原則論を主張してはならないと諫めた。又南部農業州に向かっては、北部かあるいは又中西部とのいずれかの地域との衝突なしに連邦より離脱出来るなどと考えてはならないと、南部に譲歩を求め、その理由を開陳した。南部の議員に向かって指摘した、ミシシッピー河を渡る大平原地帯に位置する中西部地域の人々にとって、同河川の交通は「死活的地位」を占めており、南部諸州の人々が同河川交通の「重要性」について熟知しているのと同様に、北部の人々も合衆国がスペインに次いでナポレオンのフランス、更にイギリスに対し、国運を賭し、開戦し闘ったのは、ミシシッピー河の交通路の確保にあった事に他ならなかった故にである、と。かくしてもし南部が独立し、ミシシッピー河が再び外国領河川となったら、合衆国の交通路が再び遮断されるのを指をくわえてだまって見過ごす事など出来うるものであろうか[21]!! と指摘した。そこでクレイは右の如き提案の背景について南部の議員達に彼の心の内を吐露した。

かかるカルフーン等の三六度三〇分の主張（カリフォルニアの分割）に対してクレイは同州を自由州とする代わりに、広大なユタ地方とニューメキシコ地方がテキサス州に陸続する事から、それぞれ准州とし、「奴隷州」として認める事を決意した。かくしていずれ予想される「オレゴン州」を自由州とし「南部奴隷州一七州、北部自由州一七州」により、従来南部が約してきた上院での南北両地域、大州、小州等の利害調整を図った所の「ミズーリ協定」の再現、南北両地域の妥協による〝ユニオン、Union, 連邦〟を維持すべし、と、

クレイのカリフォルニア州を巡る南北対立、ホイッグ党対民主党の対立調停を目指した提案を受けた討論の最中、

三月四日、J・C・カルフーンが朋友、J・メイスンに併われて再び議場に登場した。議場は静寂に包まれた。メイスンが付き添ってはいたがカルフーンはすでにこの世の人とは思われぬ程に衰弱していた。両頬はこけ、眼光は光り、髪は逆立ち、立っていること事態不思議な程の衰弱であった。メイスンが彼の演説草稿を持って登壇した。「……諸君、南部諸州は攻撃され、批難され、掠奪された。……北部は南部の権利を返さなければならない。新しい領土における平等（北緯三六度三〇分以北を自由州、以南を奴隷州とする）を回復する事、逃亡した全ての奴隷を逮捕する事、奴隷制度に反対する全ての運動を終わらせる事、以上が北部諸州との和解における南部の最小限度の条件である。以上の事が認められないとなれば、連邦と各州を統合させる所の憲法に著された全ての紐帯《ちゅうたい》は切断される事であろう[22]!!」と。カルフーンの提案に対して翌日から議会にメイスンが登壇、各議員からの質疑応答に立った。メイスンは北部議員の質問に答えた。「連邦を救う為には、南部が連邦に留まっている事に安全を保障する事、連邦が南部を保障する事よりも南部を圧迫する手段としてはならない事を南部に保障する事」と答弁した。これを受けてケンタッキー選出上院議員が先にクレイが提案した南北譲歩案を支持、登壇した。

二月七日、次に登壇したのは北部ホイッグ党を代表する雄弁家、マサチューセッツ州選出上院議員、D・ウェヴスターである。かつて一八三二年、南部、南カロライナ州が高率関税法無効宣言に続き、州権論より連邦離脱を試みた際これに反論、憲法の最高法規性を論じ、連邦 Union こそ全ての合衆国国民を代表する機関故、各州政府及び各州議会、その立法、あるいは又各州憲法、各州司法部に優越するとの彼の雄弁は、ローマのカトーを想起させる名演説と称えられた。雄弁を以って聞こえる彼も今や六七才を越える高齢ながら、多くの北部議員のみならず駆けつけた多くの聴衆は「カリフォルニア自由州」加盟に憲法上よりの「奴隷制」を禁止とする憲法論を期待、彼の演説に聞き入った。

だが彼の第一声を聞いた途端ホイッグ党議員の失望と落胆は大きかった。二階席に陣どった聴衆も又、ウェヴスターが南部奴隷制に反対、全国的な批判、攻撃演説を期待したが彼の第一声はこうだった。「……諸君……本日、私は連邦擁護の為に発言する故、私の発言に紳士諸君の御静聴を願うものである……」と彼は北部と南部に対して相互妥協を求め又、クレイ提案を支持、連邦、Union の統一と維持を強く求め、南北両地域の相互互譲を主張したのである」[23]。この日を以って彼はホイッグ党指導部の地位から転落する事になった。聴衆は大統領の座を狙い、南部に妥協したと吹聴して回った。一方、クレイ案に北部ホイッグ党を代表し「奴隷制」即時廃止を求め登壇したのはニューヨーク州より選出されたばかりの新進気鋭、ウィリアム・H・シェワード議員であった。彼は前民主党大統領M・ヴァン・ビューレンを支えるニューヨーク州民主党組織、オルバニー・リージェンシー、同州ニューヨーク市、民主党タマニー協会の指導的地位にあったが、四八年大統領選直前「奴隷制」拡大に反対「自由土地派、フリーソイル、Free Soil Party を率い、政界を引退したヴァン・ビューレンを党首に担ぎ出す程、生粋の「奴隷制」反対論者（急進的原理主義者）であった。彼は議会でカルフーンの奴隷制擁護に反対論を展開した。「……諸君……奴隷制度を強化し、あるいは拡大する立法等は更なる一層の暴力を強化する事に他ならないのである。反対に、奴隷制度の拡大を阻止し、奴隷制度を弱体化させる立法化こそ、奴隷制度を消滅させるものである」[24]と舌鋒鋭く老ホイッグ党論客、クレイ・ウェヴスター等の妥協案を批難、カルフーン等南部奴隷制擁護論に反対、即時廃止を訴えた。かくして議論は再び激しさを増した。

カリフォルニア自由州のユニオン加盟に端を発した「奴隷制」に対する南部農業州、プランター等の擁護論、対する北部工業州、実業家等の廃止論、更に民主、ホイッグ両党を巻き込んでの論争の最中、同月三十一日、南カロライナ州民主党の重鎮、J・C・カルフーンはホワイトハウスを臨む宿舎に六八才の生涯を閉じる事になった。だが論戦は続いた。

カルフーン亡き後南部民主党を指導したのはミズーリ州上院議員TH・ベントン、ヴァージニア州上院議員、J・M・メイスン等であった。南部は前大統領J・ポークの一周忌に弔慰を込めて六月初めの月曜日、テネシー州、ナッシュビルに九州が代表者を派遣、そこで北部、ホイッグ党提案の妥協案を討議、ヴァージニア州、J・M・メイスンはこれに応えるべく新たに「逃亡奴隷法」[25]案を採択、従来南部より北部に逃亡した奴隷は自由を保障されたが、メイスン案はこれを拒否、逮捕して南部の持ち主に返還する事を義務づけたものであった。南部九州はクレイ、ウェヴスターにメイスン案を提示、散会した。

上院議会を主催するのは副大統領ミラード・フィルモアであった。ニューヨーク州の片田舎、カナダ国境沿いのサマーヒルに小作農家の子として誕生した彼は苦学力行の人であった。一方、大統領は南部の名門プランター出身ながら「奴隷制」を嫌悪、ニューヨーク州のW・シェワードやオハイオ州のS・P・チェイス等原理派を信頼していた。上院議長としてこうした南北対立の打開策、妥協案を模索していた。こうした折、七月四日、陸軍長官クロフォードの汚職事件が発覚、追求に立ったコネチカット州上院議員S・フートの長時間の質問の後、休憩に入り大統領が昼食をすませた後、突如食中毒を発病、手当の甲斐もなく七月の九日に死去するという事態に見舞われた。

Z・テイラー大統領の突然の死去という思いもよらぬ事態の出現は、南北両地域の対立、ホイッグ党対民主党の論争という国論の分裂に直面、日一日と苦悩を深める上院議長、副大統領M・フィルモアにそれはユニオン維持への機会をもたらした。H・クレイ、D・ウェヴスター等の右にみた提案にT・H・ベントン、J・M・メイスン等が応えんとした「逃亡奴隷法案」に、テイラー大統領の拒否権行使は避けられないものと、フィルモアは苦慮していた。だが、テイラー亡き後、小作農民より成り上がった副大統領M・フィルモアが憲法上の規定により次期、第一三代合衆国大統領に昇任するや（七月九日）ただちに妥協法案すべてに署名、九月三十日、第三一回連邦議会は閉会した。

我々は彼が、人生は怠けている時よりも刻苦勉励、小作農家を出自とする生まれも、育ちも全くの苦労人であり、「封建的地代、小作料」を課せられた農民の苦痛の何たるかを自らの身体で経験、日夜寸暇を惜しんでの勤労節倹の内に、額に汗する労働の尊厳により克服、弁護士資格を取得し、ニューヨーク州下院議員へと苦労の人生を歩んだ人であったと伝記は伝えている事[26]を知っている。

折しもその時期、ニューヨーク港を始め、ボストン、ボルチモア等々海港の地は祖国アイルランドを捨てた多くの棄民、ジャガイモ農民等が新天地、カナーンを目指してその第一歩を印す事になった最初の地であった。同地より西部の地を目指す多くの移住者達は「奴隷制」を嫌悪した。

七月九日、テイラー政権を継承したフィルモア内閣が直面したのは前テイラー政権同様、両政党と南北両地域の対立という厳しい現実の政局であった。これを打開し、切り開く程の才量を有する閣僚はフィルモアも見つける事は出来なかった。そこで新大統領は「奴隷制」存廃論争を回避、老練なホイッグ党政治家、クレイ、ウェヴスター等の主張する「南北妥協案」、対する民主党重鎮、ベントン、メイスン等が主張する「逃亡奴隷法案」成立に南北の和解と妥協を期待した。

だがそれは一七八七年「北西部条令」及び一八二〇年「ミズーリ協定」にみる南北両政治家の妥協法案の手直しに過ぎなかった。確かに南部が「ウォルモット修正条項」に示した不満、「即時奴隷制禁止」とする原則に固執する事を避けた事から北部の譲歩を読み取り、ユタ、ニューメキシコ両准州に奴隷制を確保。一方、北部はカリフォルニア自由州を確保した事から表面上南北両地域、両政党は面目を保ち、オレゴン領に続く北西部地方に自由州誕生を見る事になった事から「自由州・奴隷州」の均衡を保ち上院での勢力均衡を維持する事に成功した。「一八五〇年の妥協」である。だがそれはあくまで妥協であり真の解決ではなかった。

注

（1）Ernest L. Bogart and Charles Thompson, Readings in the Economic History of the United States, New York, 1929, op. cit. p. 557, アメリカ国民経済成立に貢献したF・リストは、一八三〇年、ライプツィヒ駐在米合衆国領事として祖国に帰国、ドイツ統一、近代化に奔走したが地主、貴族、官僚層の厚い壁に阻まれ一八四六年十一月三十日、拳銃自殺。だが祖国統一、近代化を目指すリストの遺志は四十八年三月、ベルリン革命を勃発させた。学生、知識人、労働者を中心とする革命軍ではあったが、反動化した君主、ユンカー（土地貴族）等の武力に敗北、弾圧を逃れた人々の多くはアメリカを目指した。我々が前節にみたヨーロッパよりアメリカを目指した移民就中、イギリス（一、〇四七、七六三人。内、アイルランドの八四八、三六六人）についでドイツ移民（四二二、四七七人）が第二位を占めたのは右の如き背影を有したのである。又その職業も参照の事。

（2）J. F. Jameson, Dictionary of United States History, Philadelphia, 1931, p. 785, 一八四九年三月四日、Z・テイラー大統領が就任演説でカリフォルニアの自治政府設立に言及する程（六万人の白人人口を以って一州とする北西部条令）の急激な人口の急増ぶりであった。ちなみに一八五〇年の国勢調査時人口、九二、五九七名である。

（3）André Maurois, The Miracle of America, New York, 1944, op. cit. p. 248.

（4）Carl Schurz, Life of Henry Clay, Vol. Ⅱ, Boston, 1892, op. cit. p. 320, ポーク政権と同様、リリー将軍による軍政である。

（5）Schurz, ibid, op. cit. p. 440, カリフォルニア各地区より選出された代議員は国籍もこのように多くの国々の移住者、三七名で占められていた。

（6）Jameson, ibid, op. cit. p. 811.

（7）Maurois, ibid, op. cit. p. 245.

（8）Schurz, ibid, op. cit. p. 321.

（9）Jameson, ibid, op. cit. p. 103. 761, (cf). Schurz, ibid, op. cit. p. 443.

（10）Henry S. Commager, Documents of American History, New York, 1948, op. cit. p. 139, 憲法前文はこう著している。「……我等合衆国国民は、国内の静謐を保障し。……」として例えば七大州の西方に有する広大な領地を連邦に供し、あるいは小州の平等な権限を保障すべく上院議員を二名同数とし、あるいは南部の財産権たる奴隷制を認めたのである。

(11) Commager, ibid, op. cit. p. 139, 例えば代議員選出に際し、北部の自由人口（白人）に対し、南部の白人人口の相対的劣勢を黒人人口五人を以って白人人口三人と算出したのである。通称「五分の三人口」条項。

(12) Commager, ibid, op. cit. p. 144, 各州の所有する財産に関する規定として、「……連邦議会が……これの憲法に規定する所のものは……特定の一州の有する権利を損うが如くに解釈されてはならない」と規定している。

(13) Commager, ibid, op. cit. p. 146, 憲法修正第一〇条は各州の保留権限について「憲法によって合衆国に移譲されず、あるいは又各州に対して禁止されなかった権限は、各州、あるいは又各州の人民に留保される」として時の連邦政府の政権にある政党に向け憲法の拡大解釈を戒め、禁止していた。

(14) Morison, ibid, op. cit. p. 565, ポークが動員した兵力はテイラー第一軍二七、五〇〇名、スコット第二軍一二、〇〇〇名、カーニー第三軍一八、〇〇〇名。陸軍、総兵力五七、五〇〇名にのぼり、戦死一、七二一名、戦病死、一一、五五〇名という戦傷、戦病死者数の犠牲の上に大陸全土を手中にしたと南部は主張した。

(15) Schurz, ibid, op. cit. p. 443.

(16) Morison, ibid, op. cit. p. 570.

(17) Morison, ibid, op. cit. p. 570.

(18) Maurois, ibid, op. cit. p. 389.

(19) Jameson, ibid, op. cit. p. 753.

(20) Schurz, ibid, op. cit. pp. 320~363, XXVI, The Compromise of 1850, (cf), Maurois, ibid, op. cit. p. 251, クレイは四法案一括にての可決を目指したがカルフーン等が反対した事から各法案毎に審議、カリフォルニア州加盟は九月二十八日可決。ユタ、ニューメキシコに自治政府設立（准州）、法案は九月九日可決。逃亡奴隷取締法は九月十八日可決、首都、コロンビア地区奴隷売買禁止法は九月二十日可決となった。(cf), Morison, ibid, op. cit. p. 571, (cf), Henry S. Commager, Documents of American

History, New York, 1948, op. cit. pp. 319〜323, (cf), William Macdonald, Documentary Source Book of American History, 1606-1926, New York, 1926, op. cit. pp. 383〜394.

（21）Morison, ibid, op. cit. p. 571.

（22）Schurz, ibid, op. cit. pp. 451〜457, (cf), Morison, ibid, op. cit. p. 571.

（23）Henry C. Lodge, Daniel Webster, Boston, 1889, D・ウェヴスターはH・クレイと同じホイッグ党の領袖の一人で、海運、交易業で成功。初め高率関税や内陸奥地開発を目指す「アメリカ体制」に批判的であったが後、北部の産業革命の躍進がもたらす産業資本の成長に海運、交易業より得られる資本の増殖から北部を代表する実業家、上院議員として知られる事になった。特に公有地売却を巡る南部R・ヘインとの論争は有名で、南部プランテーション拡大に対する憲法上からの論難は一躍全米に知れ渡る所となり、ホワイトハウスも夢ではなかった。だがカリフォルニア州自由州加盟に対するクレイの南部妥協案を支持した事が彼の夢を吹き飛ばす事になった。(cf), Morison, ibid, op. cit. p. 572.

（24）Morison, ibid, op. cit. p. 572.

（25）Jameson, ibid, p. 311.

（26）Jameson, ibid, p. 173.

第三節　フィルモアと一八五二年大統領選挙

「一八五〇年の妥協」により、こじれた南北関係は修復に向かったかに見えた。南部、民主党J・C・カルフーン、J・メイスン等の「逃亡奴隷取締法」提案に対するホイッグ党「奴隷制」即時廃止を主張するW・シェワード、S・P・

チェイス等、若手上院議員等の原理主義とも思える急進派を抑え、南部との政治的妥協に衝突回避を探る北部、ホイッグ党、H・クレイ、D・ウェヴスター等老練な政治家は大統領の突然の急死を奇貨とし、国論の分裂を懸念した。そこで二人は今日、北米大陸全土を版図にした米合衆国の「明白な天命」を促進すべく、新大統領に繰り上げ昇格したM・フィルモア第一三代大統領の政策を注視した。

苦労人フィルモアはH・クレイ、D・ウェヴスター等の妥協案を支持、一八五〇年九月九日までには、カリフォルニア州連邦加盟法案を含む、両党議員提出の前章に検討した諸法案に署名、可決、三〇〇日を越える第三一回連邦議会はこうして同月末に閉会した。

一方、新大統領に昇格したフィルモアは大統領急死をうけた同党繰り上げ二例目の大統領でもあった。先例なるハリソンに代わるテイラー政権誕生に際し、前政権閣僚共々継承発足したテイラー後継政権の施策は、ホイッグ党の政策と異なった事から、事毎に党と衝突、ついに大統領が党より除名処分を受け国務長官を除き全閣僚より辞表をつけられるという前代未聞の事態に直面した。こうした屈辱に大統領は国民の投票に信を問う再選に、大統領の正統性を確認すべく決意した。だが結果は厳しいものであった。彼は候補者指名にも残れず野垂れ死にをした。

そこでフィルモアはZ・テイラー政権の閣僚を全員更迭、自前の政権を発足、一八五二年の大統領選出馬を目指した。以下彼が指名した閣僚名簿である。

「国務長官、ダニエル・ウェヴスター（マサチューセッツ州）
財務長官、トーマス・コーウイン（オハイオ州）
陸軍長官、チャールズ・M・コンラッド（ルイジアナ州）
司法長官、ジョン・J・クリテンドン（ケンタッキー州）
（検事総長）

郵政長官、ネイサン・ホール　　　　（ニューヨーク州）
海軍長官、ウィリアム・A・ダグラス　　（北カロライナ州）
（新設）
内務長官、ゾース・M・T・マッケンジイ（ペンシルバニア州[1]）」

彼は南北両地域ホイッグ党に閣僚枠を案分し、領土が拡大した事から内務省を新設、北部ホイッグ党に割りあて党に配慮を示した。一方陸軍長官に南部ホイッグ党員ながら強硬な奴隷制擁護論者、プランター、軍人C・M・コンラッドを指名。南部への配慮を示し、ホイッグ党原理主義的急進派への歩み寄りを図るべく、内閣の要、女房役に老練な政治家、D・ウェヴスターを起用、翌五二年六月に迫ったボルチモアに開催される「ホイッグ党大統領候補者指名」全国党大会での指名獲得に向け、それぞれに布石を打った。

こうした布石によってハリソン大統領の急死をうけ急遽登場、前例にみたタイラーの二の舞を避け、連邦よりの離脱も辞せず!! とユニオンの崩壊をも公然と吐露する南部九州との妥協を図り、対立する同胞同志の和解を願った第一三代繰り上げ大統領、M・フィルモアの思惑ではあった。

だがこうした彼の願望とは裏腹に、「奴隷制度」に反対する国民の声は強まった。中でもホイッグ党の拠点北部諸州の穏健な人々をも「奴隷制度」への嫌悪感情を引き起こす事になったのが、彼が署名した南北両地域、民主、ホイッグ両党が妥協し、南部が提出した「逃亡奴隷取締法案、Fugitive Slave Law of 1850. 9. 20.」の厳格な実施にあった。従来南部より北部に生命を賭して逃亡した黒人奴隷は、同地域に到着したその時から、彼には自由が与えられた。だが今般成立の「逃亡奴隷取締法」は、みた如く自由州たる北部諸州の官憲に対し、一か八かの生命覚悟の自由を求め、必死の思いで自由州にたどりついた南部の黒人奴隷全てに対し、逮捕を命じ、奴隷所有者たる南部のプランターに送り返す義務と責務を課した法律であった。更にこうした逃亡奴隷を支援したりあるいは密かにカナダへの逃亡を助けたり、逮捕に協力しなかった市民に対してまでも刑事罰が適用される事が規定されていた。一方、現在北部に移り住んだ黒人の人々がプランテーションから逃亡した奴隷か、解放された黒人かを判定する事は現実には難しかったが、北部の官憲の中には黒人の逮捕に際して、逮捕状は必要とされなかった。さらに黒人には裁判をうける権利もなければ、誤った逮捕に対する抗議は存在しなかったし、当然陪審裁判制度も存在しなかった事から、こうした「逃亡奴隷取締法」の名のもとに黒人逮捕の現実を目撃した北部地域の穏健な人々は、従来政治上の「奴隷制度」論争を今や自らの「道徳感情」に転化させる事になった。北部諸州におけるホイッグ党支持層はここに妥協派と反対派に分裂した。かくしていかなる人々も、こうした現実に展開される光景を目の前にしては、人間としての生まれながらの平等をうたった所の「合衆国憲法」に著されたアメリカ建国の精神を踏みにじり、足蹴にするがごとき「不正義」に対してはカナーンの地たるアメリカに生きる人間の有する義憤の感情を呼び起こさずにはいなかった。

折しもこの時期は、我々が前節に検討した所であるが、更に「資料Ⅰ」[2]にみる如く、ヨーロッパに於てはイギリス、アイルランドに大飢饉が発生、次いでパリに二月革命が勃発、これに誘発されてドイツに三月革命が起きる等、自由を求める民衆が銃を手にヨーロッパ各地に蜂起したが、旧支配階層なる君主を中心とした反動勢力の武力の前に敗北、伝え聞く聖書にいう所のカナーンの地、アメリカに新天地を求め移住者が激増した時期でもあった。更にこうした折、新天地、カリフォルニアに金が発見された事も重なって、聖書に記されたモーゼが導く、川が流れ蜜が溢れる黄金郷、El Dorado. を夢見、あるいは一獲千金を目指す山師等も加わって、世界中からアメリカを目指し移住者が殺到した時期とも重なった。一八四〇年から一八六〇年にかけての移住者は四〇〇万人を越え、中でもイギリスとアイルランド出身者やドイツ人とでその過半数（二五五万人）を占めた[3]。更にこうした移住者の職業の内訳は「労働者層八七二、三一七名、農民層七六四、八三七名、熟練工、職人層四〇七、五二四名、商人層二三一、八五二名、次いで鉱山技師、鉱夫層三九、九六七名等々[4]」で構成されており、彼等の多くは初め北部地域から中部地域に移住した後、更に西部地方を目指した。移住者の多くは南部の「奴隷制度」を嫌悪した。他人の労働の尊厳を吸血する悪しき旧体制を捨て、聖書に著されたカナーンの地を目指し新天地に移住した人々は、自らの勤労、節倹、忍耐に明日の家族の幸福を聖書に祈った。労働の尊厳を約束した「合衆国憲法」によれば、自らの額に汗した七年に及ぶ勤労の後には、晴れて夢にまで見た合衆国の一員としてのアメリカ市民権が授与された。だがそのアメリカに事もあろうに旧世界の身の毛もよだつ封建制度の悪しき残滓「奴隷制度」を認める事など、いかなる人にも決して許せるものではなかった。

こうした情勢を背景に、繰り上げ大統領として発足したばかりのフィルモア政権の前には、一八五二年秋に行なわれる次期大統領選を控えて、党候補者指名選出の全国代議員大会の開催が一年半後に迫っていた。

彼は、前棚ボタ閣下と称されたタイラー大統領の轍《てつ》を踏む前に「奴隷制度」に妥協した大統領と、世論の批難を躱《かわ》さなければならなかった。そこでフィルモア政権は国民の目の前から「奴隷制度」論争を隠し、大統領に対する世論の批判の風向きを変える必要があった。彼は閣議を開き成案を検討した。ホイッグ党の政策の中心は立党以来「アメリカ体制」なる合衆国の北部諸州を拠点とする近代的工業国家建設論にあった。J・Q・アダムズ亡き後、老齢ながら「一八五〇年の妥協」をなしとげた中心人物、H・クレイ、D・ウェヴスターは大統領の女房役として現在国務長官の任にあり、内閣を指導する立場にあった。

従来ホイッグ、民主両党が党の綱領に掲げ政策論として闘わせてきた所の課題は「奴隷制度の他、関税論、銀行論、内陸開発論、公有地処分論」にあった。以上の如き政策課題については、既に我々が検討した如くに「奴隷制度」の妥協を以って、両党の合意がなされたものと思われたのである。

そこで現在、アメリカ国民が最も関心を示していた所のものは、新たに獲得した太平洋岸にも達する西方領土の開拓であった。フィルモア政権に聞こえてくる所の国民の多くの声、それは今や、アメリカ国民も世論もメディアも全て、国土を開発せよ!! との大合唱であり今日、「明白な天命」なる神の声となって各閣僚の耳元に聞こえてきていた。

内閣はアメリカを目指すこうした巨大なヨーロッパよりの移住者に対しても彼等を受け入れ、その入植地としての西部の広大な未開地の開拓に、「内陸開発」を、政策の中心課題に採択し、世論の風向きを注視した。

折しもこうした内閣の政策立案を受けて、新たな内陸開発へ向けて種々の施策が検討され、その最中、アメリカでは交通革命が勃発していた。新たな交通手段「鉄道」の登場である。フィルモア大統領は蒸気機関車が牽引する「鉄道事業」という全く新しい新興産業が「アメリカ体制」なる近代的工業国家建設へ果たすであろうその役割に想いを馳せた。イギリス産業革命が蒸気機関の発明から、機械の発明と続き、更に鉄道事業が蒸気船と共に交通に革命的大変革をもたらした事に範をとったイギリスの鉄道は産業の発展を激変させた。「鉄」への巨大な需要を生み出したばかりではなかった。それは蒸気機関車、蒸気エンジン、貨車、客車、レール、スプリング、車両用車輪、車軸、ブレーキ、車両の外套《がいとう》、非鉄金属産業、運送設備、電信事業等々、「鉄道産業」に関わる、付随する数えきれない程の部品産業等の工場を誕生させていった。イギリスは今日、蒸気船と蒸気機関車（鉄道）の新技術を軍事力に転用、イギリス制鋼鉄戦艦、大砲に援護された商船隊が提供する工業品は今や、世界の大洋を支配し、イギリスは世界の工場として、パックス・ブリタニカ、Pax Britanica を豪語した。

かかるイギリスの大繁栄をみたフィルモア政権は、ホイッグ党が目指すイギリスに追いつき追い越せを合言葉とする「アメリカ体制」なる近代的通商産業国家建設に新興産業たる「鉄道事業」をつけ加えた。各州政府も企業家も運河建設に莫大な資金を投入、恐慌の勃発により前代未聞の大損失を蒙り、未だに二億ドル以上という巨額の負債[5]に苦しんでいたが、鉄道という新たな夢に再び再生の希望を托した。フィルモアは見事に時流に国民を誘導した。

我々も以下フィルモア政権の鉄道建設より伺う事にする。

アメリカの鉄道建設の物語もイギリスのそれと類似したものであった。アメリカ合衆国初の蒸気機関車の運転記録にはこう著されている。フィラデルフィア市の広告が伝える所では、「……本市Ｍ・Ｗ・ボールドウィン氏の製造に

注（5）　1852年、合衆国各州の債務状況

	州　　名	（単位）ドル
1	メイン	600,000
2	ニューハンプシャー	75,000
3	ヴァーモント	
4	マサチューセッツ	6,391,000
5	ロードアイランド	382,000
6	コネチカット	91,000
7	ニューヨーク	22,623,000
8	ニュージャージー	71,000
9	ペンシルバニア	40,114,000
10	デラウイア	
11	メリーランド	15,260,000
12	ヴァージニア	17,575,000
13	北カロライナ	977,000
14	南カロライナ	3,144,000
15	ジョージア	1,828,000
16	フロリダ	
17	アラバマ	6,742,000
18	ミシシッピー	7,271,000
19	ルイジアナ	11,492,000
20	テキサス	12,436,000
21	アーカンソー	1,506,000
22	テネシー	3,352,000
23	ケンタッキー	5,726,000
24	オハイオ	17,334,000
25	ミシガン	2,529,000
26	インディアナ	6,907,000
27	イリノイ	16,627,000
28	ミズーリ	922,000
29	アイオワ	79,000
30	ウィスコンシン	
31	カリフォルニア	485,000
		202,557,000

出典：Erenest L. Bogart and Charles M. Thonpson, Readings in the Economic History od the United States, new York, 1929, op. cit. p. 523.

よる機関車は、晴天の日に限り、毎日旅客列車を連結し、運転致します。しかしながら、雨の場合には馬匹により運転となります[6]」と。又、ボストン、オルバニー鉄道建設計画がもちあがった時には、ボストンクーリア紙は「ボストンから月を目指す程の物語である[7]」と伝えた。更に後年ハワード・エリオットがドーチェスター市で行った「アメリカ旅客業組合」の講演依頼の際に引用した話では、同市の市民は「全ての市民にとって鉄道は無限の禍いとなるであろう[8]」と宣言したと指摘していた。だがアメリカの人々はこうした初期の鉄道建設の際にみられる粗悪な蒸気機関車の登場、レールの敷設、車輪に関する未熟な技術にもかかわらずに、それが「米合衆国国家の運命にかかわるものとして恐れきたる神命」なる事の真の意義を既に明確に認識していたのである。

我々はこうした合衆国における鉄道建設の、それが国家と国民に及ぼす影響については既に、ドイツの国民的政治経済学者フリードリッヒ・リストがアメリカ滞在中、フィラデルフィア工業協会の求めに応じ著した「アメリカ経済学講要」、及び、フィラデルフィア市工業協会での講演の求めに応じて鉄道建設への助言を与えた事を知っている。そこで我々はその成果をロード夫妻の研究[9]より鉄道事業の発展ぶりをみるであろう。以下、第六回国勢調査（以下センサス）第七回センサス、第八回センサスの報告からの引用である。

一八三〇年のアメリカ国内の鉄道線路は二三マイルであったが、一八四〇年には三、〇〇〇マイルに延長し[10]、一八五〇年には八五八、八七九マイルに達し、その建設費は二億九、六二六万一二八ドル[11]、更にフィルモア内閣が鉄道建設を内閣の中心政策に据えた事から一八六〇年には三万五百九十八・七七マイルと延長（一マイル一、六〇〇m）、投下資本は八億三、八一九万二、七八一ドル[12]という巨額にのぼる事になった。

こうした鉄道建設はフィルモア内閣が予想した如く「製鉄産業」を一変させた。この事については我々は既に前章に見た如く鉄の生産量は一八一〇年、五万三、九〇〇トンから一八五〇年に五六万三、八〇〇トンへと実に一〇倍以上の増加を記録した[13]。だが同時期のイギリスはアメリカの六倍、三〇〇万トンを記録していた。しかもアメリカの鉄生産は旧態依然とした木炭炉が中心であったから強度が求められる鉄道用レールはその半分以上はイギリス製の輸入レールに依存せざるを得なかった。

だがフィルモア政権の鉄道建設奨励策をうけて、アメリカでも木炭炉に代わり石炭と鉄鉱石を高炉により生産する方法が導入され、更に塊鉄と銑鉄より練鉄生産に向かう圧延製鉄によりイギリス製レールに比肩し得る国内産レール製造が開始される事になった。更に機関車製造工場がフィラデルフィアやパターソンに立地､付随して圧延工程等々、蒸気機関車製造に関わる関連産業が次々と製鉄地に立地、都市へ集中する事になった。それは当然製鉄産業の都市集中化に対応する工場労働者の一層の都市への移住、集中化を促すものとなった。

次いでフィルモア政権による鉄道建設奨励策が国内交通網に与えた衝撃は一層甚大であった。

蒸気機関車が登場する前のアメリカの国内交通網は道路と水路が中心であった。建国の父祖、T･ジェファスン以下、リパブリカン後継内閣、更に又ジャクソン民主党政権、続く後継内閣共々、共通し、西方未開なる内陸奥地開発を目指し国道建設や運河開削等々を両党の政策の中心と位置づけ、同地方開拓の拠点道路として「カンバーランド国道」建設を採択した。更に又、エリー運河と続くシャンプレーン運河開削に伴い、河川交通に蒸気船が登場、河川交通と沿岸交通が大洋に接続、以後大量の財貨輸送が可能となり、アメリカ交通輸送の主役として最も重要な地位を占めた。

河川交通の花形として登場した蒸気船は一八三四年、一二三〇隻、一八四二年、四七五隻、一八五一年、六〇一隻と激増、一八五〇年代に入ると蒸気船を背景とする河川交通は水上革命をもたらしたかの如き観を呈した。[14]こうした折、フィルモア政権が鉄道建設を唱えた時期でもあったから、並行して鉄道が発達していった。初め鉄道は河川交通の補助的機関に過ぎなかったが、移民の激増を受けて、大西洋岸大都市間に鉄道連絡網が完成すると次に大西洋岸から大陸西部へ向けた移住者を満載した鉄道路が発達した。こうした鉄道の実用化は従来の国道、運河、蒸気船に対して、レール上に蒸気機関車を動力車として貨物車、客車を連結、レール上に運行を開始した段階で、鉄道輸送が従来の河川交通に対し圧倒的優位に立った事を証明した。こうして新たに登場した鉄道が道路輸送の駅馬車、河川交通の蒸気船を圧倒していく情景をP・ケッテルは次の如く記している。「……初めそれは従来の河川、運河、蒸気船の補助的機関として運用されたのであったが、冬の季節や大量の貨物の積載、そして又、客車に西部を目指す多くの人々を収容し運ぶ事が可能な事によって、……鉄道の優位性は……圧倒的である」[15]と、アメリカはイギリスと同じく産業革命に続き交通革命が始まったのである。

ホイッグ党政権が国民に公約した「アメリカ体制」なる近代的工業国家建設への新たな産業と位置づけ、フィルモア政権が政策の第一位に採択した「アメリカ鉄道建設」の物語の端緒はこうして始まった。だが「アメリカ体制」推進の主唱者、H・クレイ、D・ウェヴスター等は今や「一八五〇年の妥協」によって、「奴隷制」の維持、拡大に手を染めた事から、北部のホイッグ党支援者ばかりか南部ホイッグ党支持者の間にも賛否両論、分裂をもたらす事になった。更に「奴隷制」妥協法案なる、「逃亡奴隷取締法案」に南部プランター出身、ホイッグ党大統領Z・テイラーは大統領拒否権行使を連邦議会に通告していたが急死。繰り上げ昇格となったホイッグ党副大統領M・フィルモアは「奴隷制度」に縁もゆかりもないニューヨーク州出身という事で、急遽、副大統領に担ぎ出され「奴隷制」への嫌悪を公言してはばからない人士であった。ところが大統領就任式に臨み、聖書に宣誓（七月九日）したその手で、南部と北部の妥協法なる厳格を極めた「逃亡奴隷取締法案」に署名、南北両地域の和解を願った事が逆に、世論の批難を一身に浴びる結果となった。予想だにしない事態であった。彼は南北衝突を避け、同胞同志の争いを避け、心ならずも国民の道徳的感情を代表する大統領としての信念を曲げ、自らの倫理感に反して、「奴隷制」を肯定した背信行為に、呵責の念にさいなまれた。自身の呵責の念を国家、国民、党員の前にさらけ出される事を避けるべく今日時流となった「領土を開拓せよ!!」、「明白な天命!!」との世論の支持の下、大規模な大陸奥地開拓に向け、「鉄道建設」を打ちあげた。だが党員の目は厳しかった。一八五二年六月一六日からホイッグ党大統領候補者指名全国大会がボストンに開催された。各州選出代議員団は同大会に、現職大統領M・フィルモアはおろか、最後のチャンスに賭けたH・クレイ、万年候補者D・ウェヴスター等は各出身州選出代議員団からさえ相手にされなかった。現職大統領としてニューヨーク州を拠点とするM・フィルモアにとってこれ程の屈辱はかつて味わった事はなかった。例えニューヨークの片田舎サマーヒル生まれで、小作農家育ちを出自とする彼にあっても、南部の奴隷層に対して彼等が日常的に死と隣り合わせの境遇にあり、単に言葉を発する家畜同様の労働状況に同情の念を禁じ得なかった。確かに奴隷にとって死は日常茶飯事とはいえ、ただ一つ生き延びる道は、死を覚悟して自由州へ一か八かの逃避行に賭ける事にあった。だが一八五〇年九月の「逃亡奴隷取締法」は、法案それ自体、奴隷の生き延びる機会を奪い、その機会さえ生き埋めにする程仮借なき厳罰とする極めつきの逃亡を取り締まる法案であった。かかる結果をうけて北部諸州を始め、穏健な中部諸州、更に新興西部諸州のホイッグ党大統領指名代議員団が同党大統領候補に選出したのは、先のメキシコ戦争に合衆国陸軍第二軍を指揮、Z・テイラー第一軍と共にメキシコシティ入城を果たした歴戦の軍人将軍、ウィンフィールド・スコット陸軍少将（ヴァージニア州ピーターズバーグ生まれ、今年六六才のプランター）であった。(16) ホイッグ党はメキシコ戦争の英雄、Z・テイラー将軍に続き、W・スコット将軍を大統領候補に指名したのである。次いで副大統領候補に指名したのは、現フィルモア政権の閣僚、海軍長官、ウィリアム・A・グラハム（南部、北カロライナ州）であった。

ホイッグ党現職大統領として、次期大統領選に名前さえあがらなかったフィルモアはこうした結果をうけて、前棚ボタ閣下、タイラー政権の末路の如き、党指導部の決定に黙して承服する事はなかった。次期の大統選挙に出馬を決意し雪辱を期した。彼は自らの信じる所に従い、たとえ党を除名されても出馬への決意に変わりはなかった。

だが情勢は大統領に一層厳しさを増した。困難に当たって建国の指導者、第一世代、G・ワシントン、J・アダムズ、T・ジェファスン等に続く同第二世代のA・ジャクソン等は、自らの生命を賭して、断頭台の階段に片足を掛けながらも、国家と国民が聖書に誓った人類の生まれながらに有する「天賦人権論と代議政体論」を掲げる星条旗の下、連邦への永遠なる使命に殉じ今日、建国の父祖として列せられた。建国者等のこうした崇高なる精神を知る後輩政治家達は今日、南北両地域に数える程に少なくなっていた。

たとえば北部にH・クレイ、D・ウェヴスター、M・ヴァン・ビューレン等々の人士と南部にはJ・C・カルフーン亡き後、T・M・ベントン、S・ブキャナン、J・メイスン等を残すのみとなった。こうした政治家と比較する時、M・フィルモアには国民に向かって「明日のアメリカを語る」姿と言葉からは生彩が伝わらなかった。彼の明日のアメリカを語る演説には国民の琴線に触れ、明日のアメリカに向かって国民の心を鼓舞し、「奴隷制」解決への言霊を聞く事が出来なかった。我々が検討した所の繰り上げ昇格したM・フィルモア大統領と老練政治家、H・クレイとの会談に際し、懸案の「奴隷制」問題に向けて、クレイは大統領に、南部がいうそれが認められなければ連邦からの離脱も辞せずとする主張を、北部諸州、北西部諸州は決して認める事はなく、それは国際河川となるであろうミシシッピー河の南部連合への帰属を意味する事から、指をくわえて黙って見逃す事などはあり得ない事と警告を発した。かかる警告に対してフィルモア大統領は建国第二世代、A・ジャクソン、W・ハリソン、Z・テイラー大統領等がなした如く、「大統領大権、武力鎮圧法」を行使してでも、南部九州に奴隷制を理由としたユニオンからの離脱という強迫に断固とした対応、姿勢を示すべきであった。だが彼は大統領として星条旗に宣誓したユニオンへの忠誠を断固として果たす責務を決断する事は出来なかった。合衆国と国民にとってそれは不吉な兆候となった。

繰り上げ大統領、フィルモアには建国の父祖、Ｔ・ジェファスン等がアメリカ建国に際し、合衆国が聖書に記されたカナーンの地なる、蜜と川が流れる新天地を志し旧大陸を含む世界中の圧政と貧困に苦しむ人々の避難の地たらんと「独立宣言と憲法」に托したが、彼はこうした志を自らの志とする事はなかった。

一方民主党の党大会には「一八五〇年の妥協」により、南部提案の「奴隷制」維持に北部が歩み寄り、妥協に応じた事から意気軒昂、下院では代議員数において劣勢にあったが、上院と大審院（最高裁判所、判事）を押さえていた事から勢いを取り戻した政治家達が、一八五二年の大統領選挙に向け次々と指名候補に名乗りを上げた。ニューハンプシャー州にルイス・キャス、イリノイ州よりスティファン・Ａ・ダグラス、ニューヨーク州に、ウィリアム・Ｌ・マーシー、ペンシルバニア州にジェームズ・ブキャナン等々上院議員等であった。次期合衆国大統領選挙に際し、民主党の熱の入れようは、こうした候補者の数や氏名からみても勢いが感じられた。かくして各候補者はいずれも候補者一本化に向けた調整を拒否、各州選出代議員等による決戦投票を求めた。投票結果は候補者乱立により各陣営は民主党大会規約による大統領候補者指名に必要な「三分の二」の代議員を獲得する、という大会規約に届かず、更に投票を重ねる事になった。だが結果は同じであった。それにもかかわらず各候補者の決意は固く一人として、自己犠牲の精神を発揮する人士はなかった。かくしてその後も決選投票を続けたが、一氏として規定票を獲得する候補者は現れなかった。決戦投票が再開された。四八回も行われたが結果は同じであった。ここに民主党は分裂の危機を迎えた。ところが四九回目の投票を前に三五回目の決戦投票に突如立候補を表明した人士に注目が集まった。ニューハンプシャー州、ヒルズボロー生まれで、同州選出連邦下院議員、上院議員を務め、現在、同州最高裁判事職にあり、党大会に同州代議員団を率いたフランクリン・ピアース（四六才）であった。民主党分裂の危機に党首脳部が急遽妥協候補としてピアースに白羽の矢を立てたのだ。だが出席中の各州代議員団は突然の出馬であった事からピアースの経歴については誰も、何も知らなかった。ピアース候補の支援に登壇した同州代議員の紹介では、先のメキシコ戦争に准将として出征、コントレラスにおける戦闘、続くカルバスコの戦闘に武勲をあげ、花崗岩州（ニューハンプシャーの名称）に立つ「ヒッコリーの若木」として紹介、民主党の英雄、A・ジャクソンの名にあやかり、頑固一徹、堅忍不抜、強固な意志の持ち主の若き青年軍人として応援演説を閉めくくった。支援演説を受けピアースが登壇、決意を表明、南部州の権利を守り、積極的な外交政策を採択する!!と宣言した。政治経歴については誰も聞いた事はなかったが、他候補に比べると容姿端麗、弁護士出身の判事らしく弁説はさわやかであった。ピアース候補に対して他の各候補者は全員豊富な政治経歴を有していたが自己顕示欲が強かった。R・キャスはインディアン追討の名手（ヴァン・ビューレン内閣閣僚）、S・A・ダグラスは（小人の巨人、五フィート、一五〇センチの小兵）の仇名を持つ程、肩で風切る辣腕の政治家であった。だが秘かにホイッグ党のH・クレイと通じている事が疑われていた。W・マーシーはジャクソン内閣時（勝者が全て取る事を提案した人士）として知られ、敵に対しては妥協を知らなかった。J・ブキャナンは足が悪く生涯独身を公言してはばからなかった。以上五氏の決意を受けて投票が行なわれた。ピアース候補は突然の立候補もあり大統領としての資質を確かめる術はなく、彼の外見上の姿と初演説が判断の基準であった。結果、代議員達の多くはリパブリカン（後民主党）創始者、T・ジェファスン・リパブリカン党を離脱、同党を打倒、ニューオーリンズの国民的英雄なるアンドリュー・ジャクソンの仇名、オールド・ヒッコリーの再来を「ヤング・ヒッコリー・ピアース」に見た事からついに指名候補に必要な三分の二どころかほとんど全ての代議員票を獲得した。(17)かくして民主党は彼を大統領候補に指名、副大統領候補にアラバマ州選出上院議員、ウィリアム・R・キングを選出、翌五二年秋の大統領選挙に、内紛に揺れるホイッグ党より政権奪還を目指した。次いで、北部、ニューハンプシャー

注(19)　1852年各州大統領選挙人団投票

	地域 / 州名	下　院	上　院	各州選挙人団	ピアース	スコット	ホール
ニューイングランド諸州		29 -2	2	41 -2			
1	メイン	6	2	8	8		
2	ニューハンプシャー	3	0	5	5		
3	ヴァーモント	3	0	5		5	
4	マサチューセッツ	11	0	13		13	
5	コネチカット	4	0	6	6		
6	ロードアイランド	2	0	4	1		
中部		70 ±	0	80 ±			
7	ニューヨーク	33	0	35	35		
8	ニュージャージー	5	0	7	7		
9	ペンシルバニア	25	0	27	27		
10	デラウイア	1	0	3	3		
11	メリーランド	6	0	8	8		
西部～北西部		57 +7	14	71 +7			
12	オハイオ	21	2	23	23		
13	インディアナ	11	2	13	13		
14	イリノイ	9	2	11	11		
15	ミシガン	4	2	6	6		
16	ウィスコンシン	3	2	5	5		
17	アイオワ	2	2	4	4		
18	ミズーリ	7	2	9	9		
南部～南西部		76 -3	24	100			
19	ヴァージニア	13	2	15	15		
20	北カロライナ	8	2	10	10		
21	南カロライナ	6	2	8	8		
22	ジョージア	8	2	10	10		
23	アラバマ	7	2	9	9		
24	ミシシッピー	5	2	7	7		
25	フロリダ	1	2	3	3		
26	ルイジアナ	4	2	6	6		
27	テキサス	2	2	4	4		
28	アーカンソー	2	2	4	4		
29	ケンタッキー	10	2	12		12	
30	テネシー	10	2	12		12	
太平洋岸		2	2	4			
	カリフォルニア	2	2	4	4		
計		234	62	296	254	42	

出典：Southwick., ibid, op. cit. 219, Jameson., ibid, op. cit, 760.

注(20)　1852年大統領選挙一般投票

	州　名	ピアース	スコット	ホール	総　計
1	フロリダ	4,318	2,875		7,193
2	デラウイア	6,318	6,293	62	12,673
3	ロードアイランド	8,735	7,626	644	17,005
4	テキサス	13,552	4,995		18,547
5	アーカンソー	12,173	7,404		19,577
6	アイオワ	17,763	15,856	1,604	35,223
7	ルイジアナ	18,647	17,255		35,902
8	アラバマ	26,881	15,037		41,919
9	ヴァーモント	13,044	22,173	8,621	43,838
10	ミシシッピー	26,876	17,549		44,425
11	ジョージア	34,705	16,660		51,365
12	ニューハンプシャー	29,997	16,147	6,695	52,839
13	ウィスコンシン	33,658	22,240	8,814	64,712
14	コネチカット	33,249	30,357	3,160	66,766
15	ミズーリ	38,353	29,984		68,337
16	メリーランド	40,020	35,066	54	75,140
17	カリフォルニア	40,626	35,407	100	76,133
18	北カロライナ	39,744	39,058	59	78,861
19	メイン	41,609	32,543	8,030	82,182
20	ミシガン	41,842	33,859	7,237	82,938
21	ニュージャージー	44,305	38,556	350	83,211
22	ケンタッキー	53,806	57,068	265	111,139
23	テネシー	57,018	58,898		115,916
24	マサチューセッツ	44,569	52,683	28,023	125,275
25	ヴァージニア	73,858	58,572		132,430
26	イリノイ	80,597	64,934	9,966	155,497
27	インディアナ	95,340	80,901	6,929	183,170
28	オハイオ	169,220	152,526	31,682	353,428
29	ペンシルバニア	198,568	179,174	8,525	386,367
30	ニューヨーク	262,083	234,882	25,329	522,294
31	南カロライナ	州議会にて投票			
	総　計	1,601,474	1,386,578	156,149	3,144,201

出典：Hewes and Gannett., ibid, p. plate, 8.

州より反奴隷制を唱える上院議員、ジョンP・ホールが「自由土地党」を率い、副大統領候補にジョージ・W・ジュリアンを指名、立候補した[18]。

選挙の結果は各州選出代議員団投票においては、民主党候補、フランクリン・ピアース氏、二五四票[19]、一般投票、一、六〇一、四七四票[20]、ホイッグ党候補、ウィンフィールド・スコット氏、代議員投票、四二票[19]、一般投票、一、三八六、五七八票[20]、民主党、F・ピアースの勝利であった[19]、副大統領候補についても、民主党、W・A・キング候補、二五四票、ホイッグ党候補、W・A・グラハム候補、四二票、ホイッグ党の惨敗であった[21]。確かに現職大統領、フィルモアが意図した「逃亡奴隷取締法」等の妥協法案に対する国民、党員からの批難をかわす事に主眼をおいた大規模な鉄道建設は、彼の目論見《もくろみ》通り、成功したかにみえた。だが結果は、同党が自信を持って現職大統領に代え先のメキシコ戦争勝利の立役者、二枚看板、Z・テイラーに代わる、国民的英雄W・スコット将軍に白羽の矢を立て選挙に臨んだあげくの惨敗であった。ホイッグ党が頼みとする北部、中部工業州に於て、民主党に勝利したのは、マサチューセッツ・ヴァーモントのわずか二州のみであり、クレイが出自とするケンタッキーと隣州、テネシーを合わせても四州のみで、残る二七州、全てで民主党に競り負けるという有様となった。

ホイッグ党は敗北の因と、党勢の挽回に務めなければならなかった。一つはっきりした事は「奴隷制」に対するホイッグ党の融和政策、妥協的姿勢に今やアメリカ市民の多くが拒否感情を示した!!という事である。(22) 党の存亡が問われていたのだ。

注

（1）Jameson, ibid, op. cit. pp. 751～753.

（2）Harold U. Faulkner, American Economic History, New York, 1943, op. cit. p. 301.

（3）Faulkner, ibid, op. cit. p. 301.

（4）Faulkner, ibid, op. cit. p. 301.

（5）Bogart and Thompson, op. cit. p. 523.

（6）Max Farrand, The Development of the United States Boston, 1918, op. cit. p. 172.

（7）Farrand, ibid, op. cit. 173.

（8）Farrand. ibid. op. cit. p. 173, H・エリオットの一九一五年の同市での講演より。

注(2)「資料Ⅰ」

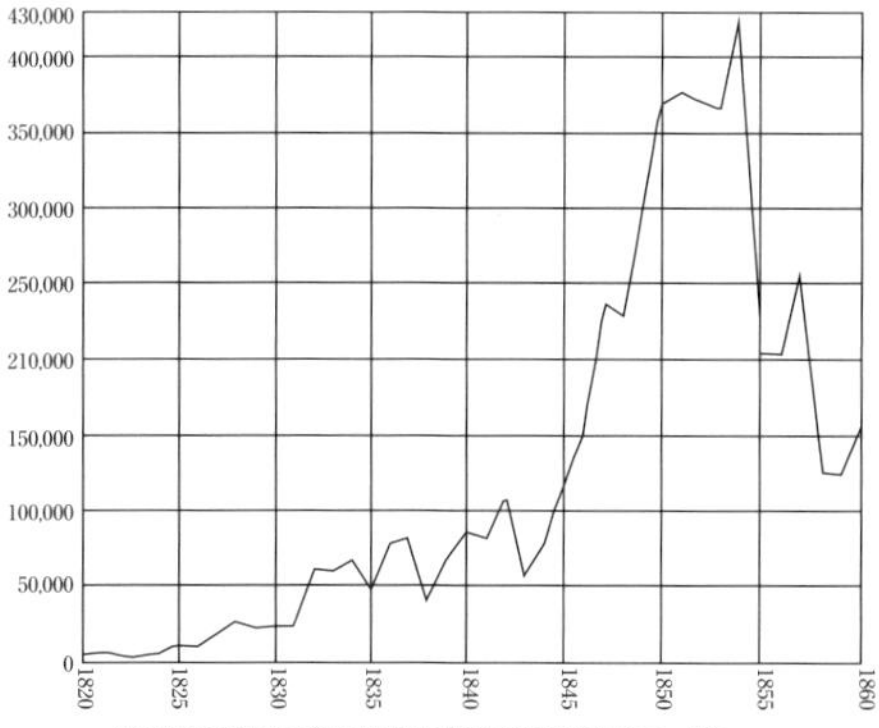

IMMIGRATION INTO THE UNITED STATES 1820- 1860.

出典：Faulkner., op. cit. p. 301. より作成

（9）Clifford L. Lord and Elizabeth H. Lord, Historical Atlas of the United States, New York, 1944, pp. 77～78.

（10）Farrand, ibid, op. cit. p. 173.

（11）Bogart and Thompson, op. cit. p. 404.

（12）Bogart and Thompson, op. cit. p. 404.

（13）P. Temin, Iron and Steel in 19th Century America, pp. 264～265.

（14）アメリカ学会編、『原典アメリカ史　第三巻』、岩波書店、一九五三年、一一〇頁。

（15）Bogart and Thompson, ibid, op. cit. p. 393, (cf), Thomas P. Kettel, Location and Construction, 1826～1850, pp. 191～193.

（16）Leslie H. Southwick, Presidential Also – Rans and Running Matis, 1788 through 1966, North Carolina, 1998, op. cit. p. 219, 同党代議員二九二名中、一五九名の支持を受けた。

（17）Southwick, ibid, op. cit. p. 219, 同党指導部は決選投票が続いた事から選挙後、誰が勝っても「しこり」が残る事を危惧、急遽妥協候補を探し求めた。結果選ばれたのがピアースである。ピアースには主義主張がなかった事から指導部は始めから「パペット」操り人形候補としたのである。南北対立を前にして、二代続けてホイッグ、民主両党は国論を無視、党益を優先したのである。ピアースは三五回目の投票に登場し、二八六名の代議員の投票ではわずか一五票に過ぎぬ獲得で全くの泡沫候補であったが、四九回目には二八二名という四氏以外の全代議員票を集めた。

（18）Southwick, ibid, op. cit. p. 219, 奴隷制に反対する自由土地党は同年八月十一日、ペンシルバニア州ピッツバーグ市に急遽党大会を開催、「逃亡奴隷取締法」Southwick, ibid, op. cit. p. 219, に妥協した民主、ホイッグ両党に対抗、党主のジョン・ホールを大統領候補に、J・U・ジュリアンを副大統領候補に指名、十一月初めの選挙に臨んだ。

（19）Hewes and Gannett, ibid, p. plate, 8.

（20）Hewes and Gannett, ibid, p. plate, 8.

（21）Jameson, p. 746.

（22）G. Tucker, Progress of the United States, 1855, p. 137. ニューイングランド諸州や中部諸州の工場労働者数の増加は都市への人口集中を示し、工場制度が成立した事を物語るものであった。「人間の労働の尊厳」を吸血する「奴隷制度」はこうした都市における工場労働者層の、人間としての尊厳を冒瀆する悪魔の所業以外の何物でもなかった。ニューイングランド諸州や中部諸州の急速な発展に合わせて「北西部諸州」でも川や運河は国道や鉄道でつながれ、「ジャクソニアンデモクラシー」を支える独立自営農民の地盤は寸断され始めた。新しい移住者の目の前には広大な大草原が解放された。それは一八四一年成立の未占有地取得土地法であった。その時フィルモアは内陸開拓に向け大規模な鉄道建設を発表したのである。こうした鉄道は北西部大草原地方を目指し急速に発展した。鉄道は開拓者を満載して同地方へ向かった。急激に膨張した北西部の農民層は従来、ジャクソニアンデモクラシーを育みそだてた農民層であり、どこか争闘的、ロマン的であったのに対し、こうした北西部地方に入植しはぐくみ育つデモクラシーは一層勤勉的であり企業的であり現実的であった。こうした新興北西部農民層が担いだのが一八四六年、イリノイ州より連邦下院議員を目指したエイブラハム・リンカーンである。北西部農民層は、自らの政治的表現をＡ・リンカーンその人に見出したのである。

おわりに

テキサス領有以降、南部プランターのエネルギーは綿花生産の拡大と連邦政府の支配権に向かった。一方北部では産業革命と工業の発展に伴い、都市への人口集中が重なり「工場制度」が確立した。その結果、こうした都市の一般市民層への信仰が支配的政治思潮となった。こうした事から北部や中部の市民層がアメリカの二大政党政治に一層大きな影響力を行使する事になった。

　ところでアメリカ政治の全てを吸収したジェファスニアンデモクラシーなるリパブリカン政党を支えた貴族的、金権的政治家等による単一的支配が終了すると、次に登場したのが新興西部諸州の独立自営農民層が担いだテネシーのジャクソニアンデモクラシーなる民主党政権であった。その中心勢力はアメリカ社会の低辺を構成した所の多数を占める独立の自営農民層、小商人層、職人層と共に彼等と連携する北部や中部の労働者層であった。ジャクソンと彼の後継者達はアメリカ社会の低辺に生きるこうした庶民の味方であった。

　さて、ジャクソニアンデモクラシーがアメリカ政治を席捲するのはみた如くに一八三〇年代初頭から一八五〇年代末にかけてである(但しハリソン、タイラー政権は党名こそホイッグであったが内実はタイラー民主党であるから、Z・テイラー、M・フィルモアが担った四年間を除く)。

　次に我々が目にするのは新たに辺境未開なる北西部に入植する所の、ヨーロッパからの新移民層やニューイングランドや中部地方から北西部開拓に向かう都市の労働者層を含む農民層の姿であった。

　彼等はT・ジェファスンが立党の精神に掲げた所の「額に汗し大地を耕す神が選び給う」農民層であった。多くは敬虔なキリスト教徒であり、プロテスタントやカルビン主義を信仰していた。更にこうした独立自営の農民層と連携する事になったのが右にみたニューイングランドや中部地方の実業家や都市の工場労働者層であった。

　一方、こうした庶民層は従来、我々が検討した所のジャクソニアンデモクラシーを担った戦闘的で、どこかロマン的な農民層とは異なり、勤勉的で実直であり、実に現実的で企業的精神を有した人々であった。人跡未踏の大森林に覆われた堅質の樹を突破すると目前には身の丈程もある大草原地帯が地平線に連なっていた。草を払うと固い芝土で被われた土壌は鋤を寄せつけなかった。だが間もなくこうした土壌を苦もなく掘り返す鋼鉄製の鋤が開発される(1)と一八三一年ニュージャージー州、ウィリアム・マニングによる苅取機(2)が登場、更に三四年にはスコットランド系アイルランド生まれの祖父の血筋をひくサイラス・マコーミック等が改良型苅取機を発明、導入された。[3]更に鉄道が登場、定時運行に電信機が実用化され[4]新たな交通運輸機関が誕生した。

かかる交通運輸機関の革命的変革を経た北西部地方は一躍、小麦、とうもろこし、大豆等の穀物生産地として姿を現す事になった。[5]

だがこうした北西部の一大変革が進行しつつあった時期、ミシシッピー河の下流、南西部地域においても新しい変貌が見られるようになった。

テキサス領有を受けてアメリカの王様なる「綿花」がプランテーションのもとで「奴隷」を駆使して生産に励む光景が至る所に出現していた。こうした光景はミシシッピー下流から南西部に向けて、北西部の変貌に匹敵する程の慌ただしさで進展していたのだ。

こうした変貌に拍車をかけたのは綿花の価格にあった。恐慌後、一時価格が低迷したが今日価格も全般的に上昇してきた事から一八四〇年時、綿花生産量は一三四万七、六四〇ベール（一ベール、五〇〇ポンド）からZ・ザカリー・フィルモア政権が登場した一八五〇年には二一〇万六、〇八三ベールと急上昇、今や南西部のプランターは自ら所有する全ての資力を投入し、「奴隷」を購入、プランテーションを拡大すると、アメリカの国王なる「綿花」の増産に奔走していた。

ところでこうした時期、我々が知るジャクソニアンデモクラシーを担った所の西部の独立自営農民層も今や老境を迎え、数々の苦難に耐え、小規模ながらも自らの農場を有し、息子や孫達にまじり小麦、大豆、とうもろこし耕作に精を出し、家畜の飼育に勤しんだ。だがかつての隣人達は今日、南部や南西部に大プランターとして君臨、王侯、貴族にも比肩し得る大邸宅を構え、夏の暑い盛りには北方の海岸や東部の海岸に炎暑の夏を避け、厳しい冬の季節には大河の中流、セントルイスや下流の港湾都市ニューオーリンズにオペラを楽しみ、秋の夜長には宮殿とも見間違うような大邸宅に近隣の同じプランター仲間なる着飾った紳士、淑女を招待、毎夜の舞踏会が開催された(6)。

こうした光景を目にした人々は、彼等が同じ敬虔なるキリスト教徒として、同じ階層に属する人々とはどうしても思う事は出来なかった。

又、一方、辺境未開なる北西部開拓の最前線に入植した開拓者達にとって、新しい丸太小屋を建設する木材を始め、厳しい冬を乗り切る為の燃料、更には飲料水が欠乏していた。

こうした時期、新たな運輸交通機関として登場したのが鉄道であった。我々がみた如く北東部や中部地方では鉄鋼生産が増大し、鉄鋼製の軌道用レールが供給され始めた。鉄道網の建設は北西部の辺境開拓者層に、河川、運河、国道を鉄道で結び、ニューイングランドや中部地方の工業都市に彼等開拓農民が生産する穀物市場を提供させたばかりでなく、彼等が必要とする工業製品（深掘用鋼鉄製鋤、鍬、苅取機等々農業品）の新たな市場を形成した。こうした折、Z・テイラーによる広大なカリフォルニア、ニューメキシコ地方が新たに合衆国領土に加わったのである。みた如く一八四五年テキサス領、一八四六年オレゴン領等を加えると合衆国の領土は一〇〇万平方キロを超え、今日のアメリカ領土をほぼ構成するものであった。

新たに登場した鉄道はフィルモア政権の奨励策に伴い我々がみた如く大西洋岸の各都市を次々と連結、ミシシッピーの大河を越え、大草原地帯を目指していた。各都市の労働者層は産業種別ごとに組合を結成、一〇時間労働を始めとする労働環境、労働条件の改善等民主主義的改革に立ち上がった。

かかる情勢をうけて北西部に誕生した新たな自営農民層は、こうした都市労働者層や新興工場主等と提携、「労働の尊厳」を共に抱く政治的要求を掲げる事になった。ここに合衆国に新しい階層が誕生するのである。こうした人々はフィルモア政権の「逃亡奴隷取締法」に対し人間の有する「道徳感情」を激しく揺さぶる事になった。

注

（1）Faulkner, ibid, op. cit. p. 220, 一八三〇年代の初め、ジョン・デイアーやジェームズ・オリヴァーが開発した鉄鋼製の鍬は、こうした堅牢な芝土をいとも簡単に掘り返し細分し、小麦、とうもろこし、大豆の種子がよく育つ土壌に変え、今日のコーンベルト地帯形成に貢献する事になった。

（2）Faulkner, ibid, op. cit. p. 220, W・マニングが発明した小麦の苅取機は一日に一五エーカーを収穫したという（一エーカー、我が国の四段二四歩）。

（3）Faulkner, ibid, op. cit. p. 220, 221, マコーミック等の改良型は使い勝手がよくその後、彼の苅取機は一八六〇年に入ると一年に実に四、〇〇〇台が売れたという。

（4）Clifford L. Lord and Elizabeth H. Lord, Historical Atlas of the United States, New York, 1944, op. cit. p. 122, 一八三五年、モールスにより発明された電信機は、鉄道の発達と共に、その時刻通りの運行に最適な事が証明され、一八四四年より各路線に順次敷設されていった。

（5）Bogart and Thompson, ibid, op. cit. pp. 404~406, ボガード、トンプソンによればフィルモア政権による鉄道建設奨励をうけて一八五〇年より本格化した路線網の建設とも相まって一八六〇年には輸送されたトン数は実に二、六〇〇万トンに達した。一トン当り運賃は一五〇ドルであり、計算すると年三九億ドルの価値を創造した。更にそれは多くの商業分野に参入する事になるから、その価値の創造は膨大なものとなり、シカゴからニューヨーク間が鉄道で結ばれた事から、シカゴは全米第一位の穀物取引量を誇る事になった、と指摘する。

（6）Margaret Mitchell, Gone with the Wind, New York, 1936, 大久保康雄、竹内道之助訳、『風と共に去りぬ』、一九九三年、新潮社、第一部、ジョージア州アトランタに於ける奴隷制大農園主一家の生活を描いて余りある物語である。参照。

第五章　悲劇の序章㈠

——F・ピアース、連邦論と州権論のはざまにたつ——

はじめに

ホイッグ党は一八五二年の大統領選挙に、現職大統領に代え、急死したZ・テイラーと共にメキシコ戦争を勝利に導いたW・スコット将軍を同党大統領候補に担ぎ出し、「一八五〇年の偉大なる妥協」精神を維持し、「奴隷制」の問題より国民の関心をそらす「偉大なる沈黙」のもと、北米大陸全土を獲得した国民的英雄の名声に、対民主党候補に対する圧倒的勝利を確信した。

だがホイッグ党の思惑は外れ、アメリカ国民は未だ名前さえ知らず、その政治的経歴さえ定かではない民主党の好漢、弁護士あがりの弁説さわやかな北部ニューハンプシャー州出身、フランクリン・ピアース（四七才）に惨敗を喫した。

ホイッグ党の敗因は、Z・テイラーの急死を受け急遽後継にたったM・フィルモアが「奴隷制」を巡る南北両地域の対立に目をつぶり、H・クレイ、D・ウェヴスター等が両地域の対立を調停すべく、J・C・カルフーン等と妥協した諸論点、「・カリフォルニア州連邦加入法案、・ユタ・ニューメキシコ准州住民による奴隷制可否自決法案、・

逃亡奴隷取締法案、・首都・コロンビア区における奴隷売買禁止法案[1]」等を一括抱き合わせ法案として成立せしめる事により、「奴隷制」の維持を図る南部貴族制大地主層と、北部に成長著しい実業家層との衝突・抗争を回避、両者に実利を与える事にあった。ところが前章にみた如く、それぞれに反対論が噴出した事から、法案毎に審議立法化を図り可決する所となった。

確かにそれは南北両地域の衝突の危機を回避する事には成功したが、しかしその手法はあくまで一時的な妥協策に過ぎなかった。老練政治家等が目指した一括法案なる「ひとくくり」にしなかった「ツケ」がその後に漸次表面化する所となった。その端緒《たんしょ》が「逃亡奴隷取締法」であった。同法の逃亡奴隷に対する追求と、取締りのあまりの過酷さは後、ハリエット・ストー婦人著、『トム爺さんの小屋 Harriet B. Stowe, Uncle Tom's Cabin』[2]に「奴隷制廃止」の思想をアメリカの人々に広く知らしめたし、北部の地下組織を使用するカナダへの「逃亡奴隷層の避難、移送 Underground Rail Road[3]」も従来通り依然として健在であった。

政権に復帰した民主党が目指した政策は鉄道建設と前ホイッグ党政権同様、強硬な対外政策であった。特に従来自由州対奴隷州の均衡を維持するとする「ミズーリ協定」に約した南北妥協精神は、カリフォルニア州が自由州として連邦に加入後、北部自由州が上院議会に於いても南部奴隷州に優位を示した事から、南部は失地回復を目指し、中南米地方への奴隷制拡大を目指した。まず手始めとしてキューバ獲得を狙った。だが国民の視線を南部の「奴隷制」批判からそらす事はできなかった。民主党・ピアース政権は「奴隷制」支持者層が多数を占めていたので、事ある毎に南部独得の制度を敵視する北部諸州を目の仇《かたき》にしていた。

かくしてピアース政権の政策は、彼の大統領候補氏名選挙に勝利した際に、彼が宣言した如く、南部の州権を守り、ホイッグ党政権同様、国民の関心と視線を外に向け、「奴隷制」問題には偉大なる沈黙を守り、対外政策には、積極的姿勢を展開する事になった。

かかる政策を政権維持の柱に採用した事から、民主党はデモクラシーなる民主主義をかなぐり捨て、保守的な、あまりに保守的な国民的政党へと衣替えを果たし、それを南部の奴隷制に立脚する貴族制的大地主層（プランター）が指導した。更に一八五〇年の妥協にホイッグ党に愛想をつかした北部の市民層が支持を与えるという、なんとも摩訶不思議な政権が姿を現す事になったのである。だがしかし、こうした内閣の足元では、南北対立の火種が静かに依然としてくすぶり続けていたのであった。

さて我々はこうした「南部の奴隷制度」を目の仇にする北部諸州と、南部独得の「奴隷制度」に立脚、民主党なるデモクラシーを掲げながら、現実にはそれとは全く真逆の人間の尊厳を吸血しますます肥え太る南部貴族制大地主層の利益に目をつぶり、「奴隷制」を何か腫れ物にでも触れるかの如くに南北両地域の対立問題に接し、決してこの問題には立ち入らず、先住民征討の先頭に立ち、彼等を婦女子共々虐殺し、その後に鉄道を敷設、開拓者を送り込み、この問題を先送りに送り伸ばし、送り飛ばし、「一八五〇年の偉大なる妥協」精神を遵守する事により、南部は満足していた。

一方北部は南部の連邦よりの離反を思い留まらせる事に成功した。かくして大統領は一人、ユニオン・Unionなる連邦の統一に自信を示した。ピアースは折からのカリフォルニア地方に続く准州に属するインディアンの地に金鉱が連なっているとの開拓者等の噂話から、更なる西部開発を目指し、北部地域と西部を統合すべく登場した「鉄道事業」を新たな輸送手段とする「大陸横断鉄道」構想を描く事になった。更に「大陸横断鉄道」がカリフォルニア州に到達する事に成功すると、その先にはイギリスが「黄金の地」と表現した中国大陸が控えていたのである。清朝支那が支配する広大な市場であった。清朝支那はイギリスとの阿片戦争敗北後、英・仏・露等西欧列強の砲艦外交により沿岸諸都市が次々と制圧され、植民地化されつつあった。だが滅満興漢を叫ぶ「長髪族の乱」が各地に勃発、西欧列強の進出は頓挫した。ピアース政権はイギリスに追走、清朝と望厦《ぼうか》条約を締結、サンフランシスコ～上海間に米支交易路が開設されたが長髪族の乱により挫折する所となった。次いで彼は鎖国中の日本に視線を向け、中国交易の橋頭堡として位置づけ、開国を決意した。

こうした折、二〇〇年余にも及ぶ鎖国中の日本にオランダ公使より合衆国が日本に対して強力な砲艦外交が行なわれる旨警告がなされた。

他方、内政における南北対立は今や、決定的段階に向け走り出していた。建国の父祖、Ｔ・ジェファスンがアメリカ国民に約束したルイジアナ領地開拓に際し、彼は千年王国と豪語してはばからなかったその地で、「奴隷制」可否を巡る南北対立の危機という爆弾を爆発させる導火線が今まさに点火されようとしていたのである。「カンザス・ネブラスカ准州」問題である。我々は以下にピアース大統領の内政・外交を伺う事にする。

注

（1）William Macdonald., Documentary Source Book of American History, Mew York, 1926, op. cit. pp. 383～394.

（2）Harriet B. Stowe., Uncle Tom's Cabin., New York, 1852, ワシントンの雑誌、National Ela に連載され、四〇万部以上も売れたという。

Ｊ・Ｃ・カルフーン、Ｈ・クレイ、Ｄ・ウェヴスター等は以上四法案については一連の法案なるオムニバス（一括法案）方式として南北両地域の妥協を分散内包、それぞれ両地域に読み易い、利害が交錯するものとして起案したのであるが、北部ホイッグ党や民主党の急進的、原理主義的奴隷制即時廃止論者が質問に登壇、逐条審議を求めた事から各法案事に分離、立法化がなされた。かくしてそれぞれに逐条解釈がなされた事から「奴隷制」問題が一層鮮明に浮かび上る事になり、ホイッグ党は南北にそれぞれ分裂、同じく民主党も南北にそれぞれ分裂。南北両地域の対立は更に先鋭化する所となった。同法案を起草した民主党Ｊ・Ｃ・カルフーンは一八五〇年三月末に生涯を閉じると五一年にはＴ・ベントンがミズーリ州上院議員選挙に落選、ホイッグ党では同様に法案妥協に導いたH・クレイ、D・ウェヴスターが共に五二年に死の谷に歩みを進める所となった。そこで同党に新たに頭角を現す事になったのは、原理主義で知られるW・シェワード（ニューヨーク州）、C・サムナー（マサチューセッツ州）、S・スティブンス（ペンシルバニア州）等が上院の指導権を握る事になった。民主党ではJ・デービス（ミシシッピー州）、W・ヤンシー（アラバマ州）、R・トゥーム（ジョージア州）、等プランター達が主導権を握る事となった。こうした国家の危機の時代、アメリカには経験豊かな老練な政治家が相次いで上院議会を去る事となった。残る第二世代の政治家には北部にヴァン・ビューレン、イギリス大使に転出するジェームズ・ブキャナン等少数の人々のみとなった。合衆国とピアース大統領にとって悲劇の始まりであった。

（3）André Maurois, The Miracle of America, New York, 1944, op. cit. pp. 252〜253. 逃亡奴隷取締法は厳格に適用されたから、従来の如く生命を賭して北部へ逃れたどり着いても官憲により直ちに逮捕、持ち主の南部プランターへ送還された。だがそれは死を意味した。一方、絶望した奴隷達の反乱も又、死を意味した。だが北部と西部を結ぶ鉄道・河船、運河、道路伝いに逃亡を図る奴隷は後を絶たなかった。北部にたどり着いた奴隷をカナダへは送る地下組織が次々と形を変えて登場した。逃亡奴隷達はこうした地下組織により国境を越えカナダへ向かった。世に地下鉄道と称した。

第一節　S・A・ダグラスとカンザス・ネブラスカ法

F・ピアースは政権発足に際し、大統領候補指名を競った上院議員等を処遇した。

「○国務長官　ウイリアム・マーシー　（ニューヨーク州）
○財務長官　ジェームズ・ガザリー　（ケンタッキー州）

◯陸軍長官　ジェファスン・デービス　（ミシシッピー州）
◯司法長官　カレグ・カッシング　（マサチューセッツ州）
　兼（検事総長）
◯郵政長官　ジェームズ・キャンベル　（ペンシルバニア州）
◯海軍長官　ジェームズ・C・ドビン　（北カロライナ州）
◯内務長官　ロバート・マクレランド　（ミシガン州）①」
※副大統領　ウィリアム・R・キング　（北カロライナ州）
　兼（上院議長）

「◯イギリス大使　ジェームズ・ブキャナン（ペンシルバニア州）
◯フランス大使　ジョン・Y・メーソン（ヴァージニア州）
◯スペイン大使　ピエール・スーレー　（ルイジアナ州）
◯ロシア大使　トーマス・シーモア　（コネチカット州）
◯オーストラリア、ハンガリー大使　H・R・ジャクソン（ジョージア州）②」

ニューヨーク民主党の重鎮、W・マーシーを国務長官に起用。閣内を固め、党重鎮、J・ブキャナンを大英帝国大使に派遣。対英外交が米の基軸である事を内外に知らしめた。次いでヴァージニア州の名門プランター、J・Y・メーソンをフランス大使に指名、スペイン大使にフランス生まれのP・スーレーを配し、南部諸州が目指すとする懸案のキューバ獲得外交を目指した。イリノイ州のS・A・ダグラス、ミシガン州のL・カッスは南カロライナ州、J・C・カルフーン、ミズーリ州、T・H・ベントン去りし後の党務を仕切る事になった。
ピアース政権下、外交・党務・閣僚の中の中枢を担う事になった彼等は、経験豊かな政治家であった。

ところで、S・ダグラスが世間から「南部主義の心を持つ北部人」[3]と揶揄《やゆ》された如く、民主党政権の閣僚が「奴隷制支持者層」で固められ、対する北部諸州が「奴隷制」を目の仇にした事から、ピアース大統領は、こうした南北両地域の相反する利害の対立には決して踏み込まず、「一八五〇年の偉大なる妥協」に尽力したH・クレイ、D・ウェヴスター、J・C・カルフーン等、偉大なる先人の政治哲学をよしとし、現在・今・そこに合衆国分裂へ迫り来る危機に、アメリカ大統領としての責務を果たす事はなかった。

今日、連邦を構成する各州（共和国）は三一州に達した。国家と国民の紐《ちゅう》帯を約した建国第一世代、G・ワシントン、J・アダムズ、T・ジェファスン等に続く同第二世代の指導層、A・ジャクソン、J・C・カルフーン、H・クレイ、D・ウェヴスター等も相次いで死の谷に歩みを進めると、後継にたったホイッグ党、M・フィルモアに続く、民主党のF・ピアース等は「偉大なる一八五〇年の妥協」を置き土産にした建国第二世代の経験豊富な政治家達の知恵に学び、彼等の政治哲学を遵守する事が、現在進行しつつある南北対立による決定的衝突を回避出来るものと確信した。

ホイッグ党が「偉大なる妥協」に「偉大なる沈黙」を以って臨んだ事から民主党・ピアース政権は大統領選に掲げた公約「国土の開発」に、世論が求める明白な天命を施策の中心に採択した。前章に我々が検討した如く、木炭より石炭へ移行という、燃料革命に続く交通革命の担い手として登場した鉄道は、一八五〇年以降、ホイッグ党の政策とも相まって急速に普及、拡大し、今や北部の主要都市間を完全に鉄路で連結した（「資料Ⅰ」[4]）。今日、ミシシッピーの大河を越えてカリフォルニアなる黄金の地を目指し、大陸を横断するという壮大な鉄道計画が立ち上がる事となった。民主党政権の思惑通り国民の視線は南部の「奴隷制」を飛び越え、一斉に黄金の地、西部開拓に向けられた。

ピアース政権はこうした世論の動向を見て、「奴隷制」の解決には目をつぶり、政権あげて西部開拓を目指す事になった。鉄道建設の障害となったインディアン諸部族に対し、大統領は連邦軍の精鋭部隊を派遣、南部の自由州への対抗

注（4）「資料Ｉ」1850年から1860年にかけての鉄道建設

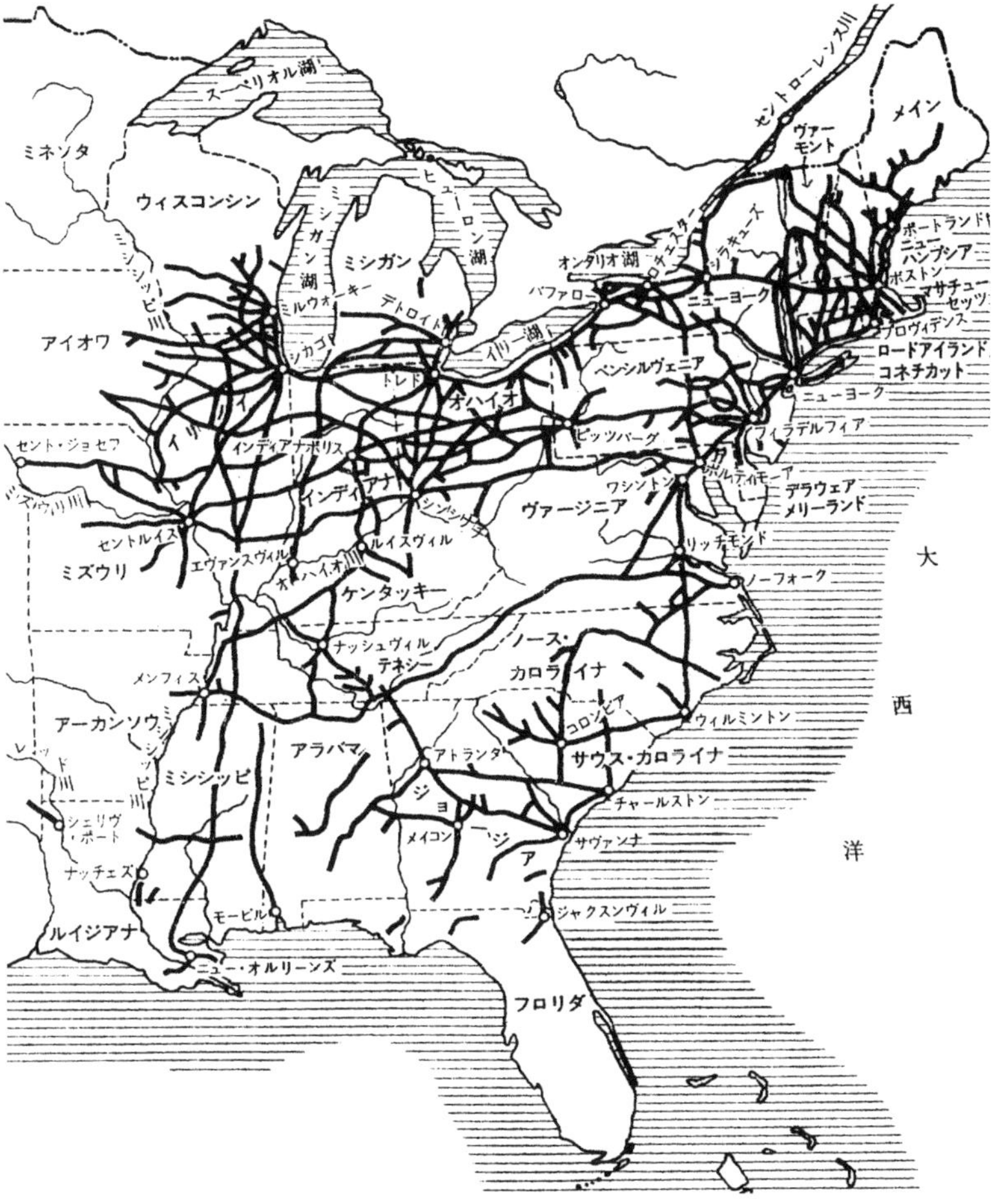

出典：Harold U. Faulkner., American Economic History, New York, 1924, op. cit. p. 288.

策として西方への奴隷制拡大へ向けた新領土獲得を目指し、英・仏・西駐在米大使に対し、カリブ海、キューバ、中南米への進出計画策を下命した。(5)「モンロー宣言」を地で行く実力行使である。更に大統領は国民の視線を外に向ける為、イギリス・フランス・ロシアに続き、支那大陸への市場参入を決意した。その為、中継基地として徳川将軍治下、二〇〇年以上も鎖国政策を採る日本に、開国要求を突きつけるべく強力な海軍部隊を派遣、武力を持って支那大陸市場参入への橋頭堡をペリー准将に命じた。我々はまずピアース政権の国内開発より伺う事にする。

Ｆ・ピアース政権が誕生した一八五三年、ヨーロッパには再び戦乱が勃発した。クリミア半島を拠点に不凍港を目指し南下を急ぐロシアの正面に位置したオスマントルコはこれに対抗、英・仏がトルコ支援に参戦するとロシアの要地セバストポーリヤに戦端が開かれ、ヨーロッパ中に激震が走った。

こうした時期に合衆国北部の産業革命は著しい進展を示していた。一方西部、特に中西部の農業も、こうした北部の工業化を受けて生産規模を拡大し始めた。ところでジャガイモ農民と揶揄された開拓者らは、折からのマコーミック等の大型の農業機械の相次ぐ改良発明を受けて、これを導入したから、小麦や大豆・トウモロコシの大規模栽培に成功する農家が次々と誕生した。北部の工場制度の成立やヨーロッパの工業化、都市化による新市場誕生を受けて、企業的穀物農業が誕生した。かくして合衆国では同時期北部に近代的工業、中部に穀物農業地帯が登場する事になった。シカゴとニューヨークが鉄道で結ばれると、比較的南部と関わりの薄かった中西部は鉄道輸送が可能となった事から、ミシシッピー河への依存度が急速に減少、同河川へ依存せずとも北部やヨーロッパへの穀物輸送が可能となった。かくして中西部は北部へ接近する所となった。

一方、結合せる南部は、富の源泉は依然として従来通り綿花にあった。右にみた如く戦乱による世界的な綿花需要が増大したばかりでなく、価格が再び上昇を始めた。かくして綿花は一八五〇年代に入るとアメリカの総輸出額の五〇％を占める事になった（「資料Ⅱ」）(6)。

南部の人々はこうした情勢を受けて、アメリカの王様なる綿花の生産に奔走した。だがこうした富の増大は、南部の特異な制度「奴隷制」の更なる拡大と固定化を強める事になった。しかしながら、それはアメリカ建国の理想を掲げたところの偉大な人類解放の普遍的理念からは全く相反する制度であったが、奇妙な事に南部の人々はあくまでも

注（6）「資料Ⅱ」　1840年～1855年、合衆国における綿花輸出

年　　度	綿花輸出量（ポンド）	綿花輸出額（ドル）	総輸出額（ドル）	総輸出額に占める綿花の割合（%）
(1836 ～ 1840)	平均　617,306,200			
1840		29,674,883	71,670,735	41%
(1841 ～ 1845)	平均　822,953,800			
1845		56,007,571	106,040,111	
(1846 ～ 1850)	平均　979,690,400			
1850		71,984,616	144,375,726	49%
(1851 ～ 1855)	平均 1,204,422,800			
1855		94,001,063	218,909,503	

出典：Harold U. Faulkner., American Economic History, New York, 1924, op. cit. p. 209, Fletcher W. Hewes and Henry Gannett., Scribner's Statistical Atlas of the United States, New York, 1883, op. cit. pp. plate, 91. plate, 109, より作成

「奴隷制」に執着した。

だが、一八五〇年以降、北西部や中西部に入植した開拓者は「奴隷制」を嫌悪した。ヨーロッパからの移民層を多く含む彼等は合衆国憲法に著された天賦人権論なる民主主義と自由主義的気風を有し、「反奴隷制」を掲げる政党を支持した（ただしアイルランド系移民の多くはカトリック教信仰故除外）。

かかる結果、ピアース政権誕生に際し、北部と西部（中西部と北西部を含む）は共通の価値観を有し「統一的北部」を形成する上で、共通の利害を共有する事に気付き始めたのである。

他方、「綿花」に対する世界的需要増大を受けた南部は、政治的にも経済的にも完全に復権を果たした。北部の人々のいう人間性に反するとする南部への批難に人々は激しい敵愾心を示した。だが我々は幾度《いくたび》も指摘してきた如くに、ここに立ち現れたる復活した南部は、「北部と西部」を結合させ、建国者等が合衆国憲法に著した所のアメリカ社会を旧世界より快別させた、「人は生まれながらに有する自由で平等なる権利が、普遍的にして絶対的なる価値を有し、その実現の為にアメリカの人々は、こうした人間の価値観を共有する人々による代表者の政治形態（連邦政府・連邦議会・大審院制度）」を採択したのであった。しかるに復活した南部に行なわれている政治経済社会は「北部」で自然な事と認識されている右の如き政治社会とは全く相反する、真逆の人間観、世界観を示し始めていた。

我々は今日、北アメリカ大陸全土に一瞥《いちべつ》を与えるとき、

『「北部」には近代的工業制度が発展を示し、
「西部」には穀物（食料）生産が規模を拡大、
「南部」では綿花栽培が更なる盛況を見せていた』

事を知るであろう。

かくして北部と西部が共通の利害のもと、連携を模索し始めるとすれば、それは政治的に「北部の優越」となって出現するから、現在連邦政府の権力を独占している民主党、ピアース政権を連邦政府の権力中枢から追い落とす事になるのである。

かかる事態の到来を民主党指導部にあって予言した人士がいた。イリノイ州選出上院議員にして、先の大統領選挙に「小さな巨人」として立候補、四九回目の決戦投票でピアースに敗北したS・A・ダグラスである。

「南部主義の心を持つ北部人」と称されたダグラスはヴァーモント州に生まれ、後イリノイに移り独学にて司法試験に合格、同州判事より政界に転出を果たした。後シカゴを拠点にイリノイ・セントラル鉄道に一財産を築きあげると躍進著しい西部に巨額の不動産投資（「資料Ⅲ」(7)）を行い、鉄道建設に托してホワイトハウスを目指す人士であった。

「偉大なる妥協」精神のもと「偉大なる沈黙」を遵守するホイッグ党に代わり、今や国民的政党に衣替えした民主党は保守主義を旗幟《きし》に、民主主義を捨て去り「奴隷制」に執着を示し、世論の批難の矛先を逸《そ》らすべく積極外交と共に「内陸開発」を政策の主柱とし、北部大西洋岸諸都市と、西部太平洋岸黄金郷カリフォルニア地方を鉄道なる蒸気機関車で結合し、A・ジャクソン以来続く、西部と南部との同盟構築に最後の望みを托した。野心家のダグラスは抜け目のない才気煥発《かんぱつ》、かつ身体に似合わず寛大な政治家であった。

ピアース政権の「大陸横断鉄道」建設案が連邦議会に提出されるとダグラスは、西部諸州が「ルイジアナ領」未開拓地ネブラスカ地方やカンザス地方の肥沃な大地への入植を切望している事を既に承知していた。ニューヨーク州の

注(7)「資料Ⅲ」 連邦議会による1850年より開始された鉄道建設用無償土地付与

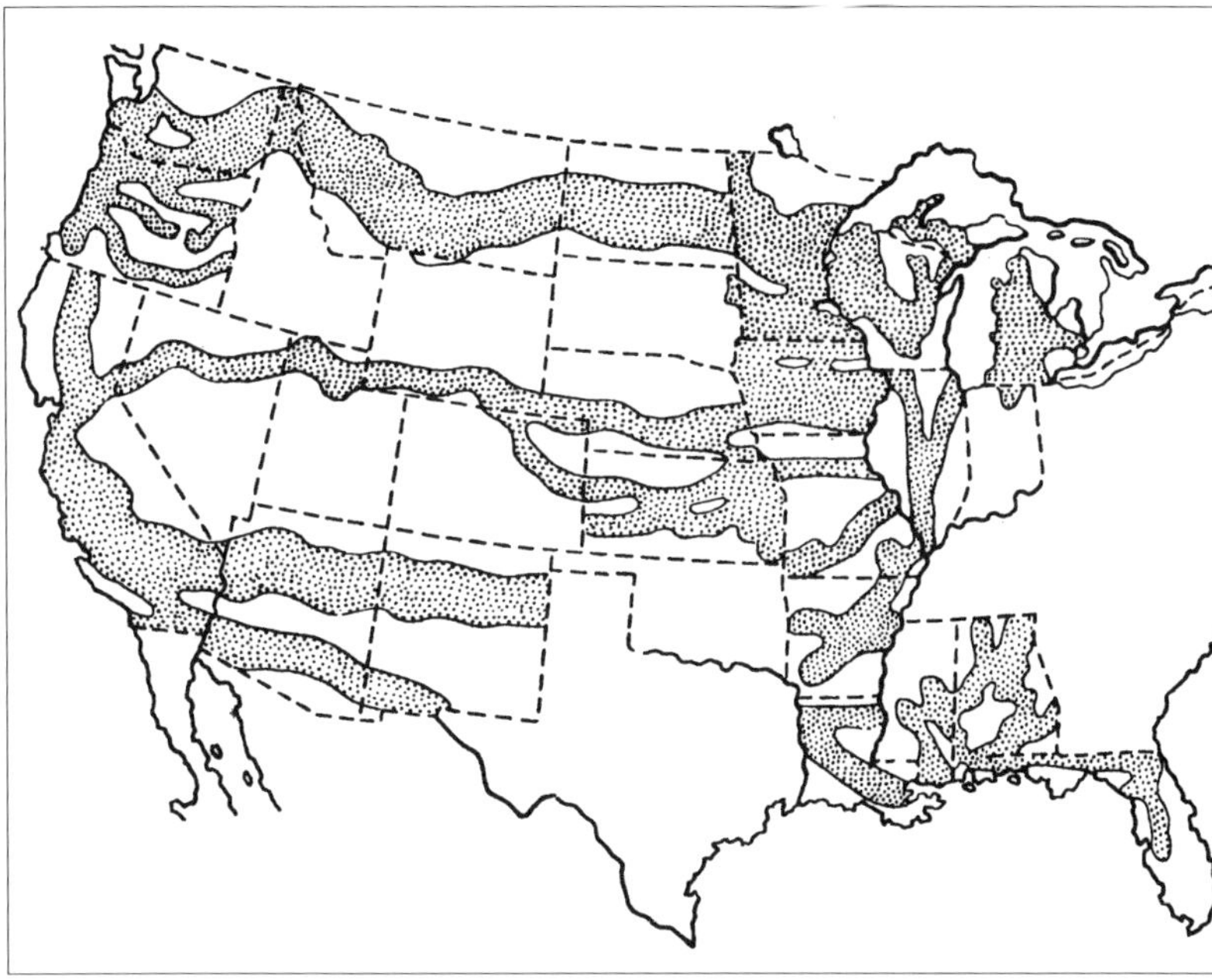

出典：Charles Austin and Mary R. Beard., The Beards' New Basic History of the United States, New York, 1944, op. cit. p. 271.

西部やインディアナ、イリノイ両州より同地方開拓に入植した人々と鉄道輸送についてニューイングランドのジェームズ・スターリングはこう記している。「…鉄道と大草原の関係について…大草原は鉄道の建設には最も適するものであった。更に大草原の開拓には、簡単な作業で固い芝土を掘り起こし、単純に鉄道の枕木を並べる事だけであった。かくして大草原地帯を開拓する鉄道には、多くの建設費を投資しなくとも、以上の如き簡単な方法で建設が行なわれた。こうした方法により大草原地帯には鉄道が敷設され、運行されたので驚く程の躍進を見せたのである[8]」と。かくしてここに北部大西洋岸諸都市と、西部太平洋岸カリフォルニア地方の黄金郷を鉄路で結ぶ「大陸横断鉄道」建設を巡る路線を策定する事になった。

ピアース政権は「資料Ⅳ[9]」にみる如く四路線に着いて測量を開始、路線採択の可否資料とした。一方閣内にあった陸軍長官・ジェファスン・デービスは南部、ミシシッピー州出身、米墨戦争の武

注(9)「資料Ⅳ」 ピアース内閣が連邦議会に提案した1850〜1858年大陸横断鉄道計画四路線

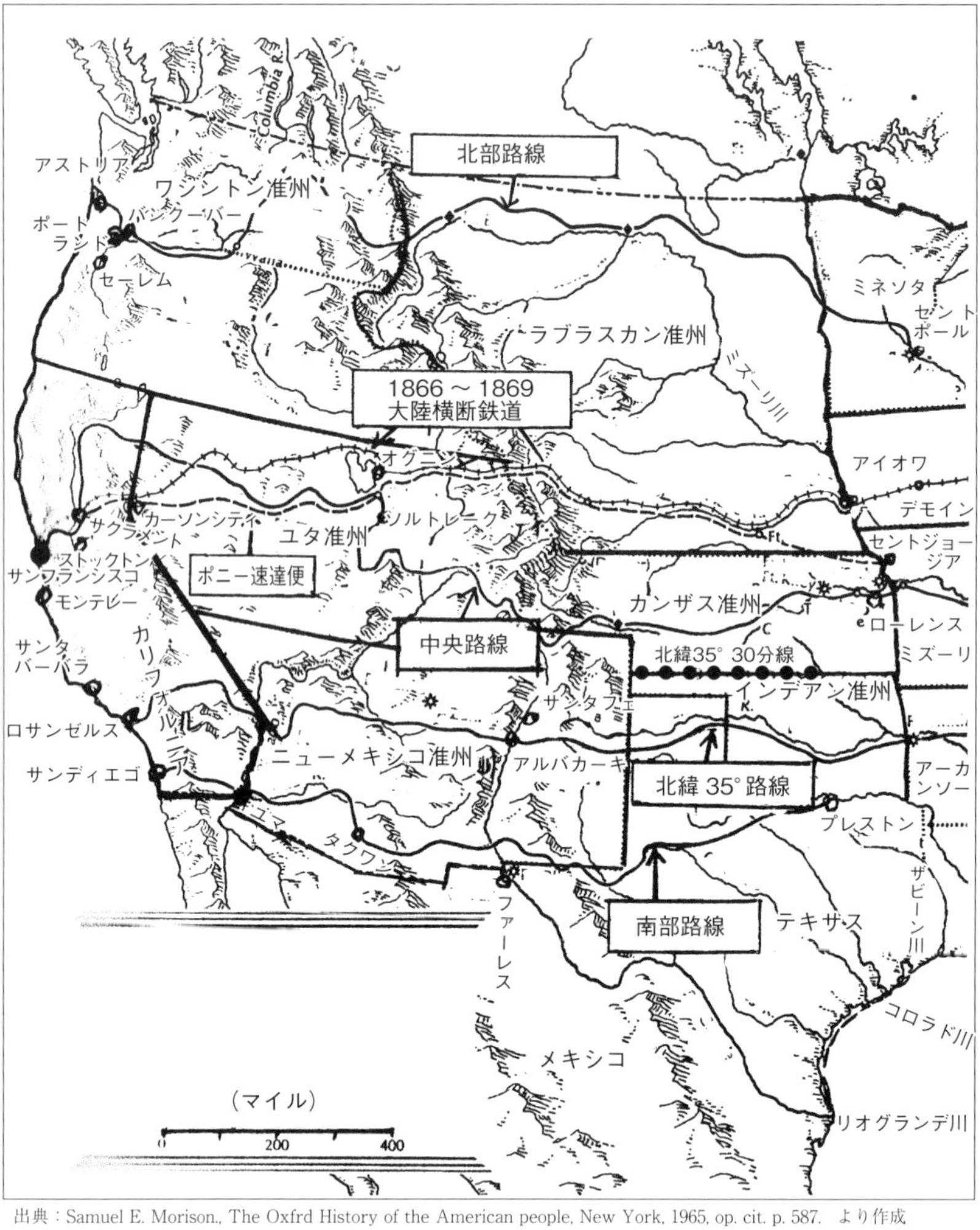

出典：Samuel E. Morison., The Oxfrd History of the American people, New York, 1965, op. cit. p. 587. より作成

勲第一級で知られ、ピアースの信任も厚く大統領顧問を兼務していた。一方彼は早くから鉄道の果たす役割に注目していた。更に彼は内閣にあって大陸横断鉄道建設の提唱者でもあった。大統領のもと閣議が開かれ「資料Ⅳ」にみる如き四路線について測量をもとに検討された。

『第一案は、北部線とし、ミシシッピー河上流とミズーリ川上流を結び、オレゴン道に沿ってコロンビア川河口に到る全長三、二〇〇キロに及ぶ路線である。

第二案は、中央線とし、セントルイスを起点にカンザス川とアーカンソー川をさかのぼり、ロッキー山脈を越え、塩湖（ソルトレイク）に到り、そこからカリフォルニア道に沿って、サンフランシスコに到る路線である。

第三案は、同じく中央線とメンフィスを起点にアーカンソー川とカナディアン川をさかのぼり、サンタフェ近くでロッキー山脈を越え、アパッチ族とモヘージ族との間を抜け、ロサンゼルスに到る北緯三五度線に沿う線路である。

第四案は、南部線としニューオーリンズを横断し、ヒーラ川流域を経てユマとサンディエゴに到る路線である』

そこでピアース大統領は右の四路線について各閣僚に発言を求めた。そこで陸軍長官Ｊ・デーヴィスが立ち前記第一案～第三案について見解を述べた。彼の見解によれば以上三案については既に街道が開拓されており、北部諸州とカリフォルニア州及び北方、オレゴン准州とを結合する事になると指摘がなされ、更に上記三線には先住インディアン諸部族等の領土を経由しなければならないという重大な障害が指摘された。

以上三線に比《ひ》し、彼がいう第四案とは、南部線はニューオーリンズを起点にカリフォルニア州南部ユマ及びサンディエゴ間を結ぶとき、他の路線に対し、最短距離で結ぶ事が可能である。更にテキサスの地形は平坦であり線路敷設は容易であった。しかもその上、ニューメキシコも准州である事から、Ｊ・デーヴィスは、南部諸州はもしも南部路線が「大陸横断鉄道路線」として連邦政府より建設予定候補線に決定するならば先の「一八五〇年の妥協」によって、カルフーン等が言う「南部が喪失した」、政治的、経済的な失地回復を果たす事が出来るであろうと指摘した。つまりカリフォルニア自由州加入で、連邦議会で失った自由州十六対奴隷州十五を南部線以南に新奴隷州建設が合法的に可能となると指摘したのである。ピアース大統領は「南北対立」解消の名案を得て、三月の連邦議会に、南部線案を秘め、「資料Ⅳ」の大陸横断鉄道建設計画案を提出した。連邦議会は第四路線、南部線について、詳細な測量を可決した。

これを受けてＪ・デーヴィスは第四案、南部線がメキシコ共和国領土ヒーラ川流域を含む事から、メキシコ共和国政府にその地域の買収を大統領に進言した。ピアースは特命大使にジェームズ・ガズデンを指名、彼にメキシコ政府に対し一千万ドルにて南部線建設に必要な用地買収交渉を命じた[10]。

ガズデンは政情不安な弱体化著しいメキシコ政府に対し硬軟おりまぜた領土割壊交渉を開始した。一方、メキシコ政府は合衆国との再度の戦争に勝ち目はなかった。先の戦争の敗北で財政は火の車であったから、ガズデン公使の一千万ドルでのヒーラ川流域の領土割譲という屈辱的恫喝外交に屈した[11]。

かくして大陸横断鉄道建設路線候補に南部路線案が浮上、南部路線案を主導したミシシッピー州選出上院議員現陸軍大臣・J・デーヴィスは次期民主党大統領候補者としての地歩を固める事になった。

ところでこうしたピアース政権の鉄道路線建設案に対抗したのが抜け目のない「小さな巨人・リトルジャイアント」イリノイのS・A・ダグラス上院議員であった。彼は民主党が北部に対し南部の起死回生案とも言うべき秘策を構想した。躍進著しい西部と南部の連携・同盟を導く鉄道建設路線の策定であった。彼は巷間《こうかん》「南部主義の心を持つ北部人」と揶揄されたが、ダグラスには主義などはなかった。先の大統領指名選挙に際し、最後まで決選投票に固執した如く、ホワイトハウスの椅子に座る事こそが主義主張であり、「白人と黒人の紛争には白人を支持し、黒人とワニとの争いには黒人を支持する[12]」と公言してはばからない人士であった。今や彼の頭の中には、南部と西部との共通する利害をいかにして案出するか!! この一点にあった。ピアース政権下、重要閣僚として陸軍長官職にあったJ・デーヴィスがミシシッピー州河口港、ニューオーリンズとカリフォルニア州サンディエゴ間を鉄路で結ぶとする南部路線案が連邦議会に提出された事を受けて、もし同案が可決成立すれば彼が次期民主党大統領候補として有力な地歩を築く事は確実であった。そこでダグラスは、南部と西部を満足させ、両地域が共通の利害の基礎の上に立つ事を知らしめるある計画を着想した。

彼の構想によれば、ピアース政権が議会に提出した「大陸横断鉄道建設」計画に含まれた四案の内、中央路線の測量に際し、インディアン領地を経由するとの障害を理由に不採択となった第二案・シカゴを起点にカリフォルニア州サンフランシスコを終点とする「中央路線」の復活にあった。「中央路線」建設予定地にはスー、ダコタ、シャイアン、ポーニー、アラパホ、クロウ族等獰猛《どうもう》な有力諸部族の居住地が連なってはいたが、現実にはこうした危険極まりない先住インディアン部族の領地を案内人を頼りに通り抜け、夢にみたオレゴン地方や黄金郷を目指す開拓者の群は絶える事はなかった。そこで合衆国連邦政府はこうした西部インディアン諸部族と「草が生え、水が流れる限りの大地はインディアンの領土」とする条約を次々と結ぶ事になった。

ところで我々は既にみた如く、北部インディアン部族と同様の条約を結んだ。だが連邦政府は何一つとして条約を誠実に守る事はなかった。連邦軍も、開拓者達も西部インディアン諸部族の衣食住たるバッファローを見つけ次第殺し尽くしたし、連邦政府軍は口実をもうけては、彼等先住民を婦女子共々殺戮した。政府の役人達は連邦軍の銃口下、インディアンを強迫、あるいは酒で酔わせては彼等の土地所有権を剥奪していった。かくして西部インディアン諸部族も北部の先住民同様、殺戮を免れた人々はオクラホマ領地の居留地なる荒野に「涙《なみだ》の道」を目指して狩り立てられていったのである。

一方Ｓ・ダグラスは、イリノイ・セントラル鉄道の顧問として州都、シカゴに大邸宅を構え、西部の土地に巨額の投資を行ない、土地の転売なる投機による利殖に才を見せた土地成金でもあった。彼の計画では、シカゴを起点に西部に対して、中央線が建設される予定地には、Ｔ・ジェファスンがアメリカ国民に額に汗し大地を耕すべきと約束する。「ルイジアナ領土」を通過する故、西部が開拓すべき土地として開放し、南部に対しては同地に新しい奴隷州建設の希望を与え、その上、更に西部諸州に向けてはこうした新たに開拓される領地に建設されるであろう新たな准州、新州は「一八五〇年の妥協」精神に含まれた四法案中、ユタ、ニューメキシコ准州建設構想同様「住民の意志」とする事を尊重する旨を約した。かかる「中央路線」建設構想案は議会で南部路線案可決を逆転させる所となった。

かくして西部と南部はここに共通する利害を見出す事になり、両地域は鉄道によって結合される事から両地域の提携関係を一層強める事になり、北部に対する西部・南部の連携はここに強力な同盟関係へと進化する事になる故、カリフォルニア自由州の加入による崩壊した奴隷州の勢力を回復させ劣勢なる議会勢力も回復、産業化に沸き返る北部地域に西部との連携に成功する南部は十二分なる一大・対抗勢力結成を見る事になるのである。

かくして「小さな巨人」S・A・ダグラスは、J・デーヴィスの南部路線を逆転、中央路線建設成功に自信を深めた。こうしたシカゴを起点とする中央路線建設による大陸横断鉄道が完成した暁には、彼の名声は、建国の父祖、T・ジェファスン、救国の英雄、A・ジャクソンにも比すべき、南部と西部の同盟による南北衝突危機回避の国民的英雄として米の歴史にその名を刻む人物として立ち現れる事になる事から、彼こそ次期民主党大統領候補者の有力なる人士として浮上する事になるであろうと自信を深めた。

だが彼のこうした中央路線建設案には大きな「立法」上の問題が内包されていた。彼が構想、案出、策定する中央路線は「資料Ⅳ」にみる如く、ミズーリ州西方境、北緯三六度三〇分線以北の地に建設される路線であり、しかもその地を彼が南部と西部に約束する「新入植地」とすることは、奴隷制を禁止するとするジェファスンがナポレオンより購入せるルイジアナ領土であった。つまり一八二〇年南北両地域が奴隷制問題を約定した「ミズーリ協定」を公然と廃棄する事を主張する事に他ならなかった。更に又、T・H・ベントン去りし後、後継にたったミズーリ州選出の民主党上院議員、ディビッド・R・アチソン上院議員がダグラス案を支持、「ミズーリ協定」破棄やむなしと応じたのである。ここにホイッグ党、民主党の指導的地位にあった上院議員の支持を得たダグラスは、新たに開拓すべき「ルイジアナ領土」を三つに分割し、北を「ネブラスカ領地」南を「カンザス領地」とし、秘かにネブラスカ領地がアイオワ・イリノイ両州、自由州の隣に位置した事から同州よりの入植地とし、カンザス領地を隣州ミズーリ州同線、奴隷州が入植すべき事と合意したのである。

　ここにＳ・ダグラスは公然と「ミズーリ協定」破棄を宣言したのである。南北両地域対立を決定的にした史上にいう「カンザス・ネブラスカ法案」が連邦議会上院に提出されたのである。我々も以下彼のいう「ルイジアナ領土開拓法案」構想を伺う事にする。一八五四年一月四日、上院議会に提出された法案は「…本案は一八五〇年の妥協によりなしとげられた法律に対し、修正を要求するものである。…最近獲得したメキシコ領地に関する新たに登場した所の困難なる仲介についてである。私はネブラスカ領土の開拓に際しては、ニューメキシコ、及びユタ准州に適用されたる奴隷制の問題と理解をしている所である。確かにメキシコより獲得した領土に於いては、メキシコの法律では奴隷制は禁止されている。だが我が合衆国の法律では、同地は合衆国の領土である故に私は国内の制度として、その地の法律により処理すべきものと理解するものである。かくして以上の事が実際行なわれる限りにおいてはそれは合衆国憲法との衝突は起こり得ないものと理解するのである。
　本法案はネブラスカ領土に奴隷制度を禁止、あるいは又、保持すべきかに関して、私は制度に反対故にして反対をするものではなく、真実により証明されるのは、「奴隷制」はユニオンの半分の領土（一五州）では保持され、他の半分（一六州）では禁止されているという事実である。…以上の事から私は、合衆国憲法の高潔さに於いて、全ての市民はユニオンのいかなる領土に対しても奴隷制を除去すべき事と理解されるのであるが、同時に又、同憲法は全ての市民の財産はユニオンのいかなる領土に於いても法律の保護のもとにおかれるべきと著している所である。その際、法律のいう市民の財産とは彼が所有する物（奴隷）を含むものであろうか‼　…この問題が…ネブラスカ領土に関して提出されているのである。…この問題の解決には憲法上、議会の権威による法律の施行がなされるべきものと著されているのである。…かくして本法案は一八五〇年の妥協法案と、それに基づく条項より引用し、なされたものである。以下条文、
　第一節、新たに獲得された領土における「奴隷制に関わる全ての問題は、新たな准州の住民により、奴隷制を採択

するか否かは、住民が准州議会を構成する時、その住民の意志に委ねられるべきである。

第二節、奴隷制度と表記されたる全ての事柄に関して、それは個人の自由の問題を含む故、連邦最高裁判所に上告され、公正公平なる正義により、各地方裁判所の判決に属すべきものとする。

第三節、合衆国憲法の条文に関するものとして、各州共和国と同様に、准州として組織されたる領土に於いて、同様に忠実に施行されるべきものとする[13]」

一八五四年一月四日、S・ダグラスが第三三回連邦議会第一会期に提出した「ネブラスカ法案」に含まれた「一八五〇年妥協」に約定した所のニューメキシコ、ユタ領地における奴隷制を禁止すべきか否かは住民の自由意志に委ねられるべき」とする条文を更に進め、「住民主権」なる新たなデモクラシーを創造、西部と南部に共通の利害を抱かせ、H・クレイ、D・ウェヴスター、J・C・カルフーン亡き後、両地域同盟の偉大なる妥協者として、次期民主党大統領候補者たらんと志したのである。ジェファスニアンデモクラシーにみる人間の絶対的自由とその成果なる代表者による政府の樹立、次いでジャクソニアンデモクラシーが主張する庶民の代表者をして大統領たらしめよ!! と叫ぶ強大な行政権の誕生、樹立に次ぐ、一般庶民による「良心の自由」なる新しい民主主義の主張には誰も反対する事の出来ない普遍的価値観を有する響きが込められていた。

だがダグラスの真の狙いは別にあった。「住民主権」の名の下、南部には奴隷制拡大の期待を抱かせ、西部に向かっては果てしもない更なる西方に向かう大草原地帯に鉄道を建設し、アメリカに次々と押し寄せる旧大陸からの大量の移住者を運び入れ、穀物地帯として開拓地を拡大するという希望をふりまいたのである。一方、同地方開拓にT・ジェファスンが千年王国と豪語したとおり、リイジアナ領土は旧ヨーロッパ大陸にも匹敵する程広大な領土であった。ダグラスは両地域が望むままに西部と南部に、住民主権という新しいデモクラシーなる普遍的価値観を呈示、新しい民主主義の名の下、なんと西部と南部の有権者の投票を釣り上げようと画策したのである。果たせるかな!! ダグラスによる「ネブラスカ法案」が議会にて質疑応答が展開されるや、北部からだけでなく南部からも反対論が続出した。ホイッグ党、北部ニューヨーク州選出上院議員、W・H・シェワード、同オハイオ州選出上院議員S・D・チューズ等、新たに上院に登場したこうした小壮、気鋭の若手議員等は原理的反奴隷制議員であった。道徳的にも奴隷制を嫌悪した。

彼等は「北西部条令」におけるアレゲニー山脈を越えた以西よりミシシッピー河以東に奴隷制を禁じた同法を継承した「ウォルモット条項」による西方領土への奴隷制禁止を指摘した後、「一八五〇年の妥協」を指導したH・クレイ、D・ウェヴスター等同党重鎮が相次いで死の谷に歩んだ事から更に語気鋭く「連邦議会は議会の権限が及ぶ限りの範囲に於いて奴隷制を禁止する道徳的義務を有する」[14]として、ダグラスがいう「ネブラスカ領地」の住民主権を否定した。これに対してホイッグ党、ケンタッキー州選出上院議員、A・ディキソンはクレイの後継者であったから、J・C・カルフーンとの「一八五〇年の妥協」を支持、「…連邦議会は領地（メキシコより獲得した領土）における奴隷制を禁止する権限を有さず、それを保護する義務を有し、同様にして領地とは合衆国に帰属、連邦議会は単に紐《ちゅう》帯する各州を代表するものであり、その紐帯する一員たる各州は合衆国によるその有する財産に対する保護を受けるべき権利を有する」[15]とシェワード、チューズ等に説くのである。

更にミズーリ州選出、民主党上院議員、D・R・アチソンが登壇、ディキソン案を支持した。

従来かかる連邦議会における立法手続きによる新たな合衆国領土として、ユニオンが獲得した地に、「奴隷制」を保持あるいは禁止するかは憲法により認められていた（例えば前例として、テキサス、オレゴン、カリフォルニア領地、ガズデン地区等）。憲法によれば「合衆国に所属する領地又はその他の財産に関しては、必要な全ての規定及び規則を制定する権限は、連邦議会が有す」として理解されてきた。かくして以降、連邦議会はこれまである地方の領地において、奴隷制を認め、又、あるいはこれを禁止してきたのである。更にこうした領地の准州、及び後、新州昇格に際して一八二〇年には「ミズーリ協定」により同州西方境北緯三六度三〇分以北に奴隷制を禁止、同線以南に奴隷制を認めてきたのであった。以上の事実からS・ダグラス提出法案には以上の経過について彼は文字を起こして法案には著さなかったが、ネブラスカ領地は北緯三六度三〇分線以北にあった事から、にわかに「ミズーリ協定」問題が急浮上、北部は断固としてダグラス法案に反撃の口実を入手する事になった。

そこでダグラスに代わり、ホイッグ党のA・ディキソンが登壇、今度は公然とダグラス法案を支持する「修正案」を提出した。「……一八二〇年、ミズーリ協定第八節に宣言される文章に、新たに書き加えるべき文言は……『第八節。ルイジアナの名称のもと、フランスより米合衆国に譲渡された領土の地に関して、北緯三六度三〇分より以北にミズーリ州を除き奴隷制を……永久に禁止する』とする所は、本法律により、予期される領土に奴隷制を禁止するとして適用、解釈されるべきではないし、あるいは又、本法律により、合衆国の他のいかなる領土に対しても適用・解釈されるべきではなく、そうして又、准州あるいはある州の住民が、奴隷制の存続、又は廃止に関して、あるいは又、現実に奴隷制を保持している地に於いて、本法律により、同協定の適用地として解釈されるべきではない[16]」と。

ディキソンが提出したミズーリ協定破棄法案を聞いた途端、北部も南部も奴隷制問題の騒ぎ所ではない大騒動となった。南北両地域に論争が勃発した。苦境に追い込まれたダグラスは一計を案じた。ネブラスカ領土を二分、北部を「ネブラスカ領地」とし現に入植しつつあるイリノイ、ウィスコンシン、アイオワ等、西部自由州よりの開拓地とし、南部「カンザス領地」をミズーリ奴隷州等の入植地とする従来の「妥協法」の提案であった。だが論争が終了する事はなかった。この時南北対立に優柔不断なピアース大統領は突如、ダグラス再提案を支持、内閣、民主党等政権あげて成立を目指した。四ヶ月後の五月二十五日、カンザス・ネブラスカ法案が上院に提出された。「Extract from the Act to Organize the Territories of Nebraska and Kansas, 1854, 530.[17]」である。以下同法第一四節、カンザス及びネブラスカ領土の組織に関する法律である。「……ミズーリ州のユニオン加入に際して、制定された一八二〇年三月六日の法律の第八節に関して、本法律は、それを不採択とする。……なぜなら、一八五〇年の妥協法に際して制定された所の立法に於て認められた所のものは、……各州及び領地に関する奴隷制に対し、連邦議会が干渉するべきでないとする事に関わる事によるものである。かくして、本法案においては、いかなる領地及び州に対しても、奴隷制を保持、禁止すべきかは、合衆国憲法のもとにおける市民自身、みずからそれぞれに施行する完全なる自由を有する[18]」と。

オレゴンとカリフォルニアを目指す鉄道建設が開始されていた[19]。ヨーロッパの戦乱を避けアメリカを目指す移住者は増加する一方であった。入植者の障害となった勇猛果敢なインディアン部族も合衆国陸軍の銃口の前に次々と壊滅していった。カリフォルニア州に続きフレーザー峡谷にも金鉱の噂が飛び交っていた。五月三〇日同法案は上院で可決され直ちに大統領に送られた。ピアースは即座に署名した。

南北戦争に向かう悲劇の序章の扉《とびら》はピアース大統領が自ら開いたのである。

注

（1）James F. Jameson., Dictionary of United States History, Philadelphia, 1931, ibid, op. cit. pp. 750～753.

（2）Jameson, ibid, p.755.

（3）André Maurois, The Miracle of America, New York, 1944. op. cit. p. 254.

（4）Harold U. Faulkner, American Economic History, New York, 1924, op. cit. p. 288. 一八五三年にはニューヨークとシカゴが結ばれ、西部、特に中西部諸州ウィスコンシン、アイオワ、イリノイ産の小麦、とうもろこし等の穀物が北部へ運ばれ、北部からは工業品が運ばれ、西部と北部が提携する契機となった事は注目しなければならない。

（5）Maurois, ibid, op. cit. p. 254. 一八五四年、英駐在Ｊ・ブキャナン、仏駐在、Ｊ・Ｙ・メイスン、西駐在Ｐ・スーレー等は十月十八日、ベルギーのオステンドに会同、クリミア戦争の情勢を分析、列強の宗主国としての中南米諸国に対する介入をなしとし、合衆国によるキューバ領有を宣言した。モンロー宣言の再確認である。宗主国スペインは激しく反発、これを拒否した。列強の視線が中南米へ向かうとピアースは武力侵攻を断念した。

（6）清水博編著『アメリカ史』、山川出版社、昭和四十四年、一五九頁。

（7）Charles Austin and Mary Ritter Beard, The Beard's New Basic History of the United States, New York, 1944. op. cit. p. 271. 一八五〇年より本格化した鉄道建設の為に連邦議会は「資料Ⅲ」の如くその為の用地を各鉄道会社に供与した。議員達の多くは素早くこうした路線を知る立場にあったから路線沿線の土地を買い占め、当然土地値上がりを狙い、入植者達に高値で売却、ぬれ手に粟の如くその利潤を入手していった。S・A・ダグラスはその多くの議員の一人であった。

（8）Max Farrand, The Development of the United States Boston, 1918. op. cit. p. 175. 西部開拓が一八九〇年に終了、一九世紀初めにT・ジェファスンはナポレオンよりミシシッピー河以西の広大なルイジアナ領土を購入、アメリカの人々に同地開拓には一千年は要するであろうと豪語したが、一〇〇年にも満たずに太平洋岸に開拓者が到達するとは夢想だにしなかった。こうした鉄道の果たす役割についてJ・スターリングは早くもミシシッピー河にかかる橋脚の上に鉄道が走り、西部の大草原に向けて開拓者を満載疾駆する真の意味を正確に理解していたのである。

（9）Morison., ibid. op. cit. p. 587.

（10）Jameson., ibid. op. cit. p. 192. 大陸横断鉄道建設、南部路線案にはカリフォルニアに向けた地点が、ニューメキシコとアリゾナ南方でメキシコ国境を越えていた。

（11）Jameson., ibid. op. cit. p. 192. ピアースは国内での南北対立には優柔不断、両地域に無難な姿勢を示したが、対外外交にはみた如くの強圧ぶりであった。それでも自らを恥じたのか、メキシコよりの鉄道用地割譲に一千万ドルを用立て、四五、〇〇〇平方マイルを入手したのである。T・ジェファスンが旧ヨーロッパ大陸に匹敵するルイジアナ領購入に一、五〇〇万ドルと比較されたい。

(12) Maurois., ibid, op. cit. p. 254.

(13) William Macdonald, Documentary Source Book of American History. 1606-1926, New York, 1926, op. cit. pp. 399～402.

(14) Morison., ibid, op. cit. p. 572, 建国期の指導者達は合衆国憲法に確かに奴隷制の保持を認め、そうした点については我々は前にも検討したが、Ｔ・ジェファスン等が期待した自然死という消極的な側面については指摘した。だが事態の進展は建国期の指導者等が予想したものとは全く相反する所となった。ホイッグ党のＷ・Ｈ・シェワード等は「奴隷制」に関して、確かに憲法は領地に奴隷制を認めるが、憲法を越える神の法なる「道徳上の問題」としてそれは許されないと、即時廃止を主張する。奴隷制廃止を求める新党運動はここに開始され、ホイッグ党の役割は終了する事になった。

(15) Macdonald, ibid, op. cit. p. 402.

(16) Macdonald., ibid, op. cit. p. 402.

(17) Macdonald., ibid, op. cit. pp. 403～405.

(18) Macdonald., ibid, op. cit. pp. 404～405.

(19) Morison., ibid, op. cit. p. 587, 南北対立の激化からＪ・デーヴィス案、Ｓ・Ａ・ダグラス案に代わり新たにカリフォルニア州サクラメントからも南北戦争後、北部へ向かって鉄道建設が開始される事になる。

第二節　共和党の誕生と米の奴隷制度

米の奴隷制度は南部独得の制度である。東部大西洋沿岸に建国した人々は更に開拓前線を進めアパラチア山脈を越え太湖に連なる大森林地帯や、あるいはオハイオ川に沿いミシシッピー河以東にかけての地域をわずか半世紀にも満たずに開拓した。更に開拓前線を押し広げた人々は、やがて世界の大河ミシシッピーを越え、以西に開ける広大な大草原を目指し開拓の鋤をふるう事になるのは自然の成り行きであった。一方旧宗主国たるイギリス、フランス、スペインはこれを武力で阻止する事は出来なかった。

だがこうした開拓者の群れが、大陸を更に西へ西へと開拓線を進め、北米大陸全ての獲得を目指し大自然の前に立った時、その行く手に突如立ちふさがったのは米合衆国政府であった。

大洋の彼方、旧宗主国が大陸の覇権を賭して権謀術数を繰りひろげる宮廷外交に明け暮れる最中、アメリカはその間隙をつき、政情定まらぬメキシコに謀略をめぐらし戦争に誘い込み首都を制圧、勝利に乗じてメキシコの広大な西方領土を一、五〇〇万ドルで割譲させた。(1) 西方に新たに獲得した肥沃な土地を目指し開拓者が殺到するのは極めて自然な事と思われた。だが合衆国がメキシコより獲得した肥沃な土壌はアメリカを蝕む奴隷制度と密接不可分に結合していた。それは人類解放を掲げたアメリカ建国の理念を毒する悪性腫瘍（癌《ガン》）であった。その腫瘍（癌《ガン》）は時と共に成長、肥大化していった。

建国の父祖、T・ジェファスン等は、世界の大河、ミシシッピー河を越えた以西の地を占めた、広大な仏領・ルイジアナ領土購入に際し、同地に新たに形成されるであろう新州の連邦、ユニオン加盟に「奴隷制」が南部対北部という地域対立、抗争が生じる事を予見していた。後年、彼はミズーリ州を除くルイジアナ領、北緯三六度三〇分線以北に奴隷制を禁止するとする「ミズーリ協定」に夜半に半鐘の鐘の音を聞くという回顧録(2)は適中した。一八二〇年のミズーリ協定は結局、南北抗争の一時的対症療法に過ぎなかった。南部の奴隷制は連邦政府の権力中枢と結合していた事から、アメリカ社会を毒する悪性腫瘍として認識はされたが、それを摘出、廃棄する事なく、奴隷制は合衆国建国以来今日も、アメリカ社会の内部に留まっていたのである。

ところで、南部独得の奴隷制が、合衆国の建国期を経て、一九世紀に入り、アメリカの成長と躍進著しい時期が到来すると、奴隷制問題を巡る南北の対立はより一層尖鋭化を見せる事となった。奴隷制問題は従来両地域を超越した立場にあった西部を巻き込み、アメリカの世論を分裂させる程の激しさを示し始めた。したがって我々の奴隷制を巡る問題意識もこの時期から開始されるであろう。

注（3）「資料Ⅰ」　第１回国勢調査～第七回国勢調査時における自由州、奴隷州の人口と連邦議員数

	北部自由州			南部奴隷州			
	州数	人　口（奴隷）	議員	州数	人　口（奴隷）	議員	総人口
1790	8	1,968,455（40,370）	57	6	1,961,372（657,527）	48	3,929,214
1800	8	2,684,621（35,946）	76	8	2,607,223（853,851）	65	5,308,483
1810	9	3,758,910（27,510）	103	8	3,456,881（1,158,459）	78	7,239,881
1820	12	5,152,372（19,108）	123	12	4,452,780（1,512,640）	90	9,638,453
1830	12	7,012,399（3,568）	141	12	5,808,469（1,999,356）	99	12,866,020
1840	13	9,728,922（1,129）	135	13	7,290,719（2,481,632）	88	17,069,453
1850	16	13,454,293（236）	143	15	9,612,969（3,200,364）	90	23,191,876

出典：Max Farrand., The Development of the United States. Boston, 1918, op. cit. p. 225.

建国期南部指導者層の多くはこの「奴隷制」は、植民地時代の遺物であり、一時的な制度として黙認していた。一方、独立宣言を起草した若きT・ジェファスン等は奴隷制を悪しきものとして廃棄すべきと主張した（「資料Ⅰ」[3]）。

人類の普遍的真理を掲げ国際社会に登場したアメリカは、ワシントンを始めジェファスン、マジソン、マーシャル等皆、大奴隷制に基づく農園主であった。建国後、ワシントン、J・ランドルフ、マジソン、マーシャル等は所有する奴隷を次々と解放、この悪習を廃棄した。ところがこうした折、一八世紀末、一七九三年、南部の「奴隷制度」に一大転機をもたらす事態が出現した。「エリー・ホイットニー、Eli. Whitney」による繰綿機（綿花種子除去機械、Cotton Gin）の発明である。彼が考案した一台の機械は、一日五〇人の奴隷が日の出から日没まで休みなしに収穫した綿花の種子を除く作業を可能にするものであった。だが一方、こうした彼の功績は、南部の奴隷制を無意識の内に、大農園主（奴隷制大農場経営者、Planter.）達の個人的利益に還元してしまった事である。

かかる機械の発明は、従来南部の人々が「奴隷制」をイギリス植民地体制の一時的な、便宜的な制度であり、将来的にはこれを廃止すべきと考えていたが、今日、機械の出現とその圧倒的綿花処理能力の前に、繰綿機が南部の利益を飛躍的に増大させた事から、「奴隷制」廃止への道徳的感情を麻痺させてしまった。以降、綿花は南部のほとんど唯一の商品作物となった。従来、植民地アメリカを支えた南部奴隷制商品作物はタバコ、藍《あい》、砂糖、米、等々であったが、こうしたプランテーション経営には弱点があった。奴隷労働の監督や奴隷作業の不効率、奴隷の逃亡等であった。一方、新たに登場した綿花栽培は極めて容易であり、それは通年に及ぶ機械の導入による単純作業であった。更に綿の木は丈が低い事から奴隷監督は容易であった。かくしてプランターは大量の奴隷労働を投入し綿花生産を拡大した。こうして肥沃な土壌に恵まれた南部には、奴隷制大農場経営が最も収益のあがる魅力的産業として成長していった。南部では綿花栽培に必要な土地は西方に無尽蔵であった。綿花は奴隷と土地とその維持費が低価であればある程利潤を産み出した。維持費は年間わずか二〇ドル前後であった。かくして一八五〇年には南部の奴隷は三二〇万人を突破した。(4) 南北対立が日を追って激化したその年、その財産としての評価額は二〇億ドルと計算された。(5) 南部最大の財産に成長していたのだ。

周知の如く綿花は単一作物であったから土地を疲弊させ、常に新しい土地を必要とした。更に一八〇八年、ジェファスンによる「奴隷輸入禁止法」を受けた事から、より一層以前にもまして奴隷は重要な財産となった。

南部の人々は、北部地域の人々がいう所の「奴隷制」が、アメリカの身体を毒する宿痾たる悪性腫瘍との批難の言葉に、今や、道徳上の自己弁護を必要とした。南部は無意識の内に、南部の利益と道徳との一致を求めた事も又、自然な成り行きであった。こうした折南部植民地以来の歴史を有するヴァージニア州、ウィリアム・メリー大学が南部の利益を産み出す「奴隷制」に道徳上の理論的展望を与える事になった。

ウィリアム・メリー大学教授、トーマス・R・デューである。彼はドイツ留学時、人間不平等論に接し帰国、教壇に立った。講義に、西欧列強の富の源泉が広大なアジア、アフリカ、中南米の古代専制国家より、神の見えざる手による圧倒的軍事力による事を教訓に、南部貴族制大農園主の子弟に向かってこう力説した。「……最高の知識と能力を有する人間が、劣等なる人間（人種）を支配し、利用する事は、自然と、創物主より与えられた使命である。……それは、動物が他の生き物を餌《えさ》とする如くに、人間が他の人種を奴隷とするのは、同様にして、自然の使命である。[6]」と言い放った。社会の基礎が不平等なる自然の掟である事を歴史の教訓として講義を展開、北部の人々のいう道徳上からの南部奴隷制批難に、人類の歴史の教訓より普遍的制度であり、北部の道義上の優位に南部の道義上からの対抗論を展開した。

　彼の講義は評判をよび後年彼は同大学の学長に就任する事になった。又、同様な見解として南カロライナ州ウィリアム・ハーパーは『奴隷研究』を著し、南部の奴隷制を擁護した。「……奴隷は自らの向上を希望する事は出来なかったが又、そうもしなかった。

……実際、北部社会では未婚の女性が、子供を出産すれば、社会から追放される事になる。だが、南部の女奴隷が子供を出産すると、その子供は主人なる農園主に新たな奴隷を与えるものとして、喜ばれるのである。[7]」と、あるいは又、A・ジャクソンの後継を狙う副大統領職にあった南カロライナ州のプランター、J・C・カルフーンは奴隷制度を支持してこう主張したのである。「……私は奴隷制度をよい物として支持する。……その社会の一部のものが、その社会の他のものの労働によって生活を得る事がなければ、豊かな文明社会は決して成立する事は出来ないのである[8]」として、ギリシアの民主政治が奴隷制により成立した事を指摘した。

　リパブリカン党を率いたジェファスニアンデモクラシーは奴隷制の自然死を期待した。ジェファスニアンデモクラシーを同根とし異花受胎したデモクラット党（民主党）を率いたジャクソニアンデモクラシーは、奴隷制度を黙認した。だが南部民主党を率いたカルフーンの時代になると「奴隷制度」を善なるものとし、南部社会の豊かさを導く富裕な文明社会の基礎であるとして奴隷制度を推薦するのである。

かくしてアメリカデモクラシー発祥の地たる南部には、綿花生産を支える奴隷制プランテーション制度が定着しミシシッピー河中流域両岸から下流域両沿岸地帯、更にメキシコ湾を囲む形で、土地という土地は、またたくまに、綿花プランテーションが連なる畑で覆い尽くされる所となった。

かかる結果、南部の土地貴族（プランター）は自らの持つ財産の全てを綿花生産にふり向けた。議員に始まり、法律家も医者も教師も商人も、牧師さえもが、いくばくかの小銭を手にすると、直ちに土地と奴隷を買い、小さいながらも綿花農場を始め、やがて中小のプランターに成長していった。

耕作された畝《うね》々の間から緑の芽が顔をのぞかせると、春の雨に若葉を広げ、真夏の太陽の下、次々と枝を伸ばし、赤い花を開くと、間もなく青い実が次々と姿を現した。やがて秋空のもとに純白の実が、羽の如くに開くのをみる時、南部のプランター達は自らの人生の成功に満足するのであった。それから彼等は奴隷監督人の皮の鞭に物を言わせ、多くの奴隷を立ち働かせるとその年の収穫量の多さに満足し、満面の笑顔に着飾った家族を引き連れ、ニューオーリンズの外港都市にオペラを楽しみ毎夜の舞踏会に繰り出すのであった。「資料Ⅱ(9)」にみる如く（一八三六年〜一八四〇年）の綿花生産額は六億一、七三〇万ポンドであったのが（一八四一年〜一八四五年）に入るとその平均額は八億二二九万ポンドに上昇、更に（一八五一年〜一八五五年）には一二億九、四四二万ポンドと急増するのであった。

こうした南部では騎士道文学が愛読され、ロマンチックで中世的な、封建色の強い南部の理念が語られ、贅《ぜい》をこらした客の歓待、名誉心、婦人に対する礼義と尊敬を特徴とする我々が知る『風と共に去りぬ』等々に描かれる貴族社会が形成される事になったのである。

だが復活した南部奴隷制貴族社会出身の歴代大統領、第九代、W・ハリソン、第一〇代、J・タイラー、第十一代、

注（９）「資料Ⅱ」　繰綿機導入後、綿花生産輸出

年　次	平均年間生産額 ポンド	平均年間輸出額 ポンド	生産額の輸出比率 %	ニューヨーク港船積み価格 セント	リヴァプール港引き渡し価格 セント
1791-1795	5,200,000	1,738,700	33.43	31.7	
1796-1800	18,200,000	8,993,200	49.41	36.3	
1801-1805	59,600,000	33,603,800	56.38	25.0	15.4
1806-1810	80,400,000	52,507,400	65.38	18.9	18.4
1811-1815	80,000,000	42,269,400	52.83	14.8	20.5
1816-1820	141,200,000	91,144,800	67.38	26.2	16.7
1821-1825	209,000,000	152,420,200	72.93	16.2	9.2
1826-1830	307,244,400	254,548,200	82.84	10.9	6.5
1831-1835	398,521,600	329,077,600	82.57	11.9	8.0
1836-1840	617,306,200	513,315,800	83.15	13.0	6.7
1841-1845	822,953,800	691,517,200	84.03	7.7	4.7
1846-1850	979,690,400	729,524,000	74.46	8.7	5.2
1851-1855	1,294,422,800	990,368,600	76.51	9.6	19.1

出典：Harold U. Faulkner., American Economic History, New York, 1924, op. cit. p. 209.

Ｊ・ポーク、第十二代、Ｚ・テイラー等の政権が「明白な天命」により、テキサス、オレゴン、カリフォルニア、ガズデン領地等、次々に領土に加えた事から、こうした西方の新領土に新たに建設された共和国が求める連邦加入に際し、従来、自由州対奴隷州の均衡維持を約した「ミズーリ協定」が崩壊、次第に自由州が優位を占めるという現実に直面した南部は新たな西方への奴隷州拡大を模索した。スペイン領キューバ島を始めとするカリブ海、あるいは又テキサス、カリフォルニアに連なる更なるメキシコ領への南下策を抱いて、一八五四年十月十八日、在イギリス駐米大使、ブキャナンを始め駐仏大使、駐西大使等がベルギーのオステンドに会同、ピアース大統領、マーシー国務長官等の意を受けてキューバ併合を宣言(10)、モンロードクトリンの実行を試みるも、列強の介入を危惧、時期尚早とみて、ピアース政権はこれを断念した。

一方、アメリカの人々は誰も気付かなかったが、合衆国の危機は目の前に迫っていた。南部の奴隷制を巡る南北の対立は「一八五〇年の妥協」により、一応衝突の危機は回避された。だが北部には製造工業が開花､工場制のもと、いよいよ物質的繁栄が予想された｡「アメリカ体制」下、イギリスに比肩する世界の工場も今や夢物語の話ではなかった。「偉大なる妥協法案」の前に北部は沈黙を守った。

一方南部は綿花がアメリカの王様であり、イギリスの世界の工場は今日、アメリカの綿花なしに語る事は出来なかった。かくして民主党の指導者層は、一八五〇年の妥協法案に一層自信を示し、党の組織強化に向かった。

ところがこうした最中、南部の奴隷制がアメリカの人々に久しく忘れかけていた「道徳上の問題」として突如浮上させる事件が勃発した。我々が前節に検討した所の、イリノイ州選出、民主党上院議員S・A・ダグラスが、一八五四年一月六日上院議会に提出した「ネブラスカ領地に関する法案」なる准州組織に関わる住民主権という、初めて耳にする全く新しい民主主義による共和政府設立法案であった。更に同法案は一八二〇年のミズーリ協定にいう北緯三六度三〇分線以北の旧ルイジアナ領土であり、かつてアメリカの建国に際し、北西部条令に約した如く、アパラチア山脈以西の新州建設に際し、T・ジェファスン等による奴隷制禁止を意図した領土購入でもあった事から、全てのアメリカの人々はいずれの地にも奴隷制を禁止すると理解していた。ところがダグラス法案はこのいずれの約束事も、反古にする意図を含んでいた事から、たちまちこうした人々の反奴隷制感情に火をつけ、道徳上の問題として、忘れかけていたアメリカ民主主義を毒する宿痾（奴隷制）を廃止、放棄せよとの道徳感情論を巻き起こす事になった。その結果、アメリカ国民はますます良心に苛《さいな》まれ、自らの傍観者的対応を嫌悪する事になった。

北部のホイッグ党員個々人は彼の属する政党の施策に従うべきとし、偉大なる妥協に偉大なる沈黙を守り、南部奴隷制問題に明確な行動を取る事を差し控えてきた。こうしてホイッグ党員たる各個々人等は道徳上の責任論から免れ、あるいはその責をホイッグ党指導部に転嫁してきた事が、今日、全くの間違いであった事に今更ながら気がついたのである。

一方で、南部の人々は、我々が前節に検討した如く、綿花がアメリカの国王であり続ける限りに於て、北部の優位せるとする道徳論に自らの自己弁護を正当化する道徳論を構築していたのである。奴隷制は南部の独得な制度であり、多くの年月を費やして黙認され、あるいは自然死を免れ、今や合衆国を支える一つの経済圏と文化圏を構築していた。

たとえそれが道徳上より批難されようと、ギリシアの民主政治やローマの共和政治がそうであったように、今日、西欧列強の富はアジア、アフリカの植民地とその地の人民からの吸血労働により、ヨーロッパの民主政治が支えられているのは周知の事!! として反論した。既に前節に我々が検討した如く、「ダグラス法案」には南北両地域、更にホイッグ党ばかりでなく、政権与党たる民主党からさえ反対論が噴出した。

ところがそれにも増して世論は「ダグラス法案」成立に反対する声で沸騰していた。なぜなら、ダグラスが南部議員の反対論に、苦渋の選択とはいえ、「ミズーリ協定」に代えて、「一八五〇年の妥協」精神に含まれた、ユタ、ニューメキシコ開拓住民に向けて将来、准州、新州への昇格、更に連邦加入に際し、自由州か!! 奴隷州か!! を選択する事は住民の意志に委ねる!! とする妥協精神を先取りし、自らの法案否決を心配するあまり、ついに先人政治家の政治的知恵「ミズーリ協定」の撤廃に踏み切らざるを余儀なくされたのである。

かくしてH・クレイ、D・ウェヴスター、J・C・カルフーン等のいう妥協精神に学び、交渉上、止むを得なかったとダグラスは言い訳をしたが、結果としてミズーリ協定を反古にしたどころか、逆に破棄し、北緯三五度三〇分以北の地に奴隷制を確立した事は、多くのアメリカ人に激しい憤りをもたらした。ダグラスにとってそれは、致命傷となったばかりでなく、南北対立を一層あおり、反奴隷制感情という、道徳上、いかなる手段を以ってしても消す事が出来ない所の爆弾にくくりつけられた導火線に点火してしまったという事実である。更にこうした導火線に続き、もう一つの導火線に火をつけたのは、妥協法に含まれたあまりにも苛酷な刑罰法、逃亡奴隷取締法であり又、『トム爺さんの小屋』に著された奴隷への誇張した筆で描かれたストウ婦人の著作[11]等であった。

だがこうしたダグラス法案批難の声を受ける彼の「カンザス・ネブラスカ法」に向けて、南部北カロライナ州選出上院議員、ジョージ・バジャーは連邦議会に同法への支持を訴えた。「……南部の一紳士が、この新設の准州に移住する時、以前に彼の乳母であり、マミーと呼んだ老婆を伴って、全家族と共に移住を希望した時、……その時には一体誰が、何故にして彼の行動を阻止しようとするのであろうか?」[12]として、「カンザス・ネブラスカ法」に南部プランターが有する人間としての道徳感情を披瀝した。一方、同法に反対する反奴隷制原理主義者の急先鋒、オハイオ州選出、ホイッグ党上院議員、ベンジャミン・F・ウェードはバジャーに反論した。「……議員は我々北部の立場を全くの誤解により理解しているものである。……我々は議員の主張する事に対し、反対する者ではない。しかも、彼が彼のマミーを伴い、カンザスに移住する事に対して何も反対するものではない。……しかしながら、彼がマミーを伴ってカンザスへ移住した後に、彼がマミーを売り飛ばす権利を彼に与えるものではない!!という事を指摘する者である」[13]。として北部地域の人々が有する反奴隷制に対する道徳感情論に訴えたのである。

ところで、「カンザス・ネブラスカ法案」が成立する直前、北部地方各地でそれに反対する集会が開かれていた。従来の政党に代わる新たな新党を結成した。その時、会同した人々が等しく叫んだ党名は「リパブリカン、共和党、Republican.」であった。その声に我々が直ちに思い出す党名・リパブリカン党も又、かの独立宣言に続く合衆国憲法に著された天賦人権論を掲げた建国の父祖、T・ジェファスンが「連邦党、フェデラリスト、Federalist」に対抗して立ち上げたリパブリカン党に他ならぬ党名であった。しからばジャクソン民主党に対抗してJ・Q・アダムズ、H・クレイ、D・ウェヴスター等が中心となって結成されたホイッグ党はいずこにあったのであろうか!! 我々も伺わねばならない。

ホイッグ党は一八五〇年の妥協に、南部が求めた「逃亡奴隷取締法」成立に加担し、続く五二年、ストウ婦人が著した『トム爺さんの小屋』にみる反奴隷制運動の前に、アメリカの国民政党としての生命、命脈を絶たれてしまったのである。かかる情勢を受けて一八五四年二月二十八日、北西部、ウィスコンシン州リポン市に新党、リパブリカン共和党が結成されるや、かのリパブリカンなる党名はたちまちの内に全国へ波及していったのである。同年七月六日、ホイッグ、民主両党員等の「カンザス・ネブラスカ法」反対議員等が中心となり、新党の名称をリパブリカンとし、ホイッグ党に代わり連邦議会を指導する所となった。以降リパブリカンには南部奴隷制に反対する全ての政党が参加、ここに合衆国には今日いう所の二大政党制が誕生する事になるのである。それはユニオン、Union なる米合衆国の大地に全く相異なる二つの特色ある地域、北部自由州対南部奴隷州を明記する事になった[14]。

リパブリカンは党綱領に「合衆国の新領土内に、奴隷制に反対する新党」と掲げた事から、アメリカの人々はこの新党の栄誉を担うべく全米各地に会同、リパブリカン組織の強化に向け走り出した。

北部では新領土「カンザス・ネブラスカ」を目指し、移住の奨励と支援の為に多くの団体が結成された。人々はダグラスが作った民主主義の新造語、住民主権なる市民の良心の自由を、南部の奴隷制農園貴族なるプランターの口から言い渡される屈辱に耐えるよりは、ジェファスニアンデモクラシーの正統後継党、リパブリカン党（共和党）は、今や、市民の数に於て優勢であった。連邦議会においても下院議会、上院議会共に民主党を圧倒し始めていた[15]。何よりも合衆国国民の半数が今や、東部大西洋岸より、アパラチア山脈を越えた以西の地に移動していた[16]。この勢いは、最早誰にも止める事は出来なかった。人々は西部へ西部へと向かって移動していた。今日、新たな交通運輸機関の主役として登場した鉄道は北部で旅客を満載し西部へ運び、西部の穀物製品（食糧）を満載し、北部工業都市へ運び人々の食料を支え、余剰食料品はニューヨーク港からヨーロッパへ輸出していた。北部の人々はカンザス・ネブラスカ開拓に向け、南部奴隷州に戦いを挑んだ。今や情勢は全てが北部に有利に進んでいた。

南部はこうした新領土開拓に際し北部の挑戦に遅れをとった。なぜなら、南部の富は綿花であり、その為には広大な土壌と、多くの奴隷とにより構成される「奴隷制綿花プランテーション」が必要不可欠であった。それは北部の自営農民等にみられる鋤、鍬を担いでの素早い入植、開拓方法に対して不利である事が明確になった。

南北両地域の開拓者等が衝突したのは「カンザス准州」建国問題であった。ネブラスカ領地より二分された南の地、「カンザス領土」の開拓は南北両地域のいう「住民主権」の原則のもとに入植が開始されたが、「連邦議会」の介入がなされなかった事から、北部自由州の入植者達と南部奴隷州の入植者達との間に実力行使が頻発し一層激化した。いわゆる流血のカンザスである。南北両地域支援によるカンザス領地の准州建設を巡る武力衝突は、一八五五年には内乱の様相を帯び始めた。

カンザス准州を巡る武力抗争勃発にピアース大統領が国軍投入による実力行使を示さず、連邦議会も又静観の構えを崩さず、様子見を始めた事から、ホイッグ党よりリパブリカン党に転じ奴隷制廃止の強硬論者として知られ、議会に立ったのは、ニューヨーク州上院議員、W・H・シェワードであった。彼は原理主義者であった。「……さらば!! 奴隷州の議員諸君、諸君の挑戦を避ける手段は最早、万策、尽き果てたと思考する。故に私は、自由の友人として、諸君の挑戦を受けようと思う。我々は諸君に対抗し、カンザス領土の獲得を計画する者である。神よ!! 正義を有し、多数を有する我等に勝利を与え給う事を!![17]」と、結び南部に宣戦を布告する有様となった。

北アメリカ大陸の、東は大西洋岸から、西は太平洋岸に至る広大な領土を獲得し、ほぼ今日の合衆国領土と同じ北米大陸全土の領土化を果たしたその時、アメリカの人々は、建国以来合衆国を毒する宿痾なる奴隷制を巡り、国論を賭し武力により黒白を決しようと決断した。

衝突を前にエマーソンは連邦議会に一つの提案を行った。「二〇億ドルを目標に国民に広く債権購入をつのり、それを南部の奴隷所有者に補償してはどうか[18]!!」と。だがカンザス准州議会を巡る選挙が、奴隷制支持者層の勝利と判明した事から、北部は硬化した。ところで、ピアース大統領はこうした国論の分裂と南北両地域の武力衝突を前に、合衆国大統領として、断固たる施策、連邦軍を動員、流血のカンザスへ派遣し、武力を以って行使してまでも鎮圧すべき責務を有していた。だが大統領は連邦軍の主力を全て先住民・インディアン征討に動員、南北対立にただただ静観するばかりであった。内乱の予兆に直面した連邦議会も又、流血のカンザスに不介入の姿勢を崩す事はなかった。

かくして最終判断は最高裁判所たる大審院の判決に委ねられる事になった。南北両地域は固唾をのんで判決を見守った。

注

（１）Max Farrand, The Development of the United States, Boston, 1918, op. cit. pp. 202～203, 戦争の勝者が敗者に条約締結の代償として償金を支払う例を初めて知るのであるが、ポークの意図は他所にあった。テキサスの後背にあったカリフォルニア地方を含め、テキサスの中間にあった地方も合衆国は自国領とする意志を武力で示したものと解すべきとはファランドの指摘である

（２）Philip S. Foner, Basic Writings of Thomas Jefferson, New York, 1944, op. cit. 767, 一八二〇年四月二十二日、ジョン・ホルムズ宛ての手紙に、南部の「奴隷制度」が将来、北部との抜き差しならない衝突を引き起こす事を懸念したのである。

（３）Saul K. Padover, The Complete Jefferson, New York, 1943, op. cit. pp. 5～134, ジェファスンはアメリカ植民地と本国の武力衝突が避けられないと判断、一七七四年八月、故郷ヴァージニア議会に「イギリス領アメリカ植民地人の権利」を著し、以降独立闘争に到る間、「武力を執るにいたる宣言」等独立宣言に連なる草案を次々と著した。その中でもイギリスが植民地アメリカに対し「奴隷制」を余儀なくさせた重商主義的植民地体制を批難、奴隷制廃棄を強く訴えた。だがその成果とすべき奴隷制廃止は、草案には著されたが、採択案（独立宣言）からは削除された。

（４）Farrand, ibid, op. cit. p. 225.

（５）André Maurois, The Miracle of America, New York, 1944. ibid, op. cit. p. 234, 一八五〇年国勢調査時、黒人奴隷数は三二〇万人余に達していた。一七八〇年、若い黒人奴隷の価格は一人、二〇〇ドルであったのが一八一八年には一、〇〇〇ドル、更に一八五〇年には上昇を続け、維持費一人当り二〇ドルで計算すると、その価格は二五億ドルと計算された。

（６）Maurois, ibid, op. cit. p. 235.

（7）Maurois, ibid, op. cit. p. 235.
（8）Maurois, ibid, op. cit. p. 235.
（9）Harold U. Faulkner, American Economic History, New York, 1924, op. cit. p. 209.
（10）Maurois, ibid, op. cit. p. 254.
（11）Harriet Beecher Stowe, Uncle Tom's Cabin, 1852.『原典アメリカ史　第三巻』アメリカ学会訳編。岩波書店、一九五三年。四九四頁、同会訳「……一切に優り強いものは母の愛であった。……霜柱深い夜道を、凍える足で走り続けた……母にさとされて胸にすがって安らかに眠る子の信頼に、母は電流の様な力を感ずる。精神による身体の支配……非常の時に、肉体と神経に不滅の力を与え、筋肉に鋼鉄の筋金を与えて、弱き者を驚くべき強者と変ずる。その精神の支配は荘厳といおうか……中略……（猛犬と従者とを駆使して追跡する）奴隷買いは、彼女の姿が（オハイオ河）の岸を降りるのを見つけた。……彼女は夢中で、足も地につかぬ勢いで走って河辺に来る。追う者は追ってくる。絶望的な者にのみ神の与える力に緊張して、彼女は一声高く叫び、跳躍して、岸辺を洗う狭い急流を飛び越え、河面をうめている氷の筏の（大破片）の一つに乗った。ああ絶体絶命の飛躍……狂気と絶望によらでは不可能な事。……氷の一片から他片へと……まろび……飛び……滑り……また跳ね起き……彼女は飛び移って行った」。

旧大陸のアンシャンレジーム下、ジャガイモ農民と揶揄されたイギリス、ドイツ、アイルランド、フランス等の移住者は人間の尊厳、労働の尊厳をうたった合衆国なるカナーンの地で、人間が人間を売り買いする旧大陸の悪習をアメリカで再び目にする事になった。

その時、イリノイよりたったA・リンカーンの大統領選挙戦に彼を支持、内戦勃発に際し、銃を執って戦場に向かわせしめたのは、一つにはストウ夫人のこの小説が多大な影響を与えたとする指摘は、この戦いに七五万人の戦死傷者を出した事が何よりの証しであった、と史家は指摘する。

(12) Farrand, ibid, op. cit. p. 217.
(13) Farrand, ibid, op. cit. p. 217.
(14) James F. Jameson., Dictionary of United States History, Philadelphia, 1931. ibid, op. cit. p. 585.
(15) Jameson., ibid, op. cit. p. 760, 下院議員数二七三名中、南部奴隷州議員は九〇名であり、北部自由州議員は一三七名と南部を圧倒、上院議員は各州二名で、北部一六州、三二名、南部一五州三〇名で共にホイッグ党は連邦議会で民主党を圧倒した。だが一八五〇年の妥協により、ホイッグ党が奴隷制に沈黙を守った事から北部地域、中部地域、特に中西部諸州の市民層や自営農民層の支持を急速に喪失、更に一八五四年の「カンザス・ネブラスカ法」の議会通過により、ホイッグ党支持層は新党リパブリカン党支持に向かった。
(16) Clifford L. Load and Elizabeth H. Lord., Historical Atlas of the United States, New York, 1944. op. cit. pp. 50〜51.
(17) Farrand., ibid, op. cit. p. 218.
(18) Samuel E. Morison., The Oxford History of American People, New York, 1965 op. cit. p. 592, 一八五五年二月六日、R・W・エマーソン、Ralph W. Emerson, はイギリスが奴隷制禁止法案可決に際して、その所有者に十分な補償金を用意した例を指摘、南北衝突を回避し、南部の奴隷制を破棄するにはその所有者に補償金を用意する必要があり、二〇億ドルを用意すべしと提案した。

第三節　ピアース政権の対日外交政策　――ペリー全権使節の派遣――

F・ピアースの対外政策を内政と比較する時、我々は彼の施策が極めて積極性を有する事に注目せざるを得ない。

一八五二年秋の大統領選挙に際し、民主党候補者として、指名受諾にみた如く、彼の公約は南部の州権尊重と、積極的な対外政策の実現に向けた決意であった。

彼が公約の第一に掲げた南部州権の尊重とは、言葉を変えると、米墨戦争（一八四六年～一八四八年）により、合衆国がメキシコより新たに西方に獲得したオレゴン領に続く南のカリフォルニア地方が、自由州として連邦に加入したから、それまで南部奴隷州（一五）対北部自由州（一五）という両地域の均衡が崩壊、北部自由州が一六州と南部に優越、ここに南部奴隷州は東西より圧迫を受ける事になった。

更にイギリスを始め、メキシコ共和国、中南米諸国も次々と奴隷制度廃止(1)を国是とした事から、今や南部は四方八方より彼の喉元へ、匕首《あいくち》を突きつけられる状況に陥った事を認識せざるを得なかった。それ故、南部はこうした危機的状況を打開すべく、新たな奴隷州拡大の地を求めていた。

ピアース政権は以上の事から、南部が奴隷制拡大へ向けて、カリブ海諸島、キューバやメキシコ、中南米諸国への領土拡大を求める所となった。一方「カンザス・ネブラスカ領地」が、いよいよ南北両地域に新たな政治問題として浮上、奴隷州か!! 自由州か!! いずれを選択するかはまことに緊急を要する内政問題として現れ、解決を迫られていた。だが大統領も、連邦議会も、この急迫せる危機的政治課題に国論の分裂を防ぎ、連邦制を護持《ごじ》するべく断固とした決断を下す勇気もなかった。特にカンザスは今や、北部自由州、南部奴隷州共に同地へ入植者を送り込み、開拓者達は銃を背に、鋤鍬をふるう有様であった。かくして流血と争乱状態に陥ったカンザス問題にもかかわらず、大統領は連邦軍を派遣し、彼の命令一下、軍事力を行使、流血のカンザスを通常の市民生活に復すべき責務を有しながらこれを放置、連邦軍を先住民征討作戦に派遣、インディアン殲滅《せんめつ》戦を優先した。

かくして新領土に於ける「奴隷制」可否を巡る南北両地域の対立に何か腫れ物に触れるが如き態度を示し、静観の構えを崩さなかった。

だが、事、対外政策に関しては一転、強硬外交に徹した。一八五三年三月四日、ホイッグ党に代わり第十四代合衆国大統領として民主党政権を率いると、メキシコ共和国よりカリフォルニア南境とテキサス州を結ぶ「ガズデン領土」を武力行使も辞さずと割譲を要求、中米、ニカラグアに傭兵出身のウィリアム・ウォーカーが内紛に乗じて反旗を翻《ひるがえ》すと彼を支持、ニカラグアの大統領に就任するやピアースは直ちに同国を承認、ウォーカーの後ろ循となって彼を支持した他、両大洋を直接結ぶパナマ地峡の獲得を画策した。更に隣国カナダに対しては、米加互恵通商条約を締結、北部に開花、今日躍進著しい米産業資本の為の新市場獲得を果たした。又同年、十月十八日には、駐英大使Ｊ・ブキャナン、駐仏大使Ｊ・Ｙ・メイスン、駐西大使Ｐ・スーレー等がベルギーのオステンドに会同、欧州列強がクリミア半島に武力衝突の隙を突き、「キューバ領有」を宣言した。

更に西方に於て、太平洋岸に視線を転ずる時、我々が目にするのは、時代の趨勢となった「明白な天命、Manifest Destiny」下、遥かな西の大洋の彼方、大英帝国が武力で開拓した新市場支那大陸を目指し、星条旗を掲げ出航する多数の艦船群であった。

周知の如くカリフォルニア州の西の彼方、広大な太平洋は今日、大英帝国の海と化していた。イギリス産業革命の精華なる大量の木綿製品は大英帝国海軍の援護下、彼の商船隊は積み荷を満載、ムガール朝インド、清朝支那、オスマン朝下の中近東を目指した。だが清朝支那との交易はイギリスの一方的出超となり、銀の流出が止まらなかった。そこでイギリスはインドに木綿を運び、インドからアヘンを積み込み、広州へ運び、交易の対価にアヘンを充当したのである（高名なる三角貿易である。イギリスは既に、イギリス本国、アフリカ大陸、西インド諸島にて実験ずみであった）。果たせるかな、この三角貿易はイギリスが企図した通り、清朝銀の大量流失となった。

史上に残るこの支那交易の結末はアヘン戦争と南京条約により終結。その成果は大英帝国の斬り取り御免であり、我々が知るのは先年、香港島が九九年目にして中国に返還された事であった。だが右の如き一八四三年締結の南京条約は以後、史上まれにみる西洋列強のアジア進出の悪弊となった前例を示すものであった。領事裁判権（治外法権）、協商関税（関税自主権の喪失）、最恵国待遇等々を強制された支那大陸は以後一〇〇年に渡り、大争乱の巷《ちまた》と化し、その苦痛の内に呻吟したのは支那大陸の名もなき貧しい民衆であった。これを後ろから見ていた西洋列強は以後、次々と支那大陸に殺到した。アメリカも例外ではなかった。ピアース政権も、一八四四年清朝と望厦《ぼうか》条約を締結、ここにサンフランシスコと上海、以下五港が通ずる所となった。だが我々が指摘しなければならない事は、清朝支那を通じて西欧列強に流出したその銀貨の過半は日本製であったという事実である。世界遺産となった石見銀山はその残滓である。

されば民主党、ピアース政権は南北両地域の対立抗争に不介入の立場をとり、一方に於て、右の如き積極的な外交政策に、アメリカ国民世論の注目を引きつけ、誘導した。ついで、数世紀にも渡り、特異な鎖国政策を続ける日本を開国させる栄誉に浴し、ますます激化する内政問題より国民世論を喚起する役割を担う、マスコミ向けに派手な外交問題を提供、マスコミの興味、関心をひきつける事に成功した。「資料Ｉ」(2)にみる如く合衆国貿易相手国に初めて清朝支那が登場するのは一八三〇年代からである。合衆国はこの時期よりアジア交易へ関心を示した。

かくして我々は以下、Ｆ・ピアース大統領が前ホイッグ党、Ｍ・フィルモア大統領の日本開国を目指し、ペリー艦隊を派遣した後を受け、彼は前政権の外交政策を継承、引き続き琉球を根拠地に、日本に鎖国政策を破棄、世界に窓を開き、米合衆国との協商に応ずべく旨、ペリーに訓令した。ペリーは新大統領の令を受け、二五〇年余に渡る太平の世にある日本に向け、開国、協商、交渉に臨む事になった。以下伺う事にする。

左の「資料Ⅱ」(3)は、日本と欧米との交流史である。合衆国の東洋交易は、大英帝国同様、清朝支那が中心であり、一八三〇年代以降、太平洋での鯨油獲得が盛んになると、漁の途次、太平洋での海難事故も続出、日本沿岸に標着する合衆国市民もあった。だが、鎖国下の日本国法は厳格を極めた。一方、サンフランシスコと上海との定期航路が開かれた事から、蒸気船が就航、途次における燃料炭、薪水、食料等も緊急の解決事であった事から、「資料I」の如く日本にその中継基地をも併せ期待、今次のペリー提督率いる艦隊派遣となったのである。

さて我々は今次、二代にわたる大統領訓令に会した、ペリー提督について、以下、彼の人となりについて概観する。

「一八五二年十一月初旬、米合衆国東インド艦隊司令長官に補され

注(2)「資料I」i　1821年～1850年　米合衆国の主要再輸出商品（単位ドル）

年度	木綿製品	小麦粉	砂糖糖蜜	茶	コーヒー	毛織生産品
1821	1,581,140		560,417	242,372	287,479	379,252
1830	1,989,464		691,166	892,807	1,046,542	229,767
1835	3,697,837		575,202	927,525	1,333,777	368,732
1840	1,103,489		1,406,901	1,359,866	930,398	360,179
1845	502,553		867,013	927,187	842,475	156,646
1850	425,630	1,074,690	709,498	737,178	1,316,363	174,934

年度	麻製品	染　料	ココア	インディゴ	鉄　鋼	酒　類
1821	245,848	112,855	228,219	416,108	256,628	410,704
1830	923,546	331,701	148,294	440,863	265,743	615,506
1835	354,690	459,907	370,535	96,619	348,323	398,325
1840	425,466	631,314	146,901	179,210	190,076	318,067
1845	159,626	349,067	152,630	94,686	112,018	160,820
1850	129,878	598,334	124,578	14,565	140,939	283,390

出典：George R. Taylor., The Transportation Revolution. 1815-1860, New York, 1951. op. cit. p. 447.

注(2)「資料I」ii　1816年～1850年、米合衆国より各国への再輸出額（イギリスの工業品を輸入、合衆国で加工後、輸出）（単位ドル）

年度＼輸出国	ベルギー	フランス	ドイツ	イタリア	オランダ	イギリス
1816～1820	12,128,872	5,985,226	5,721,555	11,522,769	4,310,792	
1821～1825	8,886,808	5,980,529	3,696,791	7,595,825	3,849,792	
1826～1830	6,601,245	5,653,069	2,592,439	4,698,799	4,270,532	
1831～1835	9,483,351	6,046,968	1,642,219	5,219,755	7,940,824	
1836～1840	1,917,850	8,076,138	4,704,721	1,686,386	3,209,909	10,771,929
1841～1845	1,129,836	2,092,443	2,963,980	1,679,379	1,351,896	6,930,328
1846～1850	1,936,844	2,389,112	2,494,643	1,710,611	1,230,214	6,283,823

年度＼輸出国	南アメリカ	メキシコ	西インド諸島	カナダ	中　国
1816～1820					
1821～1825	13,564,332		14,288,139		
1826～1830	8,796,197	16,583,022	11,509,993		
1831～1835	8,551,932	21,516,671	9,643,092	206,393	2,274,568
1836～1840	5,643,350	12,094,070	7,764,720	780,848	907,459
1841～1845	3,887,505	3,117,710	2,986,305	2,079,467	387,738
1846～1850	2,923,961	4,297,760	3,048,749	8,663,669	397,543

（点線は筆者）

出典：George Taylor., The Transportation Revolution, 1815-1860, New York, 1951. op. cit. p. 448.

注（3）「資料Ⅱ」　一五四三年～一八五五年における、日、欧米通商史

年度	ポルトガル人	オランダ人	イギリス人	ロシア人	米合衆国
一五四三—四五年	最初の上陸				
一五五〇年	キリスト教伝道				
一五九七年	キリスト教迫害開始				
一六〇〇年		最初の到着			
一六〇九年		通商許可			
一六一三年			セリス平戸へ到着 通商許可 平戸に商館		
一六二三年			日本を去る		
一六三六年			通商更新不可		
一六三九年	日本を追われる				
		日本キリスト教徒の迫害を助ける			
一六四一年		出島へ送られる			
一六七三年			再度通商更新の努力		
一七九一年			アルゴノート号の試み空し		
一七九二年				クラスマンの訪問	
一八〇三年			「フレデリック号」の試み		
一八〇四年				レザノフ訪問	
一八〇七年				千島を襲う	
一八〇八年				ペリック率いるフェルトン号来日	
一八一一年				ゴローニン艦長捕わる	
一八一三年		ラフルズの試み失敗	エス・ラフルズ卿の試み		
一八一四年		ラフルズの試み失敗	〃		
一八一八年			ゴルドンの試み		

一八三七年		モリソン号の訪問
一八四六年		ビッドル提督訪問
一八四九年	マリナー号の訪問	グリン提督プレブル号にて米人水夫十六人長崎にて釈放
一八五一年		ペリー提督、東インド艦隊率い来訪へ
一八五三年		〃（浦賀へ）
一八五四年		〃 日米和親条約締結
一八五五年		ペリー提督・日本遠征記出版（五〇〇部）

出典：Francis L. Hawks. Narrative of the Expedition of an American Squadron to the China Seas and Japan, Washington, 1856. フランシス・L・ホークス著（土屋喬雄、玉城肇共訳）、『ペリー提督　日本遠征記』㈠、岩波書店、昭和二十三年、百四十頁

た『マシュー・C・ペリー、Matthew Calbraith Perry, 1794～1858』は、一七九四年四月十日、アメリカ北部ロードアイランド州ニューポートに生まれ、一五歳にして合衆国海軍に志願、第二次米英戦争（一八一二年～一四年）に従軍、一八二〇年、合衆国で解放された黒人奴隷が、祖国アフリカの地に向けた送還に従軍、リベリア共和国建設に参画、以降西インド諸島の海賊征討、一八二六年にはトルコより独立戦争最中のギリシアを訪問、一八三三年～四三年にかけてニューヨークの海軍工廠《こうしょう》の長官の任にあたる。一八四六年～一八四八年の米墨戦争にはウィンフィールド・スコット将軍指揮第二軍令下、支援艦隊を率い、ベラ・クルス攻略戦に功をたてた。又長兄、オリヴァー・H・ペリーは第二次米英戦争に戦艦コンスティチューション艦長として、エリー湖に大英帝国海軍を撃破、四人兄弟共に合衆国海軍軍人として活躍⑷」。以上の事からM・C・ペリー准将に日本開国遠征隊の最高責任者として、M・フィルモア大統領、国務長官、D・ウェヴスター等と共に彼に白羽の矢をたてたのである。後年、日本の歴史にとって彼の派遣は功罪相半ばする事になるが、それは後、伺うであろう。

かくして一八五二年十一月五日、M・C・ペリーに対し合衆国国務長官代理、G・M・コンラッドは海軍長官、J・P・ケネディ宛、M・C・ペリー海軍准将の日本派遣を発令するのである。以下伺う事にする。

「ペリーの日本遠征に関する書簡。

国務長官代理、コンラッドより

海軍長官、ケネディ宛、書簡。

ワシントン。国務省にて、

一八五二年十一月五日。

拝啓、日本に向かう艦隊が間もなく出航するにあたり、私は、大統領の訓示により、貴官に対し遠征の目的を説明し、その目的を達成する為にとるべき手段について、いくつかの一般的指示を与える。

日本の島々が初めてヨーロッパの諸国家によって歴訪されて以降、日本の国が多くの人口を有し、豊かさに於ても名高く、商業的企業家にとっても大きな魅力をなす所の同国と通商関係を確立せんとする努力が絶えずさまざまな諸国によってなされてきた。

ポルトガルは最初にこの企図をなし、次いでオランダ、イギリス、スペイン、ロシアが続き、そして最後にアメリカ合衆国がこの企図に参加したのである。……

だが、以上の如き計画は、今までの所は全て成功する事はなかった。ポルトガル人がしばらくの間日本の島々と通商する許可を得た事も、又オランダ人が長崎港に毎年一隻の船を送る事を許された事も、その成功を意味するものと考えられる程のものではない。支那のみが、これら日本列島とある程度の貿易を実施している唯一の国である。

この日本の鎖国制度は厳格に実施されているので、外国船は海難に際して日本の港に入る事を許されず、又日本の政府は、その法律により彼の人民に対してさえも外国人に対して親しく交際する事の行為をする事さえ許されてはいないのである」[5]と。

　国務長官、Ｄ・ウェヴスターが事故にて執務に耐えず、代理としてＧ・Ｍ・コンラッドが職務を代行する事になったが、右の如く、始めに鎖国下の日本の状況を説明、次いで合衆国の日本近海での海難事故に触れ日本政府の従来の対応に対する合衆国の不満をペリーに訓令した。

「……疑いもなく全ての国民は外国との交際の限度を自ら決定する権利を有してはいる。しかしながら同様にして、国民を保護してこの権利を行使せしめる諸国民の法律は、その国民にある義務を課しており、不当にそれを無視する事は出来ない。

　こうした義務の中でも、自国の海岸に海難によって漂着した所の人々を救済する事は、いかなる国に於ても緊急を要する避ける事の出来ない義務である。この義務は、たしかに、公法学者によってその法律の専門家とみられる人々の間にも不完全なものとされている所のものであり、又、他の国民にその履行を要求する権利を与えるものではない。だがしかし、もしここに一つの国家が常習的に、そしてまた、組織的にこの義務を無視するばかりではなく、以上、右に記した所の海難により標着した不幸な人々に対して、その人々が最悪逆な犯罪人であるかの如くに取扱うのであれば、その様な国家と国民とは人類の共通の敵と考えられても当然の事とみなされるのもやむを得ないのである」[6]と。

　コンラッドは「資料Ⅱ」の如く、合衆国船が日本訪問を行ったのは海難事故により、日本に漂着した合衆国市民が、囚人の如き取り扱いを受けた事から、その解放を求めた事を指摘、その解放交渉が困難を極めた事をも併せて指摘し、これを解決せん事をペルリに訓令、さらに又、今日、合衆国を始め、西洋諸国は東洋との交易が蒸気船の登場により一層盛んになる事を日本政府に知らせるべき事を併せ命じた。

「……蒸気力による海洋の航海、わが国の政府による太平洋岸の広大な地域の獲得とその急速な移住、同地方に於ける黄金の発見、ふたつの大洋を隔てる地峡を横断する迅速な交通－－は事実上東洋の諸国を我々により近接なものとした。これらの出来事の結果はまだ感ぜられ始めたばかりであるが、東洋との交渉は既に大いに増進され、その将来の発展の限度はとどまる所がない(7)」と。又、蒸気船によるフリゲート艦（鉄鋼製戦闘艦）の威力を十分に誇示し、新たな高速交通機関として、蒸気機関車を日本政府に誇示する事を命じ、鉄道により合衆国は短時日に大西洋沿岸と太平洋沿岸を結んだ事を知らせ、今般の合衆国艦隊訪日の目的を訓示するのである。

「アメリカ政府により求められるべき目的は次の如くである。

㈠　日本諸島に座礁し又は悪天候のためその港に避難するアメリカ海員及び財産の保護の為に、何等かの恒久的な取決めをなす事。

㈡　食糧、水、燃料の補給を受ける為、又災難を受けた場合航海を続ける事が出来るよう修繕を加える為、アメリカの船舶が日本の一ないし若干の港に入る事の許可。貯炭所設置の許可を得る事は極めて望ましい。それは必ずしも日本本土でなく少なくとも日本近海に数個存在すると云《い》われる小さな無人島でもよい。

㈢　販売又は物品交換によってアメリカ船がその積荷を処分するため日本の一港以上に入る事の許可(8)」。

コンラッドはペルリ宛、海難アメリカ市民、船舶の修繕、食料燃料、薪水の供給、通商交易港の開港等々、以上の三点を日本政府と協約すべきと訓令した。又、彼はこうした日本政府との交渉について予想される事態について、ペルリに次の如く指示を与えた。

「……もし、以上の如き協約に関して、全ての議論、説得の手段を行使しても艦隊司令長官、准将に対して、日本政府の、その鎖国制度の何等かの緩和を獲得する事が出来ずに、あるいは又、アメリカ合衆国の難破船員を人道的に扱う何等かの保証さえも獲得する事が出来ない時は、その時は語調を改め、最も明白な語句を以って、以降、日本沿岸に難破あるいは悪天候の為日本の港に避難する米合衆国の全ての市民、船舶に対して、やむなく日本に留まる間、人道的な取扱いを受けるべき事、そして又日本の政府によるものであれその住民によるものであれ、合衆国市民に対して残酷な行為が加えられる時は、厳しく懲罰を加えられねばならぬ事を主張するのは合衆国政府の固い決心である事を知らせるべき事。

艦隊司令長官、准将は、以上のいずれかの点で日本政府の譲歩を得た際には、それを条約の形式にまとめる事が望ましく艦隊司令長官には、……その交渉の為、必要な権限が与えられるべきである」[9]としてペルリ准将に硬軟《こうなん》、和戦両様の心構えを以って日本政府と交渉し、日本政府の譲歩を引き出したる時は、直ちに条約を締結すべきと訓令するのである。その際、コンラッドはペルリに更に指示を与えた。「……艦隊司令長官に対し、合衆国大統領は宣戦の権限を保有せざる故に、その使命は必然的に平和的なものたるべく、貴下の艦隊、ないし乗組員の保護の為あるいは貴下自身、又は士官の一員に加えられる個人的暴行に対する復讐の為以外には、武力に訴うべからざる事に留意すべきである」[10]と。ペルリ全権使節に、宣戦布告、開戦は連邦議会の権限にある事を重ねて指摘、訓示を与えたのである。その理由をコンラッドはペルリに開示する。「……伝えられる所の、誇り高く復讐的な性格の日本国民との交渉に際しては司令官は鄭重に、和解的であると同時に断固として不動である事を要する。……日本国民の目に、艦隊司令長官自身及び士官、乗組員に至るまで合衆国の威厳を損うと見えるような行為をなさざるよう細心の注意を払うべきである」[11]として更に訓示は続くのである。

「……司令官は日本国民に合衆国の力と偉大さを正しく印象付け、過去に於ける合衆国の忍耐は決して臆病の結果ではなく、日本国民と友好関係を保たんとする希望より出たものである事を納得させる事ならば何でもすべきである。……又、司令官の活動舞台が遠隔の地にある事故《ことゆえ》を以って、准将には裁量の権限を付与し従来の慣行より離れたり、誤った判断をしても、大目に見るという保証を与えるのを適当とする」[12]と訓令を結ぶのである。

今や米合衆国の時代の趨勢《すうせい》となった西部開拓のスローガン「明白な天命、Manifest Destiny」下、開拓者達はオレゴン道路やサンタフェ道路を経由し、あるいは鉄道、運河によりカリフォルニアに達した。彼等の入植地にその後、学校を始め、裁判所、代議員の為の講《こう》堂、製粉所、集会場を建設するや、人々は更に太平洋の彼方、広大な支那大陸を始めとする未だ見ぬ東洋の市場を目指した。その為の中継所として注日を集めた日本は未だ二五〇年余に渡る鎖国を国是とし、近代化に邁進する欧米世界と隔絶、自給自足の封建体制にあった。だが時代は進展、市民革命と産業革命を経た欧米諸国は、資本主義とその類い稀な生産力によって急速なる世界の一体化を推し進めていた。欧米列強によるアジア、アフリカ、中南米諸国に対する市場化と原料地化であった。

　さてナポレオン軍を壊滅したロマノフ朝ロシアは陸路伝いにシベリアより支那大陸を目指していた。英、仏は海洋よりアジア市場に向かった。欧州列強はロシアの南下を阻止すべく一八五三年、クリミア半島に戦火を交え、激しい戦いを続けていた。米合衆国はその間隙を突き、日本の開国を決意、強力な火砲を備えた大艦隊を編成、ペルリ指揮下、日本を近代世界に組み込むべくその責務をペルリ提督に委ねた。かくしてその成否は、一にかかってペルリ提督の対日本政府との協約交渉に賭けられたのである。

　されば一八五三年十一月下旬、アナポリス港にM・フィルモア大統領を始め海軍大臣督励《とくれい》下、ペルリ准将は同月二十四日、旗艦ミシシッピー号以下プリンストン号、ポウハタン号等々計十二隻の艦隊を令下に編成、ノーフォーク港を出港、一路日本を目指し洋上の人となった。

　以下はペルリ提督より十二月十四日、マニラ湾到着後海軍大臣宛ての電信文である。以下伺う事にする。

「閣下よ、合衆国出発以来、余の日本訪問より生ずるであろうと思われる結果について、より一層十分に熟考する余裕を得たり。又余は、いまだまだ見ぬ所の日本政府に対して、実際上の交渉を行う事について直ちに成功する機会があるかどうかに関して、今なお心の中に疑問を抱いて居る所ではあるが、しかしながら余は終局に於ては、余の意図する大目的が実現するであろう事を確信するものなり。中略……日本人の状態が以上により、確かに改善されるであろうとの結果からみても、この主張は一層強くなされるべきものと確信する者なり。中略……余がアメリカ沿岸、及びメキシコ湾等々の以上の地に於いて、多くの都市及び村々を服従させ得たる事は、余の任務なり。……中略……この目的を実現せしむる為には、余はすでに日本政府に対し、提示すべき……現在の合衆国の市民の情勢、及び政治の情勢、そしてまた政府の記録、国勢調査表、郵便及び鉄道報告。……印度及び地方官庁の報告、陸海軍の記録簿、又、ニューヨーク州のすばらしき刊行物等も準備し来たる所である。中略……余が予測は余りに楽観的なりと言われるであろうが、しかしながら余は成功を強く確信するものなり。……我等合衆国政府が以上の事を成就すべきと求める限りに於ては、国民の名誉がそれを要求し、通商の利益がそれを必要とする故にである。東洋の領域における偉大なる海洋上の敵イギリスを見よ。……世界の地図について、そこに見られるのは、大英帝国はすでに東インド及び支那海の諸港湾に於て最も重要なる地点を占有し得る所である。……彼等はシンガポールをもって南西アジアの地への入り口としてその地を制圧し、一方香港によって北東アジアの地への入り口としてその地を制圧し来たる所なり。……これらの海洋上における莫大なる利益を生む通商交易を独占……その価値は船舶屯数三〇万t《トン》に達し、運搬積荷は一、四五〇万スターリングを下らざらんと言われる。

幸いに日本及び太平洋上のその他の多くの島々は未だこの大英帝国の併合政策にのみこまれずに居れり。中略……かくしてその国々のあるものは合衆国にとりて重大となるべき運命を有する通商路の途中に位置するもの故に、時を失さず、又、十分なる数の避難港を獲得する為にも積極的政策を採るべきと思考する。かくして余は大いに期待しつつポウハタン号及び余に送られるべき他の船舶の到着を待ち望む者なり[13]」と。

かくしてペルリは以上の如く、日本開国に大きな自信を以って上申する為に、十分な事前研究を行っていた。シーボルトを始めとする日本研究書を入手、日本の風土、民族、習俗、歴史について周到な研究をなしとげていたのである。

さてペルリは今般の日本開国に向けた彼の使命が、ホイッグ党政権下、D・ウェヴスター、H・クレイ等が主導する「アメリカ体制、The American System」なる合衆国産業の保護育成により、先行する近代的通商産業国家たるイギリスに追いつき、追い越せを合言葉とする政策にあった事を十分に理解していた。かかる施策による彼の任務は大英帝国に匹敵する世界的規模の通商産業国家建設の為に、その一翼を担うべく東洋交易（支那大陸市場）促進を目指しその途上に位置する日本を開国し、米艦船の燃料、食料供給の為の中継基地を獲得する事にあったのである。しかしその内実は右に見た如く、単に、合衆国船舶の中継基地だけではなく、合衆国工業製品の市場をも併せ開拓する事にもあったのである。

かかるペルリの決意に応えてD・ウェヴスター国務長官職務代行者、コンラッドより、新国務長官に就任したE・エヴァレットは、ホイッグ党政権任期、一ヶ月を残しての職務にも関わらず、合衆国外交政策は与党、野党に関わらず、国益は一貫しており、米合衆国と国民の永遠なる繁栄に資する限り、民主党、ホイッグ党は足並みをそろえ国策を遂行した。かくして日本開国が合衆国にもたらす国益である事を政治家の使命と認識、二月十五日付、エヴァレットは引き続き以下の如くペルリ宛訓令を与えた。

「……貴下が、以上の如き訓令の目的を日本諸島内に於て、武力による事なく、獲得する事が不可能と思われる時には、その他の場所に求める事も考慮すべし。中略……大統領は日本人を奨励して、彼等の興味関心を農業に向けるようにすべきとする貴下の提案する所の考えに賛成し、貴下が記した所の農耕器具をヴァーモント号にて送るよう命じた所なり。……余は、貴下が貴下の使節に托された所の責務の重要性を認識され居る事を認めて余はそれを喜びとする者なり[14]」と。新国務長官・E・エヴァレットは、日本開国を武力によらず協商を旨とし、開国後は、日本を農業国家より進んで産業国家建設を目指すとして指導すべく、ペルリの提案が大統領の日本考察観と一致、大統領は喜んで同意されたる旨、彼に返信した。言うまでもなく大統領は、開国後の日本を農業国とし、交易せる合衆国を工業国として、日本はアメリカ製品の為の市場たるべき事とすべしと、そしてその後の日本の近代化に向けたその通商交易の性格、目的を改めて訓示したのである。だが我々は日本開国を決意せるＭ・フィルモア大統領が、ニューヨーク州北方の片田舎、サマーヒルの小作農家を出自とする貧農出身より身を起こし、刻苦勉励、合衆国社会の多数を占める庶民階層を教師として、ホワイトハウスを目指した人物であった事を既に指摘した所である。大統領は東アジアの片隅、封建的小作制度下にある貧農層が過半を占める誇り高き日本民衆に労働の尊厳を見たのである。

ところでペルリが率いる事になった十二隻の艦船の内、アナポリス軍港に集結したのは旗艦ミシシッピー、プリンストン、アレガニー、ヴァンダリア、マセドニアの五隻で、他は既にマニラ、香港、シンガポールにあり、ペルリはノーフォーク港出港に際しては、旗艦のみにて出発、他船の整備出港をマニラ湾に待つという慌ただしさであった。一八五三年、マニラ、シンガポール、香港を経由、同年六月琉球到着、令下艦隊を掌握、艤装を完了、七月二日、那覇出航時、プリンストン号故障により旗艦をミシシッピー号よりサスケハナ号に移し、僚艦サラトガ号、プリマス号四隻を率いて日本に向かった。彼は江戸湾到着を建国の父祖、Ｔ・ジェファスンが世界史に新紀元を博した「独立宣言」の日と定めていたが、伊豆半島沖に達したのは一八五三年七月七日である[15]。翌八日、浦賀に到達後、直ちに同地にて、浦賀奉行、香山栄左衛門宛、ブキャナン中佐、アダムズ大尉二名をボートにて面会にむかわせ、日本国皇帝（天皇）宛、米合衆国大統領親書を持参した旨申し出た。

果たして、奉行は外国船は全て長崎出島にて引見するのが国法と主張した。だがペルリはこれを承諾せず、四艦にて、江戸湾に向かう事を回答した。そこで浦賀奉行は一存にて返答する立場にない故、上司に報告するので、十二日まで浦賀にて待つ事を提案、ペルリはこれを了とした。待つ事三日、七月十二日、奉行は通訳使、堀達之助、立石得十郎を伴い旗艦を訪れるもペルリは会見に応じず、ブキャナン、アダムズが応接、会談は再び平行線となった。そこでペルリは両名に、大統領親書の写しを奉行に示し、ペルリ艦隊の使命が大統領親書を日本国皇帝陛下（天皇）に奉呈する事にある事を申し述べさせた。奉行は親書の写しを受けとると、上司との会見を七月十四日と提案、ペルリは応諾を与えた。会見場に指定された海岸の天幕が張られた地にペルリ一行が向かうと、旗艦サスケハナ号より礼砲として十三発の大砲が発射された。設営された会見場には、日本側委員、伊豆侯・戸田伊豆守、井戸石見守の二名が着座、奉行と通訳使が正座応接した。着座したペルリは大統領親書を手渡した。我々は以下米合衆国大統領親書より伺う事にする。

「アメリカ合衆国大統領、ミラード・フィルモアより日本皇帝陛下に呈す。

偉大にしてよき友人よ。余は合衆国海軍提督、准将、マシュー・ペルリを介してこの公書を陛下に呈す。中略……提督を派遣したる目的は、合衆国と日本とが友好を結び、相互に商業的交通を結ばん事を陛下に提案せしむるためにつかわしめたり、そして陛下に確信せしめんとするなり。合衆国の憲法及び諸法律は、他国民の宗教的又は政治的事項に干渉する事をかたく禁ずるものなり。余は陛下の国土の平安を乱すべきあらゆる行動を行わないよう特にペルリ提督に訓令を与える所なり。アメリカ合衆国の地は大西洋より太平洋に及び、又わがオレゴン地方及びカリフォルニア州は陛下の国土と太平洋を経て相対して横たわるなり、又、わが汽船は十八日にしてカリフォルニアより日本に到達し得るなり。がカリフォルニアの大州は毎年黄金約六、〇〇〇万ドルを産出し、……日本も又、富裕、豊穣の国にしてじつに多くの価値ある物資を産出する事を聞く所である。……かくして両国が互いに交易して、日本及び合衆国が相互に利益を受ける事は、余の最も切望する所なり。貴政府の古き法律によれば、支那とオランダにあらざれば外国貿易を許さざる事を余は知れる所なり。しかしながら世界の情勢は今や変化して数多くの新政府が成立した現状に照らして、時勢に応じて新法を定めむ事を賢明とする所である。

貴国政府の古き法律が初めて制定されたその時は、今や過去の事なり。他方に於て、時を同じくして、新世界と呼ばれる所の、アメリカがヨーロッパ人によって初めて発見され植民されたのも同じ時期である。長い年月にわたり人民の数は少なく、人民は貧しい限りのものであった。だが今やその数は実におびただしい限りの増加であり、又、その通商は甚だ拡大し来た所である。かくして陛下が古き法律を改めて両国間の自由なる貿易を許されるならば、両国にとって極めて利益ある事と思考する者なり。

もし陛下が外国貿易を禁ずる古き法律の廃棄を全く安全なるものとうけとめざる時には、実験を試みる為に、五年又は一〇年を限度とするを可とすべし。又、もし、初期の如く利益ある事が明らかとならざりし時は、古き法律に復する事も可とすべし。……余はペルリ提督に命じて陛下に他の事を告げんとす。中略……即ち友好、通商、石炭と食糧との供給及びわが海難船員の保護等々である。……ここにその証として、合衆国の国璽《こくじ》を捺印し、余の姓名を記す所なり。

アメリカ、ワシントン市、吾が政府内の自席に於て、（捺印ミラード・フィルモア、副署国務卿エドワード・エヴァレット[16]」。

米合衆国第十四代大統領、M・フィルモアは鎖国下、日本国天皇陛下に宛てて、平等互恵なる米日友好通商条約締結を求め、M・C・ペルリ海軍准将を使節として派遣した事を知らせ、鎖国政策をとる日本政府に対し、鉄道や、蒸気船の就航により今日、世界は一体化に向かっており、今や日本の採択せる政策は既に古い法律となり、世界の趨勢に日本の政策は逆行する故、鎖国を放棄、世界の一員たらん道を歩まん事を、理を極めて説くのである。その際M・フィルモアは、一例として、アメリカの国造りが、現在の日本政府（徳川幕府）の創生期と時節を同じくし、合衆国は貧しいヨーロッパの移住民達により、植民、開拓され、世界交易により今日、人口も三、〇〇〇万人に迫り、日本国天皇陛下の国家と同様、豊穣な国家となった過程を事例をあげて説いた。それ故日本政府も世界に向けて国を開き、その一例として合衆国との協商交易を開始し、その効果を例証すべき期間を設け、試みとして五ヶ年程度の「米日通商協約」を締結すべくペルリ提督を全権使節とした旨、申し述べるのであった。

合衆国大統領親書の写しと共に、ペルリは、大統領よりの信任状を七月十四日の「浦賀会談」における日本側全権委員に提出していた事から、日本側委員は浦賀奉行、香山栄左衛門を促し、ペルリに日本国天皇陛下の回答書を手渡した。以下通訳文である。

「受領書‐伊豆侯及び石見侯より提督に與えられたる受領書の翻訳。

北アメリカ合衆国大統領の書翰《しょかん》とその写しをここに受領し、皇帝に伝へんとす。外国に関する事務はここ浦賀に於て取り行はるる事能《あた》はざるべきことをるる通訳したり。さて大統領より派遣せられたる使節の資格としての提督はこの事を以って侮辱せらるるたるものと認めたり。そは最も至極なりと思いたるが故に、上に掲げたる書翰《しょかん》をば日本の法律を曲げてこの地に於いて受領するものなり。この場所は外国人を応接する為に設けられたる場所ならざるが故に協議も饗心もなし得ず、書翰《しょかん》が受領されたる上は貴下はここを立ち去るべし[17]」と。

ペルリ提督はしばらく沈黙の後、通訳に命じて、二、三日中に全艦隊を率い琉球及び広東へ立ち去るが、来春四月から五月に再度指揮下の全艦隊を率い江戸湾に来航する旨伝え、旗艦サスケハナ号に戻った。この会談はわずか、二〇分から三〇分の間であった。ペルリの計画では、第二回目の会談では、日本政府の対応を伺う事にあった。会談場を囲むように集結した日本軍勢は、約五、〇〇〇名で、その武器は旧式なものであり、合衆国四隻に搭載する新式大砲なら、一瞬の内に木っ端微塵粉砕し得る事を確認した事から、彼は、日本政府に時間的余裕を与えたのである。

ペルリは艦隊を率い七月十七日、浦賀を出航、琉球、香港を経て再び琉球へ集結。一八五四年一月十四日、六ヶ月ぶりに集航した艦隊六隻を率い再び日本へ艦首を向けた。途次、オランダより日本国皇帝の崩御を知らされたが航行を続けた。途次一隻故障の為、琉球へ向かわせた。二月二十二日五隻にて江戸湾へ入り、ヴァンダリア号艦長、アダムズ大佐に、士官を引率、浦賀奉行に回答書を求め帰航した事を伝達させた。

浦賀奉行、香山栄左衛門は主席通訳使、森山栄之助を伴い、三月八日、日本側委員四名、「林大学守、井戸対馬守、伊澤美作守、鵜殿民部少輔」とし、ペルリ提督との会談を横浜にて行う旨、伝えてきた。

一八五四年三月八日、午前十一時三十分、旗艦に集結した米合衆国艦隊九隻が一斉に砲口を海岸に向け、二十一発の榴弾砲を発射、次いで一七発の礼砲を発射、ペルリはブキャナン大佐を伴い、二七隻のボートに分乗、会見場に向かった。会見場には右記の四名の日本側委員より奉行を通じ一通の巻紙が手渡された。以下は、主席通訳使、森山栄之助が通訳する訳文である。

「日本皇帝に呈したる大統領親書に対する回答の訳文。

卿が合衆国使節として当帝国に帰還する事は卿が昨年、当帝国皇帝陛下に交付したる大統領閣下の書翰《しょかん》によりて予期し居れり所なり。貴政府の提案全部に対して直ちに満足なる回答を与へるは吾が国祖宗の法律によって極めて厳重に禁ぜられ居る所なれば全く不可能なり。然して古き法律に執着し続くるは時代の精神を知らざるものと思はるるものなれども現在は止むを得ざる必要ある所なり。中略……されど石炭、薪水、食料及び海難船とその乗組員との救助に関する貴政府の申出の緊要なる事を認めて、その申し出に添はんとす。卿がいかなる港を選ぶかを通告されたる後にその港の準備をなさんとす。中略……食料品とは何か、石炭はいか程なるか。……最後に……交易さるべき商品の価格は黒川嘉兵衛、森山栄之助らとによって決定さるべし。

以上、述べたる諸点を決定したる後は次回の会見に於て条約を締結し署名する事を得べし。

高官諸氏の命令によりて捺印。

森山栄之助(18)」

ペルリは右の文章に接し、会見場の日本政府委員の内の主席委員が署名して、明日、自分宛に、手渡してくれるよう通訳使に返答した。次いで、大統領より訓令された第二位の協商条約締結について、それは合衆国と清朝支那帝国間に締結された望厦条約と同様の協商条約締結が、自分に課せられた合衆国の使命である事を通訳使、森山栄之助を介して、四人の日本政府委員宛提案説明した。更にペルリは通訳使に対し、もし日米協商条約締結が不成功に終れば米合衆国政府は協商条約締結に向けて更に多くの強大な大艦隊を派遣するであろう‼と言明、森山通訳使に日本政府委員に伝えさせた。次いで先の米支通商条約の写しを英語訳、支那語訳、オランダ語訳の三通の書状を添えて通訳使に手渡した。奉行より書状を受けとり通訳使より内容を解した日本政府委員は、奉行を通じ森山に回答させた。森山は日本政府委員の回答は、米支通商条約を日本語に翻訳する為、時間を必要とするので、しばらくの猶予を求めるものであった。そこでペルリはこれを了とした。

三月十三日、ペルリ提督宛、日本政府委員の回答を携え浦賀奉行、香山は通訳使森山を伴い旗艦に到着した。以下森山通訳使の訳文である。

「日本委員よりペルリ提督に與へたる覚書。三月八日、吾々が親しく会見したる際、貴下は大統領の見解を述べたる書状を提出されたり。十一日には吾々の書翰に対する返書を受けとりたるが、その中には貴国が目下、支那との間に行ひ居る通商に関し、会見の際と同様の見解を述べられたり。中略……しかしながら貴国が支那との間に現在行なわれて居る所の如き通称を開く事に関しては、未だそれを実現する事は困難である。吾が人民の感情と風俗とは外国諸国民のそれ等とは甚だ異る。それ故貴下がそれを希望するとしても、わが古き鎖国政策を直ちに変更して他国の如くに変更する事は極めて困難なる所なり。中略……しかしながら物事に対する吾等の観念、そして又、吾等が何を好むかは他国とは異り、かつ物の価格及び物に対する価値の観念も又他国とは異る故に吾等両国は先ず第一に先ず貴下が提案の如くに相互に試みを行ひ、研究し、かかる如き試みを五年におよぼすべきものとして、貴下等の船舶が通過する際に便利を与うべき所の通商港を開く事を得る事とする所なり。これはわが国に於て避くべからざる手順なり。わが審議にあつる為に貴下が今提出したる条約の諸点及び今我々が貴下に示したる以上の点はわれ等の見解が異る所の証拠として各々によって記憶さるべし所なり。

嘉永七年二月十七日（一八五四年三月十五日）

林　大学守。
井戸対馬守。
伊澤美作守。
鵜殿民部少輔。」[19]

さて我々は、日本政府側委員が「米支通商条約」が支那にとって不平等条約以外の何ものでもない事を、五年の試みとしての表現の内に合衆国の通商交易の意図を早くも見抜いていた事を知るべきである。[20] それ故日本政府委員は、燃料炭、薪水及び食料海難事故に対しては、合衆国の提案を受諾するも、通商条約締結に関しては大統領が提案した如く、相互に協商協約を研究課題とし、その為の港を整備、一港ないし数港を便宜的に使用する事を提案した。更にその試みを五年程度継続する旨回答した。以上に対して三月十七日より右の日本政府側委員四名とペルリ提督等は森山通訳使を介して会同、細部について質疑応答を繰り返し行った。まずペルリは燃料、食料、海難事故に対し、日本政府の回答を了としたが、試みの通商港を長崎港を中心とする日本案を拒否、ペルリは合衆国船舶航路に当たる港として江戸湾、横浜、浦賀等の五港開港を求め、回答を六〇日以内にと要求した。次いで日本商品に対する支払は条約の締結をもって了とする旨森山通訳使に伝えた。だが両国委員の主張は平行線となった。そこでペルリは妥協案として三港を希望する旨回答した。㈠浦賀又は鹿児島㈡松前㈢琉球とし、その際長崎は卑屈な支那人、オランダ人等の交易港なる故を以って断固拒否を伝えた。日本政府委員等は評定所に於て、老中等の見解が開国止むなしに傾いた事を承知した事から、ペルリ提案の妥協案に応ずる事を決意した。日本政府委員は森山通訳使に、下田、松前、琉球の三港を指示した。ただしその際、下田開港には準備の為に一年を要すると伝えさせた。そこでペルリは了と応じた。かくして日本政府委員は森山通訳使に三月二十三日に日本政府委員が文書を以って使節に回答する旨、通訳させた。ペルリは直ちにヴァンダリア号とサザンプトン号を下田に向かわせ水深を調査の上、良港を確認した。

三月二十三日、主席通訳使、森山栄之助がポウハタン号に来艦、米合衆国に対し、松前（函館港）を一八五五年九月十七日開港する旨、上司の捺印書状を携えて、ペルリに手渡した。

ここに日本政府は二五〇年余の長きに渡る鎖国政策を放棄、日米修交通商条約締結を決意、その日を三月三十一日、草案作成交換の日と定めた。両使節はそれぞれの国を代表する贈与の品々を携え条約草案を交換した。[21]

注

（1）大野真弓編『イギリス史』、山川出版社、昭和二十九年、一六七頁、一八三三年、グレー内閣が可決した「奴隷使用禁止法」は、人道上の見地に立ったものではなく、古典派経済学が主張する英資本主義の発展に障害となり、それは自由労働者層（賃労働者層）の賃金を引き下げる要因となる事を指摘した故にである、と言う。

（2）George R. Taylor, Transportation Revolution, 1815-1860, New York, 1951, op. cit. p. 447. Taylor, ibid, op. cit. p. 448.

（3）Francis L. Hawks, Narrative of the Expedition of an American Squadron to the China Seas and Japan Under the Command of Commodore M. C. Perry, Lis Navy, Washington 1856, Copyright by Sidney Wallach, New York, 1952, 邦訳、F・ホークス著、土屋喬雄、玉城肇共訳、『ペルリ提督　日本遠征記』㈠、岩波書店、昭和二十三年、一四〇頁、以下、『ペルリ提督日本遠征記』とする。同書はペルリ提督が一八五二年（嘉永五年）、一八五三年（嘉永六年）、一八五四年（安政元年）の三回にわたり支那の海域や日本に来航した記録を合衆国に帰国後、第三三回連邦議会第二開期に遠征艦隊に同行した海軍士官、フランシス・L・ホークスがペルリ提督に命じられ編集、議会に提出、後、政府の特殊刊行物第九七号として一八五六年ワシントン市に紙表紙綴本、四巻本として出版され、戦後、土屋喬雄、玉城肇両氏により右の如く翻訳出版されたものである。両氏は昭和二十年十一月版の同書、「解説」に於て、「ペルリ提督は維新日本の黎明を告げた人」と記している。同前掲書、第一巻、解説、六頁。

（４）James F. Jameson, Dictionary of United States History, Philadelphia, 1931. P. 384, (cf). Louis M. Hacker and Helene S. Zahler., The Shaping of the American Tradition, New York, 1947, Vol I. op. cit. pp. 568~569.

（５）Louis M. Hacker and Helene S. Zahler., The Shaping of the American Tradition, New York, Vol. I . 1947, op. cit. p. 570, アメリカ学会訳編、『原典アメリカ史』第三巻、所収（ペリーの日本遠征に関する所簡）、小池偉雄訳、岩波書店、一九五三年、一九六頁より一九七頁。

（６）Hacker, and Zahler., ibid, op. cit. p. 571,『原典アメリカ史』第三巻、一九七頁より一九八頁。

（７）Hacker, and Zahler., ibid, op. cit. p. 571,『原典アメリカ史』第三巻、一九九頁。

（８）Hacker, and Zahler., ibid, op. cit. p. 571.

（９）Hacker, and Zahler., ibid, op. cit. pp. 572~573,『原典アメリカ史』第三巻、二〇二頁。

（10）Hacker, and Zahler., ibid, op. cit. p. 573,『原典アメリカ史』第三巻、二〇三頁。

（11）Hacker, and Zahler., ibid, op. cit. p. 573,『原典アメリカ史』第三巻、二〇三頁。

（12）Hacker, and Zahler., ibid, op. cit. p. 573,『原典アメリカ史』第三巻、二〇三頁。

（13）Hacker, and Zahler., ibid, op. cit. pp. 574~575.

（14）Hawks., ibid, op. cit. p. 13, ホークス著、『ペルリ提督　日本遠征記』㈠、二三〇頁。

（15）Francis L. Hawks., M. C. Perry, Narrative of the Expedition of an American, Squadron to the china and Japan, Washington, 1856, 邦訳、Ｆ・ホークス編纂著、ペリー監修、大羽綾子訳、『ペルリ提督　日本遠征記』、法政大学出版局、昭和二十八年、口絵地図（表紙裏面）希望峰―スリランカ―香港―上海―沖縄―鹿児島等八ヶ月にも渡る大航海を経て、ペリー艦隊は日本到着を果たした。だがこの時期は、周知の如く英のワットが発明した蒸気機関が外洋帆船に取りつけられた事から、世界の大洋はユニオンジャックの征する所となり、以降列強は地の果てまでも植民地獲得を目指した。こうした折、列強の注目を集めたのが極東の黄金の国、日本である。列強にとって「世界市場獲得競争の最後の懸賞品」と称された。露皇帝、ピーター一世は「わが希望の地は東方にあり」と南下策を遺言とした。かくして二五〇年余にもわたる太平の世にある閉じられた日本の扉を武力でこじあける事が列強の競争となった。ロシア、イギリス、フランス、プロイセンが先陣を切り、隙あらばと好機を狙っていた。一八四八年、パリに三月革命が勃発、全欧州へ波及、一八五三年にはクリミア半島に露と英・仏軍が砲火を交えた事から新興独立国家アメリカは好機到来と太平洋の彼方、支那交易に参戦すべくその中継地、日本開国をフィルモア、ピアース両大統領はペルリに托したのである。だがそれは国際紛争には介入しないとする「モンロー宣言」を破棄、内政の紛糾（奴隷制を巡る南北対立）から国民の視線を外にそらし、問題を先送りする大衆政治家の手法であった。アメリカ市民はその責めを自らの血潮で払う事になった時、大衆民主主義の負の側面、ポピュリズムを知る事になるのである。

(16) Hawks., ibid. op. cit. pp. 82~84. ホークス著、土屋、玉城共訳『ペルリ提督　日本遠征記』(二)、二四〇頁より二四三頁。

(17) Hawks., ibid. op. cit. pp. 87~88. ホークス著、『ペルリ提督　日本遠征記』(二)、二四九頁。

(18) Hawks., ibid. op. cit. pp. 159~160. ホークス著、『ペルリ提督　日本遠征記』(三)、一八四頁より一八六頁。

(19) Hawks., ibid. op. cit. pp. 178~179. ホークス著、『ペルリ提督　日本遠征記』(三)、二〇八頁より二〇九頁。

(20) Hawks., ibid. op. cit. p. 163. 周知の如くアヘン戦争以降、清朝支那が列強と締結した条約は不平等条約の典型であり、ペリーが日本全権に、一八四四年米支通商条約（望厦条約）の説明に際し、互恵平等の協商精神により交易が始まって以降、合衆国が清朝支那より購入したのは茶、三六〇〇万両、生糸及び加工絹、三〇〇〇万両に及び、入国した支那人は三万人に達し、それぞれ三〇〇両から一万両を手にした事を報告した。だが事実は清朝側の一方的入超、大量の金、銀の流失から財政難に陥った清朝はその差額を人民に貢租という形で転嫁、その徴収は過烈を極めた事から洪秀全に率いられた太平天国軍は滅満興漢を掲げる大農民反乱に発展していた。日本全権はこの事実をよく承知していたのである。日本政府は五年の期間をかけてその対案を審議する事になるのである。

（21） Hawks. ibid. op. cit. pp. 203～206, ホークス著、『ペルリ提督　日本遠征記』㈢、二四一頁より二四五頁。

おわりに

一八五〇年代のアメリカ政治を指導したのは奴隷制を支持する民主党であった。それは「一八五〇年の妥協」にみた如く躍進を続ける北部産業資本家層や、奴隷制度に反対する民主、ホイッグ両党支持者達を分裂させ、奴隷制度に反対する全ての人士を結集させる所となった。彼等は、一八五四年、新党（共和党）を結成、民主党に対抗する事になった。

周知の如く、フィラデルフィアに結成された共和党は建国の父祖、T・ジェファスンが連邦党（フェデラリスト）に対抗、州権主義を旗印に強大な中央政府の権力抑制を目指し少数者の権利を護るべく立ち上げた政党であった。F・ピアース政権を支えたのは、「奴隷制度」を善なるものと積極的に擁護し、合衆国憲法解釈論より説き起こし、南部州権論の内に托して、奴隷制度こそは南部農場主の財産権との結論を導き出したJ・C・カルフーンであった。[1]彼は自説を競合的多数制と規定した。[2]以降彼の「競合的多数制」は南部の聖典となった。

かくして南部の奴隷制農場主等は、奴隷制度の廃止を求める北部自由州を目の仇にした。

我々は前節にみた如く、一八五〇年の妥協が成るや、彼は三月末には死の谷を歩む事になった。だが彼は南部奴隷制護持を目指し六〇年の生涯を賭して、米合衆国連邦憲法の運用をくつがえすという離れ技を示す力量を示した。次いで五二年、相次いでカルフーンの後を追ったD・ウェヴスター、H・クレイ等は南部の奴隷制度に反対はしたが、彼等の反対は極めて理性的であった。ウェヴスターは南部の奴隷制度について、極めて不幸な事ではあるが批難や憎悪でそれを解決するものではなく、綿花は栽培され、それは摘み取らなければならないとして、奴隷制度は災難ではあるが罪悪ではない(3)、として、南部民主党を率いたカルフーンに妥協した。

T・ジェファスン、A・ジャクソンの時代には奴隷制度は黙認されていたが「一八五〇年の妥協」に署名した民主、ホイッグ両党の指導者が相次いでアメリカ政界より去った今、南部は一層カルフーンの政治論下に結集、新領土(カンザス)に奴隷制度を拡大し、南北両地域の政治的均衡を確保する事を決意した。だが北部の新進気鋭の上院議員、奴隷制廃止論者スアード、チェイス等は、たとえ名目上であっても奴隷制を合衆国の新領土(カンザス、ネブラスカ)に採択する事には断固として反対、それは邪悪で忌まわしい制度であると南部の奴隷制を憎悪、批難した(4)。

かくしてF・ピアース大統領は、こうした南北両地域の奴隷制に対する論争に対し、まるで禁断の木の実に触れるかの如き態度を示し、決して解決策を提示する事はなかった。我々はその結果を前節、「カンザス・ネブラスカ法」に検討した如く、新領土に奴隷制の可否を巡り、今やカンザスは南北両地域を巻き込んでの流血騒然たる内乱状態となった。流血のカンザスである。やがて勃発するであろう、南北両地域の人々が、血で血を洗う事になる内戦の不吉な予兆を告げる悲劇の序章を呈する事になった。

米合衆国の南北両地域は、今や誰の目にも相入れない異質な社会が形成された事を認識せざるをえなかった。こうした事態から、ピアース大統領は前政権、M・フィルモアが置き土産にした積極的外交政策を継承、国民世論の分裂を防止、マスコミの活字により、世論を華々しい砲艦外交、恫喝外交に向け、モンロー宣言に著された所の、中南米、カリブ海に進出、新たな領土を獲得、その地に今や、南部の執念と化した奴隷制度を拡大しようと試みた。今日、時節は合衆国に味方した。一八五三年、英、仏、土と露は覇権を賭けてクリミア半島に激戦を続けていた。F・ピアースはこうした欧州大陸列強の間隙を突き、長髪族の蜂起に揺れる支那大陸進出を目指した。その際中継地として、鎖国下にある日本に、M・フィルモア大統領同様、砲艦外交を展開、開国を迫り、その前進基地として、琉球諸島をペルリ艦隊の根拠地とし、米日協商条約を締結、開国成功後、ハワイ諸島、フィリピン諸島にも基地を建設、イギリス、フランスを追走すべく、東洋貿易に乗り出し、大英帝国に比肩し得る世界的規模の通商産業国家建設を目指す事を構想した。(5)

さてＦ・ピアースは内政に関して、内戦前夜を予兆させる南北両地域の右の如き対立抗争に、連邦軍を動員、国内のこうした騒乱を断固鎮圧すべき合衆国大統領としての責務を有したにもかかわらず、彼はこれに目をつぶり、先住インディアン征討に連邦軍主力を動員、一転、対外政策に際しては砲艦外交を以って臨む事になったが、彼のこうした内政に於ける優柔不断がその後、旧大陸から新大陸アメリカの地にカナーンを見た多くの若き青年層を悲劇のどん底へと突き落とし、彼のカリブ海、中南米諸国へのモンロードクトリンの採択は、その後、合衆国の国策と化し、根棒外交への先鞭をつけるものとなった。又、彼の日本開国政策の継承は、その後、沖縄攻防戦と、続く本土決戦を叫ぶ軍部の台頭を招き、日本の前途を托すべく有為な、三〇〇万にものぼる若き青年層に血と血に継ぐ出血を強制し、血涙溢れる犠牲を強いる事になった。

注

（1）Benjamin F. Wright., A Source Book of American Political Theory, New York, 1929, op. cit. pp. 538～544, John C. Calhoun, A Discourse on the Constitution and Government on the United States, 1851, 彼の死後公表されたカルフーンの遺稿、「合衆国憲法及び政府論」は、ジェファスンの州権論より導き出したものと、タッカー、テイラー、アプショアを始め、多くの識者が指摘する。

（2）Wright., ibid, op. cit. pp. 525. 527. 531. 533～534, John. Calhoun., A Discourse on Government, 1851.

（3）André Maurois, The Miracle of America, New York, 1944. op. cit. p. 238.

（4）Maurois., ibid, p. 252, (cf), Samuel E. Morison., The Oxford History of the American People, New York, 1965, p. 572, 南部の奴隷制度を指摘する際には、ホイッグ党を指導したH・クレイ、D・ウェヴスター等の如き人生経験豊かな老練な政治家層は、奴隷制に反対したが必要悪と黙認した。だがスアード等のホイッグ党若手の議員層は、合衆国内に、一インチたりとも奴隷制度の残滓さえ許さぬとする原理主義的奴隷制廃止論者であった。それ故、一つの国家に二つの制度は共存し得ぬ事は明白であった。特にA・リンカーンの大統領就任と彼の内閣に国務長官として入閣したW・H・スアード、S・P・チェイスの財務長官就任は南部にとって決して受け入れる事は出来なかった。

（5）ホークス著、『ペルリ提督　日本遠征記』㈡、二四〇頁より二四三頁。我々は、「アメリカ大統領親書」にみた如く、M・フィルモアは開国後の日本を農業国と規定したから、一八五八年、安政五年締結の日米修交通商条約調印に渡米した日本側正使、新見正興、副使、村垣範正等が署名した条約は、特に、貨幣の同種同量による交易との条項にみる如く、米工業製品と日本農業品（絹）との通商であった事。

かくして合衆国に日本の金銀が大量流失となり日本経済に壊滅的大打撃をもたらす事となり再起不能に陥った。開国維新に決起した日本の青年達は、西欧、欧米の工業化、資本主義化を目指し苦闘する事になるが、その道は結局、プロイセン、ドイツ等が主導した所の上からの、国家主導による強制的な近代化にあった事から、真の日本全国民を上げての近代化、民主主義化には至らず、いきおい上層市民層や政商、郷士、豪農層を中心とする勢力に依存せざるを得なかった。真の全ての日本国民の民主主義の為には今なお多くの封建遺制の残滓を払拭する真の近代化へ向けての課題を抱える事になった。

なお、こうした日本の課題についてその因を我が国の鎖国政策にありと、指摘した著作について、その時、英領香港総督通訳官を務めたカール・ギャッラフ著、『アジアと欧米世界』、加藤祐三、川北稔共訳、「世界の歴史」第二十五巻、中央公論社、一九九八年所収、第八章、論考、日本開国とアジア太平洋、ペリー来航と日本開国、三四七頁より三七六頁を参照せよ。

第六章　トクヴェルとジェファスニアンデモクラシー

――トクヴェルの米民主政治研究を中心に――

はじめに

一八一五年、仏正統王朝、ブルボン家、ルイ十八世の復位により、旧貴族、トクヴェル家も支配層に返り咲く事になった(1)。後、トクヴェル家一門はアルトワ伯に忠誠を誓い、宮廷で勢力を伸ばす事となった。

一八二四年ルイ十八世の後継にアルトワ伯がシャルル十世として即位すると、トクヴェル一門も権力の中枢に列した。かくしてトクヴェルの父もいくつかの県知事を歴任。一八二七年、トクヴェル自身も二十二才の若さで司法官に任ぜられ倍席判事に列せられた。

この頃ようやく仏も議員内閣制の体裁を整える事になり、トクヴェルも将来の夢を仏政界に描く事になった。

だが自由を求める時代の思潮も又、仏政界に及び、シャルル十世の反動政策ともあいまって自由主義派と保守主義派との闘争となって立ち表われる事となった。かくしてトクヴェルはこうした時代の風潮に対し、シャルル十世や保守派が自由主義派に対し妥協、あるいは譲歩をみせない限り再び、かつての如き両派による衝突は避けがたいものと映じたのである。

こうした時代にあって、多くの仏貴族の家柄を出自とする若者がそうであったように、トクヴェルも又、祖国仏の栄光の為に奉任する事と、政治の世界に生きる事に名誉ある人生の価値を見え出し、英立憲君主制に関する書物をひもとく事になったのである。

この頃同じ司法官職にあった三才年上で、政治的理想主義に燃えるギュスターブ・ド・ボーモン・Gustave de Beàumont.1802〜1866.と知り合う事になった。二人は政治的自由主義のもと、祖国が以降歩むべき進路に向けて、肝胆相照らす間柄となり、二人の友情は生涯を通じてのものとなった。こうした折、トクヴェルとボーモンに大きな政治的影響を与える事になったのがソルボンヌの歴史学教授・フランソワ・ギゾー・Fràncois pierre Guellàume Guijet.1787〜1874.であった。二人は彼の講義を受講した折り、「歴史の流れは全ての諸国民の間にある不平等を破棄し、人間が生まれながらに有する平等な権利の確立に向かって進む事は必然的である(2)」とし、仏の社会も又、中産階級を主体とする多数者の支配へ向けて進歩して行く事は不可避であるとし、今や仏の第三身分が封建制下の貴族を圧倒、階級制度やカトリック教会の諸特権を廃棄、今日第三身分は、「君主制」に対してさえも攻撃を開始していた。こうした第三身分に結集する多数者の時代の到来は全ての歴史が証明する、と講義していた。かかる講義から、二人は、人類における全ての不平等が廃棄され、やがて全ての人々が生まれながらに有する平等な権利を行使するデモクラシー・Democracy・民主主義の時代へ向かう事が歴史の不可避の流れであるとの影響を受ける事になった。仏の歴史がそれを証明する事になった。

一八三〇年、復古王朝は出版の自由を禁止、反政府的色彩を強める議会に対して再度解散を命じ、恒産所有者で占められる議会に結集するブルジョワジー等の選挙権の剝奪を策した。対してアドルフ・ティエール・A. Thiers.1797〜1877.等は直ちに自由主義的新聞あげて反政府攻撃を開始した、続くパリ市民、労働者、学生等によるバリケード、「栄光の三日間」にわたる武装蜂起、シャルル十世のパリ脱出、次いで七月革命の成果を求める仏ブルジョワジーは合衆国に亡命していたオルレアン家のルイ・フィリップを新国王に担ぎ上げた。

トクヴェルは同志であり、友人でもあるG・ボーモンと共に新国王に恭順、司法官職に留まった。

ところで反動化した復古王朝打倒に蜂起、栄光の市街戦を戦い抜いたパリの一般市民、民衆、学生、知識人、労働者達はより一層民主的な共和制を求めていた。

だが、革命軍の先頭にたった老雄、M・B・ラファイエット侯やカジミール・ペリエ、Casimir perie, 1777～1830, 等は革命の急進化を恐れ七月王制支持を表明した。

かくして「市民の王」を名乗るルイ・フィリップは復古王朝の反動政治を修正、カトリック信仰を廃止する一方、責任内閣制の承認や議会の法律発議権を認める等々、英に範をみる「立憲君主制」を採択した。

かかる七月王制による改革の一環として、立憲議会の有権者数は先の復古王朝時の九万人[3]から二〇万人弱[4]に拡大された。だがそれはフランス総人口、三三五〇万人のわずか六パーセントに過ぎなかったのである。又七月王制のもとに参集、首相を始め閣僚の椅子に座る事になったのは、パリ銀行総裁の息子ペリエを中核とする仏社会の一部を占めるに過ぎない富裕な上層ブルジョワジー達であった。

かくして栄光の三日間を戦い抜いたパリの一般民衆や学生、知識人、労働者層は十分なる組織力や階級意識を共有する事に欠けた事から、七月王政より除外されざるを得なかった。失望した一般庶民大衆、学生、知識人、労働者達は革命の成果を求め、共和制を要求、次第に七月王政と対立を深める事になった。

更に、かかる社会のもとでは、先行するイギリス産業革命に範をとり、これを追走すべく成長をみせ始めたフランス産業革命を視野に、立ち上げたばかりの仏の各種製造工業の保護育成策を七月王政に期待した中小の実業家達の失望も又大きかった。

七月王政も二年目に入ると、政府に対する地方の小市民層や工場労働者層等の民主化要求は一層拡大した。折しもリヨン、グルノーブル市等に勃発した労働者達の民主化を要求するストライキやデモは官憲の弾圧を受けながらも更に拡大、一部では暴動となって他の地方都市へ派及した。又この頃、労働者達も、ようやく社会主義の影響を受け始めた事から事態はより一層深刻さを増した。

かかる仏社会の混迷を前に、トクヴェルは同志G・ボーモンとはかり、大西洋の彼方、新大陸に躍進著しいアメリカデモクラシーの実像を探究すべく、その目的を伏せ、彼の国の裁判制度、刑務所制度全般にわたる司法制度研究を名目に、上司にアメリカ研修旅行の旅に出る事の許可を願い出た。

だが内務省は自由主義者として知られる二人に、危険な陰謀を察知、許可する事はなかった。ところがギゾー内相が文相に転出。後任の内務卿、モンタリヴェ伯は二人に、アメリカの司法制度研修旅行を自費にて行う事を条件に、外遊を許可した。

かくして翌、三十一年四月二〇日、トクヴェルとボーモンはルアーブル港を出航。大西洋の彼方、米合衆国を目指し船上の人となった。

二人は仏の大革命に際し、国民議会が発した仏人権宣言に自由平等、主権在民、三権分立、私有財産の神聖不可侵に範を与えた「米独立宣言、合衆国憲法」にみる所の政治論に、それが貧困と抑圧に苦しむ人類解放に到る普遍的真理に至る道と確信した。かくして米建国の父祖、T・ジェファスンと後継者達が指導する米デモクラシーの実像に接し、彼自身、みずからの目で視察、見聞し、彼の国の社会の仕組み、慣習、制度を考察、合衆国の躍進ぶりと発展を見極めるべく決意を新たにするのである。(5) トクヴェル二十六歳、ボーモン二十九歳、一ヶ月余の船旅であった。以下に伺う事にする。

注

（1）Leo Damrosch, Tocqueville's Discovery of America, New York, 2010, レオ・ダムロッシュ著、永井大輔、高山裕二共訳、『トクヴェルがみたアメリカ』、白水社、二〇一二年、二十三頁より二十四頁。
トクヴェルの母方の祖先は、ウィリアム征服王によるイングランド侵攻に最側近として従軍した貴族として知られる。彼の母、ルイーズの祖父はクレティアン・G・R・マルゼルブで、ヴォルテールやルソーの保護者として聞こえ、又、大革命に際してルイ十六世の弁護に立ち、それが為に公安委員会より反革命罪に問われギロチン台の露と消えた。更にトクヴェルの親族の多くも革命裁判所の判決により斬首刑に処された。又彼の父、エルヴュ、母、ルイーズもギロチン台での斬首寸前、ロペスピエーラ等がクーデターで失脚、危うく一命をとり止め、出獄した。その時父は二〇才、髪は真っ白、母は精神に異常をきたし以後廃人として生き残る事になった。彼はこうした過酷な運命を背負う事になった両親に、革命の理想に燃え上る急進派の恐怖政治の惨劇の有様を聞かされ育ったという。革命裁判所の判決によりギロチンで斬首された者は四万人以上にのぼるという。

（2）Fràncais P. G. Guijot. Histoire De La civilisation En Europe, 1840, 安士正夫訳、『ヨーロッパ文明史―ローマ帝国崩壊よりフランス革命にいたる―』、みすず書房、一九八七年、例えば第六版の序文のⅰ、ⅱ、ⅲ「権威と自由とは常に抗争しながらも、断じて他を無力に陥れた事はなく、どちらも幾百年を通じて、政府と人民の宿命をつくった運命の転変と権威に服して生き、そして成長して来た。かくして輝かしくも、又独得の性格をヨーロッパ文明はつくってきたのである。」と。
かくしてギゾーは歴史の進行を担う支配者（権威）と被支配者（自由を求める）との対立と衝突は、権威の所有者、ブルボン王朝が被支配者なる人民の自由を絶対的に抑圧する事はないと指摘。被支配者も自由を回復し再び支配者たるの機会を得るという。仏の歴史に照らしてみるとブルボン絶対王政は大革命により打倒され、人間の自由を宣する政府が樹立され、歴史の進行はそれを証明するであろう。かかる見解こそギゾーをしてドクトリネール、doctrinaire. 立憲王党の論客として、貴族の自由主義者、ロアイエ・コラール．Royel Collard, 1763~1845, 上層ブルジョワジー・ラファイエット侯、ペリエ、知識人士、ティエール等を連携させ、一転、七月王制の権力中枢へと昇りつめた政治論であった。

（3）井上幸二編、『フランス史（新版）』、山川出版社、昭和四十三年、三四四頁。

（4）井上編『前掲書』、三四四頁。

（5）Alexin de Tocqueville, De Là Dèmocratie en Amèrique. translated by Henry Leeve. Democracy in America 2 vols London, 1889, アレクセェ・ド・トクヴェル著、『アメリカの民主政治』（上）、（下）、井伊玄太郎訳、講談社、昭和四十七年、一八三〇年、七月二七日、七月革命勃発時、トクヴェルはブルボン復古王朝下・ヴェルサイユの倍席判事の職にあった。

彼のこうした祖国仏に対する憂国の思いは、アメリカ視察旅行の後前記の如く、『アメリカにおけるデモクラシー・一八三五年~一八四〇年』として出版され、仏の同胞に捧げられる所となった。だが仏では反響は少なく、リーブの英文訳により英を始めとする西欧諸国に於て大好評を博する事となった。以下、トクヴェルの同書からの引用はリーブの英文訳、邦文訳は井伊訳と記す。

第一節　トクヴェルの米民主政研究（Ⅰ）

一八三一年五月九日。ニューヨーク港に到着したトクヴェルとボーモンは旅の疲れを癒す間もなく「地図」[1]にみる如く、古い西部なるニューイングランド・北東部地方、次いで新しい西部なるアレゲニー、アパラチア山脈以西、太湖を経由、オハイオ川に沿い、初めて乗る新交通機関・蒸気船により辺境西部地方を巡る視察の旅に出た。

二人は訪れた各地の人々に接し、話を聞くかたわら、米の民主政治研究の為の資料収集に務めるのであった。こうした研修旅行は一年にも満たぬものであったが、申告通り、翌三二年二月二〇日、ニューヨーク港より帰国の途に着いた。三月下旬、祖国、ルアーブル港に到着、直ちに内務省宛研修旅行の報告書を提出した。[2] その後、同志ボーモンは政治裁判担当の判事職に任命されたのを機に、司法官職を辞任した。そこでトクヴェルもボーモンに同調、職を辞する事にした。

さて七月王政を去ったトクヴェルではあったが、仏はアンシャンレジーム・Ancien Régime・旧体制を打破しながらも、依然として民主政治への方向性を見え出す事は出来ず、革命と専制との混乱した時代にあった。そこでトクヴェルは米に於ける視察旅行の体験をもとに一八三五年、アメリカの民主政治として一冊の本にまとめ世に問うべく、Alexis de Tocqueville, De La Dèmocratie en Amerique, として出版した。そこで、我々は以下、彼の同書執筆の契機、背景内容について順次伺うであろう。

一七八九年の大革命以降、祖国、フランスと国民が体験し、経験する事になったのは、有史以来の一大変革とそれに伴う破壊と流血であった。その変革の途上には同胞相打つ悲劇や惨劇が相次ぎ、仏に於ける民主化を目指す改革の後には破壊と動揺が進行、ナポレオンの独裁やブルボン朝の復活は更なる混乱と無秩序に拍車を掛けるという有様となった。[3]

かくしてトクヴェルはこうした戦乱のもとに翻弄され、右に左に揺れる祖国、仏と国民の悲惨極りない光景に接し、それがフランス民主政治の発展に資する志途上での出来事と重なった事から憂国の情やみがたく、これに指針を与えるべく同志ボーモンとはかり新大陸アメリカの地に、視察した合衆国なる新興独立国家の急速なる発展と躍進を導いた米デモクラシーの全体像とその実像を著して祖国フランスの民主政治の進展にいささかなりとも捧げんと以下の如く同書の序文に記すのである。

「私がアメリカ滞在中に注意した新しいものごとの中で地位の平等程に私の目をひいたものはなかった。社会の発展途上におけるこの地位の平等という基本的な事実がはたす大きな影響力を私は容易に発見したのである。地位の平等は公共的精神にある一定の方向を与え、又、法律にある一定の表現様式を示し、為政者に新方針を行わしめ、有権者に特殊な習慣を与えている。

私はしばらくして、この地位の平等という事実が政治的慣習と法律とをこえて、その影響力を拡大している事、そして政府にも人民にも支配力をもっている事を知ったのである。

以上の事はそれによって種々の意見をつくり出しているし、種々の感情を生み出す事によって、種々の習慣をうながすのである。それが作っていない全てのものをも変化させている。…かくして以上の事は、私はアメリカ社会の研究をすすめるに従って、地位の平等の中に、それぞれの特殊な事実を生み出すかのように見える母体的事実をなお一層知るようになっていった。そして又、私は私の全ての観察が帰納する中心点のようなものとしての地位の平等という基本的事実について、それが絶えず私の前に再発見するようになった[4]」と記すのである。

トクヴェルとボーモンがアメリカデモクラシー研究の旅に出て、二人が最初に目撃したのは、アメリカ社会における「人間の地位の平等」という現実であった。

確かに大革命はフランスの旧ブルボン絶対王朝による国家権力に代わり、フランス国民による英・米の如き、国民国家建設への道を目指し、絶対専制王朝に連なるその一翼に鎮座する所の大地主や都市に優雅な生活を送る封建貴族や大商人、法官貴族の特権的、独占的権力を打ち砕く歴史的使命を帯びていた。

だがこうした大革命の成果を獲得する為には、仏社会の到る所に於て、同胞相打つおびただしい惨劇をみる事になった。又、こうした混乱に乗じて登場したナポレオン帝政と、続く復古王朝、更にこれに代わるルイ・フィリップの七月王政も第一次フランス革命に約した第三身分による国民的支配を実現せんとする国民議会と共和国憲法の精神を表面的には尊重する姿勢を示したが、それはあくまでもこうした国家権力の行使に支障を及ぼさない限りに於てであった。

しかしながら「資料1」[5]にみる如く、大革命以降成立した国民公会及びジャコバン憲法により、フランス国民の最大多数を占めた所の第三身分、就中、二一〇〇万を数える、土地に緊縛され、封建的拘束を課された所の農奴制的小作制に伸吟する多くの農民が解放され、晴れて独立自営農民として、二〜三アルパン（一アルパン約四〇アール・邦文約四反歩）方式なる小土地所有者として社会的には表面上、自由の身分となった。[6]だが以上の如き政権下の議会では、財産所有の規定が課された事から、彼等には代表を送る事は出来なかった。[7]

さて以上の如く仏の第一次革命では旧復古王朝に連なる特権と独占を有する上層ブルジョワジー階層は右の如く立憲議会を隠れ蓑《みの》とする新たな国家機構の一員としてこうした旧体制を支え政変を巧みに逃れ生き残ったのである。

かくして土地貴族や法官貴族達は、有給の官吏に姿を変えたに過ぎなかった。従ってナポレオン帝政も、復古王朝も、七月王政も又、第一次仏革命に蜂起結集した国民議会を構成する人民大衆が、英の権利の章典や米の独立宣言と同様に、仏人権宣言に記した所の国民国家建設の為に彼等が支払った多くの犠牲の上に君臨、彼等は口からでまかせの嘘を並べたて、仏国民による市民的統一をなしとげる為と称して、第一次仏革命が目指した所の地方的代表者等の共和制なる民主主義的行政機構を粉砕し、かつての専制君主達がもくろんだ所の行政権力の集中化の為に、更に強力な軍事力を背景とした国家権力を行使することになるのである。

かくしてナポレオン第一帝政も、次いで登場した旧ブルボン家による復古王朝も、それに続く七月王政も、又、こうした権力機構を繰り、彼等に連なるべく姿を変えた官僚達を総動員し、人民大衆に寄生し、吸血し、肥え太る特権階層に他ならなかった。[8]トクヴェルとボーモンが後にした祖国の情況は、こうした国家権力の支配権を求めて、諸党派に分かれ、自らが所属する党派の勝利を目指し同胞相打つ悲劇と惨劇を繰り返す上層ブルジワジー達の私闘に他ならなかった。

さてトクヴェルは第一次仏革命以降のこうした祖国の混迷転倒の社会変革の有様に対して、新大陸米に於ける一年にも満たぬ視察の旅ではあったが、世界の歴史が示す潮流の如き大きなうねりは民主政治の時代に向かうであろう、と喝破したのである。以下、「…旧世界では地位の平等はアメリカ程には最高限度に達してはいないが、日進月歩の如くにそれに近づきつつある。…中略…そしてアメリカ社会を支配しているこの民主政治は、ヨーロッパでは急速に強大になってゆきつつあると思われたのである。

この瞬間から私は本書の構想をもつようになった[9]」と。

周知の如く、第一次仏革命により旧制度、アンシャン・レジーム・ancien regime の廃棄により身分制社会より解放された「第三身分」就中三五万余の上層市民層は、テルミドールの反動にみられる如く、革命の進展にブルジョワ社会の危機を察知した。そこで彼等は革命の継続に反対し、革命の成果を固持しようとする保守派に転身したが、革命期を通しての政治的混乱は彼らの政治感覚を麻痺させてしまった。だが彼等はその為に旧制度に復帰する事を欲さず、上層ブルジョワジーの特権と独占を保護し革命の成果を十二分に保障するイギリス的な立憲君主政を切望した。他方、ガエタ公爵による「土地台帳の研究」によると、一八一六年仏に於ける個々の農地数を一〇、四一四、一二一と推計し、一八三四年、仏商務省による記録から農地の数を一〇、八九六、六八三と記している。又、仏の全人口を一八三四年、三四〇〇万と推計、就中五〇〇〇万人が土地所有者として記され、家族の人数を四・五人として計算する時、仏全人口の内二二五〇万人が（二～三アルパン方式）という国有財産売却による小土地所有者の家族であり、こうした仏の土地所有者の内の十分の九が（五一フラン以下）の地租を担っていると記している[10]。

かくして第一次仏革命により晴れて二～三アルパン方式による独立自営の土地所有者として彼等は民主化を目指す仏社会に登場したがこうした小農民層は土地獲得に要する長期年賦による支払いを始め、家族の生計の他、右の如き地租も担う事になった。収穫した穀物を始めとする商品を販売する市場は遠く、交通手段は貧弱であり、農業革命は未だ知られておらず、耕地は家より離れていた[11]。こうした仏農民の環境は自らと家族を守るのが精一杯であり、同様に民主化を求める都市の工場労働者層との連携等には未だ想いも至らず、仏国民の最大多数を占めながら、自らの階級的利害に関心を持つ事は出来なかった。内にあってはバブーフ等の蜂起、外にあっては革命に反対する列強の干渉が相次いだ。こうした内外の危機がナポレオン帝政に続く復古王朝、七月王政誕生の因とトクヴェルは記している。以下、「仏人の間には民主主義的大革命が行なわれている。全ての人々はこれを見ている。けれども全ての人々はこれを同じようには判断をしてはいない。

ある人々はこれを新事実だと考えてはいるが、これを偶然事として取り扱い、これをまだ防止できると思っている。これに反して、他の人々は、これが歴史の内で知られているものの内で、最も持続的な、最も古い、最も永続的な事実だと思われている為に、これを拒否できないものと判断している」[12]と。

トクヴェルは祖国が民主主義に基づく新たな国家建設に向かうその過程に展開される以上の如き、未曽有の政治、経済、社会全般に及ぶ大変革の内に経験する事になった騒乱と革命、あるいは民主主義の名の下に、同抱相打つ惨劇とその悲惨さの揚げ句の果てに誕生したのが軍事的独裁政権と正統王朝を名乗る旧ブルボン家の末裔とその縁者達による復古王朝の出現に失望を隠せなかった。かくして農奴制的小作制より解放され、小分割地を得て、独立自営の小農民となったはずの五〇〇万余の家族、二二三〇万余りの人々であったが、今日、未だ二世代も経たぬというのに均分相続制の内に今やわずかばかりの小地片と化した農地にしがみつき、貧困と窮乏の内に生きざるを得ない以上の如き多数の貧窮農民と化した仏社会の現実の姿に直面した。トクヴェルは祖国のこうした実情を見聞する時、七月王政の行く末に再び祖国の混迷を予想せざるを得なかった。

さて二人は一ヶ月余りの船旅の疲れを癒やす間もなくニューヨークを後に、アパラチア山脈以西の新興西部地方を巡る視察の旅を続ける事になった。

ところで、二人がアメリカ歴訪の旅に出た時期、未だ建国五〇年余にも過ぎぬ新興独立国家、米大統領の任にあったのは、辺境、未開西部、丸太小屋育ちの住人、A・ジャクソンであった。

周知の如く一八三〇年代より一八五〇年代のアメリカ政治を指導したのはジャクソニアンデモクラシーと称される辺境西部に躍進著しい丸太小屋育ちの出身者達であったり、あるいは西方大草原の土壁小屋育ちの住人達であった。又こうした西部の独立自営の農民層と提携するのは躍進著しい米資本主義を担う北東部の工場労働者等々の普通の顔をした人々、コモンマン、Common Màn. であった。我々は以降、こうした一般庶民層あるいは無産大衆層が主張する「人民の人民による人民の代表による政治を!!」と主張する時代を大衆民主主義の時代と称するであろう。ターナーを始め、多くの識者が指摘する所の、ジャクソニアンデモクラシーの一大特色は、建国期・ジェファスニアンデモクラシーに代表される名望家にして、博識、有徳なる自然なる貴族制の如き恒産所有等による御布施宜しき御恵みの如き政治を拒否し、アメリカ国民の多数を占める全ての白人成人男子への普通、平等選挙権賦与、投票による多数者の審判を主張した。こうした時代の精神こそ丸太小屋育ちの青年、A・ジャクソンをホワイトハウスへ導き、土壁小屋育ちの青年を明日の一〇〇万ドル長者へと育てあげることになる大衆民主主義が導く多数者の政治の時代にあった。かかるジャクソンに始まる大衆民主主義時代の到来は他方に於て、他人の労働にて生きる事を潔しとせず、自らの額に汗し、大地を耕し、勤労を尊び、そうした労働の尊厳と禁欲、節倹、忍耐の内に、明日の起業家を目指し、育て上げるとする米資本主義の勃興期を告げる時期でもあった。北東部の実業家達は米体制、the American system なる国家あげての近代的工業化策の下、英に追いつき追い越せを合言葉に、彼の国に匹敵する世界的規模の通商産業国家建設に向かって、ひた走りに走っていた。一方、南部では綿花王国を目指し新たな領土をメキシコの地、南西部へ拡大しつつあった。

こうした南北両地域のつがえの立場に立った新興西部は、日に日をついで躍進する北東部の工業生産、都市人口、工場労働者等に、新たな穀物市場を得て、入植者達は更なる開拓者魂を揺さぶられた。ところでこうした辺境未開西部を目指したのは旧大英帝国からの移住者ばかりではなかった。旧大陸各地から米を目指した人々は都市の賃金労働者として資本の締めつける鋼鉄の檻の中に陥没するのではなく、広大無比、人跡未踏西部を目指す開拓者の群れに身を投じたのである。丸太小屋育ちの青年がホワイトハウスを夢みるなら、土壁小屋育ちの青年が、百万ドル長者を目指すのに何の不足があろうかと。農業における大農場経営に向けた企業家精神はこうして誕生するのである。

ジャクソニアンデモクラシーは大衆民主主義と共に米資本主義へ向けての祝砲でもあった。トクヴェルとボーモンが訪ねるアメリカは誰も彼もが皆自由であった。

北東部の昨日の労働者は明日には工場主への道が開かれていた。西部へ入植した昨日の農夫は幾日も経たない内に明日の農場主への道が開かれていた。

ところで合衆国の政治経済、社会の動静について、北東部諸都市で発行される新聞、雑誌、週刊誌等のマスコミは、たちまちの内に辺境西部の小さな開拓地を始めとする各村々にまで運ばれた。

たとえ廻し読みされ手垢のついた雑誌でも、娯楽等の楽しみなどなに一つもなく、生きる為の闘いにあけくれる人々にとっては仕事を離れつかの間をいやしてくれる読みものとしてボロボロになるまで読みかえされる事になった。かくして米では以上の如きマスコミ各誌が大衆の世論形成に、大きな役割を果たす事になった。以降、こうしたマスコミ各紙は、アメリカの政治、経済社会の意志決定に重大な影響を与える事になるのである。合衆国では二つの全国的統一政党として、その政策が党綱領に掲げられ、党機関紙や各種マスコミがそれを掲載したから、それは各種交通網を通して辺境未開の地の有権者にまで運ばれ支持を訴える事になった。

かくしてアメリカの政治は普通平等選挙権を有する全ての白人成人男子が参加する市民の投票により「審判を受ける」とする「多数者の意志」が貫徹される政治社会がここに成立するのである。

ところで我々はこうしたジャクソニアンデモクラシーなる大衆民主主義にあっては、勝者が全ての戦利品（政府の官公職）を手にする、というスポイルズシステム、spoils system. 猟官制が生まれ、又、そうした戦利品は党員に平等に、しかも短期間に分け与えられるとするローテーション・イン・オフィス、Rotation in office. 官職交代制が行われる事になった背景を知るのであるが、トクヴェル等が後にした旧世界に等しく見聞、体験するのは、アンシャンレジーム下の如き政治社会の再編であり、仏人民大衆（農民、都市労働者）の生涯は彼の誕生以前にあらかじめ定められているかの如き窮乏化の再来に直面していたのである。一方、二人が訪ねる米では、こうした祖国に於ける旧制度等は、遥かな昔、植民地開拓時代に廃棄されていたのである。二人が目にした米の一般庶民にあっては、地位、名誉、財産に始まり、合衆国大統領に至るまで、全ての米の一般庶民、人民大衆に向け全ての機会が公平に開かれていたのである。

さて二人は以上の如き米デモクラシー社会の現実に接して、その第一の実像を地位の平等に見、次にこうした米民主政治に基づく社会を支えるのが、全ての白人成人男子における「普通平等選挙権の賦与」にあるという、旧世界では決してみる事のない驚くべき体験をする事になったのである。

さて祖国仏にあって、市民の王を名乗る立憲議会による改革の主導権を握ったのは、旧復古王朝に連なるかつての貴族達や、国民のごくわずかな一部を占めるに過ぎない上層ブルジョアジーなる一部の産業資本家、大銀行家、大地主達であり、中には仏を代表する輸出品、ワインに連なるバスチーユ地方の大ブドウ園を所有する大農場主やワイン、ブランデーを生産する大ブドウ酒業者、大貿易商人達を含む階層であった。

こうした社会にあっては、イギリス国王がいう所の「王は君臨すれど統治せず」とする立憲君主政と似て非なる、議会とは名ばかりのものであり、その内実は右にみた如く、二〇万弱の上層ブルジョアジーからなる金融王朝とも称すべき大銀行家達が操る政権に過ぎなかった。

かくしてトクヴェルとボーモンは米の民主政視察の旅に、未だ建国半世紀にもみたぬ米社会ではあったが、以上の如き民主主義社会の実像に接して、二人は祖国仏にあって半農奴的小作制より小土地所有制による自作農民として、国民の多数を占め、解放されたはずの人民大衆が、今日再び均分相続により窮乏化し、生計を維持する為に今日、小片と化した、分割地の増加を図るべく、旧地主の山林、荒地、沼沢地の開拓にのり出し、家族総出の労働にもかかわらず以然貧困と窮乏の中にある人々を想起、暗澹たる気持に襲われるのであった。

さて第一次仏革命に蜂起した第三身分による国民議会が掲げた仏民主主義の理念と精神は「封建的諸権利の廃業に関する法令、（一七八九―一七九三）[13]」と続く「仏人権宣言[14]」の如くに著されたが、その進展の為には小土地所有と、均分相続制下零細経営に陥った所の以上の如き貧困と窮乏の内に生きる仏国民の多数を占める分割地農民の救済が何よりも優先されねばならない事を二人は認識する事になった。そこでトクヴェルとボーモンの米民主政歴訪の旅は次にアレゲニーとアパラチア山脈以西、辺境未開、人跡未踏とも称される所の地を目指す事になった。ところで我々は、トクヴェルとボーモンが訪ねる両山脈以西、オハイオ川が流れ、太湖に沿う新興西部について、脇道にそれる事になるが、一瞥を与えなければならない。

かつてT・ジェファスンはアパラチア山脈以西、太湖に沿い、オハイオ川が流れ、ミシシッピー河に向かう地方の開拓には百年単位の年月を必要とし、更にその大河を越えた以西の地方、旧フランス領ルイジアナ地方の開拓に際しては、同領地が、旧大陸にも匹敵する事から、同地方の開拓には、一千年単位の年月を要すると予想、聖書にいう所のアメリカ合衆国の地を千年王国と豪語した。ところで、二人が訪ねる新大陸に建国まもないアメリカ合衆国の躍進ぶりは、彼等を驚かせるには十分過ぎる程の発展ぶりであった。仏義勇軍を率いたラファイエット候らが駆けつけた米は建国時、十三州、人口四〇〇万にも満たなかったが一八三一年、トクヴェルとボーモンが訪ねた折、わずか半世紀にも過ぎなかったが、その国勢調査には、原初十三州より二十四州が記され、人口も建国時の三倍強、一三〇〇万弱へと急増、ジェファスンが豪語した両山脈以西、大河に至る以東の地の開拓には百年単位の年月を要する所か、わずか五〇年余りで開拓者の波が到達していた。古い西部なる大西洋治岸部を開拓し尽くした移住者達の群れは、アパラチアとアレゲニー両山脈の険しい隘路を獣道を頼りに踏み越えるや、わずか半世紀も経ずに太湖の水運に蒸気船を就航させたのである。又、イギリスに実用化された蒸気機関車はわずか五年も経たず、一八二八年、ボルチモアからオルバニー間に鉄道が敷設される事になった。こうした新交通機関、鉄道がもたらす利便性、実用性はたちまちの内に北東部諸都市間に延伸された。更に運河建設、蒸気船就航、鉄道建設と相まって合衆国の鉄工業と各種製造工業の躍進ぶりは、二人がこの新型交通機関、交通網の利用により自ら体験する事になった。産業革命に次ぐ交通、運輸部門の革命的変革である。

かかる新交通網の導入により、アメリカの西部開拓は急速に進展していた。ジェファスンの予言をわずか半世紀余りで克服、大河ミシシッピー河以東の地に到達した移住者の群れは、更に世界の大河を越えて旧フランス領ルイジアナと呼ばれる旧ヨーロッパ大陸にも匹敵する新たな領土を目指し、その先にある太平洋への入り口に到達するのは最早、時間の問題のように二人には思われた。

ところで二人が訪ねる辺境西部のこうした躍進ぶりを如実に物語るのが、「一九世紀アメリカの縮図」と称される太湖とオハイオ川に沿う辺境西部地方の開拓である。初めは点在するにすぎなかった入植地が次には村となり、町となり、更には都市へと、その発展を支えるのが、北東部に視察、見聞した所の「タウンミーティング、town meeting.」なる建国以前、植民地開拓時代に誕生した地方自治制に由来する「タウンシップ、Township. 小村落共同体」なる最小の地方自治制度にあるとの確信であった。

さて二人はこうした辺境西部の急速な発展と躍進ぶりを支えるのが、同じルアーブル港より遥かな大洋の彼方の地に伝え聞くカナーンの地なる新大陸に誕生した約束の地、合衆国移住を目指し乗船する旧大陸各地よりわずかな荷物を携え、渡航賃のみを所持、自由を求めて集結した所の小農民層にあることを知った。彼等は建国間もない米に到着すると、北はメイン州の奥地から南はジョージア州に連なる大西洋沿岸に成立する古い西部を素通りし、両山脈を越え、太湖とオハイオ川に沿う新たな西部を目指した。こうした人々は彼等自身有する唯一の財産なる労働力を、古い西部の工場主に売り渡して生きる事を避け、神への寄りかかりを捨て、辺境未開の地に身を挺して生きる決意を固める開拓者の一団に身を投じた。

その時合衆国では、旧宗主国より獲得した広大な西方領土の開拓を目指し、「地図Ⅱ」にみる北西部土地条令[15]（一七八五年）に始まる公有地売却制度を採択[16]、一区画六平方マイルからなるタウンシップによる入植者をつのる事になった[17]。

この事を聞きつけた旧大陸諸国では、封建的拘束から脱出、あるいは社会的混乱の内より自立を求めた小農民層は、自由を求め、自らの土地を耕作して生きる自由な土地所有者を目指し、合衆国への移住を決意したのである。その時、アメリカでは土地の所有は事実上自由であった。

かくしてトクヴェルとボーモンが訪ねる事になった辺境西部地方とは、旧世界の古い因習やしがらみを捨て、他人の労働にて生きる事を潔しとせず、辺境未開の地に身を挺して生きる事を選択した人々であった。そして又彼等はそこに自らの労働の尊厳を獲得する事を決意した。

だがこうした労働条件の獲得には長い年月と、多くの血と汗と涙の物語りを要したから、彼等が獲得した自由と独立は何にもまして他に代える事の出来ない価値観を有していたのである。彼等はその後、こうしたタウンシップの地に生計の糧を得ると、始めに集会所を建設、次いで教会を建て、それから学校を建設した。それが一つの新しいタウンとなり、たちまちの内にシティに成長するのであった。又、こうした共同体の運営は、全員参加による選挙により公平に公職に選出されたから、誰も彼もが公正、公平に公職を担う事になったのである。二人が訪ねる辺境社会にあっては、地位の平等による共同体の運営は極めて自然な成り行きであり、人はそれをデモクラシーと称し、二人が視察の地に訪ねる西部では、全ての人々が普通の顔をした普通の人々であった。

かかる人々こそリストがいう如くあのポテトがこのポテトに似せて育つが如くにコモンマン、common man であった。彼等は昨日は農夫であり、今日は村長を務め、明日には町長、市長として共同体の運営に必要な官職を担うのである。更に又彼等は、州知事や連邦議会の議員であったり、やがてはテネシー州ナッシュビルの人、A・ジャクソンの如く、旧大陸にあっては御伽話の世界のような、丸太小屋育ちの青年であっても米大統領の椅子が用意されているのである。

更に二人が知る事になる合衆国では、憲法は国家と国民に「…法の正義を樹立し国内の静謐を保障し、国防に備え、一般の福祉を増進し、子孫への自由の祝福が保障されるべき…」[18]として制定されたものであるが、複雑さを増す社会の進展と国際関係を前に、現合衆国憲法は憲法の憲法たる精神を保障し得る基本法たり得るか、にかかわり、連邦議会に於て、審議が行われ、両院議会に於て、修正の必要あり、との見解が多数を占める時、各州議会の審議に付され、批准が四分の三以上に達する時、憲法の修正がなされるのであった。[19]

かくしてトクヴェルとボーモンが米民主政の視察に見聞するのは、地位の平等、白人成人男子への普通平等選挙権に次ぐのが、タウンシップ制にみる所の、自由な土地所有制に基づく地方自治制であった。更に合衆国憲法なる国家基本法に対する修正条項の規程であった。

二人は以上の事から「英の権利の章典」「米独立宣言」に続く「仏人権宣言」が、祖国と仏市民を始め、貧困と窮乏に苦しむ多くの人民大衆の解放に向けた偉大な道しるべであり、今日、こうした歴史の歩みは、最早何人によっても阻止する事の出来ない潮流であると、トクヴェルとボーモンは新興西部視察の旅に祖国仏の民主化を重ね合わせる事になるのである。

翻って、トクヴェルは祖国フランスの人民大衆が歩みきた歴史を総括、今日民主化を目指し混乱と困窮に喘ぐ仏市民に何程かの貢献を果たさんと、アメリカデモクラシーの今日までの歩みを紹介、大革命以降に続く祖国の変革の歩みを合衆国の歩みのそれとの比較検討の内に読みとるべく試みるのである。我々は以下に伺うであろう。

「私は一瞬、七〇〇年前のフランスの状態を追想してみた。当時のフランスは土地を所有し、住民を支配している少数の諸家族の間に分配されていた。命令権は世襲財産と共に世代から世代にうけつがれていった。そこには権力の唯一の源泉として土地財産があった。けれどもそこには聖職者の政治権力があってこれは根をはり拡がっていった。…中略…その社会は時のたつにつれて一層文明化していったが、また、一層安定化していった。そして、人々の間の種々な関係もより複雑に、より多くなっていった。私法の要求も強くなっていった。その時法学者たちが生れた。彼等は法廷のうす暗い部屋や書記課のほこりっぽい片隅からでていって、宮廷でテンの毛皮や甲冑《かっちゅう》で身を装っていた封建君主たちのそばに席を占めるようになっていった[20]」と。土地を囲い込み、農民を保護すると称してそれを封土諸共私する土地貴族に対し聖職者は、人間は生まれながらに悪を犯しやすく、偽りの生活に陥りやすい故、創造主の代理人たる教会と聖書の教えに従うべしと土地に緊縛された農民、大衆層に説教壇より語りかけた。更に世俗にあっては法官貴族の助言をもとに私法を行使する君主は、人民大衆に向かって以上の如き土地貴族、聖職者、法官貴族等を従い、聖書と銃口によりフランスの支配者である国王の強制力なしには真理に到達し得ぬと最もらしく正当化した。

こうして彼等は人民大衆の背中に金の鞍をせおわせ、靴には銀の拍車をつけ、農奴制という乗馬服に身をつつみ、合法的にうちまたがったのである。

だがこうした時代にあって、人間解放を掲げるルネサンス運動以降、大航海、地理上の発見、続くルターやカルヴァン等による旧教に対する批判、新教運動は統一的ローマ教会の地位を著しく低下（宗教戦争）させた。かくしてブルボン王朝の下に結集した土地貴族、官僚（法官）貴族、聖職者等は土地、財産、官職を世襲、それが仏絶対王政を支える権力の礎であった。さて、ブルボン朝による権力掌握と併行した英仏による世界的規模の植民地争奪戦争は新大陸に雌雄を決するべく北米大陸に舞台を移した。英の世界政策に対抗、新大陸に於ける米植民地独立戦争を物心両面より支援したブルボン朝であったがその結果は、王室の財政悪化を招いたばかりか更に経済恐慌が勃発したことから国庫の金が払底する事態に陥った。そこでこれを補うべくそれまで開えた事のない全国三部会（身分制議会）を招集課税の強化を目指した。ところでアンシャンレジーム、旧体制下にあっては第一身分（聖職者）、第二身分（貴族層）への課税は免除されており、ブルボン朝による支配体制を支える各種租税は全て第三身分が負担していたのである。[21]そこで革新的僧侶、シェイエスは第三身分の課税反対をパンフレットにまとめて発表した。以下、「…一、①、第三身分とは何か、全てである。②、政治制度において今日まで何んであったか、無。③、何を意味するか、そこで相当のものになること」[22]。だが第三身分の要求は拒否された。そこで第三身分は直ちに自らの議会を国民議会と改称、テニスコートに結集、国王軍と衝突、革命へと突き進む事になった。

さて以上の如く第一次仏革命前の社会はブルボン朝による私法が支配する世界であり、それは法的、政治的な性格を有するだけでなく、同時にその社会は、王権に連なる特権と独占権とを併せもつ一握りの貴族と官僚、僧侶等による支配層と封建的拘束力を課された多数を占める半農奴的小作農民に分かれていた。こうした旧制度アンシャンレジーム ancien regime 下、第三身分なる仏国民は迷路の如き複雑多岐に分かれた租税網にからめとられていたのである。

ところで第一次仏革命の勃発は、「封建的諸権利の廃棄に関する法令、（一七八九―一七九三）」及び「仏人権宣言」続く「国有財産売却法」にみた如く、旧体制、アンシャンレジーム下、半農奴制的小作制に伸吟する農民解放を実現した。だがこうして自由を得た解放農民が手にした耕作地は、米合衆国に移住した人々が手にする自由な大地、耕作地とは比較にもならない程の小片であり、かつ彼等の居住地の近辺にある耕地ではなく、旧小作地の解放であった事から、遠方の地も含まれて居り、総計で（二～三アルパン方式と称される小片であり、邦訳では、八反歩～一町二反歩）に過ぎない交錯地を含む小土地所有であり、それを長期年賦払いで手にするという国有財産売却法であった。こうした小土地所有に見切りをつけ、ルアーブル港より新天地アメリカに向かった人々は、ニューヨーク港到着後には国をあげての公有地処分政策による「タウンシップ制」に基づく入植地として、一区画毎に正確に実測され一セクション（六四〇エーカー）より最少十六分の一セクション、（四〇エーカー）（邦訳、十六町一反歩・一エーカーにつき一ドル二五セント・四年年賦）、からなる公有地として開拓者に売却される事になった。

だが、辺境未開なる西部にあっては土地は広大無辺、無尽蔵であったからこうした土地価格等はあってもそれは事実上無きに等しい価格でもあったのである。新天地を目指した人々は、北東部の都市に准積する事なく、西部を目指す開拓者の群れに身を投じ、辺境未開、広大無辺の地に入植、たちまちのうちに地主に変身したのである。

こうした新天地アメリカを目指し、独立自営農民としてカナーンの地に入植する決意を固めた人々に向かい建国の父祖、Ｔ・ジェファスンは力強い政策で応いた。「額に汗し大地を耕す農民は神なる創造主が興えたもう選民なり」として五〇エーカーよりなる耕地を用意していたのである。後、リンカーンによる一六〇エーカーよりなるホームステッド法はジェファスンによる北西部土地条令に由来する施策である。

トクヴェルとボーモンは新興西部を訪ねる視察の旅を記すのである。以下。

「…一八世世紀末に大胆な冒険者達は、ミシシッピーの谷間に突入し始めた。これはアメリカの更に一つの新発見のようなものであった。まもなく多くの移出民たちがそこにわんさとおしよせていった。その時、みたこともきいたこともなかった幾つもの社会が荒野に忽然として姿をあらわしてきた。そして二～三年前には名さえももっていなかったような諸州が、アメリカ連邦内に地位を占めるようになった。

民主主義が最後の限界点にまで到達したのは西部においてである。西部と南西部との諸州では、幾らか幸運にも恵まれて、住民達はその占拠している土地に昨日やってきたばかりであった。彼等は互いに殆んど知り合ってはいないし、各人は自分にいちばん近い隣人の経歴を知ってもいない。したがってアメリカ大陸のこの部分では、人々は偉大な名声や巨大な富の影響から脱しているばかりではなく、知識と徳とから生まれてくる自然的貴族制からものがれている。そこには一生を通じて財産をつくるのに専心して、これに成功した人々がしのばせるような目ざましい権勢をふるう者はひとりもいない。西部の新しい諸州はすでに住民をもっているが、そこにはまだ社会というものは存在していない。…中略……。

ところでアメリカで平等なものは単に財産だけではない。アメリカ程にその人口に比例してではあるが、無知者と有識者との少ない国は他には、世界中のどこにもないと考えられる。

そこでは初等教育は誰でもうけられるようになっている。そして高等教育はそこでは殆んど誰でもがうけられるようにはなってはいない[23]」と。

二人が太湖よりオハイオ川に沿って就航する新交通機関、蒸気船に揺られ、新興西部諸州より南西部諸州を巡る視察旅行に向かったこの時期、辺境西部の発展は、実に目を見張る程の大躍進ぶりを示していた。

周知の如く、合衆国建国期、連邦政府がイギリスより割譲した所の両山脈以西、オハイオ川に治い、大河、ミシシッピー河以東にかけての広大な旧英領北西部地方、その他の開拓の為に建国期、原初十三邦より成る議会及び指導者達が同意して成立した一七八七年の北西部土地条令、Northwest Territorial Ordinance of 1787. によれば、北西部地方にテリトリーという行政区を設置、連邦議会が任命するガバナー、知事を派遣、テリトリーの白人成人人口五千人を以ってアセンブリー、議会の開設を認可、更に人口が六万に達する時新州、ステートとして連邦加盟を求める権利を与えた[24]。原案は一七八四年のジェファスン提案による北西部土地条令案[25]である。この条令は以降、北西部のみならず新興西部地方一般にも適用された。

かくしてトクヴェルとボーモンが訪ねる事になった一八三一年時点、同条令により原初十三州に次いで新州として連邦加入を果たした西部州及び北西部州は、ケンタッキー州、（一七九二年）、テネシー州、（一七九六年）、オハイオ州、（一八〇三年）、ルイジアナ州、（一八一二年）、インディアナ州、（一八一六年）、ミシシッピー州、（一八一七年）、イリノイ州、（一八一八年）、アラバマ州、（一八一九年）、ミズーリ州、（一八二一）年の九州であり、人口数、三、六七二、〇〇〇人、米合衆国総人口千二百八十六万一千人中に占める割合は二八パーセントに達するという急増ぶりを示す事になった。(26) こうした西部の躍進ぶりを政治の面で後押ししたのが、西部州初の大統領、テネシー州、ナッシュビルの丸太小屋育ちの住人、Ａ・ジャクソンの登場であった。ここにアメリカの民主主義は自覚の域に達したと称される所以《ゆえん》である。(27) ところで「人民の代表をして大統領たらしめよ‼」それが新興西部独立自営農民がジャクソンを大統領選へ担ぎ出した際のスローガンであった。さてトクヴェルとボーモンは、祖国仏に於てラファイエット候等より聞き知った所の米の民主政について自らの見聞、視察によりその内実を考究せんものとその目的を伏せ新大陸を目指したのである。二十八日にも及ぶ航海に耐えてニューヨーク港に到着した二人は旅の疲れをいやす間もなく、一年という限られた行程の内に、アメリカ各地を巡る視察の内に、かの地に於て、歴史上未だ誰も知る事のなかった生まれながらに有する人間の絶対的自由に基づく民主主義思想のもと、基本的人権の保障、法の支配の貫徹される社会を目撃した。又全ての市民による代議制、共和政国家、米合衆国建設という人智も及ばぬ離れ技を成功させたばかりか、今日、世界の覇権を手にし、世界の工場と化した大英帝国に対抗すべく、世界的規模の通商産業国家を目指し躍進を続ける米の原動力が「独立宣言と憲法」に込められたジェファスニアンデモクラシーに起源を有する民主政治の実践にあり、と読み解くのである。二人はアメリカを巡る旅にその実例をニューイングランドなる古い西部、北東部にみる事になった。

折しも同地方では、合衆国初代財務長官、Ａ・ハミルトン率えるフェデラリスト・連邦党に始まる米の近代的工業化政策は、ジェファスン後継内閣により米体制、The American System なる名称下、Ｄ・ウェヴスター、Ｈ・クレイ等に継承され、今や英に比肩し得る近代的通商産業国家建設を掲げ、その中核を北東部に立ち上げた米の各種製造工業の保護育成と、高率保護関税、内陸開発を目指し自前の国立銀行設立による金融政策とも相まって、驚くべき躍進ぶりを示していた。

さて、二人は、以上の如き米北東部地方に急成長を続ける近代的各種製造工業の躍進に伴って、都市の工場労働者層の民主化運動にも触れる事になった。

米の労働運動は既に組織的に開始されている事にも注目する事となった。その実例として、トクヴェルとボーモンは一八二七年、ペンシルバニア州、フィラデルフィア市に於て、アメリカの全国産業労働者職人組合、Mechanics Union of Trade Association of United states of America が結成された事を知る事になった[28]。彼等全米の熟練工、一般労働者達は互いに連携、団結を固め、各工場主等の資本家に対して、それまでの日の出から日没までの十二時間労働、sunrise and sunset に代わる一〇時間労働を要求、これを認めさせる等[29]、世界に先駆け、労働条件や労働環境改善等、働く人々の地位の向上に始まる労働者の政治参加を目指し、普通選挙権を求める民主化要求運動を開始している様子等を知る事になった[30]。

かかる北東部地方の工場労働者層や熟練工等、無産大衆層等による民主化運動は、折からの白人成人男子普通選挙権獲得運動と結合、更に辺境西部に躍進著しいあの独立自営農民層と連携、彼らが担ぐ西部代表、A・ジャクソンがジェファスンに由来するリパブリカン、共和党に見切りをつけ、新たに立ち上げた大衆政党デモクラット、民主党旗下に結集、翌、一八二八年の大統領選挙戦に勝利、こうした一般庶民、無産大衆層よりなる大衆民主主義時代の扉を開く事になったのである。

二人が訪ねる米民主政視察の旅はこうして、旧世界では決して見聞する事のない、労働者階級と独立自営農民層が連携する一般庶民層、無産大衆層が連携、結成する民主党が、博識と有徳、建国の父祖達T・ジェファスンに連なる名声と富裕層からなる自然の貴族制を誇る恒産所有階層、リパブリカン党を一般投票により打ち破り、平和裏に政権交代が行われる様を目にするのであった。

かくしてトクヴェルとボーモンは、アメリカの地に於て、出自に恵まれる事なく、学問もなく、まして高等教育を受けた事もない、辺境未開の地に生きる丸太小屋育ちの少年が、自らの努力と才覚により、ホワイトハウス入りを目指す事が出来るばかりか、西部の大草原に、草枕に夢をつなぐ土壁小屋生まれの少年達もが、一〇〇万ドル長者を目指す姿をも目撃する事になるのである。

更に二人は、旧大陸より着のみ着のまま新大陸に到着した人々が、彼等の所有する唯一の財産、労働力を担保に北東部の諸都市に、工場労働者として生計を得ると、自らの階級的意識を高め、工場主達に対し、団結して、共に労働の尊厳を要求、更に以上みた如くに、政治的平等、普通選挙権賦与等民主化を要求、折からの辺境西部の独立自営農民層等と連携、大統領はおろか、連邦議会に於ても彼等の代表を送り出す事になった。

更に法の下の平等の貫徹に於ても陪審制のもと、三審制にみる如く、最高裁判所の門は、以上、一般庶民層、無産大衆層にも平等に開かれている事を知るのである。

かかる、トクヴェルとボーモンが訪ねる米民主政視察の旅に二人が見聞、体験する事になったのは、地位の平等に始まる審判を受けるとする共和政（代議政治）を支えるのが、全ての白人成人男子に賦与されるとする普通平等選挙権の普及であり、次いで、合衆国司法制度にみる事になったのは、一般庶民、自営農民、労働者、大統領たるとを問わず、何人たりといえども、法の前に於ける平等が貫徹される社会が現実に実在するという事実を実体験した事にあった。

一方、二人が後にした旧大陸にあっては、君主の私法こそが法律であるというのが現実の政治経済、社会の実態であった。

更に二人が米民主政視察の旅に驚いたのは、古い西部なるメインからジョージアに到る大西洋岸に成立する北東部諸州にしろ、新興ケンタッキーよりミズーリに致る躍進著しい辺境西部諸州にあっても、二人が訪ねる土地々に見聞、体験する以上の如き民主政治を担い、施策を担当するのは、いかなる地にあっても、皆、同じ普通の顔をした人々であった。あのポテトがこのポテトに似せて育つ所の普通の人々、Common Man であった。又、こうした共同体の運営に際しても、誰も彼もが普通選挙権を有する白人成人男子が、普通の如く公職を担い、村、町、市、州、更に連邦議会に、又、連邦政府に役職を担い、各級全般の行政に参画、有権者の意志を代表、行政権の行使に参画するのである。次に二人は、こうした米民主政を担う一般庶民、無産大衆の経済的基盤を合衆国の土地所有制に読みとる事になる。以下次節へ。

注

（1）Leo Damrosch, Tocqueville's Descovery of America, 2010, 邦訳、レオ・ダムロッシュ著、永井大輔、高山裕二共訳、『トクヴェルが見たアメリカ』、白水社、二〇一二年、七頁、トクヴェル・ボーモンによるアメリカ旅行地図。

（2）Henry Leeve, Democracy in America, by Alexis de Tocqueville, London, 1889, VOL1, アレクセイ・ド・トクヴェル著、『アメリカの民主政治（上）』、井伊玄太郎訳、序論十四頁、「アメリカの刑務所制度とそのフランスにおける応用、Du système pènitentiaize aux Etats -unis et de son àpplicàtion en Frànce, 1832.」

（3）福島県高等学校社会科研究会、世界史部会編、『世界史学習資料集』清水書院、昭和五十三年、一一〇頁、以下、『世界史学習資料集』とする

（4）Leeve, Democracy in America, by Alexis de Tocqueville, London, 1889, VOL1, ibid, p.3, 井伊玄太郎訳、『前掲書』、十九頁。

（5）『世界史学習資料集』一〇八頁。

（6）『世界史学習資料集』一一〇頁、国民公会によるこの国有財産売却法は、先の国民議会による封建制の廃止と並び、フランス農民に対する最大の貢献である。同法はまず一七八九年十一月八日、国民議会により教会財産国有化を宣言、自由競売、

ブロック分割により売却（第一種国有財産、biens nationaux de La première origine）され、次いで立法議会は一七九二年二月九日、亡命者財産 biens des émigrés の国有化を宣言、七月二十七日、競売に付す事を決議した。更に国王逃亡事件を経て一七九二年、八月十四日布告、成立した国民公会は一七九三年より亡命者財産売却法を施行、土地の売却方法は二～三アルパン方式と称され、長期年賦、小分割地に分け売却するという法律に基づくもので、二一〇〇万人を数えた農奴制的小作制に呻吟する仏農民の大部分が晴れて自作農として解放されたのである。こうした封建的土地所有の廃棄と国有財産売却法による直接生産者として新たに仏社会に登場した彼等自営農民層は、人間個々人が生来的に有する自由を回復、やがて登場するであろう労働者との提携による新たな仏社会の民主化を目指す事になる。

又、第一次仏革命の民主化の変革過程に右の如き二～三アルパン方式（邦訳では一アルパンは四段歩故、同法式により仏農民が入手する土地耕作面積は八段歩～一町二段歩）に過ぎず均分相続法故に彼等はたちまちの内に土地の細分化に悩まされ生計の維持は困難となるのは避けられず、独立自営農民を目指す民主化の動きは更に仏社会を混乱に巻き込む事になる。こうした仏農民の民主化運動について我々は高橋幸八郎の一連の仏市民革命論を有する事になる。例えば高橋幸八郎著『近代社会成立史論』、（所収、第五篇、市民革命の構造展望・試論）、日本評論社、昭和二十二年、一八七頁より二一六頁、同著、『市民革命の構造』、（所収第三篇、農民解放、＝「分割地」土地所有の成立と分解）、御茶の水書房・昭和四五年、増補版、一七七頁より二一二頁、更に本田喜代治著、『近代フランス社会思想の成立』（所収、フランス革命における民主主義の伝統）日本評論社、昭和二四年、九七頁より一三四頁、及び George Lefebre, Là Révolution Francaise et Les paysàns, Cahierse de La Révolution Francaise, No1, 1934. P.7-41, ジョルジュ・ルフェーブル著、『フランス革命と農民』、柴田三千雄訳、（所収、フランス革命と農民）社会科学ゼミナール九、未来社、七頁より七〇頁、更に Marc Bloch, Les caractères originaux de L'histoire rurale Francaise Oslo: 1931, マルク・ブロック著、『フランス農村史の基本的性格』、飯沼二郎、河野健二、坂本慶一、服部春彦、吉田静一共訳、（所収、第六章、農業革命の発端）、創文社、昭和三四年、二七二頁より三三三頁、参照。

（7）井上幸治編『フランス史（新版）』、三四四頁、旧ブルボン復古王朝下の有権者とは三〇〇フラン以上の直接納税者で（それは九万人程）あり被選挙権に至っては一千フラン以上の直接納税者（一万六千人）と規定されており、計一〇、六〇〇〇人が仏の総人口、三千万を代表するのである。

（8）井上編『前掲書』、三六一頁、七月革命は旧復古王朝が掲げるブルボン正統主義による王権の神聖不可侵とその世襲を否定、七六人の知事、一九六人の副知事を入れ替え、四〇〇人近くの市長、一〇〇人前後の司法官を入れ替えたり、七五人の将軍中、六五人を退役させ、下院議会に於ては六八人の議員を追放、新政権への宣誓を拒否した五二名を除名した。更に一八三一年四月の選挙法改正により有権者資格を従来の直接税三〇〇フランを二〇〇フランに引き下げ、被選挙権者を直接税一千フランから五〇〇フランに引き下げる等の改正を行ったがそれでも両有権者の数は二〇万人前後でありフランス総人口三三五〇万人の六パーセント余に過ぎず、それは多数を占める仏農民や工場労働者層を除外する旧ブルボン復古王朝と何ら変わらぬ旧体制の性格を温存する特権と独占による上層ブルジョアジーを代表する政権に他ならないものであった。

（9）Leeve., Democracy in America. by Tocqueville, ibid, p. 3. 井伊玄太郎訳、『前掲書』二〇頁。

（10）Friedrich List., Die Ackerverfassung die Zwergwirtschäft und die Auswanderung, 1842, フリードリッヒ・リスト著、小林昇訳、『農地制度、零細経営及び国外移住』、日本評論社、昭和二十四年、三十三頁。

（11）リスト『前掲書』、小林昇訳、四十一頁　リストは第一次仏革命により封建的、農奴制的小作制より解放され二～三アルパン方式なる小土地所有の自営農民として登場した仏農民の現状を零細経営としてその行く末に警鐘をうながす。「…我々の考えでは零細経営は交錯圃制度と部落制度との生んだ娘である。だがこの両者は、それが今日多くの代表制国家におけるように蔓《ひろが》っている場合には、農地制度の最大の欠陥と考えねばならない」と。なぜならこうした小土地所有は二代も経たぬ内に均分相続により更なる耕地細分割を招く事からこうした小土地所有者の生活の窮乏化は避ける事が出来ない」と指摘する。仏の農業革命、交錯圃制については第二節・リストのフランス訪問の旅にみる事にする。

（12）Leeve., Democracy in America, by Tocqueville, ibid. p. 3, 井伊玄太郎訳、『前掲書』、二〇頁。

（13）高橋幸八郎著、『近代社会成立史論』、日本評論社、昭和二十二年度復刻版、御茶の水書房、昭和四十五年、二一八頁～二一九頁、仏革命は貴族の革命から始まるのである。以下の資料は一七八九年八月四日の夜、国民議会が発した「封建的特権の廃止」に関わる主要条文である。

封建的諸権利の廃棄に関する法令（一七八九－一七九三）

第一条、国民議会は封建制度を完全に廃棄し、封建的、貢租的な諸権利。諸義務のうち対物的、対人的なマンモルトおよび身分的隷属に属するもの、および、それらを示すものは、無償で廃止されることを布告する。また、他の全てのものは買戻しうることを宣言し、買戻しの価格および様式は国民議会によって決定されるであろう。この法令によって廃止されざるこれら諸権利は、爾後、償還せられるまでは続けて徴収せられるべきである。

第四条、すべての領主制的裁判は無償で廃止せられる。爾後、この裁判職員（領主裁判官）は、国民議会によって新裁判秩序の確立されるまで、その職務を続行する。

第五条、すべての十分の一税およびそれに代る貢租は、いかなる名目で知られ徴収せられていようとも…中略…それは廃止される。

第六条、すべての永代的地代は、現物であれ貨幣であれ、その形態・起源のいかんをとわず、…買戻しうるものとする。又、種類、名称のいかんをとわず、同様にして、議会の定める比率によって買戻しうるものとする。将来償還しえざるいかなる賦課租も創設されざるよう禁止措置が講ぜられる。

第九条、身分的であれ、物権的であれ献納金に関する金銭上の諸特権は、永久に廃止される。徴収はあらゆる市民に対し、あらゆる財産に対し、同様な様式で且つ同様な形態でなさるべきである。

第十条、その犠牲は帝国のあらゆる部分の密接な結合のために必要なるが故に、諸地方…のあらゆる特殊的諸特権は…永久に廃止され、全フランス人の共通の法律のうちに融合さるべし。

第十一条、あらゆる市民は、出生（家柄）の別なく、教、政、軍のあらゆる官職に就きうべし。

第十七条、国民議会は厳粛に宣言す。国王ルイ十六世はフランス人の自由の再興者なり」。

詳しくは下中彌三郎編集、『世界歴史事典』、第二十四巻、史料篇、西洋Ⅰ、所収、柴田三千雄訳、「封建的諸権利の廃棄に関する法令―一七八九―一七九三―」、平凡社、昭和三〇年、四八四頁～四八六頁、参照。


こうして仏の第一次革命は右の如くにルイ十四世に始まる封建貴族の所有する封土に対する世襲的、特権的、独占的諸権利を一夜にして破棄したのである。だがそうした特権の廃止の裏ではブルボン朝を代表する二人の大地主、エーギョン公爵、ノアイユ子爵等は進歩的封建地主（自由主義的貴族）と封建的土地所有に於て密接に結合する上層市民（上層ブルジョワジー）との合意したもう一方の協約に於て、封建地代の買戻しに同意を与えていた。それは、こうした買戻しの権利は、地主における神聖な財産であり、不可侵であるが故に、彼等の希望により買戻す権利を有する。なぜなら封建貴族は国民議会の決議に従い、右の如くに彼等の特権及び封建的貢租を放棄した故、彼等の有する封土に対するこれ以上の放棄については何らかの保護（金銭的）つまり財産の不可侵に対する正当な賠償を要求する権利を有する。故にその償還は議会により決せられ、その額は三十分の一と推定されるべきと!! ところで国民議会にて廃棄され、買い戻し得るとされたのは封建的土地所有者の全所領ではなく、その一部であった。周知の如く封建領主は、その領地の農民に労役を課したばかりではなく、農民の所有地からも封建的貢租、（封建地他代）を収奪していた。国民議会が彼等に放棄を促し、買戻しの権利を認めたのはこの部分であった。だが我々は知っている―彼等封建領主はこの他に、更に広大な直営地を有しこれを直接・間接（借地人）に賃貸していたのである。ところが国民議会は、八月四日～六日に於ける決議（法律）に於てこの事に関して一切言及する事はなかった。更に、こうした封建貴族（封建領主）の領有する封土の地代等への封建的諸々の賦課租はその大部が国民議会により買戻しされるなら、三〇年で三十六億ミリヨンに達し、一年では一二〇ミリヨンと推定されるから、この巨額の支払いは間もなく小片と化した耕地の解放を受ける小農民層が負担する事になるから、間もなく自由な独立自営農民として登場する彼等は、表面的には自由な小商品生産者としての衣を着る事になるが、その内実は封建貴族の為に金の卵を生む手足を縛られた鶏に他ならなかった。高橋幸八郎はこの事を以下の如く指摘する「封建的土地所有者をして封建的諸権利の消滅以後もなお、大土地所有を維持せしめ、かつ農民層から「解放金」を打ち出さしめる「買い戻し」機構を通じる「上層市民」育成を媒介し、かくて封建貴族的地主と、前期資本家層（商人資本）とによる「狭く市民的寡頭専制的な（点線は高橋による）」社会構成を終極的に打ち出させる事になる」と、二二一頁原文参照。

(14) 下中彌三郎編集、『世界歴史事典』、第二十四巻、史料篇、西洋Ⅰ、所収、柴田三千雄訳、「仏人権宣言」、平凡社、昭和三〇年、四八七頁～四八九頁、国民議会（憲法制定国民議会）は封建制度の廃止に続く仏国民の人間として、市民としての権利を宣言した。十八世紀仏啓蒙思想の哲学者達が掲げた人間解放の精神は右の如く一七八九年の人権宣言の内に結実した。だが仏国民の自由を求める「一般意志」（人民大衆）は単にこうした人権宣言により容易に人間としての真の自由を獲得する事にはならなかった。周知の如く、英の権利の章典、米の独立宣言に著された「自由の権利」の実現とは、彼の国の市民に与えられた政治的、経済的、社会的な現実に存在する力関係を通してのみ真の自由が実現される事になったのである。デモクラット党による仏の多数を占める人民大衆（農民労働者）の自由の実現を目指すジャコバン派は急進共和政府の樹立を掲げ、上層市民層が掲げる宣言の支持者でありその支柱者達、フィヤン派（立憲君主制）次いでジロンド派（穏和共和制）の自由に闘いを挑み彼等を圧倒し去った。こうした半封建的な寡頭政治体制を全国的規模に於て圧倒する事によって、始めて、人民大衆層の自由を回復、こうした自由をもとに全国民的支持の上に始めて構成される仏国民国家のもとに近代的仏市民社会建設を目指す人権宣言こそ、真の意味での人民大衆の自由の獲得であると、指導者の一人、ロペスピエールは議会の壇上より指摘する。以下、

A．相續における不平等についての議會演説（一七九一．四．十五）

財産の不平等を増大せしめる傾向のあるあらゆる制度は有害であり、社會福祉に反する。配當分において完全な平等を確立するのは不可能であり、無數の異なつた原因が多少とも平等をみだすにちがいないことはよく知つているが、私は法の目的たるものは、自然のなりゆきの許すかぎり、平等を維持するになければならず、法が平等を破壊するとき、法は理性の原理を侵しているのだといつているのだ。平等こそあらゆる善の源泉であり、極度の不平等こそあらゆる悪の源泉である。暴君と奴隷、抑壓者と被抑壓者の追うのは極度の不平等であり、人間が人間を墮落させ、同胞を高慢の道具、激情の玩具、犯罪の共謀者たらしめるのも不平等である。一階級の人びとが、幾百萬の人間の食糧を食いつくす國において、いかなる德性、いかなる幸福がありえようか。巨大な富は過度の奢侈、悦樂を生む……そのとき法はもはや貧者を抑壓するための富者の手中の道具にすぎない。人は生まれながらにして平等であると、誰れ彼れの區別なくいつたところで何になろう。

(15) アメリカ学会訳編、『原典アメリカ史』第二巻、岩波書店、一九五一年

(16) Henry S. Commager., Documents of American History, New York, 1948, p. 117.

一七八三年のパリ条約、第一条、第二条にて英が原初十三邦に割譲した領土、合衆国の公有地、独立十三邦の特許状による地方領土、国境はアメリカ学会編、『原典アメリカ史・第二巻の巻頭地図による。Public Land, は旧宗主国、英より一七八三年、パリ条約にて独立を達成した後、一七九〇年より約一〇年をかけて、旧英領米植民地十三邦がそれぞれの特許状に基づいてアレゲニー山脈以西の地に所有していた広大な土地を新国家建設（連邦制国家、United States of America）を目指し「連合規約」締結の為、「連合議会」に移譲した。かくして、一八〇二年に終了した、Cession of the Western Land, を受けて合衆国が領有する事になった新領土の面積は約二億六七〇〇万エーカーにのぼり、それが合衆国の最初の公有地である。更に合衆国はジェファスンによる一八〇三年の「仏領ルイジアナ地方購入」により更に四億三二九九万エーカーの公有地を加える事になった。

(17) Commager., ibid. pp. 123~124. かくして一七八五年の「西部領地に於ける土地処理方法確定の為の条令、An ordinance for

Ascertaining the Mode of Dispose of Lands in the Western Territory, 1785, より始まる公有地売却制度は、合衆国政府が規定する測量方式による『直角式測量』で、六マイル平方を「タウンシップ」と称する単位とし、この単位を三十六の「セクション」に再区分する。売却はタウンシップないしセクションとし、セクションは一マイル平方（六四〇エーカー）とする。又、払い下げ価格は一エーカー二ドルとする。

アメリカの公有地政策は一八〇〇年の土地法以降払い下げ条件を順次緩和する事になる。一八〇四年の土地法では一エーカー当り、二ドルという払い下げ価格に変化はなかったが、払い下げ面積の単位は四分の一セクション、一六〇エーカーに再区分され、支払いを四年の年賦払いと変更したのである。我々はそのハイライトをリンカーンの一八六三年立法による一六〇エーカーの公有地無償譲渡法ホームステッド法に見るであろう。

(18) Charles A. Beard and Mary R. Beard, brought up to the by William Beard, The Beard's New Basic History of the United States, New York, 1960, p. 475, 米合衆国憲法は一七八七年に批准されたが、一七八三年独立を達成した後、原初十三邦議会では、A・ハミルトンを中心とする強力な連邦国家を主張するフェデラリスト党と各州権力を主張するT・ジェファスンを中心とするリパブリカン党が対立、論争が勃発、五年の歳月を経て成立する事になった。（訳）はその前文である。

(19) Chaeles A. Beard and Mary R. Beard., ibid, 483, 憲法第五条に於て合衆国では憲法の修正が行われるのである。

(20) Leeve., Democracy in America, by Tocqueville, ibid, pp.3～4, 井伊玄太郎訳、『前掲書』、二〇頁から二十一頁。

(21) 福島県高校社会科研究会編、『世界史学習資料集』、（5）に於けるアンシャン・レジームの構造に示した特権階級の封建的特権に対する初支配階級への封建的搾取、直接税及び間接税を参照。

(22) 下中彌三郎編集、『世界歴史事典』、第二十四巻、史料篇、西洋Ⅰ

(23) Leeve., Democracy in America, by Tocqueville, ibid, pp. 51～52.

(24) Commager., ibid, pp. 128～132, オハイオ河北西の合衆国領地の統治に関する条令、一七八七年、An Ordinance for the

Government of the Territory of the United States Northwest of the River Ohio, 1787年

（25）ジェファスンによれば両山脈以西よりミシシッピー河以東の地に到る全西部地方を人工的に一六の地区に区分し、白人人口二万人に達した時点に於てその地区を一邦として認める、とする案であった。彼の成案は実施には到らなかったが、連邦政府及び議会は、合衆国の新領土にまず移住者達による暫定政府を樹立し、一邦となるに充分な人口に達するまで、連邦議会が監督し育成するという新州設立に関する原則を確立する事になった。詳しくはコマジャー編による右記（25）中の第五条、第六条を参照。

（26）J. Franklin Jameson., Dictionary of United States History, Philadelphia, 1931,785, 独立戦争から第二次米英戦争にかけて米の混乱に外国移民の数はそう多くはなく、奴隷の輸入も一八〇七年以降禁止されたから、こうした西方の発展、人口の激しい増加は北東部よりの西漸を示すものである。

（27）Andreue Cunningham Mclaughlin., Step in the Development of American Democracy, New York, 1920, p. 105.

（28）Walter W. Jennings., A History of Economic Progress in the United States, New York, 1926, op. cit, p. 295.

（29）Jennings., ibid, op. cit. p. 301.

（30）Arthur M. Schlesinger., A political And Social History of the United States, 1829~1925, New York, 1926, op. cit. p.9.

第二節　トクヴェルの米民主政研究（Ⅱ）——仏土地制度を中心に——

トクヴェルとボーモンがアメリカデモクラシー視察の旅にみたのは、T・ジェファスン等建国の父祖達が「独立宣言と憲法」に著した、一八世紀西欧啓蒙思想家達が現実の政治の世界に描えた理想の政治が実際に制度化され、実践

されているという事実であった。古いしがらみや因襲を破棄した米では、民主政治の原理、共和政府の原則が定着、人間の尊厳と政治的自由を掲げる二大政党「デモクラット（民主党）、リパブリカン（共和党）」政治の内に躍進を続けるアメリカ社会では、地位の平等、投票による審判をうけるとする普通選挙権が全ての市民に賦与され、政治経済社会の全ての分野に於て、いかなる人々にも個人の自由、平等、幸福の実現を求める機会均等が保障され、公職全般に関わる官職も等しく米市民により選出され、彼等は平等に公職を担うのであった。さて二人が訪ねる新興西部の農民層に於ても彼等は皆同等な家屋、同等な耕作地、同等な農場、牧場を所有した。更に北東部の工場労働者層に於ても同等な労働条件、同等な労働環境、同等な労働賃金の実現を目指し強力な工場主等資本家に対し彼等は団結し、団体交渉により実現を目指していたのである。

かくして彼等には出自や地位、身分による選挙権の制限などという前時代的な旧世界の政治制度を理解する事は出来なかった。それにもまして、こうした普通選挙権に財産制限を課す事等決して理解する事は不可能であった。

翻って、二人の祖国、仏では大革命以来この方、旧制度を廃止、民主政治を目指す国民公会は、革命の急進化に国外に逃亡した旧ブルボン朝下の聖職者、諸侯、貴族等が所有する土地を没収、農奴制的小作制に、呻吟する農民層に長期年賦にて解放、小分割地として払い下げたのである。かくして以降彼等は独立自営農民として新たな仏社会の多数者としての役割を果たす事になった。

ところで、以上に併う民主化に向けた仏社会の一大変革過程を経て登場したのは旧ブルボン朝に連なるオルレアン家のルイ・フィリップであった。だが、彼が自称する市民の王とは名ばかりのもので、内実は復古王朝の再来に他ならなかった。

かくしてトクヴェルとボーモンは本章、第一節にみた如く、米民主政視察の旅に見る事になったのは、米国民の多数を占めるのは独立自営の小農民層ではあるが合衆国はその広大な領土、地形、気候、経済活動から三つの地域的特質を有する事を認識するのである。大西洋岸に連なる北東部では工業化が進展、南部には奴隷制による大農園が立地、西部には中小の農場主を主とする独立自営の農民層が中核をなしイギリスに次ぐ近代的通商産業国家建設を目指し民主主義と自由の内に、日々躍進を続けるのであった。一方、祖国仏にあっては立憲議会のもと、解放された農民が独立自営の小土地所有者としてアメリカ国民と同様国民の大多数を占める事になった。だが、そうして登場した仏社会の新たな歩みが何故民主的な社会建設に向けた方向へ向かわないのであろうか？ と、彼等は自らに問うのであった。トクヴェルとボーモンはその相違する理由を以上の視察の旅に、両国の土地所有制度の形態に起因するものと認識するのである。以下我々もトクヴェル同様、自らに問うてみる事にしよう。国民の大多数が封建的拘束下農奴制的小作農民より解放され立憲君主をいただく新政府のもと、旧専制君主、封建諸侯、聖職者等が封土として所有した所の土地を長期年賦により手に入れ、小土地所有制のもとに、自由な独立自営農民として立ち現れる開国維新の社会では、果たしてその政治形態は民主政に向かう事になるであろうか?と。

歴史の答えは否定的である。仏のあの独立自営の生産者としての生産方法は自給自足的であり、それは資本主義的生産様式に対立するばかりではなく、彼等の意識をも反資本主義に向かわせ、反動的にする故にである。こうした仏社会を支配する政治形態は必然的に民主政治に敵対する政治体制を支持する事になる。トクヴェルとボーモンはその歴史的解答を仏大革命の進展と、その結果に見る事になった。

周知の如くナポレオン・ボナパルトによる独裁政治を歓呼の声を以って迎え入れたのは誰あろう、他でもない、国民公会によるジャコバン憲法と普ぶ国有財産売却法により自由を得て、小土地所有者となった所の農奴制的小作制なる封建的拘束より解放された、五〇〇余万家族にものぼる独立自営の農民層[1]であった事を仏の歴史は示しているのである。

さて二人が訪ねるアメリカの大地は広大無辺、無尽蔵、その国土は両大洋に連なり、世界の大河、ミシシッピー河により東西に別たれていた。更に大河以西の地にジェファスンがナポレオンより一エーカー三セントで購入した仏領ルイジアナ地方はその領土だけでも、旧ヨーロッパ大陸に匹敵する広大な面積を有していた。加えてその西方にはロッキーの急峻な山脈が北から南に連なっており、山脈の隘路を抜けると、その先には更に広大なカリフォルニア地方が控えていたのである。

ところで、旧体制下、ブルボン絶対王朝が仏の国土と人民大衆を保護すると称して喧伝したのは、人民大衆は生まれながらに悪を犯しやすく、世俗の君主と創造主の代理人たる教会の指導なしには真理に到達し得ず正しい生活を送る事は出来ないと銃口と聖書をもとに最もらしく語りかけた。かかる言説によりブルボン朝歴代君主達は農奴制という乗馬服を身にまとい、幾百年にもわたり仏の国土と人民に寄生する世襲制を産み出し、権力に連なる、土地貴族、官僚貴族、(法官)、聖職者等の特権階級も自らの地位、名誉、財産を子々孫々に世襲すべく「長子相続制、あるいは限嗣相続制」に身をゆだね、人民大衆の生き血を合法的に吸血した。かくして仏の第一次革命はこうした悪しき制度に呻吟する人民大衆を解放する事を革命の第一目標に掲げたのである。だが祖国仏にあっては、未だ二世代も経たぬというのに今日国有財産売却法により解放されたはずの仏のあの独立自営農民の生活は窮乏化と貧困の淵にさまよい始め、彼等の頭上には旧復古王朝が息を吹きかえし、市民の王を詐称するや、旧相続法の復活を謀るべく、かつての封建的土地所有者層や大商人、都市の銀行家達もたちまちの内に新政権に復帰、既に第一節にみたところの、「封建時代の買い戻し規程」を楯に旧封建的支配体制の本質的部分をも合法化する事を決意、七月王制を誕生させ、自由主義的立法を隠れ蓑《みの》に右の如き仏社会の一部に過ぎぬ富裕な上層ブルジョワジー等は、イギリス的、アメリカ的市民社会建設を唱え、晴れて土地と自由を手にした独立自営農民層と新興産業資本家層と手を結び、こうした人々が、社会の中核を担うべし、とする新たな仏市民社会創設へ向けての展望を切り開くとして、近代的変身を装いながら、その内実はみた如く、封建的土地所有を温存、旧相続法による土地地主的な世襲貴族等々、仏社会の一握りの階層に過ぎぬ彼等は、七月王制に結集、多数を占める仏人民大衆に独占的、寡頭的な支配体制を構築する事に成功したのである。だがこうした政治体制は広く民主社会を求める農民的な、市民的な人民大衆との対決を余義なくさせる事になるのである。

さて、二人が訪ねる新大陸アメリカにあっては、みた如くに土地は公有地として連邦政府が所管し、合衆国憲法が定める法律、西方領土公有地処分法により全ての米市民に等しく売却されたのである。(2) 以下、トクヴェルは米の自由な土地所有制度について記す。

「…一般に移出民達は、母国からの出発に当たって、お互いに何らの優越感をもっていなかったといえよう。自ら故国を出てゆく人々は大体からいって、幸福な人々でも、有力な人々でもないのである。

そして貧困も不幸も、人々の間に認められる平等への最上の保障なのである。けれども大領主達も、本国での政治的な、又は宗教的な闘争につづいて、幾度となくアメリカに渡っているのである。

アメリカでは階級制をうちたてる為に法律はつくられたが、アメリカの土地は、土地貴族を絶対にうけつけない事がまもなくわかったのである。又、この反逆的な土地を開墾するには、土地所有者自身の不断の熱心な努力だけが必要な事もわかったのである。…耕地の準備が出来た時、その生産物は主人も小作人をも同時に富裕にするほどには多量ではないという事がわかったのである。従って当然の事ながら、耕地は土地所有者がひとりで耕作する小農地に再区分されたのである。

ところで貴族制がとりついているのは土地であり、それがしがみついて寄生しているものも土地である。そして貴族制をうちたてているものは特権のみではない。又、これを構成しているものは門閥ではなく、世襲的土地所有である。

一つの国民は巨大な財産と大変な貧困とを同時にあらわしうるのである。けれどもこれらの財産が土地的なものでなければ、その国民の内に貧富が見え出されても、実の所、貴族制は存在していないのである。

従って全てのイギリス植民地は、生まれたばかりの頃には、お互いの間に家族のような美風をもっていた。これら全ての植民地はその初めから、自由の発展をあらわすものとして運命づけられているようにみえた。その自由は、その母国の貴族的自由ではなかった。それはまだ世界史がまだ完全なモデルを示していなかったブルジョア的な、そして民主的な自由であった。

イギリス系アメリカ人の大家族の内に、現在まで全く混合し合う事なく、一方は南部で、他方は北部で成長した二つの主要な新芽が判別できる(3)」と。

さて、トクヴェルとボーモンが米民主政視察の途次、ニューイングランド北東部の市民を始め、辺境西部に躍進著しい独立自営農民層に接して理解したのは、英社会に類似した所の、立憲主義に立脚した中産市民層(ブルジョワジー)が米社会の中核を占めるという現実であった。既にみた如く二人は米北東部には英産業革命を規範にこれを追走する産業革命を目指し「米体制」が主導する急速な近代的通商産業国家建設の躍進ぶりを見聞する事になった。ジェファスニアンデモクラシーが主張する自由と民主主義、基本的人権と法の支配が貫徹する社会、地位の平等と投票による審判を受けるとする政治、経済、社会の建設とその発展、成長は二人を驚かせるのに十分であった。

更に二人は旧世界にあって、こうした米の躍進ぶりを聞きつけた人々が祖国を後に大西洋の彼方、カナーンの地なる聖書が導く新天地、米を目指した事を知るのである。新世界に到着した移住者達の一方の人々は北東部工業社会に留まる事になったが、他方こうした既成の秩序立った工業社会に見切りをつけた人々は彼等が有する唯一の財産なる労働力を糧に辺境西部の地に自らの労働の尊厳を実現すべく大自然の前に立った。その時、彼等は神への予定を離れ、自らの運命を自らの手で切り開くべしと人跡未踏の地に分け入ったのである。トクヴェルとボーモンはこうした入植者たちが建設した西部諸州の躍進ぶりを体験する事になった。

かかる辺境未開なるアメリカ西方の地にあっては、旧大陸の致る所に、普通に見られる封建的拘束下、農奴制的小作制のもとに呻吟する農民の生き血に寄生する世襲の土地貴族、法官貴族、聖職者等にとって、アメリカの大地は彼等の奴き特権階級の誕生ばかりか、その生存の余地さえ、許さなかったのである。入植者達を待っていたのは自然の脅威ばかりではなかった。寒風酷暑、風土病、インディアンとの死闘等々、入植者達は他人の労働にて生きるにあらず、生きる努力を捨てた日は彼等の死を意味したのである。

さてトクヴェルがこうした、米民主政視察の旅に、その起源をみたのが、プリマスやボストンに入植したピューリタン・puritan. 清教徒達が最初に建設した自治共同体、タウンシップ、township. に由来するものであった。以下同う事にする。「…今日アメリカの社会理論の基礎をつくりあげている二〜三の主要理念が結合されたのは、ニューイングランド諸州の名で一層よく知られているイギリス諸植民地においてである」[4]。「…イギリス系アメリカ人の社会状態については、多くの重要な注意事項がある。けれども他の全ての注意事項を支配している一つの注意事項がある。アメリカ人の社会状態は著しく民主的である」[5]。「…中略…けれども平等への道で最後の決定力をもったものは相続法である（点線は筆者）。…驚いた事には、昔のそしてまた近代の公法学者達も人間的事象の発展に相続法が比較的に大きな貢献を果したとは認めていないのである。実をいえば、相続法は民事的領域に属している。けれども相続法というものは、全ての政治的諸制度の首位におかれねばならないものである。なぜかというと、相続法は諸民族の社会状態に驚くばかりの影響力をもっていて、政治的諸法律はこの相続法の単なる反映にすぎないからである。そして相続法は社会に対して確実な一律の影響力をふるっているのである。

すなわち相続法は世代をその出生以前からすでに幾らかとらえているのである。相続法によって人は、その同胞たちの将来に対して、殆んど神のような力で武装されている。立法者がいったん市民たちの相続を規制することとなると、立法者は数世紀間、何もしないでよいのである。立法者は、その時、自らつくった作品に与えられている運動に手をふれないでよいのである。すなわちその機械は、自力で動き、あらかじめ指示された目標に向かって自動的に導かれるのである」[6]。

「一定様式に従って組織されたこの相続法は、或る人の回りに財産を、次いでまもなく権力を結合し、集中し、群集させる。そしてこの相続法は幾分土地貴族制度を生み出す。

この相続法の作用は、別の諸原則に導かれたり、別の道に投ぜられたりして、速度をはやめるのである。この相続法は、財産と権力を細区分し、分配し、分散させるその時、時としてはその作用の前進速度に人々は恐れをおぼえる事がある。その時人々はその運動をとめようとあせって、少なくとも前方に、難関や障害をつくり、反対力によって、その運動の作用を抑制平衡させようとする。所が、それは無駄なことにすぎない。

この相続法はその途上であう全てのものを粉砕し、閃光を発しながら飛散させてしまう」[7]。

「この相続法は動いている、微細なそこはかとなき粉末以外には目にみえなくなるまで、土地の上を高く、或いは低く飛ぶのである。そしてこれらのあるかないかわからないような微細な粉末の上に民主主義が腰をすえているのである。

相続法が、父の財産を全てこの子らに平等に分配する事を許し、それ以上に出て、これを命令する事となる時、その効果は、次の二種のものとなる。これらの二種の効果は、同一目標に向かうものであるにしても注意深く、区別する必要がある。

この相続法の為に、各土地財産所有者の死亡は、その財産に革命をもたらすこととなる。財産は主人を変えるばかりではなく、いわば性質をも変える。財産は絶えず、一層細区分化される。これがこの相続法の直接的な、そして幾らか物質的な効果である。したがって法制によって分配の平等がうち立てられている国では、財産ことに土地財産は減少の永続的傾向をもつにちがいない。…中略…長子権に基づいている相続法をもっている諸民族では、土地財産は普通細分化される事なく世代から世代にうけつがれてゆく。その結果として家族精神が、幾分土地のうちに物質化されることとなっている。家族は土地を代表し、土地は家族を表わしている。そして家族は、その名、その起源、その光栄、その力、その徳を、永続的なものとしている。土地は過去の不朽の証人であり、未来への生存の貴重な保証である」[8]。…中略…「ところでアメリカ連邦では相続法の破壊作用は殆んど終了してしまっている。そこではその主要な諸結果が研究できるようになっているのである。財産譲渡に関するイギリス的な法制は、アメリカ連邦では革命時代に殆んど全ての州で廃止された。

限定相続法は誰にもわからないうちに、財産の自由流通を妨げる事のないように変えられてしまった。初代はすぎて、土地は分割され始めた時の経過のうちに、この運動はますます速度をはやめた。殆んど六〇年が経過した今では、社会はすでにみちがえるばかりに変貌している。大土地所有者たちの諸家族は殆んど全て平民大衆のうちにのみこまれてしまっている。かつては非常に多くの大土地所有者が数えられたニューヨーク州では、二人の大土地所有者のみが深淵の中にひきこまれようとして深淵の上に浮き上がっている状態を示している。これらの富裕な市民の子供たちは、今日では、商人や弁護士や医者となっている。そしてその者たちの大多数の子供たちはどうなってしまったのかもわからなくなってしまった。特に大衆の最も暗い闇の中に姿を没してしまっている。世襲的な身分と栄誉との最後の痕跡までも消えてなくなってしまっている」[9]。

…中略…「アメリカでは大多数の富者は貧乏人から出発している。相続法はいたる所で人々を同一水準に平準化してしまっている。…中略…アメリカには人智的に於て、一定の平均的水準というものが出来上がっている」[10]。

…中略…「そこでは人々はその財産によって、そしてその知性によって一層平等になっている。換言すれば、そこでは人々は世界の他のどこの国に於てよりも、そしてその追憶を歴史にとどめている。いかなる時代に於てよりも、一層強力に平等の方向に向かっている」[11]と。

かくしてトクヴェルが理解する米民主政治の発展に原形を与えたのが、英領北米植民地建設を担った所のコミューン Commune 小村落共同体、タウン・Town に起源を有し、そうした共同体の民主化を一層促進させ、発展する過程に形成された論理である。

かかる理論とは、入植者、彼自らの労働の成果なる「幾多、多くの試練に耐え、ようやく獲得した自由と平等、幸福追求の機会を保障し得る政治社会」の実現こそは彼等にとっては何ものにもまして代えがたい価値を有するものであった。

さてこうした米の民主政治を支える「私有財産の不可侵」をうたう合衆国憲法が規定する相続制に対して、トクヴェルの祖国仏にあっても第三身分からなる国民議会が一七八九年、仏人権宣言[12]に著した如く、旧体制を破棄、英の権利の章典、米の独立宣言と並び称せられる如く、「人間の自由、平等、基本的人権の保障、法の支配の貫徹、私有財産の神聖不可侵」をうたい、新たな仏近代社会建設へ向けて、展望を示す事になったのである。

ところで、二人が訪ねるアメリカ民主政視察の旅は一年という限られた期間であったから、全米二十四州全ての地を訪ねる事は不可能であった。領土の広さは、ジェファスンが豪語した如く、両山脈以西よりミシシッピー河以東の地の開拓には百年単位の年月を要し、更に同河以西ルイジアナ領に致っては千年を要するであろうと旧友ラファイエット侯に話した言葉に誇張はなかった事をトクヴェル等は思い知る事になった。かくしてトクヴェルとボーマンは大河以西、旧仏領を訪ねる事を断念せざるを得なかった。

そこで二人は残された後半の旅を、大河に就航する新型蒸気船に乗り、テネシー州のメンフィスよりルイジアナ州のニューオーリンズを訪ねる事にしたのである。

さて我々はトクヴェルが米民主政視察の旅にみる事になったジェファスニアンデモクラシーの実像を伝える「宣言と憲法」に著した所の旧世界にあって君主政と教会制以下、貧困と抑圧に苦しむ人々に、アメリカの地が、人類解放に向けた聖書に記されたカナーンの地として、新天地を目指す人々に「額に汗し、大地を耕す人は創物主に選ばれし選民なり」として自由を求める世界の全ての人々に合衆国は門戸を開けて迎えるであろうと宣言した所の真意を二人は理解した。ジェファスンは又こうした人々に「そうした地に小麦を植え、それを食せよ」と。二人はジェファスンが目指す国造りとは「工業はヨーロッパに委ね、アメリカの繁栄は農本主義的共和国にあり」と、かつて国賓として米を再訪したラファイエット侯に語りかけた。

かかるジェファスンが意図する以上の如き米農本主義的共和国論の根底に、二人が米歴訪の旅に知る事になったのは気の遠くなる程、広大無辺なる領土の広さと、その開拓には、千年単位の年月を要する程、米独立自営農民育成に向けた自由な土地所有への自信を見る事になった。

こうした土地所有制についてトクヴェル同様にそれが米民主政発展に大きな影響を与えたと指摘するのがF・リストである。我々もトクヴェルの注目する米民主政の起源を担う私的土地所有制について、リストの仏研究を紹介しなければならない。トクヴェルとボーモンが米民主政視察の旅に米各地を訪ねる事になった同時期、旧大陸ドイツより運命の糸に導かれ、仏の老雄、ラファイエット侯の支援によりアメリカに渡ったドイツ、ヴェルテンベルク王国出身の政治経済学者、F・リストは、ドイツ同様同じ社会状態にあるフランスの民主化を探る目的を伏せ、トクヴェルとボーモンの祖国、フランス各地を巡る旅を続ける事になった。リストはそれを著書『農地制度・零細経営・及び国外移住、Fridrich List, Die Ackeeverfassung, Die Zwergwirstschaht and Die Auswanderung. 1842』として出版した[13]。

彼は同書の中で今日封建的拘束より脱し今や仏国民の多数を占める事になったところの独立自営農民として登場しながら、今や貧困と困窮の淵にあえぐ彼等、仏解放農民の実情について分析した所の著作であると、その著の序文に記すのである。我々も以下、米民主政を考究すべく視察の旅に、トクヴェルがみた所のそれが原型をなすのが植民地建設時代にさかのぼる小村落共同体としてのコミューン、Commune、タウンシップ、Township 公有地にみ、次いでその発展がアメリカ独立の原動力となった私的土地所有及び、財産の不可侵なる憲法に著された長子、限嗣相続法の廃止にあり、と、トクヴェルは読み解く事になった。こうした見解についても併せてリストが指摘する仏に於ける解決され、自由となったはずの仏独立自営農民の今日の貧困と貧窮について、彼、リストが指摘する同書の見解より伺わねばならない。以下、

「国民文化、物質的福祉、国民の力と制度その他政治状態全般を根本的に制約するものの内では、農業制度は最も重要なものの一つである。そうした全ての社会的状態の間には交互作用が存在するのであるから、国民経済的組織と状態、あらゆる法律と制度、更に行政組織や憲法の形式、原則等は又、力強い反作用を土地の分割の上に及ぼすのである。だからこの主張は、単に理論家の注意に値するばかりではなく、むしろ一層多くの実際的政治家の注意に値するものである。…中略…この最も重要な主題に関する時に見解がいかに浅薄なものであるか、又諸政党が眼前の目的を貫徹したり、又反対勢力を打倒したり、あるいはしばらくの間、制肘したりする目的の為に、この主題のもつ終局目標にどれ程背馳する行動をとるものであるかについては、フランスのジャコバン主義が明白な実例を提供している。ジャコバン主義は自由を欲した。そうして土地の細分を手段として新原則と新状態との支持者を獲得し、かつ貴族を絶滅しようと企てたのである（点線は筆者以下同）。それはなる程眼前の目的を達しはした。しかしある程度、将来を犠牲にする事によってであった。なぜなら際限のない土地細分は当然その結果として、真の自由と万人の福祉とを破壊する平等をもたらし、こうなっては相当の財産をもつ者は一人としてなく、万人が欠乏に悩み、経済力によって確保される独立はどこにもなく、何人もその子供達に十分な相続財産と教育とを与えて、独立の国家市民の地位を主張し、かつその義務を果たし得るようにはしてやれないのである。

このような状態はたとえ慈恵的ではあってもやはり無制限な専制主義の自然的基礎なのであって、この専制主義は、官人群を擁しつつ、多数の…無力かつ無権利の大衆を統治するのである。このような状態に於ては、根本的欠陥を正すべき代表制度の諸形式は、本来の目的から遠く離れて、根底から誤って構成されている国家組織の弊害を幾倍にも

するのに役立つのみである。独立かつ明敏な選挙人がいない所では、被選挙者は何事をもなし得ないのがふつうである[14]」と。

「市民の王」を喧伝するルイ・フィリップによる立憲議会政治視察の際、見聞する事になったのは立憲共和国とは名ばかりのものであり、その施策は第一次仏革命が目指した所の近代的民主政治への進展方向とは全く異なる性格を有し、むしろそれを根底から阻害する旧体制の復活を願う右にみた如き封建的反動勢力に他ならなかった。かくしてこの政権は封建的拘束下より解放され、晴れて自由と土地とを手にした独立の小土地所有者として立ち現れた仏の独立自営農民層を始めとする都市の工場労働者層や民主化を求める学生、知識人等々とは決して相入れる事が出来ない敵対勢力であった。リストが以上分析した如く、仏社会の多数を占める彼等自営農民層は未だ二世代も経たぬというのに、平等と民主化を叫ぶジャコバン施政下、子弟達への均分相続に伴い、彼等が長期年賦によりようやく手にした二〜三アルパン方式による小土地耕作地は更なる小片耕作地へと細分され、今や零細経営農民に陥没、彼等が目指した独立自営の自作農民とは名ばかりの彼の息子達、次の世代への耕作地分与もままならず、絶望的な貧窮農民層として仏社会に零落する様をリストは目撃する事になった。かくして、市民の王を名乗るルイ・フィリップの七月王政の行く末について、リストが予想するのは、以上の如く、かつての太陽と慈めの雨をもたらした所の、ナポレオン的専制政治の再来に他ならないとする不幸な結論に他ならなかった。

そこでリストはかつてラファイエット侯の支援で、故郷ドイツ、ヴェルテンベルク王国の国事犯として旧大陸での流浪の身を新天地アメリカに迎えられ、同地で構想、発表した所の『米政治経済学綱要』、同様に、仏社会の民主化にいささかなりとも資するべく、近代的国民国家建設に向けての構想を発表した。それが前掲書である。リストは同書に於て、アメリカ同様、仏社会の民主化とは仏の現農地制度に関する抜本的改革にこそありと指摘、それはまず小片からなる分割地農民の創出ではなく、真の中小の独立農場の経営であり、真の自作農への道であり、それは仏の国民経済を始めとする、一国の行政組織や憲法にも反映され、否むしろこうした中小の独立農場経営こそ、彼等の社会的生産力の上部に構成される旧体制の如き封建的所有者と前期的資本家層なる商業資本に立脚する七月王政が仏人民大衆に巧妙に張りめぐらした以上の如き支配体制を破棄、近代的商品生産社会（市民社会）への転化が行なわれ第一次仏革命が目指した所の英、米の如き、独立自営農民層と提携する中産的産業生産家層が指導する近代的市民社会への展望が切り開かれであろうと指摘するのである。

かくしてリストはアメリカ滞在中構想した所の優越する大英帝国の近代化を目指す、旧大陸諸国の民主化の為に執筆を進める「政治経済学の国民的体系・Friedrich List,Das nationals System der Politischen Oeknomie,1841,」をもとに、複数の仏高官と会い、仏の経済改革案、「Idèes sur à Les reformes è conomiques, Commerciales et finarcières applicables à La France, としてパリのエンサイクロピディア誌、Revue Enjyclopèdique. に発表したのが以上の諸論説であった。同論文は三部からなり、英、米に開始された鉄道網の建設が、仏の経済改革の中心問題である事を指摘した彼の論文は同誌上に一八三一年三月、四月、十一月に掲載され政権に少なからぬ影響を与えた。(15) 更に又リストは主著『農地制度零細経営および国外移住』の論考に於ても仏社会の近代化を担う農業、商業、工業における調和的発展を図る為には何よりもまず小分割地の経営及び土地の均分相続により今や零細農と化し、貧困と窮乏化の淵に呻吟する彼等五〇〇万世帯にものぼる解放農民に、国有地を長期年賦により払い下げ、アメリカの独立自営農民育成策なる公有地処分政策にみる所の五〇エーカーよりなる中小農場の経営者として再編すべく事を提案する事になるのである。

ところで我々はリストが指摘する第一次仏革命により独立自営の小農民層として旧制度より解放された所の自営農民層がわずか二世代も経たぬというのに今日、再び貧困と窮乏の内に仏農村社会に埋没して行く実情については既に本章・第一節に、M・ブロック、G・ルフェーブル、高橋幸八郎等々の諸論考にみた所であるが、トクヴェルは又、こうした仏農民の現状については次の如くに記している。「フランスでは国家の収税官が共同体の税金を徴収するが、アメリカでは共同体の収税官が州の税金を徴収する。このようにしてフランスでは中央政府がその代官達を共同体に貸与するが、アメリカでは共同体がその公務員達を州政府に貸すのである。この一事をもってしてもフランスとアメリカとの二つの社会がどの程度に異なっているかがわかるであろう[16]」と指摘、トクヴェルはこうした米と仏社会に於ける相違が両国の共同体にみる「土地所有制度」の相違に起因、由来するものと認識するのである。彼はかかる共同体、コミューン Commune に寄生し吸血する亡命貴族等が封土として領する旧小作地を革命議会が国有財産として没収、それを封建的拘束より脱した貧農層に二〜三アルパン方式による分割地農民として長期年賦により解放し、独立の自作農として登場した人々が、今日、リストが右に分析、指摘する如く、農地の均分相続制の内に、零細農民として再び貧困と窮乏の内に、呻吟する仏自営農民層の実情については既に検討した如く十分なる理解と認識を有していた。だが今日、市民の王を詐称するルイ・フィリップを担ぎ上げ、英の立憲君主政なる「王は君臨すれど統治せず」などとの言説を喧伝しながら、七月王政の内閣に名を連ねるのは、みた如く旧王権の一翼を担った所の、パリの大銀行家を始めとする土地、人民に再び寄生する都市の高利貸等々であり、彼等は又、同様に旧王権に連なる大商人、大地主、又、一部の新興実業家を含む都市に居住し、豪華な大邸宅に優雅な生活を営む大ブロジョワジー達であった。彼等はルイ・フィリップ新国王の玉璽《ぎょくじ》を押印した任命書を片手に、仏全土の地方行政組織、コミューン Commune・の行政官なる県知事を始めとする市町村長、及び彼の補佐官と称して赴任、解放されたわずかばかりの分割地の経営に、そして、又、息子達への均分相続により更に細分され、今や小片と化した耕作地に必死にしがみつき、貧困と窮乏化の淵に喘ぐ困窮農民層の頭上に、再び国王の代理なる行政官として君臨する事になったのである。かかる仏農村と農民の実情をみたトクヴェル等は、七月王政とは旧復古王朝への先祖返りを果たした政権に他ならない事を知る事になったのである。

一方、リストは仏歴訪の旅にこうした仏農村社会と解放農民の実情に接する事になったが、果たして彼等が長期年賦によりようやく手にした旧小作地とは小片からなる割地耕作であり、それはみた如く部落制度と交錯圃《こうさくほ》制度のもとに生み落された娘として手にした自由であったが、彼等仏農民がこうして手にした自由を守り生活を営み、家族を養う為には、彼等が手にした二〜三アルパン方式による分割地はあまりにも小さく、その為彼等は自宅よりはるかに遠い山林、草地、荒地、沼沢地を新たに開墾し、更にそれを耕作地に転換する為には、家族総出の血の滲む如き労働力を以って暮らしを支える為の糧を確保しなければならなかった。こうした仏の分割地に生きる農民の姿を、祖国ドイツ、ヴェルテンベルク王国の貧窮農民層の生活と重ね併せたリストは、滞在中の米で彼の国の農業、工業、商業の調和的発展を目指す国民経済学の立場から著した『アメリカ政治経済学要綱』を基に、再び貧困と窮乏の淵に埋没を余儀なくされた仏自営農民層に対する耕作地の拡大と独立農場経営こそ真の解決策であるとしてその救済策を『農地制度・零細経営および国外移住』に分析する事になるのである。我々には多少、長文になるが紹介しなければならない。「君の所有物の価値の増加には有力な国民産業、盛大な外国貿易、自由にして富みかつ開花した農業者の階級程大きい影響力を与えるものはない。あらゆる自由な国家、あらゆる工業化した国家に於ては、貴族は右の結果として、又彼等が民主政治の集積する富の大部分を絶えず結婚によって併せた結果として、貴族の特権が莫大な長子相続領地、不均合いの結婚などという偏見を通用させていた所よりも、はるかに富んでおり、かつ名望を得ている。もしもこういう事を貴族に向かって云ったとすれば、貴族はわれわれをジャコバン主義者として非難するであろう。又、もし、仏の自由主義に向かって、一土地貴族の事を語り、更に民主主義の平原の中にそのあらゆる段丘、—旧い土地貴族はただその最高段階であるにすぎぬ。—が生まれつつある事を語り、土地細分の弊害を指摘して、それが代表制度（代議政治、筆者）と自由な制度全般とのよって立った地盤を掘り崩すものであり、専制主義と官人主義とに門扉を開くものであると云ったとすれば、彼等はわれわれを貴族主義者と称して非難するであろう。

彼らはまるで人格的独立がなくとも、今日何程か自由な国家が存在し得ると考えているもののようであるし、かかる独立が経済力なしにあり得ると考えているもののようであるし、人口増加という自然法則が、結局全ての個人の土地財産を粉砕するはずだという事を信じていないもののようであるし、土地貴族制というものがそれ自体弊害をもつものであって、…中略…又もし、われわれが官僚貴族に向かって、政治的行政的観点からすれば、経済的に独立している土地所有者の階級が不可欠であると説き、交錯圃制度 Güterrondierung,[17] rfassung, こそ土地細分という弊害の根本原因であり、これを根本から除去する為には土地整理 Güterarrondierung,[18] をまじめに実行しなくてはならぬという事を証明してみせたとするならば、彼等はわれわれを批難して、それは空論だというであろう。彼等は零細経営 Zwergwirtschaft[19] によってはじめてどんな細片の土地も利用され、かつできる限りの多くの総収益があげられる事をわれわれに示し、国外移住は害悪であるから国家の活動によってこれを一層蔓延せしめる事はもう止めるべきであると述べ、山林経営、学校教育、教会通い、警察行政及び国家行政の全般は部落内に集住的に暮らす事によって始めて順調に行なわれるが、孤立農場経営、Hofwirtschaft を行なえば、これが極めて困難となり、かつ甚だ多くの人間を一度に監督する事はとうてい不可能であると説明するであろう。彼等は国民各自の物質的福祉の程度を定めるものは、国民所得から個々人に帰属する部分部分の大きさであって、総収益の大きさである事を考えず、零細経営の無制限な蔓延が必然に結果する国外移住は、これを巧みに指導しさえすれば、弊害を根本から抑える為の手段として、あるいは少くとも、その一層の蔓延を阻止する為の手段として利用し得るという事を考えず、農場経営から生まれる警察、山林行政、学校教育、教会通いなどについての困難は、同じくこの農場経営から生まれる市民の福祉、徳性、遵法性、独立心等に比べればほとんど省みるに値しないということを考えないのである。土地貴族と官僚貴族とは、明らかにそれぞれ正反対の誤りに陥っている。前者がその子孫にいつまでも称号と特権とを世襲させようと努めているに対し、後者はただ自分の事だけを考えてすぐ次の世代のことをさえ考えない。もし官僚貴族が、官職は才能と同様にとうてい世襲できるものではなく、次の世代にはすでにその大部分が現在農工階級に属している者の子孫の手に帰するものであることをよく考え、またこれとは逆に、自分の子孫の大部分がふたたびこの農工階級に戻らねばならぬ事を思いめぐらしてみるならば、富みかつ独立した農工業者の階級をつくってこれを味方につけるように、今よりも一層心を使わなくてはならぬはずである[20]（点線は筆者）」と指摘した。リストは七月革命議会が米に逃れていたルイ・フィリップを新国王として祖国に迎え入れるに際し、彼、フィリップが、米滞在中に見聞・体験したであろう合衆国の大躍進の原動力が、「米独立宣言と憲法」にT・ジェファスン等が著した所の「自由と民主主義、基本的人権と法の前の平等による共和政」にあり!!と、理解したであろう事を前提に、今日、再び運命の糸に導かれ仏を訪ねるリストに七月立憲議会は仏が目指す近代的国民国家建設の為の提言を求めたから、彼は米滞在中に学んだ合衆国躍進の礎を合衆国各地を訪ね研究、分析した著書『アメリカ政治経済学綱要・Outline of American Political Economy.』を基に上記の仏誌に寄稿する事にしたのである。我々も以下、伺う事にする。

「米合衆国という…この新興国では荒地が開拓され、豊かで強力な国家に向かって進行するのが見られる。…ヨーロッパでは幾世紀もの経過を経た課程が我々の目の前で進行する。未開状態より牧畜状態へ、それから農業状態へ、更に商工業状態への進行が見られる。米合衆国では一介の農夫がヨーロッパの最も博識ある学者よりも農業及び地価を上昇させる手段をよく理解している。…農夫は製造業者や工場を彼の近くに引き寄せようと努力する[21]」姿を仏ジャーナル誌上に掲載、仏七月革命議会が米亡命中のルイ・フィリップを新国王に推戴、ルイ・フィリップが市民の王を自称する故を以って、リストは新政権が英国に範を採る「王は君臨すれど統治せず」との立憲君主政と解した。そこで彼は新政権の求めに応じ「仏の近代的国民国家」建設の為に先の「工業の育成策」に次いで「農業の近代化」の為の施策を右の如くに分析、提案するのである。それは第一次仏革命に構想、実現した所の亡命貴族等の土地を没後、国有財産売却法なる長期年賦による二～三アルパンからなる小分割地として解放農民に分け与えた事によって彼等解放農民は確かに独立自営農民として仏社会に登場する事になった。だがそうした土地の多くは彼等農民の自宅より遥か遠くに離れた旧小作地であり、かつ小地片からなる交錯圃制度・Güterrondierung, rfassung. により耕作される小分割地であった。彼等が生産する穀物市場は遠く彼等のみじめな交通手段（荷馬車等）故に、旧領主の代わりに近くの都市に生活する消費者に依存せざるを得なかったから、必然的に園芸農業に向かわざるを得なかった。こうした農業生産はかくしてリストはまずこうした零細経営 Zwergwirtschaft. を排除する手段として解放農民層の家の近くに耕作地を集中させる事を提案。その為には土地の分合・交換による土地整理・Güterarrondierung. を断行すべきであると分析するのである。

かかる施策により彼等解放農民は右の如き各種雑多な旧領主に代わる都市消費者向けの細々とした農作物を組み合わせるその日暮らしの園芸農業から解放されると主張する。次にこうした解放農民が本来の意味での独立自営農民として生計を営む為には、市場向けの農産物生産（穀物等）に必要な適正規模の独立農場（耕地）所有を提案（米では五〇エーカー　独では五〇モルゲン、仏の解放農民では五〇アルパン、我邦二〇〇段歩）、これを七月立憲議会は法案として提出、彼はその原資を大革命時同様七月革命により国外に亡命した所の旧政権が所有する国有地を指摘、こうした政策こそ、仏の解放農民が子弟を教育し、彼が次の世代の国家市民としての役割を担う所の真の、仏の独立自営農民としてその責務を果たし得るであろうと主張するのである。

再論するまでもなくリストは仏農村社会に於ける近代的民主化への展望を、彼がアメリカ滞在中に見聞体験した所の建国初期に於けるT・ジェファスン等が描いた「農本主義的共和国論」に代わり彼の高弟達、歴代内閣が描くイギリスに追いつき追い越せを合い言葉とする彼の国に匹敵する近代的通商産業国家建設に向けての農業、商業、工業の調和的発展を目指す「米体制、The American System」に読みとった。彼は、現在合衆国で官民挙げて行なわれている水陸両方面に於ける新交通機関（蒸気船、運河建設、蒸気機関車、鉄道と鉄道網の建設）の導入が及ぼす米市民に対する物質生活やその精神生活に与えるであろう革命的変革を併せて指摘、仏七月革命により誕生した立憲議会が目指すべき仏の近代的通商産業国家建設に向けての仏のその礎石を担うであろう所の零細経営に苦しむ多数を占める解放農民に向けた独立自営化への道を以上の如く提案するのである。

かかる自身の提案に対し、その実現を探るべく彼が仏各地歴訪の旅にみる事になったのは故国ドイツ、ヴェルテンブルク王国、チューービンゲン大学の行政学教授時代の農村風景と何ん等変わらぬものであった。以下彼が見聞体験する事になったのは「フランスの州知事は、彼の州の住民のことを、(わが被治者たち)と呼ぶ。そうして副知事や市町村長さえもこれ以外の言葉は使わないのである。もとより国家市民自身も、被治者と呼ばれることを別に不快とは思っていない[22]」、という現実にリストは衝撃を受ける事になった。こうした事態を招く仏農村社会の土地の均分相続制についての実例を彼は一八二六年の公刊パンフレットにみる事になるのである。以下。「…次男以下の者にとっては土地の平等分割は、彼らの思っているほど都合のよいものであろうか。豊かでもあり、人数も少ない若干の家族の間では、確かに最初の相続分は大きい。しかしどの子供達もめいめいの家庭をつくろうと望む。最初は少人数の間で土地を分けるとしても、それは更に一層多くの人々の間に分けられるようになる。そうして遅かれ早かれ、土地のこの細分は幾何級数的に進行する。この害悪は小所有者にとっては最初の世代から感ぜられるが、それでも各人はその細分せられた土地にしがみついて、一人苦しみ疲れながら貧寒な暮しを立てていくのである。他の職業につけばもっと楽になり、しかももっと利益をあげる事ができるであろうに。彼は若い内に死んでしまうか、さもなければ自分の子供たちを自分の土地で養う事ができなくて、隣人の土地を犯すのである。土地の大部分が限りなく細分されていることの不便と不幸とは、全ての人が土地所有者であるような国に住んでみねば決して正しくわかるものではない[23]」と、リストの提案に対する七月立憲議会と続く王政の誕生とによるその施策の解答を、彼はその後、一八三六年、南フランスの農村に於ける農地の所有状況に関するモンペリエで出版されたパンフレットにより知る事になった。以下、「土地を絶えずかつ際限なく細分する事は社会の秩序を危ふくする。そうしてすでに、ことに大農業国に於ては、それは農業の繁栄に由々しい害悪を及ぼしているのである。—農業が土地財産の際限のない分割によって傷つけられている事実を疑う者はいない。この分割の結果、大きい支出を必要とし、かつ、大きい利益の為にのみ行なわれるような、大規模の改良事業は実施されなくなってしまう、この細分によってあらゆる豊饒《ほうじょう》の源泉たる羊の群を繁殖させるという可能性が消失する。又、これによって森林が減少する。森林を大切にするのは、その収益を受ける事のできる広い森林の所有者だけである。所が土地を平等に分ける場合には、生活の困難の結果、年々の生産物を得る為に森林が耕地に変えられる。しかもそれは一世代の間保持されるだけなのである。この細分の結果、不作や農産物の値下りに対抗してこれを調節する為に収穫物を貯蔵する事がついには不可能となる。—土地財産を細分して止まぬことの悪影響は等閑には付し得ない。その害悪は明白である。かかる状態の示す傷口ははっきりと見えている。この傷を癒《いや》す薬と方法とを見出す事こそ肝要なのである[24]」と。以上が南フランスの農村に於ける土地所有状況であるなら、北部の農村に於ける土地所有関係についてもリストは北部仏出身の著名な農業学術家、レンヌヴェルが著した一八二十四年の、土地細分の不利益に関する論文より知る事になった。以下。「…その及ぼす害悪はわが農民の土地をいたましい速さで蒸発させるのである。（これを否定する者はわが農村の状態を真に知っている者ではない）[25]」と、著している。更に又、リストは、リアンクールに於ける大所領地を有して知られたロシュフコー・リアンクールが一八一四年、解放農民による零細経営の実情について記している事例より引用する。以下、「私の住んでいるリアンクール郡の大部分には、普通に小経営というものよりも更に小さい種類の経営が行なわれている。この小所有地は、谷間にあったり、ことに丘の上にあったりする場合には、細分されているので一アルパン（我邦の農地、四段歩）の広さのものもなかなかく普通の場合には、大ていはわずか一〇ヴェルジュ、一二ヴェルジュの所有地であり、時には二ヴェルジュのものさえある。一つの所有地の樹木は隣りの所有地に陰を落し、隣りの所有地の樹木は又順次にその隣りに陰を落す。二十六の自治体からなるこの郡の農場の数は今日おそらく十二を越えないであろう。しかもそれらとて相当な広さを持つものは一つもないのである。

すでに甚だ小さいこの所有地は、最初の被配分者の死による子供達の相続の結果、更に分割せられる。入念に作られた私の圍牆《いしょう》（かこい）や堀は、その隣りの土地の収益を減らすからと云われて壊されたり埋立てられた。そうして小土地所有者にとっては当然きわまるこの破壊こそ小経営には圍牆がどれ程都合の悪いものであるかを証明するものである。小経営は大経営を損ないつつ著しく増加している。しかし重ねて云えば、小経営の本質はほとんどいたる所で誤解せられた。人々はつねにかつて一度も穀物を生産したことのない土地から穀物を要求しているのである。

小所有者はただ穀物を生産しようとするだけであって、彼の土地では一袋の収穫をしか興えないような種子や労力や心くばりの代償としてならば、又自分よりも裕福な所有者のもとで雇われるときの日給でならば、市場では確かに二袋を買えるはずだという事を計算してみないのである。土地所有への愛着は、なる程いかにも自然なものであり、又国家の利益に役立つものではあるが、理性をしっかりくつがえしてしまい、かつ昂奮させてしまった。革命の感激の最中にあっては、誰も彼もが土地所有者になろうと欲し、大ていの人が独立と幸福とを追って走った。農場主のもとにおける彼等の労働が興えてくれる利益は捨てられてしまったが、新たに見出されたものは困窮のみであった。彼等の見込みは外れ、彼らは不快で危険な隣人となった(26)」と。かかる第一次仏革命時、国民公会による国内の全ての土地貴族を殲滅《せんめつ》し、彼等が寄生し、吸血する私有地に半農奴制的小作制度に緊縛、呻吟する農民大衆を解放し、彼等解放農民に旧土地貴族の土地を二、三アルパン（我邦八段歩〜十二段歩）方式にて分配、仏型独立自営農民化が目指した農民解放が事志に反し、土地の均分相続制故に零細経営、Zwergwirtschaft に埋没、今や窮乏と貧困の内に呻吟する仏の解放農民の実情についてリストはイギリスのエジンバラ・レヴュー誌、一八二四年、七月号が伝える記事を目にする事になった。以下。「仏の農民の状態が大革命以来著しく改善せられたのは、確かに土地細分の結果ではない。むしろ土地細分にもかかわらず改善せられたのであった。この急激な発達は、封建的諸関係が廃止され、生産諸力を圧迫していた爾余の諸負担が撤廃された結果おのずから生じたものである。反対に土地細分は、それがなければわれわれが今日フランス革命に認め得たはずの好結果を弱めたのである」と。かくして、リストが指摘、提案した所の「米の独立自営農民の創出」あるいは又「英の独立自営農民誕生」へのコースを同誌は示唆するのである。同様にイギリスの旅行家、バーベックは彼の仏旅行記にエジンバラ・レヴュー誌の記事が伝える仏解放農民の生活状況を補足して記している。以下、「この国の構造は次の如くである。都市はただこれを直接に取巻く村々からの輸入によって暮している。個々の農民は多くの余剰を持つ事ができない。なぜならその経営は一種の園芸であるために多くの農業人口を必要とし、その結果売るべきものはあまり持たないからである。農民は小銭で支払われ、又小銭を使うだけである。手工業者も農民と同様な状態にある。すなわち小銭で受け取って小銭で支払う」(28)と。

さて、トクヴェルとボーモンが米民主制視察の旅は未だ彼の地歴訪の途上にあり、又、同様に、ドイツの国民的政治経済学者、F・リストは歴史が繰る運命の糸に導かれ、仏歴訪の旅の途次にあったその折、仏立憲議会の当局者よりフランスの近代的国民国家創設に関わり、意見を求められた事から、前記、仏ジャーナル誌上に、彼が米滞在中に読み解いた所の、彼の国の大躍進が植民地建設に始まり、牧歌的自然経済状態の内より、たちまちの内にイギリスに次ぐ世界的規模の資本主義経済体制を樹立、その類い稀《まれ》な生産力を総動員、近代的通商産業国家に変貌する過程を同誌上に寄稿する事となった。

周知の如く米資本主義の成立は、農村手工業に始まり、次いで小商品生産及びマニュファクチュアの『並存』という生産関係を取り結ぶ事になるのであるが、しばらくするとイギリスと同様、工場制機械工業を誕生させたのである。かかる折リストとトクヴェルが同じく体験する事になった米合衆国、辺境西部のマニュファクチュアとは、手工業と機械制工業とを結ぶ中間の環であるから、この『並存』は広く、更に広範である。そうした辺境西部のマニュファクチュアの成立を促したのは北東部、あるいは旧大陸からの移住民達に混在する職人、労働者等の辺境地、フロンティアへの移住によって立ち上げられたものである。こうして誕生した辺境西部の中心地、オハイオの近郷近在に展開する農村社会には鍛治屋、皮なめし屋、製藍所、製紙水車場、綿工業水車場が混在立地していた。それは明白にマニファクチュアの時期を示すものである。

かくして以降、オハイオに見るのは小経営のマニュファクチュアから大経営のマニュファクチュアへの移行や更には機械制工業の誕生を予想させる事になるが、以上の過程は北東部に見る所の工業に於ける工場制機械工業であり、リストもトクヴェル、ボーモン等もオハイオ近郊の農業に於ける資本主義的経営は未だにみる事はなかった。又、そこでは改良農具や農業機械の発明は少なく、その普及は未だにであった。二人が訪ねる一八三一年から一八三二年のオハイオ州は西部のニューイングランド化であり、シンシナティは「アメリカのバーミンガム」の名をピッツバーグと争い、「豚肉のポリス」と称されていた時期でもあった[29]。

だがそこにはあらゆる種類の実用品と装飾品、鋳鉄品、羊毛製品、綿製品、ガラス、カットグラス、陶器、染料、酸類、ボタン、編針《あみばり》等々が作られていたのである[30]。

我々は以上の如き小経営のマニュファクチュワから大経営のマニュファクチュアが誕生し、やがてそれは北東部の工場制機械工業へと移行するのは時間の問題である事を知る。だがそれは工業に於ける工場制機械工業であり、リストが問題とする所の農業に於ける資本主義的展望に向けての本格的経営はそこには未だみる事は出来ないのである。

次にリストが注目したのは、こうした辺境西部の人口構成についてである。

周知の如く辺境西部を目指した人々は人種的に多様であり、イングランド人、スコットランド人、アイルランド人、フランス人、オランダ人、ドイツ人、スウェーデン人等々の混成体である[31]。こうした辺境西部住民の生活様式は既にみた如く独立自営農民の生活様式である。又、こうした西部移住者の多くは資本主義社会により生活の糧を奪われた所の独立の生産者層、自営農民層であったり、又、職人、熟練工、小市民、労働者であったが、彼等のほとんどは農民として入植した人々である。辺境西部にあっては彼等は家父長的自給経済、die Ländlich patriarchalische Industrie.を営む。だがそれはあくまでも強制されたものであるから、彼等はそれを避ける事は出来ない。だが彼等の商品欲は高く、幸いな事に、彼等の作物や家畜は豊かな余剰を生み出す。彼等はそれを売る為の市場を求める。彼等はこうして常に資本主義的商品生産者への転身の機会を求める。やがて彼等がその家内工業を捨て単一の土地耕作者（農場経営者）として登場する時、かかる西部農民はやがてカーギルやヴァンダービルトの如くに農業企業家に転身して行くのである（我々が知る所の米農業に於ける資本主義の成立である）。

さて以上、リストが分析した如く西部農民の大多数は我々が見た所の旧ヨーロッパ諸国からの移住者達であり、彼等の出自は借地農民ではなく、旧ヨーロッパ諸国にあっては商工業を営む人々と同じ種類の人々である。M・ウェーバーが言う所の企業家的精神、資本主義的精神を有する人々であった。

米建国の父祖の一人、T・ジェファスンはこうした旧大陸にあって、労働の尊厳を求めアメリカの大地を目指す人々に、さし当たり、一人五〇エーカー（我邦二一二段歩）からなる土地を分け与え、独立自営農民として迎え入れるべく「額に汗し、大地を耕す人々は創物主なる神が選び給う選民なり」と宣言した。以降三十六平方マイルからなるタウンシップ、township による公有地を以って、彼等は二～三千人程度の小村落共同体を建設、次いで協会、学校、公会堂を建て最小単位の地方自治体により運営する事を求めた。

かくしてリストは以上の如きT・ジェファスン等が描く独立自営農民像を以って、現下、部落制度と交錯圃制度の下に生み落とされた仏の零細経営農民を救出すべきと主著『農地制度・零細経営および国外移住』に結ぶのである。[31]

注

（1）Henry Leeve., Democracy in America. by Alexis de Tocqueville. London. 1889, VOL1, p.48, アレクセイ・ド・トクヴェル著、

『アメリカの民主政治（上）』井伊玄太郎訳、講談社、昭和四十七年、九七頁、一七八九年、大革命時、二一〇〇万人を数えると言われた仏の農民人口ではあるが、一家族の平均人数は父母、子供二人として計算、算出する。とし、二一〇〇〇万であり、残る一〇〇万家族は自営農家族と算出出来る。例えば我々が第七章、第一節にみた如く一八一六年のガエタ公爵による「土地台帳に関する研究」、第二巻三二七頁参照（トクヴェルは最少家族単位を三人とするが）、いずれにしろ、国民公会による亡命貴族より没収した封土、土地を原資とする国有財産売却は、みた如く二〜三アルパンからなる旧小作地を長期年賦による小分割地として封建的拘束下の農民層に解放した故に、彼等の子供の一世代はなる程、彼の父母の解放された小分割地に生計を維持する事は出来たが、次の彼の子供達の第二代に到るやそうした生計を保障する事ができなくなる事は少し考えればわかる事である。仏の青史に照らしてみればＧ・ルフェーブル、Ｍ・ブロック等による「仏農村史の研究」が証して余りあるところでる。

以下、脚注は、リーブ英訳本と井伊玄太郎訳と記す。

(2) Friedrich List, Outlines of American Political Economy, Wisbaden, 1996, op. cit. p. 71.
(3) Leeve, Democracy in America. by Tocqueville, ibid. p. 29, 井伊玄太郎訳、前掲書、六十三頁〜六十五頁。
(4) Leeve, Democracy in America. by Tocqueville, ibid. pp. 30〜31, 井伊玄太郎訳、前掲書、六十六頁。
(5) Leeve, Democracy in America. by Tocqueville, ibid. p. 46, 井伊玄太郎訳、前掲書、九十四頁。
(6) Leeve, Democracy in America. by Tocqueville, ibid. p. 48, 井伊玄太郎訳、前掲書、九十五頁〜九十六頁。
(7) Leeve, Democracy in America. by Tocqueville, ibid. p. 48, 井伊玄太郎訳、前掲書、九十六頁。
(8) Leeve, Democracy in America. by Tocqueville, ibid. pp. 48〜49, 井伊玄太郎訳、前掲書、九十六頁〜九十八頁。
(9) Leeve, Democracy in America. by Tocqueville, ibid. pp. 50〜51, 井伊玄太郎訳、前掲書、一〇〇頁〜一〇一頁。
(10) Leeve, Democracy in America. by Tocqueville, ibid. p. 52, 井伊玄太郎訳、前掲書、一〇三頁。

（11）Leeve., Democracy in America. by Tocqueville, ibid. p. 53, 井伊玄太郎訳、前掲書、一〇四頁〜一〇五頁。
（12）下中彌三郎編、『世界歴史事典、史料篇、西洋Ⅰ、』、所収、柴田三千雄訳、「仏人権宣言」平凡社、昭和三〇年、四八七頁〜四八八頁。

仏人権宣言

史料

1、人間は生まれながらにして自由、かつ平等な權利をもっている。社会的な差別とは一般の福祉にもとづく以外はありえない。

2、あらゆる政治的結合の目的は、天賦にして不可侵の人権を維持するにある。その権利とは、自由・財産所有・安全・および圧制に対する抵抗である。

3、あらゆる主権の原理は、本来、国民のうちにある。……

4、自由とは、他人を害しない限りなにごとをも為しうるという事である。……

6、法律は一般意思の表現である。すべての市民はみずから、またはその代表者を通じて法律の作成に参与する権利をもっている。……

11、思想および言論の自由な交換は、人権の最も貴重な一つである。

17、財産所有は不可侵にして神聖な権利であるゆえに、合法的と認定される公共的必要が明らかにこれを要求する場合のほかは、また、公正にまえもって賠償されるとの条件のもとにおける場合のほかは、なんぴともそれを奪われることがありえない。

※出典　下中彌三郎編、『世界歴史事典、史料篇、西洋Ⅰ、』、平凡社、所収、柴田三千雄訳、「仏人権宣言」、昭和三〇年、pp.487〜488.

一七八九年七月十四日、大革命勃発により成立した国民議会は仏人権宣言起草委員に貴族のラファイエット侯、僧侶のシェーエースを選出、二人は起草文を携い、パリ滞在中の駐仏米公使T・ジェファスンを訪ね、彼の助言を得て発せられたのが上記宣言の抜萃である。

(13) Friedrich List, Die Ackerverfassung die Zwergwirtschaft und die Auswanderung, 1842, 邦訳、フリードリッヒ・リスト著、『農地制度。零細経営および国外移住、』、小林昇訳『世界古典文庫』、一三二巻、日本評論社、昭和二十四年。

F・リストの『農地制度。零細経営および国外移住』は彼の主著、『政治経済学の国民的体系』、Das Nationale System der Politischen ö̈konomie, 1841, 及び彼が祖国、ドイツ、ヴェルテンベルク王国より仏亡命時と、更に米への移住後、ジャクソン大統領よりベルギー駐在米公使就任の為に、一八三一年より再度の仏入国と、同国歴訪により完成させた『政治経済学の自然的体系』、Le System Natural Economic Politique, 1837, と並び称される著書である。就中、以下、リストが仏革命の成果を検証せんと分析せる封建的拘束より小土地所有者、自作農独立自営農民を目指して国民公会が旧体制なるアンシャン・レジームを破棄すべくとして、亡命貴族等が所有する封土を公有地として、彼等農民に解放、しかも長期年賦により売却、「人権宣言」に著した所の仏社会の近代化を目指したが、事志に反し、その結果は実に惨憺《さんたん》たるものであった。仏に於ける土地所有制度に対するリストのもう一つの研究目的は同じ封建的拘束下にある祖国ドイツ農民層の解放に到る道筋を探るものでもあったが、それは我邦に於ける昭和戦前期にまでも続いた所の農村に於ける土地所有関係の研究にも相通づるものと指摘できるのではないか。

邦訳、板垣興一訳、フリードリッヒ・リスト著、『政治経済学の自然的体系』、春秋社、昭和二十四年を参照。又『農地制度。零細経営および国外移住』からの以下、訳文の引用は小林昇による。

(14) リスト『前掲書』、小林昇訳、二三頁〜二四頁。

(15) 諸田實著、『フリードリッヒ・リストと彼の時代―国民経済学の成立―』。有斐閣、二〇〇三年、一九八頁〜一九九頁、二一一頁、一八三〇年十一月八日、米大統領Ａ・ジャクソンはＦ・リストをベルギー駐在米領事に指名すると、リストは上院での指名承認を待たずに十一月二十日、ニューヨーク港より客船エリー号で仏、ルアーブル港へ向かった。四週間の船旅を終え十二月二十二日、ルアーブル港到着、念願かない一〇年ぶりにパリへ到着した彼はようやく前途に将来を見い出す事になった。又、ラファイエット侯らとの再会もなり、仏七月立憲議会指導者等にも知己を得る事となった。こうした中で発表されたリストの仏経済改革案、就中、仏鉄道網建設への提案は、サン・シモン主義者から自由貿易論者になった技術官僚、ミシェル・シュヴァリエはパリ滞在中のリストを訪ねてアメリカの躍進ぶりを聞き、リストよりアメリカ視察の必要を説かれ、そこで彼は翌年渡米する事になった。詳しくは上野喬著、『ミシェル・シュヴィリエ研究』、木鐸社、一九九五年、六五頁を参照。

（16）Leeve. Democracy in America, by Tocqueville, ibid. p. 66.

（17）リスト、『前掲書』、小林昇訳、四〇頁、交錯圃制、Güitergernengfassung. とは、多くの分割地、Pargelle. がその中心にある部落、Dorf の住民によって耕作されるような農地の分割地を呼ぶ。そこでは様々な耕地が一つに纏《まとま》っていて、個々の農業者が、その所有する農場、（独立農場又は孤立農場）とは対照をなす耕作地である。更にリストは『前掲書』、小林昇訳、六六頁で「こうした交錯圃では全ての農民が部落の中に集住的に生活し、極めて様々の位置に分かれつつ村域内に散在している多くの小耕地を、この中心点から耕すという制度である」と。続けてリストはこの制度の欠陥について指摘する。「――この農地制度は非常に古くからものであるが、我々にいわせれば全く自然に反する制度であり、かつては存在したが、今では全くなくなった社会状態から生まれたものであって、特に農業上の原理に、又国民経済的原理や、一層高次の政治的原理に完全に背馳する制度である。我々の考えではこの制度が広まっている所では、中経営は必ず次第に小経営に、又、小経営は同様に零細経営に移行し、こうして現在の農業状態を、私法的、公法的状態との下にあっては、全国家領域は必ず漸次にこまごまと分割されてしまうであろう。この害悪を思い切って除くのが至難である事を我々は十分認めている。しかしそれにもかかわらず、われわれは熱意さえあれば、これを次第に除く事が出来るし、少なくとも緩和する事は出来ると信じている。

（18）リスト、『前掲書』、小林昇訳、九二頁～九三頁。リストは交錯圃制を除去あるいは廃止する為の手段として土地整理、Güterarrondierung, を実行すべきと指摘する。続けて彼はその前提となるのが交錯圃制度を取り入れた前世紀の遺物、『部落制度』に由来するものであり、現在仏にみられる広範な解放農民の制度窮乏化、零細経営を招いた所の真の原因であると分析した。

かくして、リストは仏国民の多数を占める零細経営に喘ぐ彼等を救済する方法として彼が米で体験した五〇エーカーからなる公有地処分法と同様、五〇アルパンからなる国有地処分を断行、中小農場主として、自作農への転身を提示する。かかる前提として悪しき部落制度についてのリストの分析である。以下「元来部落制度は未開状態から文明状態に移行しつつある国に於ては文化の発達にとっては農場制度より便利なものであるが、文化が進むにつれ次第に反対の効果が現れてくる。むろん集住はかつては単に安全を保障したのみでなく、その頃の事情の下では農場制度よりも教育や開明や道徳心の養成の為に便利なものであり、特に古い耕作方法が存続していた間は、土地の耕作と開拓とを促進したものである。しかし土地の自然的生産が人工的方法によって限りなく改良されるようになり、休閑地が廃止され農地に秣草が栽培され、（一新した農法が採用されて有力になって以来、秣草以外にジャガ芋、甜菜、煙草、その他の商品作物、野菜、大規模かつ合理的な植樹、改良された牧草栽培、養蚕等）そして最後に集合耕地の解消を単なる手労働によって営まれる新しい耕作とによって零細経営が大いに蔓延し、その結果全ての土地所有が崩壊に瀕するようになって以来、部落制度は様々な道徳的弊害の母胎となり又、改良農業の最大の障害となった。他面これに反して農場制度は、時代の推移と共に昔日の欠陥をおおよそ失うに至った。なぜなら今日に於ては経営が細心に合理的に、又適切に行なわれる場合、四〇モルゲンから六〇モルゲン（米の四〇エーカーから五〇エーカー）の広さの農場は、五〇〇年前に二〇〇モルゲンから三〇〇モルゲンの農場があげたよりも多くの純収益をあげるものであるから農場制度は最早農村居住者を孤立させる事にはならないからである。それは根本的には部落を全村域に拡充するだけのものであり、住居を一層拡散させるだけのものである。農場制度の反対者はこの孤立化を現実とは全く違ったように考えている。…イギリス、ノルマンディ、上部シュワーベン、北アメリカの人口稠密な部分等を見さえすれば、大多数の農場が四〇モルゲンから六〇モルゲンの広さを持つように土地を分ければ、人々が孤立するというおそれは全く根拠を持たぬ事が分かるのである。」。とリストは指摘する。

（19）リスト『前掲書』、小林昇訳、六六頁、仏農民の多数が零細経営、Zwergwirtschaft, に陥没する状況について、右の如くその改善策を「部落制度」と「交錯圃制度」の改革に求め、その最終的方策とは二～三アルパンなる小土地所有にあるのではなく、T・ジェファスンが合衆国の独立自営農民への耕作地所有を五〇エーカーの公有地処分と規定した如く、リストの祖国ドイツ農民にあっては四〇～五〇モルゲン、仏農民にも同様の国有地所有を五〇アルパンと規定し、それによって彼等零細経営の淵に呻吟する仏農民に独立農場経営者として再生への道を強く主張する。以下リストは続けて指摘する。更に加えて彼等農民のこうした「経済的独立はこれに精神的独立が結合しているのでなければ、それだけでは有力な国家市民の特徴をなさない。たとえ富裕な土地所有者が多い国でも、彼等に道徳的、政治的教養が欠けているとすれば、ここには有力な国家市民が少ないというべきである。…このような場合にはうち捨ててある市民の精神的教養を高める事によってのみ有力な国家市民が生まれるのである。有力な国家市民の数が最も少ないのは、工業を持たぬ諸国である。ここでは土地所有者の大部分が官僚階級に監視されている。貧寒な零細農からなっている。過度な零細経営という害悪の根元が交錯圃にあると考える。」リスト、『前掲書』、小林昇訳、五五頁「零細経営はそれが蔓延したり、更に一般化したりしている所では、農地制度の最大の欠陥となっている。それはやがてジャガ芋経営 Kartoffelwirtschaft, を普及させる。つまり多数の農民がジャガ芋をくって命をつなぐという状況がこれである。…この場合、農民は体に元気をつける食物をとる事が出来るばかりか、それがなくては獣でさえも体が悪くなるという一番大切な薬味すなわち鹽《しお》にさえ欠乏し、自分で紡み自分で織ったぼろきれを身にまとえロバや馬や鋤牛を使いはするものの、これらの役畜に栄養のある飼料をやる事が出来ない。しかもそれにもかかわらず労働者階級の大部分はその窮乏した経済を営むためには誰にでも時間があり余る為に古いしきたりのままでぶらぶら日を暮してゆくのである」。リスト『前掲書』、小林昇訳、六四頁、「農業の状態が右のようであれば政治の状況も又同様に悲惨な有様を呈する。小手工業者と零細農とは普通教育もなく、独立心もなく、又公務に従ったり、市民権を主張したりする為に必要な経済的地位も持っていない。その結果、彼等の傍らに巨大な権力をもつ非常に多くの官僚貴族が成立し、これがあらゆる地方自治体の事務と一層上級の行政、司法、立法の事務とを市民からもぎとり、いたる所で市民を監視し、大げさで生命のない形式主義を墨守して、社会の目的をなおざらにし、こうして国民を次第に人民に対する監視が最も完全、かつ徹底的に実行され、又発達している国民、すなわち支那人の場合と同じ状態に陥れるのである」と。リストは続ける。『前掲書』、小林昇訳、六五頁。こういう状況であると「君主の最も高貴な心情と努力も何んの役にもたたず、成文化された憲法と法律とは死亡する。国家の組織が根本から誤って組み立てられている限り、最もきく薬さえもかかる状態の下にあっては、上級官僚のたゆまぬ仕事も、その極めて良心的なギムの遂行も毒と変わる。代表制度の国家が根本からしっかりと組み立てられるのは、適当な数の有力な国家市民が与えられる場合だけなのである」と。又同様に仏を訪ねた英の農本主義者、アーサー・ヤングもその『政治算術』の中で仏の交錯圃制度下の零細経営について記している。「小地片が分散している場合には最も賢い農民でも、その農業経営上の知識を応用する事ができない。彼のあらゆる活動は妨げられ、その地方を支配している最も劣悪な耕作方式に従う事を強いられ、その怠惰な隣人と同じように、ぶらぶらぐずぐずと体を動かさねばならなくなる。租税がいかに軽く又、平等にわり当てられたとしても、現物納の十分の一税が、定額の全納地代に転化したとしても政府が農業と商業との促進の為に最良の法律を発布したとしても、商業がどれほど自由だったとしても適当な貨幣量が国内に存在したとしても、交通手段が最上の状態にあったとしても、農民があわれな経営方法に縛りつけられている限り、これらの全てが何んの役に立とうか。しかしこの弊害の根元を除く事はすこぶる容易である。土地整理をするがよい。その他に方法はない」と。イギリス資本主義成立の条件であるかのジェントリー、ヨーマンリー創設に至る土地整理である。

(20) リスト『前掲書』、小林昇訳、一二六頁～一二八頁。

(21) Friedrich List., Das Nationale System der Politischen Öeknomie. 1841, Translated by Sampson S. Loed., The National System of Political Economy, London, 1922, p. Xii，邦訳、フリードリッヒ・リスト著、正木一夫訳『政治経済学の国民的体系』、春秋社、昭和二十四年、一〇頁。

(22) リスト前掲書、小林昇訳、二八頁～二九頁。

(23) リスト前掲書、小林昇訳、二九頁。上記パンフレットは一八二六年ボナール男爵が公刊したパンフレットの中で述べられたものである。

(24) リスト前掲書、小林昇訳、三〇頁。

(25) リスト前掲書、小林昇訳、三〇頁～三一頁。

(26) リスト前掲書、小林昇訳、三一頁～三二頁。

(27) リスト前掲書、小林昇訳、三二頁～三三頁。

(28) リスト前掲書、小林昇訳、三三頁。

(29) Ernest L. Bogart And Charles M. Thompson., Readings in the Economic History of the United States, New York, 1929, op. cit. pp. 357～358.

(30) Henry B. Fearon., Sketches of America, a Narrative of Journey of Five Thousand Miles through The Eastern and Western states, London, 1819, op. cit. pp. 203～204. table.

(31) Max Farrand., The Development of the United States, Boston, 1918, op. cit. p. 13, (cf), Frederick J. Turner., The Frontier in American History, New York, 1920, op. cit. pp. 27～28, 一八四一年、インディアナ州上院議員スコットは、新興西部のベントン、ジャクソンの如く、ヨーパからの移住民に対し、プリエンプション（先住土地先取権）法を立法化すべしと。なぜならヨーロッパの人々に向けて大西洋岸を代表するニューヨーク港を始めとする港湾はこうした移住者達に向けて常に開かれていると。

第三節　トルヴェルの米民主政研究（Ⅲ）

トクヴェルとボーモンが米民主政視察の旅に見聞、体験する事になったのは、彼の地に訪ね、接した人々全てが普通の人、Common man であるという現実であった。「こうした無数の人々の群れは、彼等は互いに相手に似せてつくられ、彼等の間には貧富の差はない。こうした無数の人々、全てに於て、全体の均一の様子を見る時、私は陰気になり、心が寒くなる」[1]と、同時期、仏滞在中のリストも彼の著書『政治経済学の国民的体系』に米市民とは、誰も彼もがあのポテトがこのポテトに似せて育つが如くに、その数はおびただしい程似通った環境のもとにあって成長する。と著した。事実、一八三〇年の国勢調査にみる米の人口は建国時四〇〇万にも満たなかったが五〇年にも満たぬ内に今や三億エーカーの大地に一、三〇〇万人を数え、こうした普通のジャガイモ市民には二人が後にした祖国にみる階級制度などという人間が人間に寄生し吸血する旧体制など生存する余地がなかった。だが二人が訪ねるこの時期、米にはようやく地域的特質、Section が形成される事になった。大西洋沿岸低地、北東部には日に日をついで躍進を続ける各種製造工業が立地、工場を中心に都市が成立、労働者とその家族が集中、米産業革命を後押ししていた。

ところで旧大陸から着の身、着のまま到着した人々は初めこうした工場の都市労働者として糊口を凌《しの》いだ。だがしばらくするとこうした労働者達は彼らが有する唯一の財産、労働の尊厳を実現せんと、自由と独立とを闘いとろうと、強大な資本家に対し、団結し、資本の搾めつける強大な鋼鉄の如き鉄腕に対抗する。一方、両山脈以西に成長著しい新興西部の独立自営農民はこうした北東部の資本に対し全般的な負債者の位置にあった。だが辺境西部の広大無辺なる農地は北東部工業の不況の度ごとに、そこで働く工場労働者は資本の搾めつける吸血より逃れる手段を辺境西部に見い出した。かくして西部の広大無辺なる農地は、北東部の労働者に対しても、辺境西部の独立自営の農民に対しても、彼等の孤立を招く事なく、彼等勤労大衆層に対して、自由と平等と独立をもたらし、更に彼等の解放と致富との地盤になる。かかる新興西部の広大なる大地は西部の農民層を北東部の工場労働者層に対立させる事はないという事実を証明する。彼等は労働者ではなく、農民的土地所有者にもかかわらず、こうした立場故に北東部の資本家に対立する工場労働者と独立の自営農民は、北東部の中小農民を含む全国的政治組織、政党を結成、自らを代表する議会に代表者を送り政党政治を実現する。こうした過程をトクヴェルとボーモンは米各地、歴訪の旅に知る事になった。

二人はかかる経過をジェファスニアンデモクラシーよりジャクソニアンデモクラシーに至る合衆国大統領が有する「強大な行政権」にみる事になるのであるが、二人はこうした「強大な行政権」の行使が労働者と農民層を含む米の全ての白人成人男子に於ける「普通平等選挙権」の行使、多数者の支持という審判を受けたとする事実から生じている事を知る事になった。だがしかし一方、トクヴェルとボーモンは米大統領のこうした「強大な行政権」が、彼等市民に対し、彼等の主人、彼等の権威者として、彼等の社会を従属させる事はなく、米市民社会の多数を構成する一般庶民大衆、農民、職人、熟練工、労働者、小商品生産者等への権利を保護する事に専心する事実をも見聞する事になった。そして二人はその根拠を米デモクラシーが主張する、「人民の人民による人民の為の政治」をジェファスニアンデモクラシーが宣する「米独立宣言」と、次いで「人民の代表をして大統領たらしめよ」と、叫ぶジャクソニアンデモクラシーに読み解く事になるのである。

さて次にトクヴェル等が米民主政視察の旅にみる事になったのは、強大な連邦政府に対する地方政府による権力抑制策であった。

統一的全国行政組織、米合衆国なるユニオン、Union, 連邦政府に対して、建国以来、アメリカの人々は、かの英本国による強大な国家権力との九年余にも及ぶ独立戦争を経験した事から、ゆきすぎた権力の集中に、地方政府として各共和国（州政府）が有する権利への侵害を阻止すべく、連邦憲法に条文として著されない権利については、各共和国（州政府）に留保されると解し、合衆国憲法を批准、成立したと理解するのである。

二人が米各地を巡る旅の途次、米連邦の上、下両院議会では、北東部出身の議員達は近代的通商産業国家建設を目指す米体制、「The American System」を推進する立場から高率保護関税策を求めるのに対し、南部及び南西部選出の議員達は世界の工場の地位を確立した英の国民的産業、木綿工業の要請に応え、原料綿を輸出する為の綿花プランテーションの拡大を求めた。又、南部は必要とする工業品を低価格で供給する英からの輸入を主張、低関税政策を支持、地域的対立が表面化していた。更に両地域への穀物市場供給州として急成長を続ける新興西部諸州を巻き込み、関税政策、国立銀行、内陸開発、公有地売却、奴隷制等を巡り、各地域選出の連邦議員がそれぞれ憲法解釈を基に、州権論対中央集権論を展開、最高裁判所を巻き込んでの大論争の最中にあった。かくして法案の可否は連邦議会の採決に委ねられた。法案採決はほとんどが上、下両院議会で拮抗したが米市民は多数者の意志を尊重する事になった。トクヴェルらはこうした米の民主的立憲主義の源流をなすのが、先に二人が検討した所の英領北米植民地建設時代、北東部、ニューイングランド地方開拓に形成された小村落共同体運営に見る、各自治組織として営まれた所のタウンミーティング、Town meeting なる町会（小村落代議員会）に由来する事を知るのであった。

二人はこうしたタウンミーティング制が米民主政を担う地方行政組織、及び議会制度の最少単位をなし、その上部に基礎的自治体組織なる「村、町、市」が順次形成され、更に郡、そして地方行政組織たる各共和国政府（州政府及び州議会）が成立し、更に全米二四州にて連邦制国家、United States of America を結成、米合衆国なる連邦政府として成立するのであった。一七八三年、パリ条約に新興独立国家として世界史上、初めて登場する民主主義国家である。

更にこの新興民主主義国家アメリカが旧宗主国、大英帝国より割譲、入手した両山脈以西から大河以東の地、北西部地方（原初一三州に匹敵する地域）開拓を目指し、公有地として領有、一七八五年、北西部土地条令により一区画、六平方マイルのタウンシップ制により全ての入植者に低価格で売却。更に連邦政府は新たに購入した仏領ルイジアナ地方も同様にタウンシップ制に基づき売却された。以降辺境未開西部開拓は立憲主義に基づく以上の如き土地条令により開拓される事が旧世界にも知られる事になったから新天地に地主を目指す移住者が増大した。

かくしてこうした新天地にはタウンシップ制に基づくタウンミーティングが次々と誕生、地方的最小単位の自治共同体が成立、米民主政の橋頭堡を担う事になった。二人はこうした新興西部を巡る視察の旅に建国半世紀にも満たぬ米の急速な農業、商業、工業全般の発展が、こうした民主的な自治共同体に由来する事を知るのである。

翻ってトクヴェル等は右の如き米の民主政を担う地方自治の最小単位をなす共同体に相当する祖国仏の地方行政単位、コミューンを重ね合わせ比較、検討する事により祖国の民主政の進展に何程かの寄与を捧げんものと分析を進めるのである。以下伺わねばならない。

「私が初めに共同体（コミューン）を吟味するようになったのは、偶然そうなったわけではない。共同体は連合した人々の存在する所にはどこにでもおのずから共同体が形成される程に、自然の内にある唯一の団体である。従って共同体的な社会はその慣習とその法律とがどのようなものであるにせよ、全ての民族に実在しているのである。

諸王国をつくり、諸共和国を創造するものは人間である。共同体は神の手から直接にでているようにみえる。けれども人間が依存するようになってから、共同体が実在するようになってはいても、共同体的な自由はまれなこわれやすいものである。民族は常に大政治な集会を確立する事ができる。なぜかというと民族の内には常に若干の知識人がいて、その人々の知識は或る程度まで物事の習慣にとって代わるからである。共同体はしばしば立法者の活動を拒絶する粗野な諸要素から構成されている。共同体の独立を強固にする事の困難は、諸国民が啓蒙されるに従って減ずる所か、啓蒙開化と共にふえるばかりである。

非常に文明化している社会は共同体的な自由の企てを辛うじて許すぐらいのものである。このような文明社会はそこに住む多くの人々がそこを離脱してゆくのをみて反対するが、その経験の最後の結果に到達するより前に、それが成功を収める前に絶望してしまうのである。

全ての自由の内で共同体の自由は極めて確立されにくいものであるが、又権力の侵害を最もうけ易いものである。……ヨーロッパ大陸の全ての国民の内で、この共同体的な自由を知っているものは一つもないと言える」[2]と。

トクヴェルとボーモンはアメリカの民主政にみる「地位の平等、投票により審判を受けるとする、全ての白人成人男子に対する普通平等選挙権の普及」なる「人民主権」の原理に基づく政治形態がどのような経過をたどり形成され、その利益と危険について米市民社会を導いた所の源流が、以上右にみた所の、英領北米、植民地開拓時代以来この方、旧大陸よりこの地に到着した人々が、辺境未開なる大自然の脅威の前に、自らの足で立った時、彼等は神への寄りかかりを捨て、不撓不屈の鋼鉄の如き精神のもと、何ものをも恐れず、自らの死をも賭して人跡未踏の地へ分け入り入植、耕地へと変えてゆき、次いで同地に小さな村落が形成されると、まず始めに教会を建て、学校をつくり、代議会堂を建設、自由な土地所有制に基づく自治共同体なるタウンシップ制のもと、白人成人男子全員参加による直接民主政治による村落共同体が営まれる過程を考察するのである。今日の米合衆国を二四州からなる小主権国家が寄り集まって構成する一大連合体としてとらえ、彼が訪ね歩く二四州は全て同一の外貌を示す故、彼はそうした構造を政治的、あるいは行政的組織として人体を動かす三種の神経中枢になぞらえるのである。まず下段に共同体、コミューンが建ち、その上には郡が位置、最上段に各州をみるのである。

かかる考察の地としてトクヴェルがその最も原初的な地方として体験する事になったのが、ニューイングランド地方に、躍進著しいイギリス産業革命を追走する近代的工業社会である。

次いでアレゲニー、アパラチア両山脈以西、太湖とオハイオ川沿いに入植者達により新たに開拓され急速な発展をみせる新興西部諸州の視察の途次に訪ね見聞する事になったったのが北西部公有地処分法によるタウンシップ制により新たな土地を入手した独立自営の農民層が中核をなす、最少単位の自治制に基づく共同体の運営に形成されたタウンミーティングなる自由と民主政による二〜三、〇〇〇人からなる自治村落であった。更にこうした共同体の上部に形成されるのが郡であり、その上部に構成されるのが州である。今日アメリカ社会を支配している政治的諸原則は州で生まれ、州で発展したものである。それは原初一三州に起源を有する諸原則である。かくして二人はこうした米民主政を理解する鍵を知る為に躍進著しい西部を目指した。合衆国憲法及び北西部条令に記された条項を満たし、新たな一共和国（州）として米合衆国なるユニオン、連邦政府加盟を果たしたオハイオ州を始めとする新興西部九州の人々を訪ねる事になったのである。

こうした旅の途次、米の民主政についてトクヴェルが直接、体験したのが新興西部の躍進ぶりを伝えるオハイオ州、シンシナティ市での視察の様子を祖国仏の母親宛てに記した手紙である。「米の社会では良いことも悪いことも、……中略……あらゆるものが両極端で、押し合いへし合いしています。……成長の早さでは社会が個人をも上回っているのです。シンシナティがある場所は、三〇年前はまだ森に覆われていました。今日繰り広げられる光景は私が知っている何ものにも例えられません。立派な家屋に粗末な小屋、ろくに舗装もされていないうえに、並びも完璧ではなく、建築資材でふさがれた街路、それに名称も付けられていない場所や番号を振られていない家など、何から何まで発展の急激さを物語っています。一言でいえば、都市そのものというよりは、都市の下書きなのです[3]」と。

一八三一年の夏、新興西部、オハイオフィーバーが吹き荒れる最中、トクヴェルが訪れたオハイオ州の人口は「資料Ⅰ[4]」の如く一〇〇万に満たなかったが、その三〇年前、一八〇〇年の国勢調査時、オハイオ准州の総人口は五万人にすぎずシンシナティは森林であった。そのオハイオが今日では州昇格を果たし連邦に加盟するやシンシナティは今

注(4)「資料Ⅰ」 1830年、合衆国第5回国勢調査

	州　　名	人　口		州　　名	人　口	1800年人口
	北東部			西部〜北西部		
1	メイン	399,455	12	オハイオ	937,903	45,365
2	ニューハムプシャー	269,328	13	インディアナ	343,031	(4)
3	ヴァーモント	2,280,652	14	イリノイ	157,445	
4	マサチューセッツ	610,408 (注9)	15	ミズーリ	140,455	
5	コネチカット	297,675			1,578,834	
6	ロードアイランド	97,199		ミシガン地区	31,639	
		1,954,717			1,610,473	
	州　　名	人　口		州　　名	人　口	
	中部			南部〜南西部		
7	ニューヨーク	1,918,608	16	ヴァージニア	1,211,405	
8	ニュージャージー	320,823	17	北カロライナ	737,987	
9	ペンシルバニア	1,348,233	18	南カロライナ	581,185	
10	デラウイア	76,748	19	ジョージア	516,823	
11	メリーランド	447,040	20	アラバマ	309,527	
		4,111,452	21	ミシシッピー	136,621	
	コロンビア地区	39,834	22	ルイジアナ	215,739	
		4,151,286	23	ケンタッキー	687,917	
			24	テネシー	681,904	
					5,079,108	
				アーカンソー地区	30,388	
				フロリダ地区	34,730	
					5,144,226	
		総人口　12,860,702				

出典：J. Franklin Jameson., Dictionary of United States History, Philadelphia, 1931, p. 785,

や人口二四、六三一[5]名を数えるに致った。かくして同州の総人口はその後わずか三〇年で二〇倍の人口増を記録する事になったのである。我々は更に興味深い事例を記さねばならない。トクヴェルはまた同市で、ニューハンプシャー州より移住者の一団に加わり同市に事務所を持つ事になった自由土地派で二三歳の青年弁護士、後にA・リンカーン内閣のもと、財務長官としてホームステッド法、奴隷解放法、大陸横断鉄道法、州立大学設置法、等々、大統領の片腕として活躍する事になるサイモン・P・チェイスを知る事になった。仏からの賓客、貴族のトクヴェルとの話の中で彼は米の政治が未完成である事をトクヴェルに話すので、彼はチェイスに少し意地悪な質問をした。誰でも公職を得る事について「あまりよくない候補者でもなぜ当選し続けるのか?」と。チェイスは彼に返答した。「高

注（5）1830年、第５回米合衆国国勢調査時、人口7,000人以上の都市　Census

Census	都市	人口		
ニューイングランド諸州				
メイン	ポートランド	1	12,598	
ニューハンプシャー	ポーツマス	2	8,082	
○マサチューセッツ	ボストン	3	61,392	(11)
	セーラム	4	13895	
	スプリングガーデン	5	11,140	
	チャールズタウン	6	8,783	
	ニューベドフォード	7	7,592	
	グロセスター	8	7,510	
	ナントゲット	9	7,202	
ロードアイランド	プロヴィデンス	10	16,836	
	ニューポート	11	8,010	
コネチカット	ニューヘイブン	12	10,180	
	ハートフォード	13	7,074	
中部大西洋岸諸州				
ニューヨーク	ニューヨーク	14	242,278	
	ブロンクス区		3,023	
	ブルックリン区		20,535	
	マンハッタン区		202,589	
	クイーンズ区		9,049	
	リッチモンド区		7,082	
	オルバニー	15	24,209	
	ブルックリン	16	12,406	
	トロイ	17	11,551	
	ロチェスター	18	9,207	
	バッファロー	19	8,668	
	ウィティカ	20	8,323	
	ボーグケプス	21	7,222	
ニュージャージー	ニューアーク	22	10,953	
ペンシルバニア	フィラデルフィア	23	80,462	
	ノーザンリバティア	24	28,923	
	サウスワーク	25	20,581	
	ケンジントン	26	13,392	
	ピッツバーグ	27	12,568	
	ランカスター	28	7,704	
新興西部諸州				
○オハイオ	○シンシナティ	29	24,831	(5)
ケンタッキー	ルイスヒル	30	10341	
南部大西洋岸諸州				
メリーランド	ボルティモア	31	80,620	
コロンビア地区	ワシントンDC	32	18,826	
	アレキサンドリア	33	8,459	
	ジョージタウン	34	7,312	
ヴァージニア	リッチモンド	35	16,060	
	ノーフォーク	36	9,814	
	ペティルスバーグ	37	8,322	
ルイジアナ	ニューオーリンズ	38	46,082	
南カロライナ	チャールストン	39	30,289	
ジョージア	サハンナ	40	7,776	

出典：Fletcher W. Hewes and Henry Gannett., Scribner's Statistical Atlas of the United States, New York, 1883, p-plate. 21,

名な人物であれば絶対やらない事ですが、皆に媚びるんですよ。民衆に交じって連中の情欲におもねたりとか」と。更に続けて「情況が最悪なのは地方レベルの話であり、もっと上の公職についてはなんだかんだといっても私達を治める力をもっているのは才知ある人間の方なんですよ(6)」と答えた、とトクヴェルは日記に記している。その時リンカーンはシンシナティ市より三〇〇マイル程離れた新興西部、イリノイ州ニューセイラムに独学にて弁護士を志す二三歳の青年であった。

さてトクヴェルが記す如く、仏を含む旧大陸諸国と国民の内にあって、ドイツより米に逃れ、今またトクヴェルと同時期仏を訪ねるリスト等を除いた多くの人々は、二人が視察の旅を続けるアメリカの民主政とそれを支える地位の平等、全ての白人成人男子への普通選挙権賦与、自由な私的土地所有制度、それを保障するタウンシップ制による公有地処分制度、あるいはタウンミーティングなる自由で民主的な地方自治制度を担う最少単位の村落共同体等が米民主政の基底を担い、強大な行政権力を有する中央政府、米合衆国の権力を抑制し、各州共和国、二四州からなるユニオン、Union,連邦政府を構成する世界史上類いまれな、初の民主主義国家について知る事はなかった。それにもまして旧大陸にあっては、こうした民主政治の礎《いしづえ》をなすのが、二人が初めて知る事になった、自由な私的土地所有制度にあった。かくしてこうした自由な私的土地所有制が以上の如くタウンシップ制に基づく実際の公有地の売却（国有財産売却）にあり、こうした実像についても旧大陸の多くの人々にとってはなおさら知る由もなかった。

かくしてトクヴェルはこうした事情を考慮、ニューイングランドより新興西部地方を訪ねる視察の旅に祖国の民主政への過程を考究する事になった。以下、「連邦における共同体と郡との政治組織のもととなっている一般的諸原則を読者に理解してもらう為にモデルとして或る一州をとりあげ、そこに起こっていることを詳細に吟味し、次いで全国の内の残りの諸州にざっと目を通すのが便利であると思われる。私はニューイングランド諸州の内の一州を選んだのである。共同体と郡とは連邦の全ての部分で同様には組織されていない。けれども全連邦内で殆んど同じ諸原則が共同体と郡との形成を支配している事を知る事はたやすいのである。これらの諸原則はニューイングランドでは他の所に於てよりも大なる発展をとげているし、又異なった諸結果を生んでいるようである。従ってそこではこれらの原則はいわば極だって現れており、又、外国人の注意をひきやすいのである。ニューイングランドの共同体的な諸制度は完全な均整のとれた一全体を形成している。これらの制度は法律によって強められているが又風習によってなお一層強化されている。これらの制度は社会全体に絶大な影響力をふるっている。

これらの制度は、以上のような全ての諸特性によって我々の注意を促すだけのねうちをもっている[7]」。として彼は北東部、ニューイングランド諸州の一州に焦点を定め、以上の如き、米民主政の一大特色をなす共同体と郡とにみる地方自治組織の最少単位をなす小村落共同体について考察を進めるのである。「ニューイングランドの共同体なるタウンシップはフランスの郡と共同体、コミューンとの中間物に相当し、ニューイングランドの共同体の住民人口は一般に二～三、〇〇〇人位である。従ってそれはその内で常に確実によき行政の諸要素がみつけられる位の人口をもっている[8]」として北東部、ニューイングランドを代表する最大の米通商産業の中心地として、マサチューセッツ州をとり上げるのである。二人が訪ねたこの時期、同州人口は六一万余人[9]を数え、三〇五の共同体より構成され各共同体の平均人口は約二、〇〇〇人であった[10]。その最大はボストン（六万一、三九二人[11]）、次いでセーラム（一万三、八九五人以下、スプリングガーデン、一万一、一四〇、チャールズタウン、八、七八三、ニューベドフォード、七、五九二、グロセスター、七、五一〇、ナントゲット、七、二〇二[11]）等の市は人口七、〇〇〇人以上であり、仏の村々のコミューンの人口と同じ二、〇〇〇人余[12]の人口で構成されていた。こうした最少単位の自治体における行政は、みた如く各共同体に居住する全ての白人成人男子全員の選挙により選出された「行政委員により運営されるのである。最も小さな自治体では三名、ボストン、セーラム、ナントゲットのような大きな市では九名～一九名程である。市長の下に、課税評価官、徴税官、警察官、記録官、会計官、貧民監視官、学務委員、道路監視官、教区委員、収穫監視官、火災監視官等々が選出される[13]」と。又こうした公職は「毎年四月～五月に各タウンミーティングにおける投票により選出されるのである[14]」と。続けて右の如く選出された行政委員の任務には「……全部で一九の主要公務がある。各住民はこれらの種々の公務を引受ける事を強いられており、これを引受けない場合には罰金を課せられる。けれども又、これらの公務の大部分のものは、報酬を与えられる事になっているが、これは貧乏な市民が公務につく事によって損害を受ける事なく、その時間を十分に公務の遂行にささげる事ができる為である。なお、報酬についていえば、アメリカ方式は公務員に固定の報酬を与えないという事である。一般に公務員たちの各奉仕行為は価格をもっていて、彼等は彼等がなした行為に比例してのみ報酬を支払われる[15]」と。

トクヴェルとボーモンは以上によって米民主政を担う地方行政の実例を右の如くマサチューセッツ州における三〇五からなる地方自治共同体、就中その最小単位をなす共同体の行政を担う三名からなる行政委員（町村長、助役、収入役）に、又その最大の地方自治共同体をボストン市の行政を担うのが一九名の市長以下を含む行政委員等の実務とその任期中の報酬を以上の如く体験、見聞する事になった。

かくして二人は米民主政視察の旅にその目的を伏せたが、二人が何をおいても考究せんと務めたのは、仏人権宣言に多大なる影響を与えたT・ジェファスンがいう「民主政治の本質とは最少単位の地方自治制度にあり」とする政治論にあった。

周知の如くT・ジェファスン等建国の父祖達が「独立宣言と合衆国憲法」に著した米デモクラシーの精神とは旧大陸に於て西欧啓蒙思相家達が著した自然権思想を他に先駆けて現実の政治の世界に制度化し、その実践を国民に呼びかけたものであった。自由と民主主義、基本的人権と法の支配の貫徹を共和政のもとに実現すべき自由、平等、幸福の追求をそのスローガンに掲げたのである。二人はこうしたジェファスニアンデモクラシーが掲げる米民主政の現実を北東部に於てはマサチューセッツ州、新興西部に於てはオハイオ州の地方自治制度に見聞、体験する事になったのである。

さて、こうした米民主政の礎を担う最少単位の政治組織なる地方自治体に等しく体験する事になったのが二人が米に第一歩を印した所のニューイングランド地方と呼ばれる北東部諸州に於けるタウンシップ制下、白人成人男子全員参加による直接民主政により営まれる政治経済を含む社会生活全般に彼等が実践する米デモクラシーへの絶大なる自信であった。

ところで二人が祖国仏にみる市民の王を自称する立憲君主が統治する最小単位の地方行政組織、コミューン、Commune の統治に任命されたのは、ルイ・フィリップが任命する県知事を始めとする市町村長達であり、彼等は先の大革命により破棄されたはずの復古王朝時代と何んら変わらぬ所か、亡霊の如くよみがえりを果たしたかつての世襲の土地貴族の末裔や同じく世襲の官僚貴族の子達であり、我々が第一節に検討した如く立憲議会の代議員席に財産所有を規定する制限選挙により合法的に復権を果たした特権と独占を有する旧世襲相続制下の富裕な恒産所有階層であった。かくして国民の八〇パーセントを占める分割地に生きる封建的小作制より解放された自営農民層は自らの代表を議会に送る事は出来なかった。

さてトクヴェル等が米視察の旅にみる米民主政の実像は以上の如く地方自治体の最小単位、タウンシップに始まりアメリカ二四共和国（州）が会盟する合衆国なる連邦政府、中央政権に至るまで、米の市民権を有する全ての白人成人男子に賦与される普通平等選挙権により営まれる政治経済社会は世界史が未だ経験する事のない民主主義に基づく世界であった。トクヴェルはこうした社会では誰も彼もが「他人の労働にて生きる事を潔しとせず」、例え辺境西部の丸太小屋育ちの青年にあっても、あるいは辺境西部の大草原の土壁小屋に夢を結ぶ青年にあっても、幾多の試練に耐え、克己勉励、自らの額に汗し働いて財産、地位、名誉を築き上げる事が、創物主なる神のおぼしめしによりかなう人生である。とする清教主義が導く労働の尊厳を世の為、人の為と身を以って示す米社会を知る事になった。二人はこうした事例をテネシーのジャクソン大統領にみる事になったのである。

トクヴェルとリストが見聞、体験するこうした米の民主政こそ建国わずか五〇年に過ぎぬ合衆国が、今日、世界の工場と化した大英帝国を追走、彼の国に匹敵する近代的通商産業国家建設を目指すアメリカ躍進の原動力であるとトクヴェルとボーモンは右の如く分析するのである。

一方、リストが指摘する如く、今日、仏国民の大多数を構成する自営農民である彼等が、七月革命に、旧ブルボン復古王朝に代わり、立憲議会が担ぐ市民の王として米亡命より帰国登場したルイ・フィリップを歓呼の声を以って迎える事になったが、今や彼等は貧窮と零細経営に埋没、彼等の階級的利害は、立憲議会が定める制限選挙の故に自らの名に於て議会にて発言する権利、代表者を選出する選挙権を獲得する事は出来なかった。その結果、彼等は自らを代表する事ができない。だが彼等は代表されねばならない。革命の第一線に立ったのは誰でもない。彼等農民、労働者、学生、パリの市民達であった。トクヴェル、ボーモン等は意を決して米民主政に活路を見いだしたが、リストに言はせればこうした自由主義者達は、実際には口舌の徒であり、その証拠に彼等、自由主義者達の多くは、彼等の出身階級が示す如くに、かつて封建的、農奴制小作制下に呻吟する農民達が最も忌み嫌った所の、旧来の如き世襲の土地貴族層であったり、官僚（法官）貴族達であった事を指摘した。かくして彼等と彼等の限られた代表者達は、こうした階層を今や小片地と化したわずかな分割地にしがみつき、貧困下に生きざるを得ない零細農民層の新たな主人として、彼等の頭上に君臨する旧体制の如き特権と独占を有する富裕階層に他ならないと認識したのである。かくして解放されたはずの仏自営農民達は半世紀も経ずして今日、部落制度と零細経営の内に貧困の淵に立たされた彼等は右の如き特権階層から彼等を再び保護し、彼等の耕作地に太陽の光と恵みの慈雨をもたらした所のかつての無制限の主権、Regierungsgewalt を新たに見え出す事に期待を抱く事になった。

ところで、自由と独立を手にした自営農民層が未だ二世代も経たぬというのに、以上の如き貧困と零細化の内に生計を維持しなければならぬ事態に追いつめられた時、こうした分割地農民が仏政治に再び彼等が再生の光明を見え出したのは右の如き行政権、Exekutivgewalt, が仏社会を従属させるというボナバルティズムの再登場に想い巡らす術を見え出した事に他ならなかった。だがこうした仏自営農民の期待とは裏腹に仏の歴史は彼等の更なる貧窮化を促進する事となった。ルイ・フィリップを担ぐ立憲議会に多数を占めたのはかつての封建領主に代わり、新たに彼等、分割地農民に寄生し吸血する術を心得え、亡霊の如く甦りを果たし、復権する事になったのはパリを始めとする都市の大銀行家や金融業者、高利貸業者等であり、彼等は賦役の代わりに、分割地農民に残されたわずかばかりの耕作地に抵当権を設定し、旧来の貴族的土地所有に代わり、新たなブルジョワ的中産階級的、地主的資本家として登場、彼等に寄生し吸血する事になったのである。

さてトクヴェルとボーモンは建国後わずか半世紀にも満たぬ米合衆国が今日、産業革命の成果を糧に世界市場を席捲、覇権を掌握した大英帝国を追走、彼の国に匹敵する世界的規模の通商産業国建設を掲げ一路邁進する米民主政視察の旅も、ようやく許可を得た月日に近づきつつあった。既にみた如く、二人の視察の旅は、古い西部なる大西洋沿岸低地地方に始まり、険峻な両山脈を越え、太湖とオハイオ川に沿う新興西部を経て、更に南西部に接するミシシッピーの大河を蒸気船によりくだり、南部の外港都市、ニューオーリンズに向かう奴隷船とも遭遇する事になった。こうした視察の旅に二人が特に関心を寄せたのは、新興西部を代表するジャクソニアンデモクラシーを担う定住農民が集う、小村落共同体についてであった。彼等住民の多くは独立自営の農民である一方、鍛冶屋であったり、皮なめし屋であったり、中には、製藍所や製紙水車場、あるいは製綿水車場を営む独立の小商品生産者でもあった。又、こうした地方の多くの村落には、製粉水車場や製材水車場までもが存在していた。

ところで辺境と共に絶えず再生する社会では、独立の小生産者としての農民には市場は遠く、彼等の余剰生産物は市場に於て購買手段としての貨幣を入手する事が出来ない故に、彼等が求める商品は一層高価に、彼等の余剰生産物はますます低価とならざるを得ない。かかる辺境社会の特殊な性格は彼等の自給自足経済に必然的に工業の成長を促さざるを得ない。ところで我々が知る新興西部に於ける工業の成長とは、こうした辺境社会にあっては初めに右の如き農村手工業として誕生。次いで小商品生産者として立ち現れる。更にそれはマニファクチュア、Manufacture. に進展、工場制手工業の出現という形態として立ち現れる。そしてそれはしばらくすると二人が始めに見聞した所の北東部、ニューイングランド地方に於ける資本主義的生産、工場制機械工業への道を促す事になる。かくしてこうしたジャクソニアンデモクラシーを担う西部には、より多種多様の商品が流通を開始する事になるのである。

トクヴェルとボーモンが訪ねるこの時期、オハイオ川流域に形成される新興西部にはこうした資本主義的生産が今、まさに開花しようとしていたのである。一八三二年のオハイオは新興西部のニューイングランドである。トクヴェルとボーモンが滞在するシンシナティ市はアメリカのバーミンガムの名を北東部のピッツバーグと競い、西部の女王、あるいは西部のアテネと称され、その食品生産の故に豚肉のポリスと称されていたのである。[16]更にオハイオ州には同州第二の工業都市、ゼインズヴェル、スッーベンヴィル等多くの工業の町が控えていた。[17]更にオハイオ川に沿うこうした新興西部地方は水運にも恵まれた事から多くの水車工場が立地、更に石炭も多く蒸気機関の導入も容易であった。かくしてトクヴェルとボーモンが訪ねる新興西部地方は辺境未開とはいえながらも、全体として眺める時、新興西部は明日の北東部なる工業地帯への姿を垣間見せていたのである。「ピッツバーグの町は石炭の煙ですすけ、シンシナティの町の一部は工場の煙の柱をあげていた[18]」のである。

かくして以上我々がみてきた所の牧歌的な最少単位の民主的自治共同体はタウンよりシティ、更にカウンテイへと成長を続け、やがて一七八五年の公有地条令、An Ordinance for Ascertaining the Mode of Dispose of Lands in the Western Territory, 1785, 及び、一七八七年、北西部領地条令、An Ordinance for the Government of the Territory of the United States Northwest of the River Ohio, 1787 年，に規定された所の一定の条件を満たす事になる。その時こうした地方自治体は新共和国（州）としてユニオンなる連邦政府への加盟を果たす事になる。我々が眺めるオハイオ川流域のこうした牧歌的農村風景の先にトクヴェルは連邦政府とこうした共同体との郡の上に形成される地方政府（州）との関係について米民主政の研究を進める事になる。

さてトクヴェルとボーモンは米民主政の礎を築いたのが以上の如く北米植民地開拓以来の共同体、タウンシップ制とその全成員が参加するタウンミーティング（町村会）なる最小単位の地方自治制度に起源を有する事を、北東部工業州、及び新興西部州を代表するそれぞれの一州について右の如く詳細に研究、考察を進め、土地土地の共同体、郡、州からなる一大共和国が会盟する二四州、それを米合衆国の全体像へと敷衍《ふえん》するのであった。

かかる二四州（二四の地方共和国）が会盟、批准する連邦憲法の成立を受けて、米合衆（州）国も中央政府、ユニオン、Union. 連邦制国家が地方政府（地方共和国、州）の上部に形成される。かかる米民主政にみる政治的地方分権制を採るこうした政治的効果についてトクヴェルは更に立ち入って考察を進める。以下、「政治的中央集権と行政的中央集権との区別について、連邦には行政的中央集権はないが極めて大なる政治的中央集権がある。…連邦での極端な行政的地方分権から生じている悪結果。…この種の事象の行政的利益…ヨーロッパに於てよりもゆるく規制され、文化的におくれており、知識も少ないが、はるかに広大な社会を行政する力…このような事象の政治的利益…連邦ではどこにも祖国というものがゆきわたって感じられている。…被治者達が政府に与えている支持…社会状態が民主化するに従って地方的諸制度が一層必要となってゆく…その理由」(19)をトクヴェルは分析する。以下、長文になるが伺う事にする。「中央集権という事は今や絶えずくり返されている言葉であるが、一般に誰もこの言葉の意味を明確にしようとはしていない。けれども著しく異なっている二種の中央集権があり、この区別をよく理解しておくことが必要である。一般的法律の作成並びに人民と外国人との関係というような若干の諸事項は国民の誰にも共通な事である。けれども他のことどもで、例えば共同体の事業というようなものは、国民の内の幾らかの人々には特殊なものである。

第一の事項を指導する権力を同一の場所又は同一人に集中する事は、政治的中央集権と私が呼ぶものを設ける事である。

第二の事項を指導する権力を同じように同一の場所又は同一人に集中する事は、私が行政的中央集権と名づけるものを設ける事である。これら二種の中央集権が混合している場合がある。けれども、これらの中央集権の各領域内に、特に入りまじってはいりこんでいる混合物全部をとりあげてみれば､これら両者を区別することはやさしいのである。政治的中央集権は、それが行政的中央集権にいるようである。それは意のままに巨大な民衆を動かし、その全権力の行使を欲するあらゆる所に集中したり、もちはこんだりしている。五〇年以来偉業をなしとげたイギリスは、行政的中央集権をもっていない。

私自らの考えをいえば、国民は強力な政治的中央集権なくしては生活する事はできないし、殊に繁栄する事はできない。けれども行政的中央集権は、これに服従する諸民族を弱め衰えさせるものと考えられる。なぜかというと、それは絶えず彼等のうちで都市の精神を減少させる傾向をもっているからである。行政的中央集権は…或る時代にそしてある場所に、国民の使用し得る全力を集結する事はできるが、それらの力を再生産する事を妨げる。それは戦争で国民を勝利に導くが、結局国力を消耗させる。従ってそれは、一人の人間の一時的な偉大さを作り出す事にすばらしく貢献する事はできても、民族の永続的繁栄に導く事は出来ない。……政治的中央集権については人々はこれを全く知らないでいて、これを常に語っている。ドイツ帝国はその力を十分に利用する事ができていないと人々は繰り返して語っている。私もこれには同意見である。けれどもその理由は何か。ドイツ帝国では国力が集中化される事はなかったからである。そこでは国家はその一般的法律に国民を服従させる事が出来ていないからである。そこではこの巨大な団体の分裂した諸部分が、全市民に関係ある事柄で共通権威の受託者に協力する事を拒絶する権利又はその可能性を常にもっているからである。換言すれば、そこには政治的中央集権がないからである。同じ事は中世にも当てはまる。封建社会の全ての災害をつくっているものは、行政し政治する権力が無数の人々の手に分配され、そして無数の方式で分割され断片化されていた事である。その時全ての政治的中央集権が欠けていた為にヨーロッパ諸国民は目的に向かって全力をあげて前進する事を妨げられたのである[20]」と。

かくしてトクヴェルは英革命が実現した立憲君主制（国王は君臨すれど統治せず）にみる政治的中央集権制に対し、祖国、仏や独にみられる行政的中央集権制が導く相異なる結果について、以上右の如く分析するのである。続いて彼は建国五〇年にも満たぬ新興独立国、米が世界に先駆け市民革命と産業革命の成果を武器に世界の覇者として君臨する大英帝国を目標に、彼の国に比肩する国家建設を目指し、米の民主政、American Democracy を旗印に急速なる成長と繁栄を実現しつつある事について以下の如く指摘する。

さて、州権論や州主権論を否定、アメリカ国民と国家に強力な政治的中央集権制を主張、ジェファスニアンデモクラシーを異花受胎するジャクソニアンデモクラシー治政下、米民主政視察の旅にみる事になったトクヴェルは、それが北米植民地建設以来のタウンシップに基づく最小単位の地方自治共同体、村、町、市、郡、更に州からなる一大地方共和国にその起源を有し、憲法批准を得て原初一三州より成る米合衆（州）国、ユニオンなる連邦制国家を誕生させ、今や二四州を数える程の政治的中央集権制を実現する事になった経過を右の如く分析した。今や米の人口は一、三〇〇万を数え、彼の視察の先にはこうした米デモクラシーの波がたちまちの内に北米大陸全土に拡大するであろう事を早くも予想した。以下米の政治的中央集権制についてトクヴェルの分析である。「米連邦には行政的中央集権がない…そこには公務上の上下関係の痕跡さえも殆んどみつからないのである。そこでは地方分権は、ヨーロッパ国民ならばひどい困難をうけずにはすまされない程の程度に達していて、米でもこれは有害な結果をひき起こしているのである。けれども米連邦では、政治的中央集権が最高度に存在している。そこでは国力がヨーロッパの旧王国のいかなるものにも見出されない程に、大いに集中化されている事を証明する事はたやすいのである。各州には法律を作る唯一の団体のみがあるばかりではない。又そこにはその周囲に政治生活を創造する事の出来る唯一の権力があるばかりではない。…米では各州の立法議会は、自らに対して反抗しうる権力を全くもっていない。…なぜならば、立法議会は理性の唯一無二の器官たる事を自任している多数者を代表しているからである。従ってそれはその活動では自らの意志以外に限界をもっていない。立法議会のそばにそしてその手の中に執行権力の代表者がおかれている。そしてこの執行権力の代表者は物質力の助けを得て、不満者達を服従させるように強制せねばならないのである[21]」と。かくしてトクヴェルは米では各共同体、及び郡の多くの議会がその行政的権限外にでようと企てたり、政治の進行を妨害したりしないように、これらの議会の連合が避けられている故、旧大陸に於ける旧体制の如き行政的中央集権が登場する余地はないと指摘する。

かくしてトクヴェルは右の如く米の地方自治制度にみられる行政的地方分権制に対し、祖国を含む旧大陸諸国にみられる行政的中央集権制の弊害を以下に指摘する。「中央集権的行政が最初の利害関係者たちの協力を全く無視して、それにとって代ろうとする時、それは間違っているか、又は人々を欺こうとしているか、いずれかであると考えられる。中央権力はどんなに開化されたものにせよ、又どんなに賢明なものにせよ、それ独りのうちに大民族の生活の全ての詳細事をかかえこむ事はできない。そのような働きは人力を超えている為に中央権力にそんな事ができるわけがない。中央権力がその単独の配慮だけで多くの様々の指導力を作り、それを働かせようとしても、それは極めて不完全な結果で満足する事となるか、又は無駄な努力を払って力つきてしまうかいずれかであるにすぎない。

中央権力は…人間の外部的活動を或る一様性に従属させることは容易である。…中略…中央集権は、日常の事務に規則正しい様子を加味したり、社会的警務の詳細事を巧みに指導したり、軽度の無秩序と小軽罪とを抑制したり、本来退歩でも進歩でもない「現状」に社会を維持したり、行政官達が良秩序と公安と呼びなれている一種の行政的半睡状態を社会の内に育成する事には容易に成功する。つまる所、中央集権は進んで行うのではなく、防止する事では優れている。所が社会を深くゆり動かしたり、社会を速く前進させたりする事が必要な場合に、中央集権は全く無力なのである。中央集権がその手段として少しでも諸個人の協力を必要とする事があっても、その時、この巨大な機関のあらわす弱さには全くあきれるばかりなのである。その時、それは忽ち無力をばくろするのである。

中央集権は時として絶体絶命に追い込まれて市民達に助けを求めようとする事がある。…（諸君）に私が欲するように私が欲する程度に、そうして私がまさに欲する方向に活動してもらいたい。諸君は全体を指導しようなどと欲する事なくこれらのこまごました事だけを負担してくれればよい。諸君は暗闇の中で働いてくれればよいので諸君は私の仕事をその結果によって後で判断してもらいたい[22]。このような条件の下では人々の意志の協力はえられるものではない。人々の意志の協力に必要なものは、人々の活動様式の自由とその行為に責任をとるという事である。このようにして中央集権によって作られている人間は、自ら何も知らされていない目的に向かって独立性を奪われて進むよりも、何もしないでじっと不動のままにとどまる事をえらぶものである[22]」と。

トクヴェルは旧大陸に於ける絶対王政下、行政的中央集権制を行使する専制君主達が、自らの支配体制の危機に直面するや、こうした専制君主制を守る為に、市民達に支援を求めるが、市民達にとって、そうした支配体制の危機は右の如き一握りの人々の危機であって、多数を占める人々の危機と認識する事は決して出来ない、と、行政的中央集権体制下にある専制君主制の一大欠陥を指摘する。

次にトクヴェルは米の民主政視察の旅の途次、右にみた所の旧大陸に於ける行政的中央集権体制とは全く異なる米の地方分権的自治制度のもと、オハイオフィーバーに沸く新興西部諸州のその地の先に、更に地平線の果てまで見渡す限りの大平原地帯へ分け入る新たな開拓者達のひきも切らさぬ一群を見る事になった。彼等の多くは西部にみる人々と同様に独立の小商品生産者達、（農民、労働者、職人、熟練工、小商人等）であった。彼等は家畜を引きつれ、幌馬車を連ね広大無辺、新たな辺境未開なる北西部地方開拓に創物主に導かれし人々であった。トクヴェルはこうした人々と接し彼等の行く先々に新たに建設されるであろうタウンシップ共同体に米民主政の明日の姿をかいまみる事になった。彼等が話す如く「我々が創物主の国に近づく為に神に選ばれし故は、真面目に働き、世の為、人の為に生きねばならない。その結果として得られる富は、隣人愛をもって近隣社会を含む辺境開拓に生きる人々の為に奉仕すべし」、とするキリスト教に於ける人間愛に基づく思想が流れている事を米の地方分権自治制にみて分析を進めるのである。以下「地方的制度は全ての民族に有用なものだと私は信じる。けれども民主的な社会制度をもっている程には、この地方制度の必要性を感じている民族はみつからないのである」[23]と。

さてトクヴェルは植民地建設時代に起源を有する米デモクラシーを担う事になったタウンシップなる自由な土地所有制度に基づく最小単位の自治制度について、それがジェファスニアンデモクラシーが主張する「個人の絶対的自由と共和政治（代議制）」を導く最良の道であると認識はしたが、彼はジェファスンが主張する、以上の如きタウンシップに基づく最小単位の民主的自治政府の建設について、それを祖国仏の地方政府「コミューン、Commune 郡、県、市、町、村、」に直ちに採択する事には極めて慎重であった。トクヴェルが米民主政視察の旅にみた地位の平等という米社会の現実は、彼が仏社会に読み解く真のあるべき姿とは異なるものであった。米大衆民主主義の担い手、それは誰も彼もが普通の顔をした人々であった。彼は指摘する。「この無数の人々は全て一様である。富裕者も貧困に苦しむ者もなく、その全般的均一性を眺める時、私は陰気になり、戦慄をおぼえる」[1]として、アメリカのデモクラシーが主張する大衆民主主義社会が導く自由と平等に基づく共和政について、その急進化を危惧するのであった。[24]

トクヴェルがアメリカの地に第一歩を印した時、合衆国大統領職にあったのは新興西部初の第七代大統領、民主党を率いるＡ・ジャクソンであった。彼の大統領選挙のスローガンは、「人民の代表者をして大統領たらしめよ!!」とする激越極まる大衆民主主義時代の到来を告げるスローガンであった。

ところで、仏貴族の出自を有するトクヴェルにとって、ジャクソンの右の如き激越なる言葉は、かつて第一次仏革命に際し「公安委員会」を指導する急進共和派、ダントン、マラー、ロペスピエール等が一般庶民層に向かって叫んだ所の「我々デモクラットの名に於て」革命遂行の障害となった貴族層絶滅を図るべく無知な大衆層を動員、彼等を捕え、公開裁判下、反革命罪により次々とギロチン台へ送り、血に飢えた人民大衆におもねるポピュリズム、

Populism なる衆愚政治へと突き進む人民裁判を想い出させたのである。

かくしてトクヴェルはジェファスニアンデモクラシーを異花受胎するジャクソニアンデモクラシーを奉じる大衆民主主義が内包するポピュリズム Populism. 衆愚政治を恐れ、自由、平等、幸福追求を叫ぶアメリカ的信条の急進化に憂いを抱く事になったのである。こうした新興西部を巡る旅にトクヴェルが理解を示す事になるのは、かつてT・ジェファスンが駐仏米公使としてパリ滞在中、大革命に遭遇、旧体制下、極端な貧困と無知に緊縛された二、一〇〇万にものぼる第三身分とは裏腹に、富と知識と名声、栄光を独占する特権階級、世襲貴族等の激しい暴力、厳しい看視に対して「武器をとって蜂起せよ!!」、と扇動する革命家達は更に続けて貴族制の抹殺による無産大衆層の平等化を求め、革命の更なる急進化を目撃した事から、ジェファスンが描く合衆国の進むべき国家観を「農本主義的共和国論」に求めた。

かかる施策の一環として、ジェファスンが「額に汗し大地を耕す農民は神に選ばれし選民なり」として、米の地を目指人々（自作農）に五〇エーカー（一エーカー四段二四歩）からなる土地所有を勧め[25]、更に市民権資格として一〇〇エーカーの土地か住宅つきの二五エーカーの土地を所有すべき、とする不動産所有を課した[26]事に注目した。かくしてトクヴェルは祖国、仏七月王政下、パリを始めとする都市の無産大衆層や部落制度と交錯圃制度のもと、再び零細経営に陥った貧窮農民層に向け、その救出策として、七月立憲議会が亡命した復古王朝と、旧政権に連なる貴族層が放棄した不動産、土地を没収、それをジェファスンのいう自作農育成策の如く土地整理により、五〇アルパンからなる国有地として低価格、長期年賦により彼等に売却、あるいは分割地（割地）を集約、耕作、労働環境の改善を描いた。かかる施策を通して、一般庶民層の暴走を抑止すべしと、米民主政視察の旅にみた。かくして彼は、T・ジェファスンが描く「農本主義的共和国論」の仏への暖用を、彼は新興西部諸州の躍進を担う独立自営農民層の姿を通して、七月王政の施策に採用すべしと分析するのである。

更に又トクヴェルは、右の如きジェファスニアンデモクラシーが主張する全ての自作農に対する土地所有、あるいは恒産所有政策に、彼は右の如き施策の内に誕生するであろう自然なる貴族制の再成立を読み解く事になるのである。以下、「貴族政治では、自由の内に惑る秩序が常に維持できるのである。そこでは支配者達は多くのものを失うべきではあろうが、秩序は彼に大変な利益を与えるのである。なお貴族政治では人民は極端な専制政治を免れているといえる。なぜかというとそこには常に組織された権力があって、独裁者に反抗する用意がととのえられているからである(27)」として、祖国仏が目指すべき政治、社会とはルイ・フィリップによる行政的中央集権的君主制の復活ではなく、ましてブルボン朝ルイ一四世にみる絶対専制君主による独裁政治などは論外であり、ルイ一六世治世下専制君主の権力を伝統的封建諸侯（貴族）が既得権利を動員、君主が行使せんとする行政的中央集権制を抑制する事に成功した所の以上の如き地方自治の伝統を封建制度下に於ける地方的貴族制に見え出すのである。西部の独立自営の小商品生産者層と彼等と連携する北東部工業地域に立地する都市の工場労働者層等、無産大衆層が主張する大衆民主主義政治に対抗して、米建国期を指導した所の右の如き米の広大な地に、自然的に誕生するであろう博識、有徳、名誉を兼ね備える恒産所有層を中核とするジェファスニアンデモクラシーが主張する米民主政の礎を担うタウンシップ、Township に会同するタウンミーティング、Town meeting（町会、村会）なる最小単位の地方自治共同体、次いでその上部に構成される郡、更にそうした地方自治の最上位に形成される一つの共和国（州）による地方自治制度が完成、誕生する。

かかる地方自治制を有する各共和国が会盟する原初一三州が連邦制国家を採択する憲法批准によって誕生した米合衆州国、United States of America なる政治的中央集権国家、あるいは単にユニオン、Union. 連邦政府と総称する史上初の民主主義国家を彼、トクヴェルは北米大陸の地に読み解く事になった。

ところで、トクヴェルはこうしたジェファスニアンデモクラシーに起源を有する米民主政に次いで、彼が北東部ニューイングランド地方より両山脈を越えたオハイオ川沿いに躍進著しい新興西部の地にみる事になったのは、ジャクソニアンデモクラシー治世下、彼が主張する「人民の代表をして大統領たらしめよ!!」と獅子孔する、米合衆国大統領が有する強大な行政的中央集権体制を彷彿させる激烈極まる施策であった。

トクヴェル等が米の地に第一歩を印した時、合衆国にはようやく二つの相異なる地域的対立（北東部と南部、南西部）が影を落とし始めていた。それは新興独立国家、アメリカが独立宣言と憲法に著した所の民主主義に基づく国造りに向け歩むべき進路に対し、両地域が全く相反する国造りに向かって歩み始めている事を白日のもとに全てのアメリカ市民に知らせる事になった。就中そうした対立が最も先鋭化する事になったのが、日に日を継いで躍進を続ける北東部の人々が目指した所の、英に匹敵する資本主義的工業社会であるのに対し、南部、南西部の人々が目指したのは、世界の綿花需要を一手に引きうけそれに対応し得る奴隷制大農場制による農本主義的、牧歌的農業社会建設にあった事から、両地域の対立はアメリカ建国の理念を巡る国家観に至る対立を引き起こし、それは中央集権論対州主権論、あるいは州権論という古くて新しい政治、経済、社会制度全般にわたる論争を勃発させる事になった。かかる論争の最中米の地を訪れたトクヴェルは両地域のつがいの立場に立つ新興西部を代表するジャクソニアンデモクラシーが主張する強大な行政権の行使、合衆国銀行の廃止、南カロライナ州による関税無効論、続く連邦よりの分離宣言に強権を発動、国軍に動員令を発し、同州々都、チャールストン攻略を下命した。[28] かかる合衆国大統令の強大な行政権行使に、ジャクソン氏が「地位の平等による審判を受けた」とする米デモクラシーがいう多数者の権利とする、大衆民主主義についてトクヴェルは、これを旧大陸の旧い慣習と行政的中央集権制にある諸国に採用すればいかなる結果を導く事になるかと問うのである。以下、「地方制度をもたない民主政治はこのような害悪（独裁）に対しては何んらの保障をももっていない。小事に自由を使用する事を知っていない大衆が、どうして大事に自由を用える事が出来ようか。各個人が弱く、そして諸個人が共通目的に結束していない国で、どうして圧政者に反抗できるであろうか[29]」と。

トクヴェルは大衆民主主義政治にみる多数者の専制、暴走を、かつての仏国民公会下、公安委員に選出された急進民主主義を奉じる委員達が、貴族制に対する憎悪から、彼等の絶滅を扇動、血の贖罪に狂喜乱舞するコミューンに集う貧窮農民層の姿を想像せざるを得なかったのである。こうしたあまりにも性急な、急進的改革は必ず社会の混乱を招くであろう事を、彼はジャクソニアンデモクラシーを担う「人民の人民による人民の政治を!!」と、叫ぶ西部農民層と連携する北東部工場労働者層の声に、仏の第一次革命に蜂起した所の祖国の無産大衆層を重ね合せ、指摘するのである。以下、「それ故に放縦を恐れている人々で、専制的権力をこわがっている人々は等しく地方的自由が漸次に発展してゆく事を願わねばならない(30)」と。トクヴェルは七月立憲議会に続く七月王政の出現に対して、それが第一次仏革命に見る事になった狂乱と惨劇の二の舞を演ずることを危惧、イギリス型の立憲君主政にならう穏健な自然の貴族制が有する民主的な社会改革を展望し、先の大革命についての総括を行うのである。確かに国民議会以降、革命議会が掲げた所の民主化に向けた仏国民の自由、平等、財産権の不可侵等々をうたう「仏人権宣言」に、英の権利の章典、米独立宣言と同様、仏の近代社会建設に向けた大いなる成果とたたえるＦ・ギゾー等、仏知識人達はソルボンヌの教壇から「歴史の歩みは大衆化、民主化にあり」と断じた。だがアメリカ、イギリスの民主政を視察したトクヴェルが考究する仏社会の民主化とは、右に指摘した如く、従来の専制君主政下、彼に連なる一部の世襲の貴族や官人（法官）貴族等が人民大衆の労働を吸血し寄生し社会の富を独占、わが世の春を謳歌する旧体制に復帰する社会制度にあるのではなく、あくまでも有徳、博識なる知性、洗練された作法、風習に彩られた輝きを放ち、君主の独裁を戒め、抑制する伝統的諸侯としての権限を有する所の、かの人民大衆を愛し、慈しむ地方分権制の復活する政治社会にあった。

今日、目にする米民主政の更なる進展を目指し、ジャクソニアンデモクラシーが掲げる大衆民主主義政治をポピュリズム、Populism. 扇動政治、衆愚政治とみたトクヴェルは、それを「ジェファスニアンデモクラシーを「異花受胎」する急進デモクラシーに他ならないと理解するのである。かかるデモクラシーの行きつく先は、数にものを言わせるあの新興西部独立自営の小商品生産者達と、北東部に民主化と労働者の権利を求め資本家と対決する無産大衆層（工場労働者）が連携、普通選挙権を行使、「最大多数の最大幸福」を現実に実現し、「勝者が全てを手にする。」とする猟官制度、Spoils System. や公職交代制、Rotation of Office. を当然の事としてこれを行使する大統領大権に、トクヴェルは以上を総括、大衆民主主義が有する多数者の専制に関わり更に分析を進めるのである。

かくしてトクヴェルは米の民主政視察の旅に見聞、体験する事になった以上の如き大衆民主主義について指摘する。「……民主的社会状態をもっている国民程に行政的中央集権の束縛をうけやすい国民はないのである。この結果を引き起こす原因は多くあるが、なかんずく次の原因を注意せねばならない。民主的社会、状態をもっている国民の恒久的傾向は、人民を直接に代表する唯一権力の手に全政治権力を集中化する事である。なぜかというと、人民を越えた所には共通な集団内に無組織的に混合している平等な諸個人以外には何も認められないからである。ところでこの権力が政府の全ての権限をすでに与えられている時には、それが行政の微細なことどもに介入しようとしない事は、甚だむつかしいのである。そしてこの権力は結局はそうする機会をみつけるに決まっているのである。その例はフランスにも見い出される[31]」、として、地位の平等、普通選挙により米市民の審判を受けて人民の人民による人民の為の代表者として米合衆国大統領に就任するA・ジャクソンはまさに大衆民主主義の申し子であった。

二人が新興西部、米民主政視察の旅にみる事になるのはこうした激越、強大な行政権の行使であった。かかる施策に辺境未開なる西部は躍進著しい独立の小商品生産者や北東部の労働者達は歓呼の声を以って迎える事になった。二人はこうした大衆民主主義の事例をジャクソンが指導する民主党、Democrat 政権下の Union. 連邦政府の内政外交全般に見る事になったのである。

さてトクヴェルはこうした多数者の専制という数を頼みとする米民主政の内包する大衆民主主義あるいは民衆的平等化社会に比して、仏の第一次革命に際し、人権宣言を始め、九一年、九三年憲法により廃棄されたはずの旧体制にみられた行政的中央集権体制が、ナポレオン帝政の登場以来、いつの間にか姿を変えて復活、以降、旧ブルボン朝、それに連なるルイ・フィリップの七月王政に亡霊の如くに蘇る光景に接する事になった。かかる仏社会にはトクヴェルが抱く有徳、博識なる恒産所有層からなる自然の貴族制を見る事はなかった。

かくしてトクヴェルは第一次仏革命について分析を進める。以下、「仏には混同されてはならない二つの相反する運動が存在している。一方は自由を伸長するものであり、他方は専制政治を促進するものである。旧王政政治では王のみが法律をつくった。この最高権力の下には地方制度の半壊の残有物がおかれていた。これらの地方制度は不統一なもの、不整頓なもの、そしてしばしば誤ったものであった。貴族政治の下では、これらの地方制度は時として圧迫手段であった。仏革命は王権に対して同時に、地方制度に対しても反対を宣言した。この革命は先行した全てのものを、すなわち専制権力とこの権力の厳しさを緩和しつつあるものを、同一の憎悪の中に混同してぶちこんだのである。この革命は民主的であったと同時に、中央集権的であった。仏革命のこの二重的性格は、専制権力の加担者達が非常に用心してかちとった事実である。これらの加担者達が行政的中央集権を擁護する時に、彼等はこの革命の偉大な成果の一つを擁護したのである。このようにして彼等は同時に民衆的でも、人権の敵でも、圧政の潜在的奉仕者でも、自由の顕在的加担者でもある事が出来た[32]」。

かくして我々は第一次仏革命の経過に関わり、トクヴェルの指摘する自由と専制を内包する革命の二重性格に一瞥《いちべつ》を与えなければならない。

周知の如く旧体制下、ブルボン朝、専制君主による行政的中央集権化、La centralisation administrative、の進展は封建領主、貴族の領主裁判権や封建的特権にもとづく地方支配を圧迫したばかりか、更にそれは都市やその他の地方自治体による自治をも圧迫した。

こうした折、一七八六年、A・スミス、J・B・セイ等古典派経済学が説く自由貿易論に、ケネー派重農主義支持派は関税引き下げによる農産物の輸出増を目指し、英仏通商条約を締結した。だが結果は、安価な英制工業品の大量流入を招き、仏工業は壊滅的打撃を受けた[33]。そのあげくに、八八年天候不順による大凶作が仏全土を直撃したから、穀物価格の急上昇を招き、ここに仏は経済危機に直面した。危機はまたたくまに仏全土に拡大した[34]。国王は財政破綻に陥った、国庫の再建に向け課税強化を目指し、一六一四年以来、それまで一度も開かれる事のなかった全国三部会を一七八九年五月五日に招集した。そこで三身分は各自に会議を開催、各代表が一票を行使する事を再確認した。だがこの一六一四年方式では、特権身分の優位は確定的であったから、第一身分、第二身分等、特権身分と第三身分との政治的衝突となって表面化した。第二身分の代議員、ラファイエット侯爵、ノアイユ子爵、エギュインヨン等自由主義的貴族は従来方式を支持、第三身分代表はこれを拒否した。そこで第一身分代表、オータンの高位僧職、タレーランが調停を試みたが失敗、第三身分は身分制議会を拒否、自らを国民の代表と宣言。全国三部会の名称を改め、国民議会と改称し、現行租税制度の支持、及び公債利子の支払いを決議した。その時第三身分の代議員、五七八名の中には農民、手工業者等無産大衆層の代表は一人も含まれず、大半はブルジョワジーの代表であった。例えばその内には二〇〇名が弁護士であり、ムーニェ、バルナーブ、ペティオン、シャブリェ、等々の名が見られ、又、その内一〇〇名は商人、工場主、金融業者等で、更に五〇人は大地主等であった。一方、弁護士のロペスピエール、貴族のミラボー、聖職者シェイス等は第三身分より選出されていた。さてトクヴェルは右の如き国民議会の過半数がブルジョワジーであった事に注目する。第三身分で構成する国民議会初の決議が専制君主による特権身分に対する租税免除権を楯に、ブルボン朝絶対王政支配を否定する時、彼等、ブルジョワジーが実際に於ても事実に於ても仏国家の真の債権者である事の立場をあからさまに表明している事実を指摘するのである。かくして我々はトクヴェルが指摘する如く第一次仏革命を指導したのはこうした大、中、小のブルジョワジー等であり、それは彼等の政治的、経済的、社会的利益の擁護を表現したものであった事を知る事になるのである。

それ故にこそ、彼等は革命の進展の節目々に、又ある時には民主派、Democrat に衣替えし、時が到るや、政治的集権化〝La centralisation administrative に名乗り上げ、生き残りを果たしたのである。仏銀行設立者の息子、カジミール・ペリエ（現パリ銀行支配人）、同じく大銀行家M・D・ラファイエット、仏知識人を代表する名士、F・ギゾー等がルイ・フィリップの七月王政を事実上差配する様子をパリ市民は評して、「銀行が国家の頂点に位し、ブルジョワジーがサン・ジェルマン街の貴族達にとって代わって事態を支配」する事に成功した、とするのはこの事の指摘であった。

かくしてトクヴェルの民主主義観は、まず祖国の第一次革命の総括からなされるのである。それはかつて仏の政治的自由の支持者として、又、絶対王政からの独立を求めた貴族層にあったが、以上、右にみた如く、革命の進展につれて、次第にその先頭に立った一般民衆は、絶対王政への憎しみと、旧体制の担い手である貴族層に対する憎悪から、彼等をいっしょくたにして革命の炎の中に投げ込み抹殺してしまった。トクヴェルはこうした革命が祖国の中核をなす博識と有徳、名誉、光輝に彩られた恒産を所有し、自然の内に誕生する貴族制と、彼が最も嫌悪する世襲の貴族制とを混同、打倒した事により仏国民の団結と統一にはかりしれない、いやしがたい傷を与えた事に失望した。同時に血に飢えた革命家達が叫ぶ自由、平等、財産権の不可侵等に大いなる疑念を抱かざるを得なかった。

かかる総括の結果、彼が米民主政視察の旅に共感をえたのは米の建国の父祖、T・ジェファスンが主張する「自らの額に汗し大地を耕し、富と名誉、博識、有徳を兼ね備え、自らの人生を賭して恒産を所有するとする自然なる貴族制」下の農本主義的共和国論に、トクヴェルは祖国仏の民主化の展望を見え出す事になったである。

かくしてトクヴェルは、ジェファスニアンデモクラシーを異花受胎するジャクソニアンデモクラシーが説く大衆民主主義の行き着く先の急進化に危惧を抱く一方、ジェファスニアンデモクラシーが主張する米民主政の礎《いしずえ》をなす政治的最小単位からなる地方自治制度を支持し分析する。以下「米では私はその国の民主的制度をひそかに破壊しようと願っている人々にであった。イギリスでは、私は貴族政治を公然と攻撃している人々をみたが、しかしそこでは地方的自由を大変よい事だとみていないような者には一人もでくわさなかった。

これら二国では国家の害悪は無数の原因に帰せられているが、共同体的自由がその原因であるとは決して考えられていない。…中略…地方制度の効用を否定している民族は地方制度を殆んど或いは全くもっていない民族なのである。すなわち、そのような民族だけがこの制度を知っていないで悪口をいっているのである」[35]としてトクヴェルは祖国、仏七月王政が目指すべき仏の民主主義的政治経済社会の展望について、「英の立憲君主制下、地方自治制による二大政党制にみる貴族主義的、議院内閣制」、米合衆国に於ける地方分権制に基づく政治的最小単位のタウンシップ制に構成される市、町、村、その上部に位置する郡、その際上位に形成される一大地方共和国（州）と、更にこうした地方分権制により処理、解決する事の不可能な公権力の行使について、右にみた所の外交、防衛、内務官吏、治安警察、公教育、交通運輸、郵便制度等々を担う中央機関として構想されたのがアメリカの政治的中央集権体制、全米二四州からなる一大地方共和国が批准する連邦憲法下、会盟するユニオン、Union. 連邦制国家・米合衆国、United States of America が実践する建国期を指導するジェファスニアンデモクラシーにみる貴族主義的デモクラシー、あるいはトクヴェルが「寒けを覚え陰気に包まれた」と記すジェファスニアンデモクラシーを「異花受胎」するジャクソニアンデモクラシーが主張する大衆民主主義下のアメリカデモクラシーを彼はこの旅の視察の先に見る事になるのである。

注

（1）Max Farrand, The Development of the United States, New York, 1918, op. cit. p. 163.
（2）Leeve., Democracy in America, by Tocqueville, ibid. pp. 60~61, 井伊玄太郎訳、『前掲書』、一一七頁より一一九頁。
（3）Leo Damrosch., Tocqueville's Discovery of America. 邦訳、レオ・ダムロッシュ著、『トクヴェルが見たアメリカ』、永井大輔、

高山裕二訳、白水社、二〇一二年、一七五頁。

（4）J. Franklin Jameson., Dictionary of United States History, Philadelphia, 1931, p. 785.

（5）Fletcher W. Hewes and Henry Gannett., Scribner's Statistical Atlas of the United States, New Yoek,1883, p. plate. 21.

（6）ダムロッシュ、『前掲書』、永井大輔、高山裕二訳、一七六頁〜一七七頁。

（7）Leeve., Democracy in America, by Tocqueville, ibid. p. 61, 井伊玄太郎訳、『前掲書』、一一九頁〜一二〇頁。

（8）Leeve., Democracy in America, by Tocqueville, ibid. pp. 61~62, 井伊玄太郎訳、『前掲書』、永井大輔、高山裕二訳、一二〇頁。

（9）J. Franklin Jameson., Dictionary of United States History, Philadelphia, 1931, p. 785.

（10）Leeve., Democracy in America, by Tocqueville, ibid. p. 61.

（11）Fletcher W. Hews and Henry Gannett., Scribner's Statistical Atlas of the United States, New Yoek,1883, p. plate. 21.

（12）Leeve., Democracy in America, by Tocqueville, ibid. p. 61, 井伊玄太郎訳、『前掲書』、一二〇頁。

（13）Leeve., Democracy in America, by Tocqueville, ibid. pp, 63~64, 井伊玄太郎訳、『前掲書』、一二三頁〜一二五頁。

（14）Leeve., Democracy in America, by Tocqueville, ibid. p. 63, 井伊玄太郎訳、『前掲書』、一二三頁。

（15）Leeve., Democracy in America, by Tocqueville, ibid. p. 64, 井伊玄太郎訳、『前掲書』、一二四頁。

（16）Ernest L. Bogart. And Charles M. Thompson., Readings in the Economic History of the United States, New York, 1929, op. cit. pp. 357~358, by Timothy Flint., The History and Geography of the Mississippi Vally, (Cincinnati, 1832), I , pp. 147~50, Frederick J. Turner., Rise of the New West 1819~1829, New York, 1968, op. cit. pp. 97, 109.

（17）Bogart and Thompson., op. cit. p. 358.

（18）Bogart and Thompson., op. cit. p. 358.

（19）Leeve., Democracy in America, by Tocqueville, ibid, p. 85, 井伊玄太郎訳、『前掲書』、一六六頁〜一六七頁。トクヴェルは祖

国仏の七月革命により登場　七月立憲議会が指名するルイ・フィリップが吹聴する「市民の王」なる立憲君主制など全くの偽りの言説であり、彼の内閣の顔ぶれから言ってもその行きつく先は行政的中央集権体制に他ならない事を見抜くのである。

（20）Leeve, Democracy in America, by Tocqueville, ibid. pp. 86～87, 井伊玄太郎訳、『前掲書』、一六七頁～一七〇頁。

（21）Leeve, Democracy in America, by Tocqueville, ibid. pp. 87～88, トクヴェルが米合衆国なるユニオン、Union, 連邦政府にみる政治的中央集権体制とは、各州共和国二四州が会盟するアメリカは、まずもって第一に各共和国を統一的に外敵から守る為の国防、第二に統一的治安を担う連邦警察、第三に統一的内務官吏、第四に統一的教育制度、次いで第五に統一的運輸、交通機関及び郵便制度であり、その他の権限は各地方共和国（州）を構成する政治的最小単位なる共同体（市町村）その上に構成される各郡、更にその上部に形成される各共和国（州）政府及び議会、州最高裁に委ねられる。とする地方分権体制を米の民主政にみるのである。

（22）Leeve, Democracy in America, by Tocqueville, ibid. pp. 90～91, 井伊玄太郎訳、『前掲書』、一七四頁、一七五頁。

（23）Leeve, Democracy in America, by Tocqueville, ibid. p. 95, 井伊玄太郎訳、『前掲書』、一八二頁。

（24）前川貞次郎著、『フランス革命史研究』、創文社、昭和三十一年、前川貞次郎は同書の中でトクヴェルが「米民主政視察」の旅に、祖国仏が一七八九年、大革命以降、一八三〇年、七月王政出現に至る時期を一つの革命の過程、階級闘争の歴史とみなし、この時期を第一次仏革命期と捉らえている事を指摘する。そこでは貴族階級と中産階級との死闘の時期と分析する。確かに仏ブルジョワジー、（中産階級）は政権を掌握はしたが、そのあまりにも独善的な精神、利潤の追求及びその為の独占的政治の故に、他の階級の不満を高め、それが第二次仏革命勃発への導火線になる事を予想するのである。

かくしてトクヴェルは米民主政視察の途次、ジャクソニアンデモクラシーが獅子吼する「多数者の専制」がやがては「多数者の暴政」へと転化する事を予期したのである。そこで彼は陰気になり、米のデモクラシーを直ちに仏の民主化に適用する事に躊躇する、と。かかる視点よりトクヴェルの「米の民主政」研究を通して、トクヴェルを大衆時代の先駆者、あるいは、

「新」保守々義者としての思想、又、彼の批判者として社会主義者の立場より分析する研究、論考として、小川晃一、トクヴェル著『アメリカデモクラシー』研究の現状、―諸条件の平等化を中心として―『国家学会雑誌』第七二巻第一号、一九五八年、六五頁～九二頁参照、あるいは田中治男著、『フランス自由主義の生成と展開』、東京大学出版会、一九七〇年所収、補論一、トックヴィル政治思想の歴史哲学的基礎―三つの国のイメージを中心に―、一九五頁～二二九頁、トクヴィルの祖国フランスを昨日の国家、イギリスを今日の国家、アメリカを明日の国家として分析する。

(25) Saul K. Padover., The Complete Jefferson, New York, 1943, ibid. p. 645, 駐米仏公使、ド・バルベ・マルボア侯はルイ一六世の命により独立戦争最中、一七八一年初め、同盟国アメリカ一三邦の地理、人文、産業等について調査する事になり、当時三八歳でヴァージニア邦の知事であったT・ジェファスンに右の如き質問書を送付、これに答えてヴァージニア邦の土地所有状況と市民権について回答したのがS・バドウヴァー編集による右に記したジェファスンの書簡の一節 Thomas Jefferson, Note on the State of Virginia, ヴァージニアノート、である。

(26) Padover., ibid. p. 647.

(27) Leeve., Democracy in America, by Tocqueville, ibid. p. 95, 井伊玄太郎訳、『前掲書』、一八二頁。

(28) William Macdonald., Documentary Source Book of American History. 1606-1926, New York, 1926, pp. 341～345, ジャクソン大統領は国防、外交に関する権限は中央政府たる米合衆国なる連邦政府、Union に有りとして、「一八二八年関税法」に対する南カロライナ州による「同法無効宣言」は効力を有さず、同州が同法を不服として連邦を離脱する事は連邦制度を否定し、批准する憲法を拒否、合衆国を否定する行為故、それは国家に対する「反逆罪」である、として連邦議会も大統領による国軍動員令に賛成票を投じた。同州はこれをみて「無効宣言」を取り消した。だがその三〇年後、同州はJ・カルフーン等の指導の下、「奴隷制は合憲」としてユニオンからの分離独立を宣言する事になる。

(29) Leeve., Democracy in America, by Tocqueville, ibid. p. 95, 井伊玄太郎訳、『前掲書』、一八三頁。

(30) Leeve., Democracy in America, by Tocqueville, ibid. p. 95, 井伊玄太郎訳、『前掲書』、一八三頁。

(31) Leeve., Democracy in America, by Tocqueville, ibid. pp. 95～96, 井伊玄太郎訳、『前掲書』、一八三頁。

(32) Leeve., Democracy in America, by Tocqueville, ibid. pp. 96, 井伊玄太郎訳、『前掲書』、一八三頁～一八四頁。

(33) Friedrich List., Le System Naturel, Economic Politique, 1837, 邦訳、フリードリッヒ・リスト著、『政治経済学の自然的体系』、板垣興一訳、春秋社。昭和二十四年、同書はトクヴェルが一八三一年から一年をかけて米民主政視察の旅に米各地を訪ね歩いた同時期、合衆国亡命、同地に居住するF・リストがジャクソン大統領よりハンブルク駐在米領事任命の内諾を得て仏七月革命に続く、七月王政に、市民の王として同じく米亡命中のルイ・フィリップが招かれた事から旧知のM・D・ラファイエット侯らの支持を得て、フランスを訪れ、七月王政高官らの求めに応じ仏の工業化の為に仏ジャーナル誌に寄稿した諸論考等を基に著した著作で、リストの主著、Das Nationale System der Politischen ökonomie, 1841, by transrated Sampson S. Loeyd., The National System of Political Economy, Londn, 1922, 邦訳、フリードリッヒ・リスト著、『政治経済学の国民的体系』、正木一夫訳、春秋社、昭和二十四年、Die Ackerverfassung die Zwergwrrtschaft und die Auswanderung, 1842, 邦訳F・リスト著、『農地制度、零細経営及び国外移住』小林昇訳、日本評論社、昭和二十四年。と並び称されるF・リスト著の三部作である。同書により、彼はA・スミスやF・セイが説く自由貿易論、「古典派経済学」という学説がいう神の見えざる手が導くとする教えが、結果に於て先進工業国が後進農業国を原料供給地に留め置く為の自由留易論を隠れみのとする全くの嘘、偽りの学問である事を、イギリスより独立したばかりの米合衆国の躍進ぶりにて立証、それを仏の政策担当者に解説したのが『リストの政治経済学の自然的体系』、である。一八三〇年仏七月革命以降、仏の近代的工業化策はここに始まるのである。

(34) 下中彌三郎編、『世界歴史辞典、史料篇、西洋Ⅰ』、所収、アーサー・ヤング「フランス旅行記」、Arthur Young., Travels in France during the Years 1787, 1788, 1789, by Bethan Edwards, and Constantia Maxwill, これをアンリ・セーが英文より仏

語版、一九三一年に訳した著作、pp. 148-149, 柴田三千雄訳、平凡社、昭和三十年、四八二頁～四八三頁、この恐慌は仏経済の最も脆弱《ぜいじゃく》な構成部分を直撃した。いうまでもなくブルボン絶対王朝下に伸吟する人民大衆層である。ヤングはロレーヌの一農村での光景を次の如くに記している。「一七八九年七月十二日　馬を休ませるために長い坂道を歩いてのぼっていたとき、たまたま貧しい女と一緒になったが、彼女は時勢をかこち、悲しい國だと歎いた。そこで、そのわけをたずねると、彼女のいうにはこうだった。私の亭主は一片の狭い土地と一頭の牝牛と一頭の小さな馬しか持っていないのに、私どもはひとりの領主に地代として一フランシャルの小麦と三羽のひなを、もうひとりの領主には四フランシャルの燕麦と一羽のひなと一スーの貨幣を拂わなきゃならない。もちろん、このほかに重い人頭税や他の年貢が課せられている。私には七人の子供があって、牝牛の乳はスープをつくる足しになる。…じゃ、なぜ馬をやめて牝牛をもう一頭飼わないのかね。…とんでもない。馬がなくっちゃ、私の亭主は作物を今ほど具合よくは運搬できません。それに、驢馬はこの地方じゃあんまり使わないしね。今は偉い人たちが私ども貧乏人のために何かして下さろうとしているとかいうそうだが、誰がどうするのだかさっぱりわからないです。だけど、神様が私どもをもっと良くして下さるにちがいない。なにしろ、人頭税《じんとうぜい》だのいろんな権利だのが私どもを押しつぶしているんだものね。…この女は近くでみても、六〇歳か七〇歳にみえたかもしれない。労働のため、それほどまでに彼女の腰はまがり顔は皺をきざみ硬ばっていたのだ。…しかし彼女の言によれば、まだ二八歳にすぎないとのことだった。旅行したことのないイギリス人にとっては、フランスの大部分の農婦たちの様子を想像することはできない。實地にちょっとでもみれば、彼女らが男よりもはるかにはげしい労働をしていることがわかる。この勞働は、新しい種の奴隷層を生みだすともいうべきさらに悲惨な勞働と結びついて、身體の均衡や女らしさというものを完全に破壊してしまうのだ。下層階級の生活状態の両王國間におけるこの差異は、何によるのだろうか。政治によるのだ」と。

（35）Leeve., Democracy in America, by Tocqueville, ibid. pp. 96～97, 井伊玄太郎訳、『前掲書』、一八四頁～一八五頁。

七月革命の先頭に立った老雄、ラファイエット侯や大銀行家カジミール・ペリエを始めとする上層ブルジョワジーや、知識人達、ロワイエ・コラール、フランソワ・ギゾー、エリー・ドカーズ、アドルフ・ティエール等は、新たな国家権力の担い手を一人の国王や大革命を指導した急進共和派にみる、多数を占める人民大衆に求める事を拒否、英立憲君主制に於ける「国王は君臨すれど統治せず」に習い、米亡命中のオルレアン家のルイ・フィリップを新君主に担ぎあげ、その実権を仏ブルジョワジー、中産階級を代表する恒産所有者層が集う立憲議会に求めた。かかる七月王制指導部の中枢に鎮座する事になった以上の如き人士達、就中、トクヴェル、ボーモン等若き政治的自由主義に目覚める学生達に大きな影響を与えたのがソルボンヌの歴史学教授、F・ギゾーであった。ドクトルネール、Doctrinaire.立憲王党派の重鎮、ギゾーはそれまでの学説を棚に上げ、「主権とは一人一人の人間やある階層の、ある特定の集団に帰属するものではなく、ましてやその担い手を一般民衆（農民や労働者）に帰属するものではない」として、旧貴族層に代わる右の如き大銀行家、上層ブルジョワジー、大地主層や新たに勃興した所の仏産業資本家層が担うべきと公言してはばからなかったから、かつて、彼の学説に言う「歴史の歩みは市民社会の実現に向けて進むであろう」と、する政治的自由主義を奉じる講義とは全く相反する言動にトクヴェル、ボーモン等を含む教え子達は深く失望した。

さてトクヴェルとボーモンはルイ・フィリップの七月王制に不満を抱いたが、同時に彼の出自たる旧ブルボン家の再復興は最早不可能である事を認識、職に留まった。

だがそれは以上みた如く、家族、友人からの激しい批難にさらされる事になったのである。

ここにトクヴェルは正統王朝に連なる家族を始め多くの友人等と袂を分かつ事になったが、政治的自由主義を奉じるトクヴェル、ボーモン等はフランスに最も妥当な政体として、英の如き「立憲君主制」を支持する事になるのである。先の大革命にみる如く、共和制は祖国仏に無秩序の社会不安と混乱、流血をもたらしたし、続く旧ブルボン朝に連なる正当王朝はソルボンヌの恩師、現内相、ギゾー氏のいう「世界の歴史は市民の世紀へ向けて進歩を続けるであろう。」との学説からみても決して肯定できるものではなかった。若き革新的官僚、政治的自由主義者、トクヴェル、ボーモンの苦悩は深まるばかりであった。

かくして二人はこうした内心の苦しみより離脱すべく、かねてより噂に聞く新興独立国、米合衆国躍進の原動力がデモクラシーに由来するとの学説から、米民主政の研究を念願した。かかる激動下の仏にあって「民主主義革命」の先頭を歩む合衆国の政治、経済、社会全般にわたる視察の旅に、米デモクラシーの起源を訪ね、その経過と成果を探究すべく、真の狙いを隠し、広大無辺なる新大陸に躍進を続ける合衆国各地を訪ねる旅を重ねる事になった。帰国するやトクヴェル等は職を辞し、米デモクラシーの実情とその経過を、以上検討した如く、一冊の著書にまとめ出版したのである。

かかる米民主政視察の旅にトクヴェルが読みとる事になったのは「大衆民主主義」なる視点より同書に紹介した所のあのポテトがこのポテトに似せて育つとする所の一般庶民大衆が求める、民衆的平等社会の建設である。こうした米デモクラシーの第一の表象とは諸条件の平等化であり、その第二は、地位の平等である。第三にそれは、審判を受けるとする成人男子普通選挙権の普及であり、第四に、そうした米デモクラシーの諸相を制度的に保障すべしとする法の支配が貫徹する社会である。以上によって構成される米合衆国は、その最小の地方分権的政治単位、タウンに始まり、二四州が会盟するその最大の政治的中央集権体制なる連邦政府、ユニオンに至る政治制度は「代表者による代議制」なる共和制にあり、とするものであった。

だが同書に検討した如く、トクヴェルは米の共和制の研究を目的として、米各地の旅に、土地土地の人々との接触をなしたのではなく、「米共和制」の実情を通して祖国フランスに何程か役立つ教訓を導き出して、混乱と騒動のただ中にある祖国に報えんと志し、米共和制の実態報告を一冊の著書にまとめ、世に問うたのである。(1)

かくしてトクヴェルは同書に著した如く、米大衆社会が内包する一般庶民大衆なる民衆の平等化要求の行きつく先を予想したのである。M・ファランドも指摘する如く、それが数を頼みとする多数者の専制、あるいは多数者の暴走、に想いが至る時、トクヴェルは「陰気になり、心が寒くなる」(2)として米民主政に於ける重大なる疾患として古代民主政治以来のポピュリズム、Populism, 扇動政治を指摘するのである。

かくして祖国仏が、米の民主政治を教訓として描くのであれば、同書に分析した如く、国王は君臨すれど統治せずとする英立憲君主制にみる政治的中央集権体制と共に、仏の自然的貴族制が有する自由と独立、更に有徳と博識、豊かな政治的経験に裏打ちされた光輝ある所の光り輝く自治の伝統、その故にT・ジェファスンがいう所の米民主政の礎いをなす政治的最小単位からなる地方分権的自治制、タウンシップ、Town Ship, 市、町、村、に特有な人民主権によるタウンミーティング、Town meeting, 市町村会を設けるとするものであり、かくしてそれは、英、仏、米が主張する「民主政」の欠陥を取り除いた所の立憲君主制、自然的貴族制、大衆民主制の融合する政治制度である。かかる政治体制は必然的にジェファスニアンデモクラシーが主張する西欧、自然法思想より導き出した所の啓蒙主義的合理主義に基づく人間観の対極に位置する保守的色彩を強く有する政治体制であると言はざるをえない。

注

(1) Leeve., Democracy in America, VOL I, London, 1889.

(2) Farrand., op, cit, p. 163.

あとがき

A・トクヴェルが米のデモクラシー研究の旅に仏を後にしたのは、祖国が大革命に続くナポレオン動乱を経てブルボン朝が復活した時期であった。だがこれに反対する学生、市民、知識人、労働者等が中心となりパリに三月革命が勃発する等、祖国は未曽有の混乱にあった。

さて、封建的土地所有関係から解放されたはずの仏の独立自営農民は、かつて自らの耕作地に燦燦《さんさん》とふり注ぐ太陽の光と、恵みの慈雨をもたらした所のかの栄光の輝きを再び取り戻そうとして、与えられた主権を放棄、正統主義のかけ声のもと、旧体制への復帰を掲げる一人の主権者を作りあげる事に同意した。

だがその時、トクヴェルが訪ねた米の独立自営農民を含む都市の労働者や知識人、気鋭の産業資本家等は、それまでの世界史が経験した幾千年の歴史を積み重ねても未だ誰も想像する事さえ出来なかった所のジェファスニアンデモクラシーが主張する、文民政府を優越とし、立憲主義（憲法）を松明の灯りとする民主政治を実現していたのである。

周知の独立宣言に曰《いわ》く「全ての人間は創物主なる神により生まれながらにして生命、自由及び幸福追求の権利を有し、…これらの権利を確保する為に、人類の間に政府が組織され、…その正当な権力は被治者の同意に由来する。…もし、これらの目的を破壊する時、人民大衆はそうした政府を改廃し、…新たな政府を組織する権利を有する。…」と。

さて、ジェファスンは旧ヨーロッパ大陸にも匹敵する西方に位置する広大な仏領ルイジアナ地方を獲得すると、西方開拓を目指す人々が激増した。彼等はミシシッピーの大河を越え、年々刻々、大陸奥地に連なる辺境未開なる西部開拓を目指す西漸運動を開始した。

かかる広大な西方領土は旧大陸より新天地を目指す人々を旧来の如く、大西洋沿岸に展開する北東部諸都市の工場労働者として滞留せる事はなかった。

幌馬車を連ね、大陸奥地を目指す開拓者達の農具は始め幼稚で貧弱でみじめであった。更に北東部市場向けの輸送手段もなく、辺境地の役畜用にと同行した家畜を利用した荷馬車ぐらいのものであった。だが開拓者達の耕作地は仏自営農民の如く、零細耕作地に未だ二世代も経たぬというのに、彼等の子供達への相続の内に分割、細分され、貧困と債務のうちに呻吟する事はなかった。米の独立自営農民は彼等の勤労と節倹なる労働の尊厳の内に辺境は絶えず拡大され、やがては肥沃な農地に姿を変えていった。そしてその収穫量も年々歳々増大していった。

開拓者達は始め自給自足の経済を営むけれども、家族総出の節倹なる労働の尊厳は本書にみた如くついには彼等を辺境の開拓者より独立自営の農業企業家として、その成長した姿を現す事になったのは人のよく知る所である。

かくして大陸奥地に連なる人踏未踏、広大無辺なる辺境西部は耕作地に変貌を遂げるのであった。彼等の農地は入植者達の孤立を招く事はなかった。なぜなら彼等は陸続と誕生する小村落共同体の自治・タウンミーティング、の故に、独立宣言と憲法に著された如く、自らの額に汗し大地を耕やす人は自由と平等、幸福追求の内に、彼等の富裕と独立とを導く事になった。

初め入植者達はフロンティアの開拓に北東部の資本に依存せざるをえなかったから、彼等の多くは負債者の立場に立たされた。だが北東部の資本はこうした辺境西部に生きる独立自営農民を含む小商品生産者達の生き血を最後まで吸血する事は出来なかった。なぜならこうした広大無辺なる辺境未開の大陸奥地は彼等に無限の避難所を提供したから、彼等は新たな自由と平等、幸福追求を目指す民主的な小村落による自治共同体を次々と誕生させ、自由と独立を提供した。

さてこうして絶えず再生される辺境に生きる開拓者達の精神を鍛えたのは、「他人の労働にて生きるにあらず」とするピューリタニズムとプロテスタンティズムの倫理に導かれた所のその精神にあった。彼等の労働の成果は結果として富の蓄積をもたらす事になったが、人々はそうした事は単に創物主なる神の御《おぼ》し召しに他ならないと考えたのである。

我々は既にこうした辺境西部に生きる独立自営農民と北東部諸都市に生きる工場労働者とが連携し自らを強力に代表する事になった例として、テネシー州ナッシュビルの丸太小屋の住人、A・ジャクソンが主張する「人民の代表者をして大統領たらしめよ!!」とする激烈なる行政権の強大化を彼の政策の内にみる事になった。いわく、投票による勝者が全てを入手すべし。公職はローテーション制にあり、と。

更に今又、新興西部の更なる奥地に陸続する人跡未踏なる辺境北西部に生きる独立自営農民層と、北東部諸都市に勤労を尊しとする工場労働者層が連携し彼等の主張をより強力に代表する事になったのは「他人の労働にて生きる事を潔しとせず、自らの額に汗して生きる」事を実践する辺境北西部を代表するイリノイ州育ちの丸太小屋の住人、A・リンカーンが主張する事になったのは「勤労者のデモクラシー」の実践であった。

さてF・リストが後にしたドイツの分割地農民や、トクヴェルが後にしたフランスの封建的土地所有関係より解放されたはずの独立自営農民は年と共に零細化する耕作地にしがみつき、かつての栄光の夢の復活にとりつかれていた。

一方、都市に堆積する工場労働者は資本の鉄腕に吸血され、自由と平等、独立を求めながらも過酷な労働環境の内に呻吟していた。

だが彼等は米の独立宣言にいう、「自由と平等、幸福追求」を求める人間解放の運動を目指す農民層と共に、都市の労働者等と手を結び共に連携し、より大きなより強力な勢力として巨大な資本の鉄腕とその上に君臨する旧体制打倒に立ち上がろうなどとは夢にも想わなかった。

だがリンカーンを担いだ辺境西部や更にその奥地に控える辺境北西部地方に入植した農民や北東部諸都市に躍進著しい気鋭の産業資本家や工場労働者は、本書にみた如く、過酷な労働と貧困に苦闘しながらも、不断に再生する物質的生活が導く所のプロテスタンティズムの倫理と、ピューリタニズムの禁欲的精神の内に、彼等は共に手を携え協力、一体化し、米社会の改革を目指す「進歩派」として抬頭、独立宣言と合衆国憲法に著された所の文民政府を優越とし立憲主義（憲法）を松明の灯りとする民主政治の樹立を建国の理念とする「自由と民主主義、基本的人権と法のもとの平等」の実践に向け他人の労働にて生きる事を潔よしとせず、奴隷制度廃止を掲げる新興リンカーン共和党旗下に結集した。

彼等はジェファスニアンデモクラシーを異花受胎する、強固な結合せる南部奴隷制プランターアリストクラシーなる民主党保守反動派に対抗、彼等が支配する金権的連邦議会と貴族的司法権に対して激列なる闘争を展開、国論を二分する闘いに勝利したのである。

さて以上みた如くに、リンカーン共和党旗下に結集した辺境フロンティアに生きる独立自営農民等の生存条件は、北東部諸都市に生きる気鋭の産業資本家や工場労働者の生存条件に対立する所か、北東部の彼等は今日のフロンティアに生きる独立の自営農民であり、そして又彼等は明日の工場労働者であり、更にはその経営者でもあった。辺境西部開拓の入り口に立ち、日に日を継いで工業都市に変貌を遂げつつあるオハイオ州を始めとする西部諸州の躍進はそれを現実に実証する生き証人であった。

新興リンカーン共和党旗下に参集した建国第三世代の中核を構成する辺境北西部に生きる膨大な数の独立自営農民と北東部の工場労働者からなる一大庶民、大衆層はユニオン、Union. 米合衆国よりも州権を尊しとする南部奴隷制プランテーションに依るアリストクラシーなる貴族的、金権的大地主階級とその政治的特権に対抗、多大なる犠牲と出血を強いられながらもこれを打倒。アメリカをして真にアメリカたらしめた一大奴隷解放戦争に勝利した。

我々はこうした辺境の地に生きる独立自営農民層や都市の工場労働者層を含む膨大な数の一般庶民大衆層がリンカーンの動員令に応え、ユニオンを尊しとするゲティスバーグ、ヴィックスバーグを始めとする内戦の帰趨《きすう》を決する激戦の地に自らの生死を超越、その最前線に向かわしめ、銃剣をふりかざしての白兵戦を制する勇気を与えて力あったのは、二《ふた》び三たびくりかえして指摘するば、それは本書に検討した如くジェファスニアンデモクラシーが主張する「文民政府を優越とし、立憲主義（憲法）を松明の灯りとする民主政治の実現」にありとするアメリカ建国の理念を継承し、リンカーンデモクラシーが強力に主張する「勤労者のデモクラシー」の実践に他ならなかった。

その頃ベルリン大学に教鞭を執るヘーゲルは歴史哲学を講じるに際し、アメリカデモクラシーの起源を説いて、旧大陸に比する事もなし得ぬ北米大陸に建国、発展する新国家が有する無尽蔵ともいえる広大無辺なる人跡未踏の領土にあり、と論じたのである。

さてトクヴェルやリストが米デモクラシー研究の地に見聞、接する事になった人々はリストがいう如くに、あのポテトがこのポテトに似せて育つが如くに、誰も彼もが皆同じ普通の顔をした人々であった。トクヴェルはそうした人々が中核をなすアメリカの民主政治が彼等自身の代表者により運営され、それは彼自らが有する白人成人男子による普通選挙権より生じるという事実を知る事になった。

かかる米民主主義研究の結果、「多数者の意志」の尊重という現実にトクヴェルは一瞬寒けを覚えると、その著書に記したのである。

我々は米の民主主義がこうした暴力によらない審判による多数者の意志「選挙」という、普通平等選挙権の行使の内にその正当性を有するとするジェファスニアンデモクラシーの現実を知る事になったが、その源を訪ねる時、旧大陸より発し遥か大洋の彼方、新大陸アメリカに向かい、聖書にいうカナーンの地なる辺境未開の地に入植した人々は気ままに自らの歴史を作るのではなく、与えられた条件の下に全く新たな歴史を創造したのである。

それは人類史上にあって未だいかなる時代、いかなる人々も想像だにし得なかった、以上の如き民主主義に基づく政治経済社会からなる連邦制に基づく、Union, 米合衆国の建設であった。

だがその対局に鎮座する絶対専制君主に致っては、大宮殿より一般庶民大衆に向かって、人には生まれながらに分というものがあり、人民は分を守り、生まれ育ちに優る君主の命に服する事が国家の安定と社会の秩序が保たれ維持されるのである、と言い放っていた。

続いて説教壇に立った聖職者は聖書を片手に、人は何も持たずに世に出て、何も持たずに世を去る。主は与え主は奪う!! と説き、人民大衆層の永遠の幸福は死の谷の陰の世界にあり、と福音を与えていたのである。

さて、神への寄りかかりを捨て大洋の彼方、辺境アメリカの地に自らの足で立った時、人々は自らの額に汗し大地を耕やす選民たる事を宣言したジェファスニアンデモクラシーを尊しとし、次いでリンカーンデモクラシーが主張する勤労者のデモクラシーが語りかけるのは、他人の労働にて生きる事を潔よしとせず、と死後の幸福よりも現世における労働の尊厳を何にも増して尊しとした。かくして米の大地はそれまでの人類史が経験した如き自然の大地ではなく、開拓者達の労働の尊厳が求める独立宣言と憲法に著された歴史的大地として立ち現れたのである。彼等の生活と労働の過程を励まして力あったのはプロテスタンティズムの倫理と資本主義の精神に導かれ、同じ価値観を共有する事になった北東部の産業ブルジョワジーや工場労働者であり、西部から北西部に入植した膨大な数のあの独立自営の農民層であった。彼等のこうした政治的意志と要求を一身に表現する事になったのがA・リンカーンである。リンカーンはアメリカの大地が単なる自然的、地理的大地にあらずして労働の尊厳が実現される歴史的大地たる事を世界の困苦と貧窮の淵にあえぐ人々に向かって解放の地たる事を宣言、次いで無償の地主育成法、ホームステッド法を発布、更に大陸横断鉄道法に署名、大陸奥地開拓交通網を整備、次いで高等教育法、州立大学法に署名、国費による公教育を併わせて発布、米の大地が自然的、地理的大地より進んで、死後の永遠の幸福の地たらん‼と、「現世における人間の生まれながらに有する自由、平等、幸福追求の地たる事を宣言したのである。

最後に出版事情の厳しい折、私の粗雑な論考にもかかわらず、一冊の著作本として出版の労をいただきました㈱歴史春秋出版社に御礼を申し上げます。又、編集の任にあたられた植村恵子氏に心より御礼を申し上げます。

【著者略歴】

熊田正次

昭和21年、福島県に生まれる。
昭和49年、立正大学文学部卒業。
昭和49年、福島県公立学校教員を経て、平成19年、退職。

共編書
昭和53年、『世界史学習資料集』（福島県高等学校社会科研究会編、清水書院）
平成９年、『トーマス・ジェファスン研究序説』（歴史春秋社）
平成23年、『ジェファスンと高弟達のアメリカ・トーマス・ジェファスン研究Ｉ』（歴史春秋社）

主論文
昭和53年、『トーマス・ジェファスンとヴァージニア共和国』（立正大学「立正西洋史」，第１号）
昭和55年、『トーマス・ジェファスンと米革命思想』（立正大学「立正西洋史」，第3号）
平成19年、『合衆国政党の組織論－ジェファスニアン＝デモクラシーと大衆民主主義理解を中心に』（立正大学「立正西洋史」立正大学西洋史研究会創立30周年記念，第23号）

ジェファスンとリンカーン
トーマス・ジェファスン研究Ⅱ

2019年３月５日　第１刷発行

著　者　熊　田　正　次

発行者　阿　部　隆　一

発行所　歴史春秋出版株式会社
〒965-0842　福島県会津若松市門田中野大道東８−１
0242－26－6567

印　刷　北日本印刷株式会社